20
25
QUARTA
EDIÇÃO

PAULO
DE **BESSA**
ANTUNES

INTRODUÇÃO AO ESTUDO DO DIREITO

PERSPECTIVA DEMOCRÁTICA, HUMANA, ECOLÓGICA E ECONÔMICA

Dados Internacionais de Catalogação na Publicação (CIP) de acordo com ISBD

A636i   Antunes, Paulo de Bessa

     Introdução ao estudo do direito: perspectiva democrática, humana, ecológica e econômica / Paulo de Bessa Antunes. – 4. ed. - Indaiatuba, SP : Editora Foco, 2025.

     304 p. ; 17cm x 24cm.

     Inclui índice e bibliografia.

     ISBN: 978-65-6120-509-2

     1. Direito. 2. Estudo do direito. I. Título.

2025-1797   CDD 340.1   CDU 340.11

Elaborado por Vagner Rodolfo da Silva - CRB-8/9410

Índices para Catálogo Sistemático:

1. Direito: Teoria geral do direito 340.1

2. Direito: Teoria geral do direito 340.11

QUARTA
EDIÇÃO

PAULO
DE **BESSA**
ANTUNES

INTRODUÇÃO AO ESTUDO DO DIREITO

**PERSPECTIVA DEMOCRÁTICA, HUMANA,
ECOLÓGICA E ECONÔMICA**

2025 © Editora Foco

Autor: Paulo de Bessa Antunes
Diretor Acadêmico: Leonardo Pereira
Editor: Roberta Densa
Coordenadora Editorial: Paula Morishita
Revisora Sênior: Georgia Renata Dias
Revisora Júnior: Adriana Souza Lima
Capa Criação: Leonardo Hermano
Diagramação: Ladislau Lima e Aparecida Lima
Impressão miolo e capa: META BRASIL

DIREITOS AUTORAIS: É proibida a reprodução parcial ou total desta publicação, por qualquer forma ou meio, sem a prévia autorização da Editora FOCO, com exceção do teor das questões de concursos públicos que, por serem atos oficiais, não são protegidas como Direitos Autorais, na forma do Artigo 8º, IV, da Lei 9.610/1998. Referida vedação se estende às características gráficas da obra e sua editoração. A punição para a violação dos Direitos Autorais é crime previsto no Artigo 184 do Código Penal e as sanções civis às violações dos Direitos Autorais estão previstas nos Artigos 101 a 110 da Lei 9.610/1998. Os comentários das questões são de responsabilidade dos autores.

NOTAS DA EDITORA:

Atualizações e erratas: A presente obra é vendida como está, atualizada até a data do seu fechamento, informação que consta na página II do livro. Havendo a publicação de legislação de suma relevância, a editora, de forma discricionária, se empenhará em disponibilizar atualização futura.

Erratas: A Editora se compromete a disponibilizar no site www.editorafoco.com.br, na seção Atualizações, eventuais erratas por razões de erros técnicos ou de conteúdo. Solicitamos, outrossim, que o leitor faça a gentileza de colaborar com a perfeição da obra, comunicando eventual erro encontrado por meio de mensagem para contato@editorafoco.com.br. O acesso será disponibilizado durante a vigência da edição da obra.

Impresso no Brasil (5.2025) – Data de Fechamento (5.2025)

2025
Todos os direitos reservados à
Editora Foco Jurídico Ltda.
Rua Antonio Brunetti, 593 – Jd. Morada do Sol
CEP 13348-533 – Indaiatuba – SP

E-mail: contato@editorafoco.com.br
www.editorafoco.com.br

Numerosas são as maravilhas da natureza,
mas de todas a maior é o Homem!

Sófocles

O direito conduz a um código, a um conjunto de formas jurídicas
e de regras de procedimento. É *formalista*, juridicamente, o magistrado
que se atém à aplicação das regras, sem mais se ocupar dos casos
concretos, das situações.

Henri Lefèbvre

Este livro é dedicado à Carina que, ao iniciar os estudos de direito na universidade na qual iniciei minha carreira no magistério jurídico, na disciplina de Introdução ao Estudo do Direito, foi a inspiração para revisitar o tema e atualizá-lo.

SUMÁRIO

PREFÁCIO XVII

PREFÁCIO À 1ª EDIÇÃO XIX

CAPÍTULO 1 – O DIREITO 1

    1. Introdução 1

    2. O direito como realidade social 2

        2.1   Direito e natureza 6

        2.2   Direito e moral 8

    3. O mundo bipartido do direito 10

CAPÍTULO 2 – DIREITO E IDEOLOGIA 17

    1. Introdução 17

    2. Ideologia e conceitos jurídicos 19

        2.1   O direito como instrumento de legitimação 21

CAPÍTULO 3 – DIREITO E DEMOCRACIA 27

    1. Introdução... 27

    2. Declarações de direitos 31

    3. Modelo democrático brasileiro 33

        3.1   Garantias democráticas 33

    4. A necessidade de valorizar o regime democrático 35

    5. Os ataques à democracia... 37

CAPÍTULO 4 – DIREITO NATURAL 39

    1. Introdução 39

    2. Direito natural 40

        2.1   O direito natural entre os gregos 40

2.1.1	Sócrates	41
2.1.2	Platão	42
2.1.3	Aristóteles	43
2.1.4	Epicuro	45

2.2 Direito natural em Roma 45

2.3 Direito natural cristão 47

    2.3.1 Patrística 47

        2.3.1.1 Santo Agostinho 47

    2.3.2 Escolástica 48

        2.3.2.1 Santo Tomás de Aquino 49

2.4 Racionalismo e direito natural 49

    2.4.1 Hugo Grócio 50

    2.4.2 Os contratualistas 51

        2.4.2.1 Thomas Hobbes 51

        2.4.2.2 John Locke 52

        2.4.2.3 Jean-Jacques Rousseau 53

3. O renascimento do direito natural 54

3.1 O Jusnaturalismo no século XX 55

    3.1.1 Gustav Radbruch 55

    3.1.2 Michel Villey 56

3.2 Direito natural ecológico 57

    3.2.1 Os precursores 59

        3.2.1.1 Ralph Waldo Emerson 59

        3.2.1.2 Henry David Thoreau 60

    3.2.2 Direito natural ecológico no século XX 62

        3.2.2.1 Rachel Carson 62

        3.2.2.2 Jean Dorst 63

        3.2.2.3 Michel Serres 64

        3.2.2.4 José Lutzemberger 65

        3.2.2.5 Leonardo Boff 68

SUMÁRIO

CAPÍTULO 5 – DIREITO E LEI 71

1. Introdução.. 71
2. Razão e direito 72
3. A lei como expressão do direito 75
4. A lei e seus aspectos dogmáticos 78
   4.1 Definição geral 78
   4.2 A lei no tempo 80
        4.2.1 Irretroatividade e ultratividade das leis 81
        4.2.2 Direito transitório 82
        4.2.3 Vigência das leis 84
   4.3 As diferentes manifestações da lei 88
5. Direito adquirido e coisa julgada 90

CAPÍTULO 6 – FONTES DO DIREITO 93

1. Introdução 93
2. A principal fonte de direito é a sociedade.................................... 95
3. Fontes legais do direito 96
   3.1 Constituição 96
        3.1.1 Modelos de Constituição.. 98
               3.1.1.1 Emenda à Constituição 98
   3.2 Lei 100
        3.2.1 Considerações preliminares 100
        3.2.2 Tipos de lei 102
4. As principais fontes não legais do direito 104
   4.1 Costume 104
   4.2 O costume no direito brasileiro 106
   4.3 Formas de costume 109
        4.3.1 O direito costumeiro indígena e o seu reconhecimento internacional 110
        4.3.2 O direito costumeiro popular e o seu reconhecimento pela ordem jurídica estatal 111

5. Princípios gerais de direito e princípios jurídicos 112

    5.1   Introdução 112

    5.2   A Corte Internacional de Justiça [CIJ] e o direito dos "povos civilizados" 113

    5.3   Princípios e regras jurídicas 114

    5.4   Princípios gerais do direito no direito brasileiro e princípios jurídicos 115

        5.4.1   Princípios constitucionais 116

        5.4.2   Os princípios gerais de direito 118

6. Jurisprudência 121

    6.1   Introdução 121

    6.2   Judicialização e ativismo judicial 124

        6.2.1   Judicialização 124

        6.2.2   Ativismo judicial 128

                6.2.2.1   O campo do direito de família 133

    6.3   Súmulas e Teses fixadas pelo Supremo Tribunal Federal e pelos Tribunais Superiores 135

        6.3.1   Modulação de efeitos 139

    6.4   Conclusão 139

7. Doutrina 139

    7.1   Introdução 139

    7.2   A doutrina na contemporaneidade 140

8. Autorregulamentação 142

9. Boas práticas 144

CAPÍTULO 7 – INTERPRETAÇÃO E APLICAÇÃO DO DIREITO 147

1. Introdução 147

2. Poder judiciário e autonomia 149

3. A interpretação do direito como elemento fundamental da ordem jurídica 152

    3.1   Diferentes interpretações para o mesmo fato 153

        3.1.1   Interpretação literal 154

        3.1.2   Interpretação lógica 156

	3.1.3	Interpretação sistemática e histórica	157
	3.1.4	Interpretação teleológica	158
	3.1.5	Interpretação autêntica	159
	3.1.6	Interpretação subjetiva e objetiva	159
	3.1.7	Interpretação extensiva e restritiva	160

CAPÍTULO 8 – A RELAÇÃO JURÍDICA E SEUS ELEMENTOS 161

1. Introdução 161

2. Igualdade e desigualdade entre os indivíduos 164

   2.1   A igualdade jurídica na economia de mercado 166

3. Pessoa, personalidade e sujeito de direito 168

   3.1   Personalidade 169

        3.1.1   A personificação [humanização] dos animais 170

               3.1.1.1   Animais domésticos 172

   3.2   Pessoas jurídicas 172

        3.2.1   A desconsideração da personalidade jurídica [pessoa jurídica] 173

               3.2.1.1   A desconsideração da personalidade jurídica [pessoa jurídica] no Brasil 174

        3.2.2   Pessoas jurídicas de direito público e de direito privado 176

   3.3   Capacidade 178

   3.4   Nome 178

   3.5   Domicílio 181

   3.6   Estado civil 182

   3.7   Patrimônio 183

CAPÍTULO 9 – FATO, ATO E NEGÓCIO JURÍDICO 185

1. Introdução 185

2. Fato jurídico 185

3. Ato jurídico 186

4. Negócio jurídico 190

   4.1   Interpretação dos negócios jurídicos 191

4.2	Elementos do negócio jurídico	192
	4.2.1 Elementos acidentais dos negócios jurídicos	193
	4.2.2 Defeitos dos negócios jurídicos	195
4.3	Prescrição e decadência	199
	4.3.1 Ordem jurídica e segurança: o tempo como elemento da formação do Direito.	202
	4.3.1.1 Meio ambiente e prescrição	203
	4.3.1.1.1 Imprescritibilidade é exceção	203

CAPÍTULO 10 – A FAMÍLIA ... 207

1. Introdução ... 207
2. Família nas constituições brasileiras ... 207
3. Breve evolução da instituição familiar ... 208
   - 3.1 O papel masculino na família ... 211
   - 3.2 O papel feminino na família ... 212
4. O ordenamento legal da família contemporânea ... 212
   - 4.1 Os animais domésticos e direito de família ... 214

CAPÍTULO 11 – O DIREITO DE PROPRIEDADE ... 217

1. Introdução ... 217
2. O regime constitucional da propriedade ... 219
   - 2.1 Antecedentes ... 219
   - 2.2 A função social da propriedade ... 220
   - 2.3 A propriedade na Constituição de 1988 ... 225
     - 2.3.1 A propriedade privada ... 225
     - 2.3.2 Propriedade pública ... 228
       - 2.3.2.1 Patrimônio público ... 230
3. A propriedade e o meio ambiente ... 232

CAPÍTULO 12 – HISTÓRIA DO DIREITO BRASILEIRO ... 233

1. Introdução ... 233
2. O direito colonial brasileiro ... 233

2.1	Os indígenas e o direito		236
2.2	Constitucionalização das terras indígenas		243

3. O regime fundiário 247

   3.1 A escravidão 250

      3.1.1 Escravidão indígena 250

      3.1.2 Escravidão africana 253

         3.1.2.1 O regime constitucional e legal da escravidão 253

            3.1.2.1.1 Extinção gradativa da escravidão 256

4. República 262

   4.1 República Velha 262

   4.2 O primeiro período Vargas.. 262

      4.2.1 Infraestrutura e recursos naturais 262

      4.2.2 Repressão política 264

      4.2.3 Legislação social 264

      4.2.4 Direito Comum (códigos) 265

5. A redemocratização de 1946 265

6. A ditadura cívico-militar de 1964 266

   6.1 O Ato Institucional 5 268

   6.2 A Lei de Segurança Nacional 269

   6.3 Contra a organização estudantil 269

   6.4 A modernização autoritária 270

7. O regime democrático de 1988 (nova república) 272

REFERÊNCIAS 273

PREFÁCIO

É com grande alegria que apresento ao público leitor Introdução ao Estudo do Direito. Este livro corresponde à 4ª edição de Uma nova introdução ao direito. A 2ª edição foi lançada em 1992, curiosamente o ano da realização da Conferência das Nações Unidas sobre Meio Ambiente e Desenvolvimento na cidade do Rio de Janeiro. Desde então, o direito foi se tornando mais verde, com a elaboração de diferentes normas voltadas para a proteção ambiental. Profissional e academicamente, dediquei-me ao direito ambiental, tendo lançado Direito Ambiental pela editora Lúmen Juris. Entretanto, o "esverdeamento" do direito que se refletiu na criação da disciplina Direito Ambiental em diversos cursos universitários, *não repercutiu*, como se esperaria, no *conteúdo* das diferentes disciplinas, o que, de certa forma, é uma contradição com a ideia de transversalidade do próprio Direito Ambiental que se justifica mais como uma "preocupação" a ser observada por todo o direito do que por uma disciplina isolada que tende a ser mais uma matéria curricular.

Dentro da perspectiva acima mencionada, entendo que nada melhor do que, desde os primórdios do bacharelado, levar o estudante de direito – em sua ampla maioria jovens – apensar o conjunto do direito desde uma perspectiva ambiental clara e marcada em todas as suas principais dimensões. Uma nova introdução ao direito (perspectiva ambiental do direito) é, portanto, um livro de Introdução ao Estudo do Direito [IED] que busca abordar os temas tradicionais da matéria, sob uma perspectiva moderna que se fundamenta no tripé básico que dá sustentação ao direito ambiental, ou seja, a (1) perspectiva democrática e humana, a (2) perspectiva ecológica e a (3) perspectiva econômica. Modestamente, busca-se trazer uma renovação no ensino de IED, matéria que, como já alertara o eminente professor Celso Albuquerque Melo, lamentavelmente já falecido, no prefácio à 1ª edição desta obra, é disciplina relegada ao segundo plano e que precisa ser rejuvenescida, dada à sua enorme relevância para a formação do profissional do Direito com uma perspectiva crítica, ecológico e democrática.

Espero que os objetivos desta edição possam ser alcançados e que aqueles que nos honrarem com a leitura do texto possam auferir um bom proveito.

Paulo de Bessa Antunes

PREFÁCIO À 1ª EDIÇÃO

O ensino de Introdução à Ciência do Direito foi durante muito tempo ministrado por renomados professores como Hermes Lima, Jerzy Sbrozek, Padre Laércio Dias de Moura etc. A sua importância foi tanta, que no currículo das Faculdades era a única matéria que tinha aula diariamente, bem como o aluno não podia ser reprovado. Não havia "dependência" em relação a ela. Após 1964 o jurista perdeu importância no contexto político brasileiro e as Faculdades de Direito foram, de um modo geral, relegadas a segundo plano, o mesmo acontecendo com a disciplina mencionada, que não sofreu qualquer renovação, salvo uma ou outra honrosa exceção.

A relevância deste ramo da Ciência Jurídica é imensa, tendo em vista que ela fornece o embasamento necessário para a compreensão de todo o curso de Direito. O livro do Prof. Paulo Bessa atende plenamente a este fim. Pode-se dizer que é realmente uma obra moderna e atualizada. Tem uma ampla visão política e sociológica, abandonando o positivismo jurídico ainda tão adotado por nossos juristas por comodismo e complacência com o Poder. Foi, talvez, graças a esta corrente do pensamento jurídico que o Poder Judiciário, onde houve raras exceções, se tornou cúmplice do autoritarismo brasileiro.

É necessário que não se confunda Direito com a lei e que em caso de conflito entre ambos deve prevalecer aquele com a noção de Justiça. Violar a lei injusta, antissocial, é dever daquele que milita na área do Direito. A lei só pode ser bem aplicada se forem levados em consideração os anseios da sociedade civil.

O livro do Prof. Paulo Bessa parece-nos excelente sob os pontos de vista e a Ciência do Direito brasileira está de parabéns com a sua publicação. Acredito que, com a sua visão crítica, trará uma renovação no ensino da disciplina.

Celso Albuquerque Mello
Professor da PUCRJ e UFRJ.

Capítulo 1
O DIREITO

1. INTRODUÇÃO

Direito é uma palavra polissêmica. O *meu direito*, não tem o mesmo significado que o *direito argentino*. A Constituição Federal [CF] utiliza a palavra em vários sentidos. Ela fala em *Estado Democrático de Direito* (CF, artigo 1º) e afirma que todos têm "*direito ao meio ambiente* ecologicamente equilibrado" (CF, artigo 225, *caput*).

A Introdução ao Estudo do Direito [IED] é, dentre as matérias propedêuticas, uma das mais aguardadas pelos estudantes, pois a mais apta a saciar a curiosidade sobre o significado do direito. Uma outra palavra com muito destaque no curso é *Justiça* que, igualmente, é polissêmica. Para uns a Justiça é uma ilusão (Kelsen; 1995), para outros é um dos fins do direito (Paupério; 1989). Ilusão ou um dos fins do direito, o fato objetivo é que a *justiça* é uma ideia-força que tem estado presente no mundo jurídico desde sempre. Quando alguém protesta: "isto não é direito", está expressando um sentimento de injustiça. Quando a Constituição afirma que "todos têm direito", está atribuindo a cada um de nós uma determinada parcela do que a sociedade considera justo.

Ulpiano [Eneu Domício Ulpiano (Tiro, 150 – Roma, 223)], consagrado jurista romano, afirmou que quem desejasse estudar o direito deveria saber que o direito pode ser chamado de justiça, pois conforme a definição de Celso [Publio Juvencio Celso Tito Aufidio Henio Severiano (67 – 130)], o direito é a arte do bom e do justo. Logo, o jurista deve exercer a justiça e ensinar a arte do bom e do justo, separando o justo do injusto "não só pelo receio das penas como pela animação das recompensas, procurando com empenho, se não estou enganado, a filosofia verdadeira e não mendaz". [1]

A palavra direito é formada pela junção de (1) *dis* (muito, intenso) e (2) *rectum* (reto, justo). *Disrectum* que originou *directum* é o muito reto, muito justo. (Nascimento, 1997). A mesma raiz se encontra presente nas palavras *rex, regnun, regere, regula*; assim, o direito indica conforme a regra, de acordo com a regra, "com a retidão, com a linha reta do dever" (Paupério, 1989, p. 35). *Justus* e *justitia* são palavras que também têm o

---

1. Dig. 1.1.1pr. Ulpianus 1 inst. Iuri operam daturum prius nosse oportet, unde nomen iuris descendat. est autem a iustitia appellatum: nam, ut eleganter celsus definit, ius est ars boni et aequi. Dig. 1.1.1.1 Ulpianus 1 inst. Cuius merito quis nos sacerdotes appellet: iustitiam namque colimus et boni et aequi notitiam profitemur, aequum ab iniquo separantes, licitum ab illicito discernentes, bonos non solum metu poenarum, verum etiam praemiorum quoque exhortatione efficere cupientes, veram nisi fallor philosophiam, non simulatam affectantes. Disponível em: https://www.thelatinlibrary.com/justinian/digest1.shtml. Acesso em: 29 out. 2020.

vocábulo *jus* em sua formação, indicando "uma concepção moral". *Jus* tem origem no sânscrito *ju* (ligar). Jurídico, relativo ao direito, deriva de *jus*. O *jurídico*, portanto, deve guardar proximidade com o *justo*. Logo, o "direito justo" (Larenz, 1985) é o objetivo a ser perseguido pelo ordenamento jurídico.

2. O DIREITO COMO REALIDADE SOCIAL

O direito é fenômeno social (Souto, 1971) e, como tal, o seu estudo deverá ser feito "tomando-se em consideração as diversas manifestações típicas dessa vida social" (p. 169). Como fenômeno social e obra humana, parafraseando Terêncio [Terêncio, *Publius Terentius Afer* (cerca de 185 a.C – 159 a.C.)],[2] nada do que é humano é estranho ao direito. Dessa forma, o estudo do direito é estudo de relações humanas, das diferentes interações entre os indivíduos, seus bens, trabalho, estado civil, nacionalidade etc. A regra de direito, a norma jurídica, "é um resultado da realidade social" (Rosa, 1973, p. 53), refletindo suas crenças e valores.

É importante indagar se o direito é um fenômeno presente em *todas* as sociedades ou se ele é um fenômeno característico das sociedades ocidentais? A resposta depende de nossa definição de direito. O antropólogo Pierre Clastres (1974) demonstra que algumas sociedades ameríndias, embora dotadas de poder político, nem sempre possuem mecanismos de coerção para sustentá-lo. Se o direito for considerado como uma estrutura puramente coercitiva, tais sociedades não possuíam direito. Por outro lado, qualquer sociedade, por mais "selvagem", "bárbara" ou "diferente" da nossa, possui um sentido de ordem ou de referência, sem o qual "não há humanidade". Nem sempre as trajetórias sociais, contudo, são iguais as da sociedade ocidental, o que poderia acarretar a inexistência do direito tal qual o concebemos (Assier-Andrieu, 2000).

É, certamente, equivocado tratar o direito das sociedades arcaicas, assim como tratamos o fenômeno nas sociedades modernas e pós-industrializadas (Latorre, 1978). A maneira de evitarmos incorrer em tal equívoco, certamente, é analisar o fenômeno social direito através da história, com vistas a entender as suas diversas manifestações ao longo dos tempos, conforme F.A. Miranda Rosa (1973, p. 53), o estudo histórico das sociedades é capaz de apontar a "existência de estruturas jurídicas bastante diversas no tempo e no espaço".

O direito romano afirmava que "*ubi societas, ibi ius*",[3] sendo esta uma das afirmações mais rotineiras e encontradiças nos manuais jurídicos (Ráo, 1991). A afirmação "onde existe sociedade, existe direito" é parte do "senso comum" entre os juristas. É fato que, tradicionalmente, a IED, basicamente, objetiva uma exposição geral do direito ocidental ou sob influência ocidental, onde o direito brasileiro está inserido. Todavia,

---

2. Disponível em: https://pt.wikiquote.org/wiki/Ter%C3%AAncio. Acesso em: 20 out. 2020.
3. Onde há *sociedade*, aí há *direito*. Disponível em: http://www.enciclopedia-juridica.com/pt/d/ubi-societas-i-bi-jus/ubi-societas-ibi-jus.htm. Acesso em: 13 out. 2020.

mesmo tendo se expandido pelo mundo, o direito ocidental, nem sempre conseguiu se sobrepor e sobrepujar os direitos indígenas, sendo em boa parte das vezes uma "fachada" sem raízes sociais profundas, haja vista que as populações, em grande parte, continuam a reger suas vidas, sem se preocupar com esse corpo artificial de regras, de acordo com os seus modos tradicionais de vida, que ignoram o que se entende, nos países do Ocidente, quando se fala em direito (David, 2002).

O direito não é o único fenômeno social com função de organizar, infundir valores e disciplinar a vida em sociedades, ao seu lado estão a moral e a religião que, em sociedades menos complexas, estão profundamente interligados, não sendo possível distingui-los. Assim, o direito primitivo era muito impregnado por ritos e símbolos religiosos e que, ele próprio, fosse concebido como uma dádiva divina.[4] Com efeito, mesmo na atualidade, os ritos e símbolos são muito importantes para o mundo jurídico.

---

4. Código de Hamurabi: Prólogo _ "Quando o alto Anu, Rei de Anunaki e Bel, Senhor da Terra d dos Céus, determinador dos destinos do mundo, entregou o governo de toda humanidade a Marduk... quando foi pronunciado o alto nome da Babilônia; quando ele a fez famosa no mundo e nela estabeleceu um duradouro reino cujos alicerces tinham a firmeza do céu e da terra – por esse tempo de Anu e Bel me chamaram, a mim, Hamurabi, o excelso príncipe, o adorador dos deuses, para implantar a justiça na terra, para destruir os maus e o mal, para prevenir a opressão do fraco pelo forte... para iluminar o mundo e propiciar o bem-estar do povo. Hamurabi, governador escolhido por Bel, sou eu, eu o que trouxe a abundância à terra; o que fez obra completa para Nippur e Durilu; o que deu vida à cidade de Uruk; o que supriu água com abundância aos seus habitantes... o que tornou bela a cidade de Borsippa... o que enceleirou grãos para a poderosa Urash;... o que ajudou o povo em tempo de necessidade; o que estabeleceu a segurança na Babilônia; o governador do povo, o servo cujos feitos são agradáveis a Anunit". Disponível em: http://www.dhnet.org.br/direitos/anthist/hamurabi.htm. Acesso em: 29 out. 2020.

Bíblia: Êxodo 20 [1] Então falou Deus todas estas palavras, dizendo: [2] Eu sou o Senhor teu Deus, que te tirei da terra do Egito, da casa da servidão. [3] Não terás outros deuses diante de mim. [4] Não farás para ti imagem de escultura, nem alguma semelhança do que há em cima nos céus, nem em baixo na terra, nem nas águas debaixo da terra. [5] Não te encurvarás a elas nem as servirás; porque eu, o Senhor teu Deus, sou Deus zeloso, que visito a iniquidade dos pais nos filhos, até a terceira e quarta geração daqueles que me odeiam. [6] E faço misericórdia a milhares dos que me amam e aos que guardam os meus mandamentos. [7] Não tomarás o nome do Senhor teu Deus em vão; porque o Senhor não terá por inocente o que tomar o seu nome em vão. [8] Lembra-te do dia do sábado, para o santificar. [9] Seis dias trabalharás, e farás toda a tua obra. [10] Mas o sétimo dia é o sábado do Senhor teu Deus; não farás nenhuma obra, nem tu, nem teu filho, nem tua filha, nem o teu servo, nem a tua serva, nem o teu animal, nem o teu estrangeiro, que está dentro das tuas portas. [11] Porque em seis dias fez o Senhor os céus e a terra, o mar e tudo que neles há, e ao sétimo dia descansou; portanto abençoou o Senhor o dia do sábado, e o santificou. [12] Honra a teu pai e a tua mãe, para que se prolonguem os teus dias na terra que o Senhor teu Deus te dá. [13] Não matarás. [14] Não adulterarás. [15] Não furtarás. [16] Não dirás falso testemunho contra o teu próximo. [17] Não cobiçarás a casa do teu próximo, não cobiçarás a mulher do teu próximo, nem o seu servo, nem a sua serva, nem o seu boi, nem o seu jumento, nem coisa alguma do teu próximo. [18] E todo o povo viu os trovões e os relâmpagos, e o sonido da buzina, e o monte fumegando; e o povo, vendo isso retirou-se e pôs-se de longe. [19] E disseram a Moisés: Fala tu conosco, e ouviremos: e não fale Deus conosco, para que não morramos. [20] E disse Moisés ao povo: Não temais, Deus veio para vos provar, e para que o seu temor esteja diante de vós, a fim de que não pequeis. [21] E o povo estava em pé de longe. Moisés, porém, se chegou à escuridão, onde Deus estava. [22] Então disse o Senhor a Moisés: Assim dirás aos filhos de Israel: Vós tendes visto que, dos céus, eu falei convosco. [23] Não fareis outros deuses comigo; deuses de prata ou deuses de ouro não fareis para vós. [24] Um altar de terra me farás, e sobre ele sacrificarás os teus holocaustos, e as tuas ofertas pacíficas, as tuas ovelhas, e as tuas vacas; em todo o lugar, onde eu fizer celebrar a memória do meu nome, virei a ti e te abençoarei. [25] E se me fizeres um altar de pedras, não o farás de pedras lavradas; se sobre ele levantares o teu buril, profaná-lo-ás. [26] Também não subirás ao meu altar por degraus, para que a tua nudez não seja descoberta diante deles. Disponível em: https://www.bibliaonline.com.br/acf/ex/20. Acesso em: 29 out. 2020.

A nossa jornada pelo mundo do direito é uma jornada pela sua construção social e pelo seu papel na sociedade. Obviamente que, na medida em que é fenômeno social, a sua observação dependerá da posição do observador. Mas, atenção. Não estamos fazendo sociologia do direito, mas estudo do direito desde um ponto de vista *jurídico*, o que significa levar em consideração as suas características e particularidades próprias, inclusive formais. É importante registrar que, assim como o direito é condicionado pela sociedade e pela cultura, ele também é um elemento condicionante delas. Um bom exemplo disto é o que ocorre com o direito ambiental que, em pouco mais de 50 anos de existência, passou a integrar textos constitucionais de diversos países e a moldar comportamentos em relação à proteção ambiental. Como exemplo, pegue-se a Política Nacional do Meio Ambiente dos Estados Unidos [*National Environmental Policiy Act*-NEPA], em vigor desde 1º de janeiro de 1970.[5] A norma é, reconhecidamente, uma das que deflagraram o processo internacional de proteção ao meio ambiente. No âmbito das Américas, o Protocolo Adicional à Convenção Americana sobre Direitos Humanos em Matéria de Direitos Econômicos, Sociais e Culturais "Protocolo de São Salvador" [Decreto 3.321, de 30 de dezembro de 1999], em seu artigo 11 estabelece o direito ao meio ambiente sadio.[6] Antes disto, a matéria já tinha ingressado na Constituição de 1988 (artigo 225) e nas Constituições de Portugal e da Espanha, por exemplo.

Muitos identificam no direito e na moeda abstrações necessárias para o funcionamento das sociedades e, na prática, identificam direito e capitalismo, é o caso de Pasukanis, Stücka e outros autores marxistas. Assim, o direito teria surgido partir da maior sofisticação das relações de produção, do aumento do excedente, incremento das trocas entre os diversos grupos sociais, da tendência à cristalização das classes sociais e ao seu crescente antagonismo, surge a necessidade histórica da mediação destas relações, através da utilização de um elemento padronizador destas situações, seja no campo político, seja no campo econômico. Destarte, no campo econômico, a moeda surgirá como uma generalização abstrata capaz de atribuir um determinado padrão comum às trocas que significará a quantidade de trabalho contida em cada um destes objetos. Obviamente, trata-se de um símbolo, um fetiche. A instituição desta abstração generalizadora (moeda) criará facilidades inauditas para o desenvolvimento comercial e mercantil, ampliando a níveis nunca antes imaginados a circulação comercial de mercadorias e bens. O direito, na sua interpretação marxista, só tem lugar na sociedade capitalista de mercado, pois seria um fenômeno relativamente recente, surgido juntamente com outros conceitos abstratos quando as antigas civilizações mediterrâneas até a situação de usar a moeda como meio de troca, uma abstração das mercadorias e dos bens (Tigar e Levy, 1978).

---

5. Disponível em: https://www.epa.gov/nepa/what-national-environmental-policy-act. Acesso em: 29 out. 2020.
6. Artigo 11. Direito ao Meio Ambiente Sadio 1. Toda pessoa tem direito a viver em meio ambiente sadio e a dispor dos serviços públicos básicos. 2. Os Estados Partes promoverão a proteção, preservação e melhoramento do meio ambiente.

Há equívoco na concepção, na medida em que, desconsidera que a\s diferentes sociedades, independentemente de seu nível de desenvolvimento econômico, sempre possuíram normas capazes de organizar a sua vida comum e que tal tipo de organização exercia função estabilizadora. É impossível a convivência humana sem a existência de padrões de conduta aceitos pela coletividade, sendo certo que a coerção não pode ser exercida todo o tempo sobre todos os membros de uma sociedade. É claro que as normas sociais (jurídicas) serão mais complexas, quanto mais complexas forem as relações sociais. O Estado moderno e o direito moderno, não esgotam o fenômeno. O direito capitalista, tal como existe nas organizações políticas complexas, assim como o estado moderno, é conhecido pela antropologia apenas como um caso especial, ainda que importante dentro do conjunto dos dados etnográficos, pois à medida que a sociedade europeia se desenvolveu, a sua economia se tornou mais complexa e as suas relações sociais ficaram mais difusas e impessoais, suas noções jurídicas também evoluíram e mudaram (Davi, 1973), ou seja, já existiam relações jurídicas. Não nos parece adequado confundir *direito capitalista* com *direito em geral*.

Como *fenômeno social*, seria incoerente atribuir coincidência entre direito e estado, como fizeram Rudolf von Ihering, para quem o direito era "a proteção das condições de vida da sociedade, realizada pelo poder público por meio da força" (1972, p. 47), e tantos outros juristas e correntes do pensamento jurídico, como é o caso do normativíssimo (Kelsen, 1979) ou do marxismo. Todavia, como observa António Manuel Hespanha (2013) não podemos nos restringir ao direito do Estado, pois é claro que em alguns setores da sociedade existem normas que funcionam como normas jurídicas; por outro lado, não podemos achar que todas elas são normas de direito. Logo, descobrir o que é o direito e o que não é, não é tarefa fácil e que se possa ser reduzido a um único aspecto do problema.

O direito, na concepção marxista, corresponde a um determinado nível de desenvolvimento das forças produtivas, sendo a superestrutura necessária para a regulamentação da vida em sociedade. Esta regulamentação é feita no sentido de assegurar a reprodução das relações econômicas fundamentais nela existentes. O direito é, assim, uma necessidade social independentemente da vontade humana, uma fatalidade.

A premissa marxista básica é a de que a forma de propriedade dos meios de produção é o principal elemento influenciador na organização de determinada ordem jurídica. Entretanto, nem sempre a propriedade privada existiu. A posse é uma forma de apropriação dos bens muito mais comum na história do que a propriedade, em especial a propriedade privada. Karl Marx, como homem de seu tempo e europeu, pensava o mundo a partir de tal perspectiva. O que se pode afirmar é que, a partir do Século XVI, houve uma "ocidentalização do mundo", com a expansão do direito europeu para outras localidades da Terra. Este movimento fez com que os outros mecanismos de controle e organização social existentes nos demais continentes, em especial nas Américas, não fossem considerados como "direito", pois alicerçados em bases diferentes. Todavia, assiste razão a António Manuel Hespanha (2014) quando considera que o direito é aquilo que, em determinada sociedade, vigora como tal e, em especial com as ideias de que a sua vigência é resultado de um "consenso reflexivo" e que ele é o único capaz de fazer com que as normas correspondam às expectativas sociais mais amplas e que, com isto, possam desempenhar uma função estabilizadora.

2.1 Direito e natureza

A natureza é a invenção de um grego obscuro (Antunes, 2015) que, buscando entender o funcionamento do mundo exterior, tinha em mente compreender a sociedade de seu tempo. Os gregos perceberam que a natureza tem regras constantes, que os diferentes fenômenos se renovam e repetem regularmente. Após o dia vem a noite, depois da primavera vem o verão e, assim sucessivamente. Foi a busca de regularidade e, portanto, de segurança que levou os gregos a estudarem a natureza e a tornarem um paradigma para o direito.

A evolução das relações entre os gregos e a natureza passou da perplexidade inicial quanto aos fenômenos naturais para a construção racional, metódica e sistemática de uma explicação do mundo. A partir daí surge a diferença entre a ordem natural que é uma ordem da necessidade, cujas leis não são substituíveis (Ascensão, 1984) e a ordem da liberdade, criada pelas convenções humanas. Não há valoração nos fatos naturais, eles simplesmente acontecem. A atribuição de valores é ato eminentemente humano e social.

A presença humana, no entanto, modifica os fatos naturais e os transforma em fatos sociais. A título de exemplo, vejam-se os chamados "desastres naturais", que são tratados pela legislação como se não fossem consequências de causas socialmente identificáveis. Atualmente já se cogita de um direito dos desastres (Carvalho e Damacena, 2013), como uma expressão da perplexidade diante do crescimento dos "desastres naturais", ou como "resposta do sistema jurídico a essa espécie de complexidade social" (p. 17). As consequências dos fenômenos naturais são sociais e, certamente, decorrem de escolhas políticas muito precisas e claras.

No caso das chuvas ocorridas no estado do Rio de Janeiro em 2011, os resultados "catastróficos" foram frutos de opções de políticas públicas equivocadas e não, propriamente, causados pelos fenômenos naturais considerados *em si mesmos.*

> Avaliando-se a distribuição dos danos humanos relacionados à série histórica, considera-se que houve retração dos quantitativos obtidos no ano de 2011, este último incrementado pelo desastre na região serrana do Rio de Janeiro. Entretanto, considera-se que o significativo número de afetados mantém relação, em sua incidência, com a maior ocupação desordenada de áreas com alta susceptibilidade aos movimentos de massa. Dessa forma, as avaliações de desempenho quantitativo mostram-se pertinentes onde relacionam entre si: (1) os fenômenos episódicos de maior incidência de precipitações pluviométricas; (2) a ocupação desordenada de áreas de risco e; (3) a maior susceptibilidade ao evento do deslizamento.[7]

---

7. Anuário brasileiro de desastres naturais: 2013 / Ministério da Integração Nacional. Secretaria Nacional de Proteção e Defesa Civil. Centro Nacional de Gerenciamento de Riscos e Desastres. Brasília: CENAD, 2014. p. 54-55.

CAPÍTULO 1 • O DIREITO **7**

Em razão das chuvas de 2011 ocorreram vários deslizamentos de terra e elevação do nível de muitos rios, como consequência dos fenômenos "naturais" muita gente ficou desalojada; houve perda de bens e propriedades e muitas mortes. "A catástrofe, considerada o maior desastre natural da história do Brasil, deixou mais 900 pessoas mortas. Dois anos depois, 165 continuavam desaparecidas".[8]

Os terremotos que ocorreram no Chile e no Haiti, ambos no ano de 2010, tiveram consequências totalmente diversas para cada um dos países. No Chile,[9] país com maior nível de desenvolvimento, o terremoto com escala de magnitude 8,8, resultou em 763 mortos; já no Haiti,[10] o tremor de terra com magnitude 7,0 acarretou cerca de 200 mil mortos ou mais.

A *simples atividade da natureza não é capaz de causar desastres*, pois para que um desastre ocorra é necessária a presença antrópica na área impactada pelo fenômeno natural. Assim, desastre pode ser definido como a consequência negativa de fenômenos naturais e de grandes proporções sobre as vidas humanas, as propriedades, as atividades econômicas e sociais causando prejuízos significativos a todos esses bens [Decreto 10.593/2020, Art. 2º].

A natureza também serviu para a elaboração de um modelo teórico, a partir do qual foram sendo construídas explicações para os diferentes modelos de sociedade (estado da natureza, estado natural) presentes ou imaginadas. A natureza, assim, serviu de base para a construção das mais diferentes utopias políticas e sociais.

A natureza [meio ambiente], nos dias presentes, é um dos mais importantes temas jurídicos, sendo objeto de inúmeros acordos internacionais multilaterais e de uma vasta legislação interna, e, sendo merecedora de menção expressa nas Constituições de vários países, inclusive o Brasil (CF, artigo 225).[11]

---

8. Disponível em: http://memoriaglobo.globo.com/programas/jornalismo/coberturas/chuvas-na-regiao-serra-na-rj-/a-historia.htm. Acesso em: 25 jul. 2016.
9. Disponível em: https://pt.wikipedia.org/wiki/Sismo_do_Chile_de_2010. Acesso em: 30 out. 2020.
10. Disponível em: https://pt.wikipedia.org/wiki/Sismo_do_Haiti_de_2010. Acesso em: 30 out. 2020.
11. STF. Anotação Vinculada – Art. 225 da Constituição Federal – "O direito à integridade do meio ambiente – típico direito de terceira geração – constitui prerrogativa jurídica de titularidade coletiva, refletindo, dentro do processo de afirmação dos direitos humanos, a expressão significativa de um poder atribuído, não ao indivíduo identificado em sua singularidade, mas, num sentido verdadeiramente mais abrangente, à própria coletividade social. Enquanto os direitos de primeira geração (direitos civis e políticos) – que compreendem as liberdades clássicas, negativas ou formais – realçam o princípio da liberdade e os direitos de segunda geração (direitos econômicos, sociais e culturais) – que se identificam com as liberdades positivas, reais ou concretas – acentuam o princípio da igualdade, os direitos de terceira geração, que materializam poderes de titularidade coletiva atribuídos genericamente a todas as formações sociais, consagram o princípio da solidariedade e constituem um momento importante no processo de desenvolvimento, expansão e reconhecimento dos direitos humanos, caracterizados, enquanto valores fundamentais indisponíveis, pela nota de uma essencial inexauribilidade. O direito à integridade do meio ambiente – típico direito de terceira geração – constitui prerrogativa jurídica de titularidade coletiva, refletindo, dentro do processo de afirmação dos direitos humanos, a expressão significativa de um poder atribuído, não ao indivíduo identificado em sua singularidade, mas, num sentido verdadeiramente mais abrangente, à própria coletividade social. Enquanto os direitos de primeira geração (direitos civis e políticos) – que compreendem as liberdades clássicas, negativas ou formais – realçam princípio da liberdade e os direitos de segunda geração (direitos econômicos, sociais e culturais) – que se identificam com as liberdades

2.2 Direito e moral

A moral e o direito são fenômenos culturais e sociais extremamente importantes e próximos, embora não se confundam. A moral regula, fundamentalmente, o mundo interior do indivíduo, o *forum internum*, enquanto o direito regula a conduta exterior, o *forum externum* Já os romanos entendiam que nem tudo que é legalmente licito é moral (*non omne quod licet honestum est*). Assim, a moral abrange um campo mais amplo que o do direito, o direito abriga o mínimo moralmente exigível. Contudo, não se pense que o direito engloba apenas as condutas humanas. O direito tem abrangência muito maior do que a mera conduta humana, havendo normas jurídicas que, efetivamente, nada tem a ver com condutas humanas.

A distinção entre moral e direito remonta ao Iluminismo, tendo sido desenvolvida, inicialmente, por Christian Thomasius e posteriormente por Immanuel Kant. A coercibilidade é um dos fatores de distinção entre um e outro. A moral e os seus deveres são incoercíveis, enquanto os deveres jurídicos são coercíveis. Outro elemento importante para a distinção entre moral e direito é o fato de que a moral é constituída somente por deveres, não havendo "direitos" morais exigíveis de terceiros. Por sua vez, o direito engloba um complexo de direitos e deveres, sendo, portanto, bilateral. Diz-se que a moral é autônoma, pois brota do indivíduo para o exterior; por sua vez, o direito seria heterônomo, ou seja, é externo ao indivíduo impondo-lhe deveres e reconhecendo direitos. Admitir-se a existência de uma moral inteiramente autônoma é falsear a verdade. A moral obedece a um padrão social médio e socialmente aceito e que, não se pode dizer que seja *interno* ao indivíduo e, unicamente, fruto de sua autonomia da vontade para fixar os seus próprios padrões morais. O descumprimento de padrões morais socialmente aceitos, certamente, implica em *sanções* por parte do grupo; sanções que não são jurídicas mas, igualmente poderosas e capazes de gerar constrangimentos. Um bom exemplo disto são os códigos de ética de clubes ou entidades profissionais. Tais documentos estabelecem padrões morais aplicáveis no interior de tais entidades e que independem do indivíduo.

Um exemplo de norma jurídica muito próxima de uma norma moral, ou até mesmo religiosa, é a contida no inciso VII, do § 1º do artigo 225 da CF que proíbe a crueldade contra os animais. A norma constitucional foi regulamentada pelo artigo 32 da Lei 9.605/1998. O Supremo Tribunal Federal ao enfrentar o tema dos maus tratos aos animais decidiu que leis estaduais, e.g., [Lei 7.380/1998 do Estado do Rio Grande do Norte] que regulamentam atividades como rinhas de galo [brigas de galo], com aves de

---

positivas, reais ou concretas – acentuam o princípio da igualdade, os direitos de terceira geração, que materializam poderes de titularidade coletiva atribuídos genericamente a todas as formações sociais, consagram o princípio da solidariedade e constituem um momento importante no processo de desenvolvimento, expansão e reconhecimento dos direitos humanos, caracterizados, enquanto valores fundamentais indisponíveis, pela nota de uma essencial inexauribilidade [MS 22.164, rel. min. Celso de Mello, j. 30.10.1995, P, DJ de 17.11.1995]".

raças combatentes, são inconstitucionais, por violarem a CF.[12] Em relação à vaquejada, o Supremo Tribunal Federal decidiu no sentido da inconstitucionalidade das normas estaduais que a autorizavam.[13]

A mera exteriorização de uma conduta, certamente, não é suficiente para que um fato possa ser enquadrado como contrário ao direito e, portanto, punível. Há casos, inclusive, que a ação moral pode sobrepujar a norma proibitiva e esvaziar o seu conteúdo. É o caso de aves em gaiolas. O Tribunal de Justiça de Santa Catarina decidiu caso em que a manutenção de pássaros em gaiola não se caracterizou como "maus tratos": "A manutenção de pássaros, que não estão em perigo de extinção, na residência do apelado, onde recebiam cuidados apropriados, não tem a possibilidade de ocasionar qualquer lesividade ao bem jurídico protegido pela norma penal incriminador".[14] Veja-se que a mera conduta exterior não foi suficiente para acarretar a aplicação de uma pena. A conduta interna, o foro íntimo, a vontade de maltratar os pássaros seria essencial para a aplicação da repreensão.

A Carta Encíclica *Laudato Sí* do Papa Francisco sobre o cuidado da casa comum,[15] exprimindo ponto de vista moral e religioso afirma que não pode ser autêntico um sentimento de união íntima com outros seres da natureza, se ao mesmo tempo não houver no coração ternura, compaixão e preocupação pelos seres humanos." O Papa Francisco afirma, ainda, que há uma evidente incoerência "de quem luta contra o tráfico de animais em risco de extinção, mas fica completamente indiferente perante o tráfico de pessoas, desinteressa-se dos pobres ou procura destruir outro ser humano de que não gosta". Tal tipo de comportamento acarreta o comprometimento do sentido da luta pela defesa ambiental. O Papa complementa afirmando "exige-se uma preocupação pelo meio ambiente, unida ao amor sincero pelos seres humanos e a um compromisso constante com os problemas da sociedade".

Um outro documento de elevado valor moral é a *Carta da Terra*[16] que em seus itens I(1) e I(1) (a) proclama o princípio de "[r]espeitar a Terra e a vida em toda sua diversidade", e "[r]econhecer que todos os seres são interligados e cada forma de vida tem valor, independentemente de sua utilidade para os seres humanos." Há, entretanto, normas jurídicas que são moralmente neutras, como é o caso do artigo 6º da Lei 6.938, de 31 de agosto de 1981 [Política Nacional do Meio Ambiente – PNMA] que estabelece a estrutura do Sistema Nacional do Meio Ambiente. No mesmo sentido a norma contida no artigo 1º da Lei 7.347, de 24 de julho de 1985.

---

12. [ADI 3.776, rel. min. Cezar Peluso, j. 14.06.2007, P, *DJ* de 29.06.2007]. ADI 1.856, rel. min. Celso de Mello, j. 26.05.2011, P, *DJE* de 14.10.2011.

13. [ADI 4.983, rel. min. Marco Aurélio, j. 06.10.2016, P, *DJE* de 27.04.2017].

14. TJ-SC – APL: 00061707020178240091 Capital – Eduardo Luz 0006170-70.2017.8.24.0091, Relator: Marcio Rocha Cardoso, Data de Julgamento: 12.03.2020, Primeira Turma Recursal.

15. Disponível em: http://www.vatican.va/content/francesco/pt/encyclicals/documents/papa-francesco_20150524_enciclica-laudato-si.html. Acesso em: 29 out. 2020.

16. Disponível em: https://www.mma.gov.br/estruturas/agenda21/_arquivos/carta_terra.pdf. Acesso em: 29 out. 2020.

Nos tempos atuais, a maioria das normas jurídicas não têm qualquer conteúdo moral. Inobstante tal fato, é necessário que o agir se faça em conformidade com a moral nos diversos campos do direito. A má fé, a simulação, a fraude, a coação são punidas pelo direito, em função do defeito de vontade que encerram. No caso de pagamento indevido, a lei não confere direito à repetição aquele que tenha dado alguma coisa com vistas à obtenção de fim ilícito, imoral, ou proibido por lei (Código Civil Brasileiro [CCB], artigo 883). O pai ou a mãe poderão perder o poder familiar, por decisão judicial, dentre outros motivos, pela prática de atos "contrários à moral e aos bons costumes" [CCB, artigo 1638, III].

Na esfera da administração pública, a conduta moral pode ser exigida do administrador, haja vista que a moralidade *administrativa* merece tutela pela via da ação popular [CF art. 5º, LXXIII], sendo um princípio da administração pública [CF art. 37]. Ela, conforme decidido pelo Supremo Tribunal Federal,[17] é da essência da atividade do Estado.

> A atividade estatal, qualquer que seja o domínio institucional de sua incidência, está necessariamente subordinada à observância de parâmetros ético-jurídicos que se refletem na consagração constitucional do princípio da moralidade administrativa. Esse postulado fundamental, que rege a atuação do Poder Público, confere substância e dá expressão a uma pauta de valores éticos sobre os quais se funda a ordem positiva do Estado. O princípio constitucional da moralidade administrativa, ao impor limitações ao exercício do poder estatal, legitima o controle jurisdicional de todos os atos do Poder Público que transgridam os valores éticos que devem pautar o comportamento dos agentes e órgãos governamentais. A ratio subjacente à cláusula de depósito compulsório, em instituições financeiras oficiais, das disponibilidades de caixa do Poder Público em geral (CF, art. 164, § 3º) reflete, na concreção do seu alcance, uma exigência fundada no valor essencial da moralidade administrativa, que representa verdadeiro pressuposto de legitimação constitucional dos atos emanados do Estado.

Conforme visto acima, a moral mesmo que não se confundindo com o direito, ainda desempenha papel relevante no mundo jurídico, especialmente nas relações de família, no direito penal e no direito constitucional e administrativo.

3. O MUNDO BIPARTIDO DO DIREITO

O mundo do direito é bipartido: defesa e acusação, prova e contraprova, argumento e contra-argumento. Direito e dever [todos têm *direito* ao meio ambiente... impondo-se ao Poder Público e à coletividade o *dever* de defendê-lo...]; direito público e direito privado; particular e geral; nacional e internacional; federal e local. Todas estas dicotomias são importantes no reino do jurídico, pois indicam que o direito comporta diferentes pontos de vista sobre um mesmo fato, uma mesma situação. Celso Lafer (2015) afirma que as dicotomias são úteis no processo de conhecimento, em especial quando partem de um "distinguo" baseado na capacidade de observar "diferenças e dissimilitudes". Na

---

17. STF – ADI: 2661 MA, Relator: Celso De Mello, Data de Julgamento: 05.06.2002, Tribunal Pleno, Data de Publicação: DJ 23.08.2002.

sociedade moderna, o nível de imbricação entre os seus diferentes elementos, necessariamente, aumenta a complexidade de seu ordenamento jurídico. A dicotomia não desaparece, por certo, mas entre um e outro polo, vão se apresentando diversos matizes intermediários que tornam a distinção, entre uns e outros, obscurecida por nuvens.

Este fenômeno se materializa em um crescente número de normas jurídicas das mais diferentes categorias. Norberto Bobbio (2014) compara o número de normas jurídicas com o número de estrelas no céu, pois "ninguém jamais foi capaz de contar". O mesmo Bobbio adverte que, embora os juristas reclamem do elevado número de normas jurídicas, este não para de crescer, pois "não se pode senão seguir criando-as a fim de satisfazer todas as necessidades da vida social cada vez mais variada e intrincada". O crescimento do número de normas jurídicas, contudo, pode indicar burocratização, dificuldades para o cidadão e, até mesmo, diminuição da liberdade. Não se perca de vista que "quem semeia normas não pode colher justiça" (Engisch, 1979, p. 262). Isto no sentido que um crescimento desordenado das normas jurídicas, a inexistência de uma coerência interna em sua produção, certamente acarreta a quebra do princípio de justiça que deve nortear a elaboração legislativa.

O direito, em uma sociedade moderna e complexa, como a brasileira, tende a ser plural (CF, artigo 216), ainda que *formalmente* se busque afirmar a prevalência do direito estatal sobre os demais direitos costumeiros. Conforme anotado por Rizzatto Nunes (2019), em relação à divisão do direito em "ramos", não se pode vislumbrar a linha divisória ao nível de realidade jurídica concreta.

Os romanos dividiam o direito em duas grandes províncias, a saber: (1) o direito público e o (2) direito privado, ainda que não dessem grande valor a tal distinção (Pasquier, 1979). Eles reduziam o direito público à tutela da coisa pública, enquanto que o direito privado estava voltado para o interesse dos particulares (Gusmão, 2018). Na mesma linha de Paulo Dourado de Gusmão, Miguel Reale (1974, p. 377) leciona que é a primeira divisão que se encontra na "História de Ciência do Direito" e que foi feita com base no "critério da utilidade pública ou particular da relação". Esta dicotomia da estática das normas (Ferraz Jr., 2019) tem origem na velha formulação de Ulpiano, constante do Digesto.[18]

Na antiguidade, conforme observado por Tércio Sampaio Ferraz Jr., a separação entre esfera pública e esfera privada tem características peculiares. À esfera privada

---

18. Dig. 1.1.1.2. Ulpianus 1 inst. Huius studii duae sunt positiones, publicum et privatum. publicum ius est quod ad statum rei romanae spectat, privatum quod ad singulorum utilitatem: sunt enim quaedam publice utilia, quaedam privatim. publicum ius in sacris, in sacerdotibus, in magistratibus constitit. privatum ius tripertitum est: collectum etenim est ex naturalibus praeceptis aut gentium aut civilibus. Disponível em: https://www.thelatinlibrary.com/justinian/digest1.shtml. Acesso em: 26 out. 2020.

(Dois são os aspectos do direito: o público e o privado. Direito público é o que diz respeito ao governo do império romano; privado o que respeita aos interesses de cada cidadão; pois existem coisas que são úteis ao público e outras aos particulares. O direito público consiste nas coisas sagradas, nos sacerdotes e nos magistrados. O direito privado consta de três partes, pois resulta dos prescritos naturais ou das gentes ou civis.) (VASCONCELOS: 2017, p. 62).

correspondia o "reino da necessidade" (p. 101), ou seja, as atividades humanas praticadas com o objetivo de atender "às exigências da condição animal do homem", tais como a alimentação, a procriação e o descanso. Estas atividades realizadas com o objetivo de sobrevivência eram denominadas "labor "que não se confundia com o "trabalho". O labor era relacionado ao processo ininterrupto utilizado para a produção de bens de consumo, os bens que eram integrados no corpo após sua produção e que não permaneciam no mundo, por serem perecíveis (Ferraz Jr., 2019). Estas atividades eram produzidas no mundo privado (*privus*, próprio), na casa (*domus*, *oikia*), recebendo o nome de economia (*oikos-nomia*). Esta esfera privada se caracterizava na casa, na família, com a figura do *pater-famílias*, o pai que era o senhor da sua mulher e dos seus filhos. Em resumo, neste espaço não havia "liberdade, pois todos, inclusive o senhor, estavam sob a coação da necessidade" (Ferraz Jr., 2019, p. 102).

A liberação do reino da necessidade, ainda segundo Tércio Sampaio Ferraz Jr (2019) era privilégio de poucos, os chamados cidadãos (*cives*), que exerciam a sua *ação* no âmbito da polis (cidade), daí a ação do cidadão ser eminentemente *política*, haja vista que a *polis* era o seu local natural. A ação era contínua e o seu exercício era instrumento de dignificação do homem, pois conferia-lhe liberdade entre os cidadãos iguais. "O terreno da ação era o do encontro dos homens livres, que se governam. Daí a ideia de ação política, dominada pela palavra, pelo discurso, pela busca dos critérios do bem governar, das normas do direito" (Ferraz Jr., 2019, p. 102). Foi a ação que possibilitou a construção da ideia do *animal político*.

Existia uma categoria intermediária entre o *labor* e a *ação* que era o *trabalho*. Diferentemente das duas categorias já examinadas, o trabalho não era contínuo, pois se encerrava com a produção do objeto. Os objetos utilizados para a realização do trabalho, diferentemente dos utilizados para o *labor*, não se confundem com o corpo humano. "Enquanto o labor tinha um sentido de preservação da natureza (amainar a terra, cultivá-la, produzir o alimento e consumi-lo), o trabalho era uma violência, pois da matéria natural (a madeira da árvore) fazia-se algo novo, permanente: a mesa" (Ferraz Jr., 2019, p. 102). Este trabalhador era o *homo faber*. O *homo faber*, do ponto de vista social, estava inserido em uma posição intermediária entre as esferas pública e privada. Suas atividades (venda dos produtos por ele fabricados) era exercida no mercado e, por isso, mais próxima da esfera pública. Assim, do direito bipartido, surge dialeticamente uma síntese.

Estas distinções, com o evoluir da sociedade, com a sua complexificação foram perdendo o sentido e, na prática, desapareceram. A distinção entre *labor* e *trabalho*, nos dias de hoje é inexistente. E a distinção entre esfera pública e esfera privada que, de certa forma, é a base da distinção entre direito público e direito privado, da mesma forma, é mais fluída. Na sociedade moderna, cada vez mais vão se criando e estabilizando campos jurídicos que são intermediários, entre o público e o privado, com variadas denominações.

Atualmente, a divisão do direito em diferentes "ramos" tem valor puramente didático e não deve ser motivo de maiores disputas entre a comunidade jurídica, haja vista que se cuida apenas de uma questão formal e sem maiores consequências práticas. Conforme bem anotado por Silvio Salvo Venosa (2019, p. 21), "[h]oje, mais que ontem, há uma completa interpenetração de campos jurídicos". A rígida separação entre os diferentes campos especializados do direito, faz com que o aplicador da norma perca a visão de conjunto do sistema e, especialmente, a visão dos objetivos perseguidos pela ordem jurídica.

Certamente, existem outros critérios de catalogação do Direito que, igualmente, tem caráter puramente didático, ainda que se possa identificar algumas formas próprias de raciocínio e interpretação jurídica, conforme o "segmento" do Direito que se esteja analisando no caso concreto. É possível identificar o (1) direito nacional e o (2) internacional. Mesmo estes podem ser divididos em (1) direito nacional, (a) federal, (b) estadual ou (c) municipal quando se tratar de um País que se organize em forma federativa como é o caso do Brasil. Os direitos dos entes subnacionais (estados e municípios) são limitados em (1) relação à matéria que podem tratar, pois a Constituição Federal estabelece uma repartição de competência entre a União e os entes subnacionais, sofrendo também limitação em relação (2) à sua abrangência territorial que é restrita ao território do ente subnacional do qual emana.

Há autores, como Paulo Dourado de Gusmão (2018) que admitem a existência de um *direito misto* que é uma categoria jurídica que se caracteriza por não ser pública, nem privado, isto "por tutelar tanto o interesse público ou social como o interesse privado". Exemplos tal direito misto seriam os casos do direito de família, do trabalho, econômico, agrário ou mesmo o ambiental, pois seriam constituídos por normas de direito público e direito privado.

Parece claro que a divisão do direito em ramos não deve ser encarada como verdadeiro dogma. O contrário, ela deve ser entendida com propósitos didáticos e com vistas a facilitar a compreensão do fenômeno jurídico. A antiga tendência de privilegiar o direito privado sobre o direito público tem, paulatinamente, diminuído, na medida em que as diferenças entre um e outro "ramo" do direito tem sido estreitada.

A Constituição Federal de 1988, em diversos de seus tópicos, dá mostras claras do encurtamento da distância entre público e privado. A instituição familiar que é privada por excelência, tem na Constituição um amplo tratamento, merecendo inclusive um capítulo próprio [artigo 226].[19] Também, não se pode esquecer que a Constituição de

---

19. STF: Anotação Vinculada – art. 226, § 2º da Constituição Federal – "O *caput* do art. 226 confere à família, base da sociedade, especial proteção do Estado. Ênfase constitucional à instituição da família. Família em seu coloquial ou proverbial significado de núcleo doméstico, pouco importando se formal ou informalmente constituída, ou se integrada por casais heteroafetivos ou por pares homoafetivos. A Constituição de 1988, ao utilizar-se da expressão "família", não limita sua formação a casais heteroafetivos nem a formalidade cartorária, celebração civil ou liturgia religiosa. Família como instituição privada que, voluntariamente constituída entre pessoas adultas, mantém com o Estado e a sociedade civil uma necessária relação tricotômica. Núcleo familiar que é o

1988 incorporou ao direito positivo, de forma bastante assertiva, questões como as relativas ao direito de propriedade[20] e sua função social que, na prática, é uma publicização de um direito que é, originariamente, privado.

---

principal lócus institucional de concreção dos direitos fundamentais que a própria Constituição designa por "intimidade e vida privada" (inciso X do art. 5º). Isonomia entre casais heteroafetivos e pares homoafetivos que somente ganha plenitude de sentido se desembocar
no igual direito subjetivo à formação de uma autonomizada família. Família como figura central ou continente, de que tudo o mais é conteúdo. Imperiosidade da interpretação não reducionista do conceito de família como instituição que também se forma por vias distintas do casamento civil. Avanço da CF de 1988 no plano dos costumes. Caminhada na direção do pluralismo como categoria sócio-político-cultural. Competência do STF para manter, interpretativamente, o Texto Magno na posse do seu fundamental atributo da coerência, o que passa pela eliminação de preconceito quanto à orientação sexual das pessoas. União estável. Normação constitucional referida a homem e mulher, mas apenas para especial proteção desta última. (...) A referência constitucional à dualidade básica homem/mulher, no § 3º do seu art. 226, deve-se ao centrado intuito de não se perder a menor oportunidade para favorecer relações jurídicas horizontais ou sem hierarquia no âmbito das sociedades domésticas. Reforço normativo a um mais eficiente combate à renitência patriarcal dos costumes brasileiros. Impossibilidade de uso da letra da Constituição para ressuscitar o art. 175 da Carta de 1967/1969. Não há como fazer rolar a cabeça do art. 226 no patíbulo do seu parágrafo terceiro. Dispositivo que, ao utilizar da terminologia "entidade familiar", não pretendeu diferenciá-la da "família". Inexistência de hierarquia ou diferença de qualidade jurídica entre as duas formas de constituição de um novo e autonomizado núcleo doméstico. Emprego do fraseado "entidade familiar" como sinônimo perfeito de família. A Constituição não interdita a formação de família por pessoas do mesmo sexo. Consagração do juízo de que não se proíbe nada a ninguém senão em face de um direito ou de proteção de um legítimo interesse de outrem, ou de toda a sociedade, o que não se dá na hipótese sub judice. Inexistência do direito dos indivíduos heteroafetivos à sua não equiparação jurídica com os indivíduos homoafetivos. Aplicabilidade do § 2º do art. 5º da CF, a evidenciar que outros direitos e garantias, não expressamente listados na Constituição, emergem "do regime e dos princípios por ela adotados" (...). (...) Ante a possibilidade de interpretação em sentido preconceituoso ou discriminatório do art. 1.723 do CC/2002, não resolúvel à luz dele próprio, faz-se necessária a utilização da técnica de "interpretação conforme à Constituição". Isso para excluir do dispositivo em causa qualquer significado que impeça o reconhecimento da união contínua, pública e duradoura entre pessoas do mesmo sexo como família. Reconhecimento que é de ser feito segundo as mesmas regras e com as mesmas consequências da união estável heteroafetiva. [ADI 4.277 e ADPF 132, rel. min. Ayres Britto, j. 05.05.2011, P, DJE de 14.10.2011.]
=RE 687.432 AgR, rel. min. Luiz Fux, j. 18.09.2012, 1ª T, DJE de 02.10.2012. Vide RE 646.721, rel. p/ o ac. min. Roberto Barroso, j. 10.05.2017, P, DJE de 11.09.2017, Tema 498".

20. Constituição Federal: Art. 186. A função social é cumprida quando a propriedade rural atende, simultaneamente, segundo critérios e graus de exigência estabelecidos em lei, aos seguintes requisitos: I – aproveitamento racional e adequado; II – utilização adequada dos recursos naturais disponíveis e preservação do meio ambiente; III – observância das disposições que regulam as relações de trabalho; IV – exploração que favoreça o bem-estar dos proprietários e dos trabalhadores.
STF: Esta Corte já decidiu que o art. 6º da Lei 8.629/1993, ao definir o imóvel produtivo, a pequena e a média propriedade rural e a função social da propriedade, não extrapola os critérios estabelecidos no art. 186 da CF; antes, confere-lhe eficácia total (MS 22.478/PR, Maurício Corrêa, *DJ* de 26.09.1997). [MS 23.312, rel. min. Maurício Corrêa, j. 16.12.1999, P, *DJ* de 25.02.2000].
Art. 226. A família, base da sociedade, tem especial proteção do Estado.
STF: Anotação Vinculada – art. 226, § 2º da Constituição Federal – "O *caput* do art. 226 confere à família, base da sociedade, especial proteção do Estado. Ênfase constitucional à instituição da família. Família em seu coloquial ou proverbial significado de núcleo doméstico, pouco importando se formal ou informalmente constituída, ou se integrada por casais heteroafetivos ou por pares homoafetivos. A Constituição de 1988, ao utilizar-se da expressão "família", não limita sua formação a casais heteroafetivos nem a formalidade cartorária, celebração civil ou liturgia religiosa. Família como instituição privada que, voluntariamente constituída entre pessoas adultas, mantém com o Estado e a sociedade civil uma necessária relação tricotômica. Núcleo familiar que é o principal lócus institucional de concreção dos direitos fundamentais que a própria Constituição designa por "intimidade e vida privada" (inciso X do art. 5º). Isonomia entre casais heteroafetivos e pares homoafetivos que somente ganha plenitude de sentido se desembocar
no igual direito subjetivo à formação de uma autonomizada família. Família como figura central ou continente, de que tudo o mais é conteúdo. Imperio-

sidade da interpretação não reducionista do conceito de família como instituição que também se forma por vias distintas do casamento civil. Avanço da CF de 1988 no plano dos costumes. Caminhada na direção do pluralismo como categoria sócio-político-cultural. Competência do STF para manter, interpretativamente, o Texto Magno na posse do seu fundamental atributo da coerência, o que passa pela eliminação de preconceito quanto à orientação sexual das pessoas. União estável. Normação constitucional referida a homem e mulher, mas apenas para especial proteção desta última. (...) A referência constitucional à dualidade básica homem/mulher, no § 3º do seu art. 226, deve-se ao centrado intuito de não se perder a menor oportunidade para favorecer relações jurídicas horizontais ou sem hierarquia no âmbito das sociedades domésticas. Reforço normativo a um mais eficiente combate à renitência patriarcal dos costumes brasileiros. Impossibilidade de uso da letra da Constituição para ressuscitar o art. 175 da Carta de 1967/1969. Não há como fazer rolar a cabeça do art. 226 no patíbulo do seu parágrafo terceiro. Dispositivo que, ao utilizar da terminologia "entidade familiar", não pretendeu diferenciá-la da "família". Inexistência de hierarquia ou diferença de qualidade jurídica entre as duas formas de constituição de um novo e autonomizado núcleo doméstico. Emprego do fraseado "entidade familiar" como sinônimo perfeito de família. A Constituição não interdita a formação de família por pessoas do mesmo sexo. Consagração do juízo de que não se proíbe nada a ninguém senão em face de um direito ou de proteção de um legítimo interesse de outrem, ou de toda a sociedade, o que não se dá na hipótese sub judice. Inexistência do direito dos indivíduos heteroafetivos à sua não equiparação jurídica com os indivíduos homoafetivos. Aplicabilidade do § 2º do art. 5º da CF, a evidenciar que outros direitos e garantias, não expressamente listados na Constituição, emergem "do regime e dos princípios por ela adotados" (...). (...) Ante a possibilidade de interpretação em sentido preconceituoso ou discriminatório do art. 1.723 do CC/2002, não resolúvel à luz dele próprio, faz-se necessária a utilização da técnica de "interpretação conforme à Constituição". Isso para excluir do dispositivo em causa qualquer significado que impeça o reconhecimento da união contínua, pública e duradoura entre pessoas do mesmo sexo como família. Reconhecimento que é de ser feito segundo as mesmas regras e com as mesmas consequências da união estável heteroafetiva. [ADI 4.277 e ADPF 132, rel. min. Ayres Britto, j. 05.05.2011, P, DJE de 14.10.2011.]
= RE 687.432 AgR, rel. min. Luiz Fux, j. 18.09.2012, 1ª T, DJE de 02.10.2012. Vide RE 646.721, rel. p/ o ac. min. Roberto Barroso, j. 10.05.2017, P, DJE de 11.09.2017, Tema 498".

Capítulo 2
DIREITO E IDEOLOGIA

1. INTRODUÇÃO

O debate sobre as relações entre direito e ideologia é da maior importância dentro de um curso universitário de direito, pois há uma forte tendência a se acreditar, ou fazer crer, que o direito é um conhecimento neutro, científico e que não expressa determinadas visões de mundo. Com efeito, um dado sistema jurídico e os valores nele presentes são frutos do conjunto de ideias predominantes na sociedade. Esconder tais fatos, impede que o estudante de direito possa identificar as realidades subjacentes às diferentes normas de direito e, por consequência, compreender o papel que elas desempenham em uma sociedade concreta. Vejamos alguns exemplos do conteúdo ideológico do direito:

(1) O Decreto – Lei 3.199, de 14 de abril de 1941 [DL 3.199/1941] que estabeleceu as bases da organização dos desportos no Brasil durante o Estado Novo, em seu artigo 54 estabelecia que "[à]s mulheres não se permitirá a prática de desportos incompatíveis com as condições de sua natureza". Assim, a norma trazia embutida uma concepção da "natureza" feminina e, a partir disto, estabelecia a proibição da prática de esportes incompatíveis com tal "natureza". O DL 3.199/1941 foi firmado por onze homens e nenhuma mulher. Sabemos que, do ponto de vista físico, psíquico ou de qualquer outro, não se pode falar em esportes incompatíveis com a "natureza das mulheres". A proibição foi explicitamente reafirmada pela Deliberação 7, de 2 de agosto de 1965[1] que dispunha o seguinte:

> 1. Às mulheres se permitirá a prática de desportos na forma, modalidades e condições estabelecidas pelas entidades internacionais dirigentes de cada desporto, inclusive em competições, observado o disposto na presente deliberação.
>
> 2. Não é permitida a prática de lutas de qualquer natureza, futebol, futebol de salão, futebol de praia, polo-aquático, pólio, Rugby, halterofilismo e baseball.

(2) O Código Civil de 1916 [Lei 3.071, de 1º de janeiro de 1916, (CCB 1916)] estabelecia na redação original de seu artigo 6º que eram relativamente incapazes, dentre outros, as (1) mulheres casadas, enquanto subsistir a sociedade conjugal e os (2) silvícolas. Tais disposições, naturalmente, não possuem qualquer base técnica ou científica, baseando-se apenas em preconceitos arraigados, limitando-se a refletir a posição de inferioridade em relação às mulheres e aos indígenas.

---

1. Disponível em: http://cev.org.br/biblioteca/deliberacao-n-7-2-agosto-1965/. Acesso em: 20 fev. 2021.

(3) O CCB 1916, em sua redação original, no que tange ao *status* jurídico dos filhos fazia diversas diferenças, tomando por base as relações entre os pais e a condição jurídica desses últimos. Assim, os filhos podiam ser (1) *legítimos* (concebidos na constância do casamento), (2) *legitimados* que eram em tudo equiparados aos legítimos (a legitimação resultava do casamento dos pais); haviam, ainda os filhos (3) *ilegítimos que podiam ser reconhecidos* e os (4) *ilegítimos que não podiam ser reconhecidos* (incestuosos e/ou adulterinos).

Em relação à *escravidão*, veja-se que o artigo 179 do Código Criminal de 1830 [Lei de 16 de dezembro de 1830] estabelecia o *crime de reduzir à escravidão a pessoa livre*. Ora, o tipo penal admitia que uma pessoa fosse naturalmente escrava, pois a *escravidão em si mesma* não era punível. Ao contrário, punível era a luta pela liberdade, conforme tipificado no crime de insurreição [artigo 113].[2] Os próprios escravos eram classificados como *bens móveis*, sendo objetos úteis de compra e venda, sujeitos à hipoteca. Teixeira de Freitas, em sua Consolidação das Leis Civis, classificou os escravos na classe dos bens móveis, ao lado dos semoventes e, como semoventes, podiam figurar nos contratos de terras como bens acessórios dos imóveis (Prudente, 1988).

Em outros aspectos do direito é possível, igualmente, identificar elementos ideológicos que são utilizados com frequência. Talvez uma das mais importantes seja o mito da liberdade individual, acima dos condicionamentos sociais. Os condicionamentos sociais são as "associações involuntárias" mencionadas por Michael Walzer (2008). As associações involuntárias são os diferentes grupos sociais nos quais estamos inseridos, independentemente de nossa vontade. Essas associações involuntárias geram *restrições involuntárias* que são estabelecidas desde cedo em nossas vidas. A primeira de tais restrições é *familiar e social*, pois nascemos membros de uma família, de um país, de uma classe social, homem ou mulher. Há inúmeras outras formas de restrições que são impostas aos indivíduos que condicionam nossas atitudes e não nos deixam liberdade absoluta de movimento e de escolha, sendo certo que existem limites exteriores à autonomia da vontade individual. Entretanto, a autonomia plena da vontade é uma ideologia muito difundida no mundo do direito. É, aliás, contraditório que assim seja, pois é enorme a quantidade de situações jurídicas que, de fato, reconhecem as restrições concretas a uma plena autonomia da vontade. É o caso dos contratos de adesão previstos no artigo 54 do Código de Defesa do Consumidor [Lei 8.078, de 11 de setembro de 1990 (CDC)].

Karl Mannheim (1968) demonstra, por exemplo, que liberdade para um "conservador alemão de estilo antigo" do início do século XIX queria dizer o direito de cada estado viver conforme as suas "liberdades" (privilégios); caso este fosse integrante do movimento protestante e romântico conservador, liberdade significava a "liberdade

---

2. Art. 113. Julgar-se-á cometido este crime, retinindo-se vinte ou mais escravos para haverem a liberdade por meio da força. Penas – Aos cabeças – de morte no grau máximo; de galés perpetuas no médio; e por quinze anos no mínimo; – aos mais – açoites.

interna", ou o direito de cada um viver conforme a sua própria personalidade individual. Havia, para ambos os grupos, um entendimento de que liberdade era o direito de manter sua individualidade histórica ou íntima. Por outro lado, para um liberal da mesma quadra histórica, liberdade significava a ausência dos privilégios que, aos olhos dos conservadores, pareciam ser a própria essência da liberdade. O liberal possuía uma concepção igualitária de liberdade, para o qual o "ser livre" tinha o inequívoco sentido de que todos os homens têm os mesmos direitos fundamentais. A concepção liberal de liberdade tinha por objetivo subverter a ordem social não igualitária, externa e legal. Já a concepção conservadora de liberdade era a de um estrato que não desejava mudanças na ordem externa das coisas. Para o conservadorismo, a ideia de liberdade deveria sair do campo político eterno e permanecer sitiada no campo interno e não no político. A posição do observador, portanto, é importante para a compreensão do fenômeno. Mannheim cita como exemplo, o conceito conservador de Volksgeist [espírito do povo] que, provavelmente, tenha sido formulado como um contra conceito em oposição ao conceito progressista de "espírito da época" [Zeitgeist].

Uma outra ideologia muito relevante é o progresso *constante* (Dupas, 2006). Por ela, imagina-se que o progresso tecnológico será permanente e que, por seu intermédio, os graves problemas ambientais hoje enfrentados pela humanidade serão resolvidos. Tal ideologia mascara os problemas ambientais reais que, inobstante o progresso tecnológico, têm se ampliado.

2. IDEOLOGIA E CONCEITOS JURÍDICOS

Ideologia é uma palavra polissêmica e como toda palavra polissêmica pode dar margem a muita confusão e mal-entendidos. Em seu sentido vulgar, ideologia significa o conjunto de ideias sobre determinado assunto, em especial as ideias políticas e sociais. Se considerarmos a linguagem política e a linguagem filosófica, provavelmente, não encontraremos outra palavra que seja tão empregada e que tenha tantos significados diversos (Stoppino, 1998). O astro pop brasileiro Cazuza cantou: "Ideologia! Eu quero uma pra viver". O poeta pretendia demonstrar que a sociedade moderna está dividida em diversas ideologias que se combatem mutuamente, cada uma acusando a outra de falsear a verdade e que eles são parte de nossa vida e que vivemos por e para elas.

Uma outra acepção para ideologia é crítica, identificando o termo como um instrumento de dominação política, cultural e econômica. Nesta segunda acepção, ideologia tem o claro significado de instrumento para mascarar a realidade concreta. Aurélio Buarque de Hollanda (1981) registra, em seu conhecido dicionário, o significado de ideologia como a ciência da formação das ideias em abstrato, sistema de ideias. Em um segundo significado, o Aurélio registra que, em filosofia, a ideologia é um pensamento teórico que, pretendendo se desenvolver sobre seus próprios princípios abstratos é, na realidade, a expressão de fatos, sobretudo sociais e econômicos, não levados em conta ou não expressamente reconhecidos como determinantes desse mesmo pensamento.

As definições de ideologia são quase tantas quantos os autores que se dedicaram ao tema, pois cada autor, em série que se inicia no século XVIII e não cessa de crescer, concebe o conceito de ideologia de forma diferente conforme as estratégias e diretrizes de seu pensamento (Eagleton, 2019). Marilena Chauí (1981) informa que o termo ideologia apareceu pela primeira vez em 1801 no livro de Destutt de Tracy, *Elementos de Ideologia*. Juntamente com o médico Cabanis, com De Gérando e Volney, Destutt de Tracy pretendia elaborar uma ciência da gênese das ideias, tratando-as como fenômenos naturais que exprimissem a relação do corpo humano, enquanto organismo vivo, com o meio ambiente. Ele elabora uma teoria sobre as faculdades sensíveis responsáveis pela formação de todas as nossas ideias que são: o querer (vontade), o julgar (razão) e o recordar (memória). Para Destutt de Tracy e seu grupo, as ideias são originárias de uma realidade concreta, material, pois o Homem, em contato com a realidade, através dos sentidos, que as geram. Ingênuo, por certo, Tracy fazia parte da corrente filosófica do *sensismo*, gênero do materialismo francês do século XVIII.

Toda sociedade possui um conjunto de ideias, valores e crenças pelas quais é regida e que servem de base a seu sistema jurídico e político. Evidentemente, este conjunto de ideias não é monolítico e impermeável. Em realidade, não há "um conjunto de ideias" sistemático e dotado de perfeita coerência interna. O sistema de ideias vigentes em uma sociedade, as representações socialmente determinadas formam um agrupamento caótico e contraditório que, entretanto, possui uma *orientação predominante e dirigente*. Este núcleo central de ideias, as ideias dominantes, formam a *ideologia dominante* em uma sociedade determinada. Quando dizemos ideologia dominante, o fazemos sabendo que existem outras ideologias não dominantes coexistindo em uma mesma sociedade. Estas ideologias são as ideologias subalternas ou subordinadas.

Marx e Engels (1982) partem do pressuposto de que as ideias da classe dominante são, em todas as épocas, as ideais dominantes, isto é, a classe que constitui a força material dominante da sociedade é, ao mesmo tempo, a sua força espiritual dominante. Dizer que determinado conjunto de ideias são as ideias dominantes *não* significa que elas [as ideias dominantes] sejam as ideias únicas e incontestadas. De fato, a história da sucessão das ideias jurídicas demonstra que a contestação das ideias dominantes é uma faceta corriqueira da evolução do direito.

A explicação – legitimação tem por objetivo reproduzir e perpetuar as relações sociais e de produção em cada período historicamente determinado. Para explicar – legitimar o *status quo*, é essencial que as ideias tenham o "dom" de ocultar uma relação de dominação político-econômica existente na sociedade real. É apresentando um quadro "aceitável" de sua própria dominação que as classes dirigentes procuram a sua legitimação. Todavia, a ideologia não pode ser considerada *apenas* como uma falsificação da realidade, pois não seria crível que toda uma população fosse enganada constantemente. A ideologia, certamente, envolve questões que, de fato, atendem às necessidades psicológicas e sociais de boa parte da população de uma dada sociedade. Sem dúvida, o estado tem o monopólio da violência legítima, como afirmou Max Weber.

A violência é condição *sine qua non* para o exercício do poder de império pelo Estado. Contudo, apenas a violência real não explica a dominação político-econômica de uma classe ou aliança de classes sobre as demais. Existem momentos em que a violência é aparente, atual e existem momentos em que a violência é oculta, dissimulada, potencial e até mesmo simbólica. Mesmo assim, estamos ainda longe de explicar a dominação. A simples consideração da violência como mecanismo explicador do Estado nos levaria a pensar o poder político como antessala de uma praça de guerra.

Os estudos mais modernos sobre a ideologia dividem-na em duas grandes linhas, o (1) significado forte e o (2) significado fraco. Em seu significado forte ela está relacionada ao conceito desenvolvido por Marx: a falsa consciência das relações de domínio entre as classes, e sendo diferente do conceito fraco significa falsidade: a Ideologia é uma crença falsa. Já em seu significado *fraco*, a ideologia designa o genus, ou a espécie diversamente definida, dos sistemas de crenças políticas: um conjunto de ideias e de valores respeitantes à ordem pública e tendo como função orientar os comportamentos políticos coletivos (Stoppino, 1998). O significado fraco é, de certa forma, neutro, pois se refere a um conjunto de ideias ou valores de natureza política ou econômica, *verbi gratia*, a social-democracia é uma corrente de pensamento político; ideologicamente os sociais-democratas são as pessoas que comungam das ideias da social-democracia. O significado forte é, claramente, negativo, pois expressa conceitos do senso comum e distantes da investigação científica.[3]

Na atualidade, as grandes questões ideológicas dizem respeito à ideologia considerada em seu significado fraco. O "ideológico" na discussão contemporânea, está ligado ao aferramento a determinadas posições que estão pouco, ou nada, ligadas à realidade, mas que se aferram a posições *a priori*, independentemente de suas repercussões sobre o mundo real. Neste sentido fala-se da ideologia armamentista, da ideologia criacionista.

A realidade, porém, é bastante diferente. A ideologia tem por missão fazer crer às classes subalternas que elas são incapazes de governar, que a política não lhes diz respeito, enfim, conferir ao *establishment* foros de "bem comum" e "vontade geral". No final do século XX criou-se o mito da morte das ideologias e de que as questões são resolvidas de forma técnica e imparcial. Isto é, em si mesmo, uma ideologia.

2.1   O direito como instrumento de legitimação

A existência de um sistema de regulação da vida social é decorrência da necessidade de previsibilidade e segurança, para as diferentes relações sociais e econômicas que não podem ficar sujeitas a variações aleatórias. Essa necessidade se faz presente em todos os diferentes aspectos da vida em sociedade. Os resultados previsíveis, no entanto, devem ser considerados "justos", ou seja, corresponder às expectativas médias

---

3. Disponível em: https://www.politize.com.br/ideologia-de-genero-questao-de-genero/. Acesso em: 20 fev. 2021.

dos integrantes de uma determinada sociedade que os aceitem como a solução possível e adequada de um problema real. O direito é um dos principais instrumentos capazes de gerar tal sentimento social. Quando uma ordem jurídica não é considerada "justa", a organização social corre risco concreto de ruir e serem substituídas.

No âmbito privado, o não cumprimento dos contratos e acordos deverá acarretar a imposição de penalidades, pois os contratos devem ser cumpridos nos limites da lei (*pacta sunt servanda*), que, apesar disto, não podem ser "arbitrárias". A previsibilidade da aplicação das sanções, bem como as próprias sanções em si, deve estar contida em diplomas legais e regras jurídicas que prescrevam ritos processuais, *a priori*, conhecidos por todos, nem que seja sob a forma de presunção. As presunções são ficções criadas pelo direito que admitem a existência de certas circunstâncias [conhecimento da lei por todos], como forma de uniformizar a aplicação do direito. Ao se partir da ideia de que *todos* conhecem o direito, ninguém poderá argumentar que não cumpriu um contrato, por não sabê-lo obrigatório. Este é o conteúdo normativo contido no artigo 3º da Lei de Introdução às Normas do Direito Brasileiro [Decreto-Lei 4.657, de 4 de setembro de 1942 – LINDB], "[n]inguém se escusa de cumprir a lei, alegando que não a conhece." O próprio direito estabelece uma flexibilização do conceito de presunção ao dividi-lo em presunções (1) absolutas [iure et de iuris, não admitem prova em contrário] e (2) relativas [*juris tantum*, admitem prova em contrário].

. As presunções ligam-se, portanto, ao problema da legitimação do direito. Veja-se que, na sociedade contemporânea, é cada vez mais necessária a existência de presunções de conhecimento do direito, pois é evidente que o crescente número de normas e regulamentos jurídicos tornam, na prática, *impossível o conhecimento amplo do direito*. O brocardo *iura novit curia* (o juiz conhece o direito) tende a ser uma ficcional, pois os ramos especializados do direito são em números crescentes ficando o juiz de direito em uma posição de generalista e, muitas vezes, perplexo diante das questões que precisa resolver. O Código de Processo Civil, artigo 138, [Lei 13.105, de 16 de março de 2015 (CPC)] dá uma prova eloquente disto ao admitir a presença do *amicus curiae* [amigo da corte] no processo como forma de auxiliar o magistrado a decidir, mediante o fornecimento de subsídios especializados sobre o tema em discussão.

As ideias expressas pelo direito em uma sociedade democrática são mais complexas do que meramente "as ideias da classe dominante" pois, surgem do debate parlamentar e que incorpora diferentes partidos políticos e correntes de pensamento que, em boa medida, contribuem para a modificação das propostas legislativas apresentadas à votação; por outro lado, os diferentes mecanismos de aplicação e interpretação da lei são capazes de ampliar ou restringir os sentidos originais que, por ventura, tenham sido pretendidos pelo proponente das medidas legislativas. Assim, ainda que as ideias expressas em normas jurídicas sejam as "ideias da classe dominante", há uma mediação política que implica em concessões recíprocas e que, evidentemente, não pode ser desprezada, sob pena de uma visão caricata do direito e da ordem jurídica. É evidente que, se há ideias dominantes, é claro que existem ideias *não dominantes*, como a história nos demonstra. As ideias surgem, principalmente, mas não só, a partir da posição social e material dos indivíduos na sociedade, pois "[N]ão é a consciência dos homens que determina o seu ser; é o seu ser social, inversamente, que determina sua consciência" (Marx, 1977, p. 24). É fato, entretanto, que vários fatores contribuem efetivamente para a formação de uma consciência social além dos econômicos. Aliás, nem sempre os fatores econômicos são os determinantes para a formação da consciência social. Fatores como pertencimento a grupos étnicos, nacionais, religiosos, de gênero e tantos outros podem e, com frequência são mais relevantes para a formação de uma consciência social do que a simples posição econômica. Aliás, a própria discussão sobre consciência social é, *em si mesma*, muito problemática. Desde o iluminismo existe a ideia de que um grupo altamente consciente deveria "levar" à maioria do povo a consciência dos seus interesses. Fala-se hoje no papel iluminista dos tribunais, "É nesse sentido que o termo é empregado neste tópico: o de uma razão humanista que conduz o processo civilizatório e empurra a história na direção do progresso social e da liberação de mulheres e homens" (Barroso, 2018, p. 2208). Esta é uma concepção claramente ideológica, pois nada nos assegura que o que o tribunal entende como "progresso" seja o que os destinatários da decisão entendam.

O "ser social" é, portanto, mais do que o "ser econômico", pois é a indicação as diferentes relações que o indivíduo mantém com o mundo real que o cerca, indicando a sua filiação às diferentes associações involuntárias às quais está integrado. É a posição concreta ostentada pelo indivíduo em uma sociedade concreta, se ele é empresário ou empregado, católico ou budista, negro ou branco e tantas outras afiliações que definem a maneira de ver o mundo. É, também, importante afirmar que o mesmo indivíduo pode desempenhar diferentes papéis em uma sociedade, não sendo mecânica a sua colocação no grupo tal ou qual, muito menos a sua "consciência".

A ideologia funciona de forma sutil apresentando uma concepção geral de mundo como compartilhada por toda a sociedade e que representa os valores fundamentais de tal sociedade. Veja-se, por exemplo, a construção da figura mítica de Tiradentes. A república instaurada em 1889 necessitava construir a sua própria mitologia. Lilian Moritz Schwarcz (2019) aponta que em "uma espécie de vácuo da representação histórica", já nos anos 1880, o líder da Inconfidência Mineira começou a ser descontextualizado para ser um contraponto à monarquia em sua luta pela liberdade. Tiradentes se tornou um líder cívico, mas "também um Cristo nascido nos trópicos", conforme os "retratos" de Tiradentes dão a entender, pois a imagem do mártir é claramente inspirada nos "retratos" de Cristo existentes à época.

Antônio Gramsci (1974) sublinha que é preciso que se faça a distinção entre ideologias historicamente orgânicas, que são necessárias a uma certa estrutura, e as ideologias arbitrárias, racionalistas, "queridas". Enquanto historicamente necessárias, as ideologias têm uma validade que é a validade "psicológica", "organizam" as massas humanas, formam o terreno no qual os homens se movem, adquirem consciência de sua posição, lutam etc. Enquanto "arbitrárias" não criam outra coisa senão "movimentos" individuais, polêmicas etc. Elas não são completamente inúteis, porque são como o erro que se contrapõe à verdade e a afirma.

A interação dialética entre o econômico, o político e o social é o que, de fato, explica o movimento das sociedades e quais são as suas condições de reprodução.

Uma mudança política poderá significar a determinação de que sejam alterados pontos substanciais de um sistema produtivo e estas mudanças serão dirigidas, impostas por uma instância não *imediatamente* econômica. Esta constatação, óbvia, a nosso ver, cumpre, entretanto, o papel de combater o "espontaneísmo" econômico, isto é, a tendência a que se encare as transformações econômicas como fruto de vontades abstratas e não surgidas na busca de satisfação de interesses reais e concretos. É claro que para uma mudança "determinada pela política" faz-se indispensável que estejam postas condições objetivas para a sua efetivação. Convém relembrar que os problemas levantados pela sociedade são aqueles que ela tem capacidade de resolver (Marx, 1977). Veja-se, por exemplo, a questão das mudanças climáticas globais. Há condições materiais e científicas e econômicas para o seu enfrentamento, todavia, a solução depende de ações política e não econômicas, que se expressam por meio de normas jurídicas nacionais e internacionais.

Gramsci parte do pressuposto que e dominação de uma classe sobre as demais faz-se por diversos mecanismos que se interconectam, formando um todo que se reflete na superestrutura. Não é aceitável que apenas a coerção (a violência) seja o sustentáculo de uma determinada ordem política e jurídica. A manutenção de uma ordem concreta fez-se pela movimentação de mecanismos de *hegemonia* que é um sistema de coerção e direção (Macciochi, 1976). O conceito de hegemonia deriva do grego *eghestai*, que significa "conduzir", "seguir", "ser chefe" e do verbo *eghemoneno*, que significa "ser guia", "preceder", "conduzir", "domina". Eghemonia, no grego antigo, era a designação para o comando supremo das forças armadas. O *eghemon* era o *condottiere*, o guia e o comandante do exército. Na época da guerra do Peloponeso, falava-se em cidade *eghemon* para designar aquela que dirigirá a aliança das cidades gregas em luta. O grupo social hegemônico é o que consegue liderar os demais, expressar os seus anseios, sentimentos e as ideias sobre direito e justiça.

Gramsci identifica na superestrutura dois momentos: o da sociedade civil e o da sociedade política (ou Estado). A classe dirigente, hegemônica, deve estar presente nestes dois momentos e deles passar para o conjunto da sociedade a sua concepção de mundo. Os diversos grupos sociais, que não o proletariado a burguesia, possuem ideologias difusas, às quais Gramsci denominou "senso comum", isto é, têm força material e não são meros reflexos incompletos ou "falsa consciência" das classes subalternas, senão expressões necessárias que se reproduzem em situações reais.

A superestrutura – sociedade civil (instituições privadas e instituições públicas) e sociedade política (Estado) – forma, juntamente com a infraestrutura econômica um *bloco histórico* que reflete, dialeticamente, a interação entre ambas. Bloco histórico que se caracteriza por ser o conjunto complexo, contraditório e discordante da superestrutura, reflexo do conjunto das relações sociais e econômicas (Macciochi, 1976).

Gramsci distingue o momento da força e o do convencimento na relação entre os diversos grupos e classes sociais. A supremacia de um grupo social manifesta-se de duas maneiras, como "dominação" e/ou como "direção intelectual e moral". Um grupo social dominante em relação a grupos adversos que ele busca "liquidar" ou mesmo submeter pela força das armas, e é dirigente em relação a grupos que lhe são próximos e seus aliados (Macciochi, 1976).

A organização de uma aliança entre classes sociais que possuam determinados interesses semelhantes e que possam ser coparticipantes na construção de um dado modelo de sociedade é uma das tarefas centrais da política. Esta aliança é fundamentalmente fruto de um *consenso* e de uma direção ideológica.

O direito é uma das mais importantes manifestações da ideologia, pois os seus conceitos fundamentais como justiça, liberdade e tantos outros são capazes de fornecer o arcabouço de ideias que levam as pessoas a lutarem pelo que consideram justo e equânime. Os conceitos jurídicos exprimem de forma muito clara como a "sociedade" se compreende e como entende o papel de cada um de seus grupos sociais fundamentais.

Capítulo 3
DIREITO E DEMOCRACIA

1. INTRODUÇÃO

Os manuais de IED, em sua grande maioria, têm capítulos destinados a examinar as relações entre direito e estado, muito embora, em geral, não tenham capítulos destinados ao estudo das relações entre direito e democracia. Aqui, parte-se do pressuposto de que as relações entre direito e estado estão presentes e permeiam todo o presente livro, sendo desnecessária a existência de um capítulo específico sobre o assunto. Por outro lado, há um *evidente déficit* de estudo sobre as relações entre direito e democracia, o que torna indispensável a existência de um capítulo que aborde a questão, pois o tema é fundamental para a formação do advogado e dos demais profissionais do direito. Com efeito, o preâmbulo da Constituição Federal de 1988 dispõe que:

> Nós, representantes do povo brasileiro, reunidos em Assembleia Nacional Constituinte para instituir um Estado Democrático, destinado a assegurar o exercício dos direitos sociais e individuais, a liberdade, a segurança, o bem-estar, o desenvolvimento, a igualdade e a justiça como valores supremos de uma sociedade fraterna, pluralista e sem preconceitos, fundada na harmonia social e comprometida, na ordem interna e internacional, com a solução pacífica das controvérsias, promulgamos, sob a proteção de Deus, a seguinte Constituição da República Federativa do Brasil.

O Preâmbulo Constitucional, conforme a jurisprudência do Supremo Tribunal Federal, abriga "valores supremos"[1] que devem orientar toda a ação estatal, seja ela executiva, legislativa ou judiciária. Há, na mais recente jurisprudência do STF uma evolução em relação à mais antiga para a qual o Preâmbulo "não constitui norma central", sobretudo no que dizia respeito à "[i]nvocação da proteção de Deus", como norma a ser obrigatoriamente reproduzida nas Constituições estaduais, haja vista a falta de força normativa do Preâmbulo.[2] As decisões mais recentes são importantes, pois efetivamente, não se pode conceber que a Constituição tenha textos e palavras inúteis.

Em seu artigo 1º, a CF estabelece que a República Federativa do Brasil é um "Estado Democrático de Direito", motivo pelo qual o estudo da democracia é fundamental, pois estudar o direito sem a perspectiva democrática se reduz a mero exame de conjuntos normativos sem levar em consideração os valores fundamentais de uma sociedade. Assim, a democracia, claramente, é uma opção feita pelo Brasil em 1988 que, no entanto,

---

1. [ADI 2.649, voto da rel. min. Cármen Lúcia, j. 08.05.2008, P, DJE de 17.10.2008].
2. [ADI 2.076, rel. min. Carlos Velloso, j. 15.08.2002, P, *DJ* de 08.08.2003].

deve ser relembrada e cultivada. Como afirmou Otávio Mangabeira: "A democracia é uma planta muito tenra, a gente tem que cuidar todo dia".[3]

A democracia, tal como estruturada na Constituição de 1988 é representativa e participativa, com diferentes instâncias de participação direta do cidadão no controle dos governantes e da administração. Não é, todavia, perfeita. Não é isenta de crises. É, de fato, "o pior dos regimes políticos, a exceção de todos os outros.", conforme a conhecida afirmação de Winston Churchill. Ela possui um valor universal, como foi reconhecido pelo líder comunista italiano Enrico Berlinguer: "A democracia é hoje não apenas o terreno no qual o adversário de classe é obrigado a retroceder, mas é também o valor historicamente universal sobre o qual fundar uma original sociedade socialista".[4]

A democracia é, também, uma questão civilizatória. É uma questão de regras bem definidas e respeitadas, da possibilidade real de alternativa periódica de poder. A democracia é, igualmente, o respeito pelos direitos humanos fundamentais em todas as suas dimensões. Cuida-se, portanto, de um valor que deve ser cultivado por todos os advogados e demais profissionais do direito. Sem democracia, não há possibilidade da prática da advocacia. A democracia, entretanto, está em risco. No caso brasileiro, os riscos para a democracia são muito concretos. As milícias, o narcotráfico, a corrupção, o ataque sistemático às instituições democráticas etc., são ataques ao regime democrático e aos seus valores basilares. Também são riscos para a estabilidade do estado democrático de direito as agressões ao meio ambiente, o desemprego, a desigualdade e a pobreza extremas, o racismo etc.

O modelo democrático adotado pelo Brasil, no entanto, não é semelhante aos modelos tradicionais definidos pelas constituições de tradição liberal, vigentes no século XIX, nos quais à Carta Política cabia, apenas, definir o contorno dos poderes do Estado e estabelecer um rol de direitos, ditos de primeira geração, que seriam aqueles ligados às liberdades individuais e à propriedade. A Constituição de 1988 é "parcial" (Sunstein, 2009), na medida em que faz opções no campo político, social e econômico de forma explícita. O artigo 3º da Constituição, por exemplo, estabelece como "objetivos fundamentais" de nossa república os seguintes: (1) construir uma sociedade livre, justa e solidária; (2) garantir o desenvolvimento nacional; (3) erradicar a pobreza e a marginalização e reduzir as desigualdades sociais e regionais e (4) promover o bem de todos, sem preconceitos de origem, raça, sexo, cor, idade e quaisquer outras formas de discriminação. Tais objetivos se materializam em uma lista de direitos econômicos e sociais que discrepam dos modelos do século XIX ou anteriores. A "parcialidade" da Constituição de 1988, igualmente, pode ser percebida

---

3. Otávio Mangabeira, nascido *Octavio Mangabeira* GCSE (Salvador, 27 de agosto de 1886. Rio de Janeiro, 29 de novembro de 1960) foi um engenheiro, professor e político brasileiro. Foi governador da Bahia e membro da Academia Brasileira de Letras.

4. Disponível em: https://www.marxists.org/portugues/coutinho/1979/mes/democracia.htm. Acesso em: 04 nov. 2020

no artigo 225 que impõe ao "Poder Público e à coletividade o *dever*" de proteger o meio ambiente. Isto significa que, em matéria ambiental, a Constituição tomou posição pela sua defesa, observadas as leis próprias. Não pode, no entanto, o poder público, em qualquer de suas esferas, agir em desfavor do meio ambiente, implementar políticas contrárias à proteção ambiental,[5] aí entendido o consenso social e científico sobre a matéria.[6] A integração dos deficientes físicos também é outro exemplo de "parcialidade" constitucional.[7]

---

5. STF – ADPF 747 MC. Pleno. Relatora: Ministra Rosa Weber. Julgamento 30.11.2020. Publicação 10/12/2020 1. A mera revogação de normas operacionais fixadoras de parâmetros mensuráveis necessários ao cumprimento da legislação ambiental, sem sua substituição ou atualização, compromete a observância da Constituição, da legislação vigente e de compromissos internacionais. 2. A revogação da *Resolução CONAMA* 284/2001 sinaliza dispensa de licenciamento para empreendimentos de irrigação, mesmo que potencialmente causadores de modificações ambientais significativas, a evidenciar graves e imediatos riscos para a preservação dos recursos hídricos, em prejuízo da qualidade de vida das presentes e futuras gerações (art. 225, *caput* e § 1º, I, da CF). A revogação das *Resoluções* 302/2002 e 303/2002 distancia-se dos objetivos definidos no art. 225 da CF, baliza material da atividade normativa do *CONAMA*. Aparente estado de anomia e descontrole regulatório, a configurar material retrocesso no tocante à satisfação do dever de proteger e preservar o equilíbrio do meio ambiente, incompatível com a ordem constitucional e o princípio da precaução. Precedentes. Aparente retrocesso na proteção e defesa dos direitos fundamentais à vida (art. 5º, *caput*, da CF), à saúde (art. 6º da CF) e ao meio ambiente ecologicamente equilibrado (art. 225, caput, da CF). Fumus boni juris demonstrado. 3. Elevado risco de degradação de ecossistemas essenciais à preservação da vida sadia, comprometimento da integridade de processos ecológicos essenciais e perda de biodiversidade, a evidenciar o periculum in mora. 4. Liminar deferida, ad referendum do Plenário, para suspender os efeitos da *Resolução CONAMA* 500/2020, com a imediata restauração da vigência e eficácia das *Resoluções CONAMA* 284/2001, 302/2002 e 303/2002. 5. Medida liminar referendada.

6. STF – O consenso dos órgãos oficiais de saúde geral e de saúde do trabalhador em torno da natureza altamente cancerígena do amianto crisotila, a existência de materiais alternativos à fibra de amianto e a ausência de revisão da legislação federal revelam a inconstitucionalidade superveniente (sob a óptica material) da Lei Federal 9.055/1995, por ofensa ao direito à saúde (arts. 6º e 196, CF/88), ao dever estatal de redução dos riscos inerentes ao trabalho por meio de normas de saúde, higiene e segurança (art. 7º, inciso XXII, CF/88), e à proteção do meio ambiente (art. 225, CF/88). Diante da invalidade da norma geral federal, os estados membros passam a ter competência legislativa plena sobre a matéria, nos termos do art. 24, § 3º, da CF/88. Tendo em vista que a Lei 12.684/2007 do Estado de São Paulo proíbe a utilização do amianto crisotila nas atividades que menciona, em consonância com os preceitos constitucionais (em especial, os arts. 6º, 7º, inciso XXII; 196 e 225 da CF/88) e com os compromissos internacionais subscritos pelo Estado brasileiro, não incide ela no mesmo vício de inconstitucionalidade material da legislação federal. [ADI 3.937, rel. p/ o ac. min. Dias Toffoli, j. 24.08.2017, P, *DJE* de 1º.02.2019]. ADI 3.406 e ADI 3.470, rel. min. Rosa Weber, j. 29.11.2017, *DJE* de 1º.02.2019.

7. Anotação Vinculada – art. 40, § 4º da Constituição Federal – "(...) o mandado de injunção busca neutralizar as consequências lesivas decorrentes da ausência de regulamentação normativa de preceitos constitucionais revestidos de eficácia limitada, cuja incidência – necessária ao exercício efetivo de determinados direitos neles diretamente fundados – depende, essencialmente, da intervenção concretizadora do legislador. (...) O caso ora em exame (...) versa situação prevista no § 4º do art. 40 da Constituição, cujo inciso I trata da aposentadoria especial reconhecida a servidores públicos que sejam "portadores de deficiência" e que igualmente sofrem, à semelhança dos servidores públicos que exercem atividades reputadas insalubres ou perigosas, as mesmas consequências lesivas decorrentes da omissão normativa que já se prolonga de maneira irrazoável. (...) A constatação objetiva de que se registra, na espécie, hipótese de mora inconstitucional, apta a instaurar situação de injusta omissão geradora de manifesta lesividade à posição jurídica dos beneficiários da cláusula constitucional inadimplida (CF, art. 40, § 4º), justifica, plenamente, a intervenção do Poder Judiciário, notadamente a do STF. Não tem sentido que a inércia dos órgãos estatais ora impetrados, evidenciadora de comportamento manifestamente inconstitucional, possa ser paradoxalmente invocada, pelo próprio poder público, para frustrar, de modo injusto (e, portanto, inaceitável), o exercício de direito expressamente assegurado pela Constituição. (...) o mandado de injunção busca neutralizar as consequências lesivas decorrentes da ausência de regulamentação normativa de preceitos constitucionais revestidos de eficácia limitada, cuja

O modelo constitucional tem gerado críticas no sentido de que o rol de direitos estabelecidos, de fato, é um "excesso de privilégios" que terminam por inviabilizar o estado brasileiro (Garschagen, 2018). Sem maior pesquisa e indagação, afirma-se "[a] lém da extensão, uma diferença marcante entre a Constituição Brasileira e a de outros países é a inserção de direitos sociais como parte do ordenamento constitucional e que são de difícil (em alguns casos impossível) cumprimento". (p. 41).

Os chamados direitos sociais, certamente, são reflexo da Revolução Russa que se espalharam pelos quatro cantos do mundo, inclusive no Brasil (Bandeira, 2017), e da forte presença dos partidos filiados à II Internacional (Internacional socialista) na Europa, sobretudo na Alemanha, bem como das encíclicas sociais da Igreja Católica Na amárica Latina, a Constituição mexicana de 1917[8] foi a primeira a incorporar as questões sociais, inclusive com a chamada função social da propriedade. Já na Europa foi a Constituição de Weimar a primeira a cuidar do tema.[9]

A Alemanha, em sua Constituição de 1949, com a Revisão de 2014 se define como um estado "federal, social e democrático" (artigo 20).[10] A Constituição francesa de 1958, com a redação dada pela revisão de 2008, em seu artigo 1 estabelece que o país é "uma República indivisível, secular, democrática e social".[11] Há inúmeros outros exemplos. Logo, a Constituição Brasileira de 1988 é contemporânea, seguindo uma tendência universal. É evidente que o financiamento dos direitos sociais, tais como previdência social, assistência médica e outros é uma questão complexa que exige responsabilidade fiscal do Estado para que tenha os recursos financeiros necessários para o cumprimento de suas tarefas constitucionais.

---

incidência – necessária ao exercício efetivo de determinados direitos neles diretamente fundados – depende, essencialmente, da intervenção concretizadora do legislador. (...) O caso ora em exame (...) versa situação prevista no § 4º do art. 40 da Constituição, cujo inciso I trata da aposentadoria especial reconhecida a servidores públicos que sejam "portadores de deficiência" e que igualmente sofrem, à semelhança dos servidores públicos que exercem atividades reputadas insalubres ou perigosas, as mesmas consequências lesivas decorrentes da omissão normativa que já se prolonga de maneira irrazoável. (...) A constatação objetiva de que se registra, na espécie, hipótese de mora inconstitucional, apta a instaurar situação de injusta omissão geradora de manifesta lesividade à posição jurídica dos beneficiários da cláusula constitucional inadimplida (CF, art. 40, § 4º), justifica, plenamente, a intervenção do Poder Judiciário, notadamente a do STF. Não tem sentido que a inércia dos órgãos estatais ora impetrados, evidenciadora de comportamento manifestamente inconstitucional, possa ser paradoxalmente invocada, pelo próprio poder público, para frustrar, de modo injusto (e, portanto, inaceitável), o exercício de direito expressamente assegurado pela Constituição. [MI 1.967, rel. min. Celso de Mello, j. 24.05.2011, dec. monocrática, DJE de 27.05.2011]".

8. Disponível em: https://pdba.georgetown.edu/Constitutions/Mexico/mexico1917.html. Acesso em: 06 nov. 2020.

9. Disponível em: https://en.wikisource.org/wiki/Weimar_constitution. Acesso em: 06 nov. 2020.

10. Disponível em: https://www.constituteproject.org/constitution/German_Federal_Republic_2014?lang=en. Acesso em: 06 nov. 2020.

11. Disponível em: https://www.constituteproject.org/constitution/France_2008?lang=en. Acesso em: 06 nov. 2020.

2. DECLARAÇÕES DE DIREITOS

A tradição dos movimentos liberais em proclamar direitos universais tem um dos seus marcos iniciais na Declaração de Direitos de 1689[12] (*Bill of Rights*) fruto da Revolução Gloriosa na Inglaterra. Dentre os principais direitos constantes do documento estão arrolados os seguintes: a (1) tributação deve ser autorizada pelo Parlamento, a (2) sucessão do trono deve ser decidida pelo Parlamento, a (3) proibição de que os monarcas interfiram em questões comerciais, a (4) liberdade de expressão, a (5) proibição de expropriação de propriedades privadas. Na mesma linha doutrinária vem a Declaração de Independência dos Estados Unidos da América em 1776, da qual merece destaque o seguinte trecho

> Consideramos estas verdades como evidentes por si mesmas, que todos os homens são criados iguais, dotados pelo Criador de certos direitos inalienáveis, que entre estes estão a vida, a liberdade e a procura da felicidade. Que a fim de assegurar esses direitos, governos são instituídos entre os homens, derivando seus justos poderes do consentimento dos governados; que, sempre que qualquer forma de governo se torne destrutiva de tais fins, cabe ao povo o princípios e organizando-lhe os poderes pela forma que lhe pareça mais conveniente para realizar-lhe a segurança e a felicidade.[13]

Em seguida, tem-se a Declaração dos Direitos do Homem e do Cidadão da Revolução Francesa (1789).

> Os representantes do povo francês, reunidos em Assembleia Nacional, tendo em vista que a ignorância, o esquecimento ou o desprezo dos direitos do homem são as únicas causas dos males públicos e da corrupção dos Governos, resolveram declarar solenemente os direitos naturais, inalienáveis e sagrados do homem, a fim de que esta declaração, sempre presente em todos os membros do corpo social, lhes lembre permanentemente seus direitos e seus deveres; a fim de que os atos do Poder Legislativo e do Poder Executivo, podendo ser a qualquer momento comparados com a finalidade de toda a instituição política, sejam por isso mais respeitados; a fim de que as reivindicações dos cidadãos, doravante fundadas em princípios simples e incontestáveis, se dirijam sempre à conservação da Constituição e à felicidade geral.
>
> Em razão disto, a Assembleia Nacional reconhece e declara, na presença e sob a égide do Ser Supremo, os seguintes direitos do homem e do cidadão:[14]

A tradição liberal de proclamação de direitos, todavia, não se restringiu às revoluções liberais, inspirando até mesmo a Revolução Russa de 1917 que também editou uma Declaração de Direitos do Povo Trabalhador e Explorado[15] que afirmou o seguinte: "[v]isando principalmente a suprimir toda exploração do homem pelo homem, a abolir

---

12. Disponível em: http://www.dhnet.org.br/direitos/anthist/decbill.htm. Acesso em: 06 nov. 2020.
13. Disponível em: http://www4.policiamilitar.sp.gov.br/unidades/dpcdh/Normas_Direitos_Humanos/DECLARA%C3%87%C3%83O%20DE%20INDEPENDENCIA%20DOS%20EUA%20-04%20de%20julho%20de%201776%20-%20PORTUGU%C3%8AS.pdf. Acesso em: 04 nov. 2020.
14. Disponível em: http://www.direitoshumanos.usp.br/index.php/Documentos-anteriores-%C3%A0-cria%-C3%A7%C3%A3o-da-Sociedade-das-Na%C3%A7%C3%B5es-at%C3%A9-1919/declaracao-de-direitos--do-homem-e-do-cidadao-1789.html. Acesso em: 04 nov. 2020.
15. Disponível em: http://www.direitoshumanos.usp.br/index.php/Documentos-anteriores-%C3%A0-cria%-C3%A7%C3%A3o-da-Sociedade-das-Na%C3%A7%C3%B5es-at%C3%A9-1919/declaracao-dos-direitos--do-povo-trabalhador-e-explorado-1918.html. Acesso em: 06 nov. 2020.

completamente a divisão da sociedade em classes, a esmagar implacavelmente todos os exploradores, a instalar a organização socialista da sociedade e a fazer triunfar o socialismo em todos os países".

Um pouco antes do fim da 2ª Grande Guerra houve a fundação da Organização das Nações Unidas e a elaboração da Declaração Universal dos Direitos Humanos,[16] em cujo Preâmbulo consta "o reconhecimento da dignidade inerente a todos os membros da família humana e dos seus direitos iguais e inalienáveis constitui o fundamento da liberdade, da justiça e da paz no mundo". Os horrores causados pela guerra e pela perseguição racial e religiosa, levaram à consideração de que "o desconhecimento e o desprezo dos direitos do Homem conduziram a atos de barbárie que revoltam a consciência da Humanidade e que o advento de um mundo em que os seres humanos sejam livres de falar e de crer, libertos do terror e da miséria, foi proclamado como a mais alta inspiração do Homem". No hemisfério americano há o Pacto de São José da Costa Rica (Convenção Americana de Direitos Humanos), em relação ao qual é importante observar que ele foi firmado em 22 de novembro de 1969, só tendo sido incorporado ao direito brasileiro em 1992 (Decreto 678, de 6 de novembro), o que demonstra a importância do regime democrático para a proteção dos direitos humanos.

As declarações de direitos, após a segunda metade do século XX proliferaram em todos os continentes e organizações internacionais e regionais. Todavia, diferentemente da primeira onda, tais declarações não se limitaram aos direitos tradicionais de liberdade, segurança e propriedades pessoais. As novas declarações incorporaram os "direitos sociais" e de "minorais". Em 1966, a Assembleia Geral das Nações Unidas (XXII Sessão, 19 de dezembro) aprovou o Pacto Internacional sobre os Direitos Econômicos, Sociais e Culturais [PIDESC] que, no entanto, só foi ratificado pelo Brasil em 1992. É interessante observar que, em 1966, o Brasil já se encontrava sob o regime militar, só restaurando a democracia plenamente com a eleição de 1989, com a eleição de Fernando Collor que ratificou o PIDESC (Decreto 591, de 6 de julho de 1992), haja vista que durante o regime militar o Brasil não aderiu aos seus termos.

No âmbito hemisférico há o Protocolo Adicional à Convenção Americana sobre Direitos Humanos em Matéria de Direitos Econômicos, Sociais e Culturais [Protocolo de São Salvador] que em seu artigo 11 inclui o direito ao meio ambiente sadio entre as suas normas. O Protocolo de São Salvador, de forma bastante clara, reconhece "a estreita relação que existe entre a vigência dos direitos econômicos, sociais e culturais e a dos direitos civis e políticos, por motivo de as diferentes categorias de direito constituírem um todo indissolúvel que tem sua base no reconhecimento da dignidade da pessoa humana, razão pela qual exigem tutela e promoção permanente, com o objetivo de conseguir sua plena vigência, sem que jamais possa justificar-se a violação de uns a pretexto da observação de outros".

---

16. Disponível em: https://www.ohchr.org/en/udhr/documents/udhr_translations/por.pdf. Acesso em: 06 nov. 2020.

No campo específico de proteção às minorias étnicas, a Organização dos Estados Americanos [OEA], na terceira sessão plenária, realizada aos 15 de junho de 2016, aprovou a Declaração Americana sobre os Direitos dos Povos Indígenas,[17] da mesma forma que no âmbito global há declaração no mesmo sentido, aprovada na 107ª Sessão Plenária de 13 de setembro de 2007 da Assembleia Geral.[18]

3. MODELO DEMOCRÁTICO BRASILEIRO

O modelo democrático brasileiro está delineado pela Constituição de 1988, muito embora um regime democrático não se limite aos contornos jurídicos que são traçados pela sua Lei Fundamental. Certamente, o arranjo institucional é da maior relevância, da mesma forma que a cultura política existente em um determinado território é fundamental para assegurar a prevalência dos valores democráticos que são verdadeiras *regras informais* (Levitsky e Ziblatt, 2018). As regras informais começam pela aceitação dos resultados eleitorais, pela compreensão de que a disputa política se faz pelos meios da política e da argumentação.

A democracia, manifestada pelo chamado princípio republicano, é um dos elementos basilares de nosso regime constitucional que tem dentre os seus fundamentos o pluralismo político (artigo 1º, V), o que necessariamente implica na alternância entre os diferentes partidos políticos legitimamente reconhecidos no poder, mediante a realização de eleições em intervalos de tempo regulares. Essas condições são essenciais, assim como a existência de partidos políticos, no regime representativo, pois é principalmente por meio deles que são eleitos os membros dos poderes executivo e legislativo com a função de representar o povo.

O modelo representativo é uma das cláusulas sensíveis da CF, pois atentados contra o modelo podem acarretar a intervenção federal nos Estados (artigo 34, VII, *a* da CF). Há, ainda, a responsabilidade dos agentes públicos e políticos (impedimento, artigos 52, I e II da CF), a obrigatoriedade de prestação de contas e a transparência administrativa como caracterizadores do modelo republicano.

3.1 Garantias democráticas

A CF incentiva a participação popular direta no controle da administração pública, considerando que ela é uma das garantias dos direitos fundamentais. O artigo 5º da CF afirma que todos têm direito a receber dos órgãos públicos informações de seu interesse particular, ou de interesse coletivo ou geral, que serão prestadas no prazo da lei, sob pena de responsabilidade, ressalvadas aquelas cujo sigilo seja imprescindível à

---

17. Disponível em: https://www.oas.org/en/sare/documents/DecAmIND_POR.pdf. Acesso em: 07 nov. 2020.
18. Disponível em: http://www.funai.gov.br/arquivos/conteudo/cogedi/pdf/LEGISLACAO_INDIGENISTA/ Legislacao-Fundamental/ONU-13-09-2007.pdf. Acesso em: 08 nov. 2020.

segurança da sociedade e do Estado (inciso XXXIII).[19] A Constituição assegura, também, a todos, independentemente do pagamento de taxas: o (1) direito de petição aos Poderes Públicos em defesa de direitos ou contra ilegalidade ou abuso de poder;[20] a (2) obtenção de certidões em repartições públicas, para defesa de direitos e esclarecimento de situações de interesse pessoal.[21]

O inciso IV do § 1º do artigo 225 da CF estabelece um outro mecanismo de participação popular que é a publicidade dos Estudos Prévios de Impacto Ambiental, o que se faz mediante a realização de audiências públicas de caráter consultivo.[22] No caso dos

---

19. A Constituição Federal de 1988 consagrou expressamente o princípio da publicidade como um dos vetores imprescindíveis à Administração Pública, conferindo-lhe absoluta prioridade na gestão administrativa e garantindo pleno acesso às informações a toda a Sociedade. À consagração constitucional de publicidade e transparência corresponde a obrigatoriedade do Estado em fornecer as informações solicitadas, sob pena de responsabilização política, civil e criminal, salvo nas hipóteses constitucionais de sigilo. O art. 6º-B da Lei 13.979/2020, incluído pelo art. 1º da Medida Provisória 928/2020, não estabelece situações excepcionais e concretas impeditivas de acesso à informação, pelo contrário, transforma a regra constitucional de publicidade e transparência em exceção, invertendo a finalidade da proteção constitucional ao livre acesso de informações a toda Sociedade. [ADI 6.347 MC REF, ADI 6.351 MC REF e ADI 6.353 MC REF, rel. min. Alexandre de Moraes, j. 16.06.2020, P, *DJE* de 14.08.2020].

20. O direito de petição, presente em todas as Constituições brasileiras, qualifica-se como importante prerrogativa de caráter democrático. Trata-se de instrumento jurídico-constitucional posto à disposição de qualquer interessado – mesmo daqueles destituídos de personalidade jurídica –, com a explícita finalidade de viabilizar a defesa, perante as instituições estatais, de direitos ou valores revestidos tanto de natureza pessoal quanto de significação coletiva. Entidade sindical que pede ao PGR o ajuizamento de ação direta perante o STF. *Provocatio ad agendum.* Pleito que traduz o exercício concreto do direito de petição. Legitimidade desse comportamento [ADI 1.247 MC, rel. min. Celso de Mello, j. 17.08.1995, P, *DJ* de 08.09.1995].

21. O direito à certidão traduz prerrogativa jurídica, de extração constitucional, destinada a viabilizar, em favor do indivíduo ou de uma determinada coletividade (como a dos segurados do sistema de previdência social), a defesa (individual ou coletiva) de direitos ou o esclarecimento de situações. A injusta recusa estatal em fornecer certidões, não obstante presentes os pressupostos legitimadores dessa pretensão, autorizará a utilização de instrumentos processuais adequados, como o mandado de segurança ou a própria ação civil pública. O Ministério Público tem legitimidade ativa para a defesa, em juízo, dos direitos e interesses individuais homogêneos, quando impregnados de relevante natureza social, como sucede com o direito de petição e o direito de obtenção de certidão em repartições públicas. [RE 472.489 AgR, rel. min. Celso de Mello, j. 29.04.2008, 2ª T, *DJE* de 29.08.2008]. RE 167.118 AgR, rel. min. Joaquim Barbosa, j. 20.04.2010, 2ª T, *DJE* de 28.05.2010.

22. STF – É importante salientar que a consulta pública, não obstante se constitua em instrumento essencialmente democrático, que retira o povo da plateia e o coloca no palco dos assuntos públicos, não tem, aqui, a natureza de um plebiscito. Algumas manifestações contrárias à criação da estação ecológica não têm a força de inviabilizar o empreendimento, até porque a finalidade da consulta pública é apenas "subsidiar a definição da localização, da dimensão e dos limites mais adequados para a unidade" (art. 5º do Decreto 4.340/2002). Isso quer dizer que a decisão final para a criação de uma unidade de conservação é do chefe do Poder Executivo. O que este se obriga a fazer, segundo a lei, é apenas ouvir e ponderar as manifestações do povo, o que, segundo a nota técnica de fls. 512/513, parece haver ocorrido. (...) Também se me afigura equivocada a alegação de que o procedimento administrativo, inicialmente instaurado para a criação de um parque nacional, acabou por conduzir à criação de uma estação ecológica para fugir à obrigatoriedade de realização da consulta pública. Primeiro, porque as reuniões públicas foram realizadas. Segundo, porque do mesmo procedimento administrativo resultou também a criação do Parque Nacional Terra do Meio. E aqui devo frisar que não há qualquer ilegalidade na criação de mais de um tipo de unidade de conservação da natureza a partir de um único procedimento administrativo. É que, não raro, os estudos técnicos e as próprias consultas às populações interessadas indicam essa necessidade, consideradas as características de cada um dos tipos de unidade de conservação. (...) Já as acusações da impetrante de que o verdadeiro motivo da criação da Estação Ecológica da Terra do Meio seria a subserviência brasileira a interesses internacionais, trata-se de alegação que não pode ser aferida em sede de mandado de segurança, por constituir matéria eminentemente fática e por isso mesmo dependente de instrução probatória. Como referiu o

direitos indígenas, a Constituição Federal estabelece a obrigatoriedade da consulta às comunidades indígenas sempre que se trate de "aproveitamento dos recursos hídricos, incluídos os potenciais energéticos, a pesquisa e a lavra das riquezas minerais em terras indígenas", os quais somente poderão "ser efetivados com autorização do Congresso Nacional, ouvidas as comunidades afetadas, ficando-lhes assegurada participação nos resultados da lavra, na forma da lei" [CF art. 231, § 3º].

No campo judicial dois instrumentos estão à disposição dos cidadãos são o (1) mandado de segurança e a (2) ação popular. Em relação ao abuso de autoridade, a matéria está regulada pela lei 13.869, de 5 de setembro de 2019 que dispõe "qualquer agente público, servidor ou não, da administração direta, indireta ou fundacional de qualquer dos Poderes da União, dos Estados, do Distrito Federal, dos Municípios e de Território, compreendendo, mas não se limitando a:" (1) servidores públicos e militares ou pessoas a eles equiparadas; (2) membros do Poder Legislativo; (3) membros do Poder Executivo; (4) membros do Poder Judiciário; (6) membros do Ministério Público; (7) membros dos tribunais ou conselhos de contas. O agente público, para os fins de aplicação da Lei 13.869/2019 é todo aquele que exerce, ainda que transitoriamente ou sem remuneração, por eleição, nomeação, designação, contratação ou qualquer outra forma de investidura ou vínculo, mandato, cargo, emprego ou função em órgão ou entidade abrangidos pelo caput do artigo 2º.

No campo dos direitos individuais [direitos fundamentais], o artigo 5º da CF traz uma série de mecanismos da maior importância, tais como a garantia do contraditório e da ampla defesa, a proibição de tratamento cruel ou degradante,[23] inviolabilidade de domicílio etc.

4. A NECESSIDADE DE VALORIZAR O REGIME DEMOCRÁTICO

Conforme a interessante observação de Timothy Snyder (2017), a história não se repete, mas instrui. A história constitucional brasileira, como de resto a nossa história política, demonstra que a democracia no Brasil é uma exceção, ou quase. É certo que

---

PGR, "ainda que fosse possível a prova de que a administração pública federal estaria em conluio com entidades internacionais ou, ao menos, operando em erro ou com alguma espécie de temor reverencial, tal comprovação certamente não poderia se efetivar na estreita via do mandado de segurança". Isso sem contar que os indícios apontados pela autora se resumem a estudos internacionais que integrariam o conjunto de subsídios técnicos da proposta, o que me parece insuficiente para se chegar à conclusão da impetrante. [MS 25.347, voto do rel. min. Ayres Britto, j. 17.02.2010, P, *DJE* de 19.03.2010].

23. A chamada Lei da Anistia veicula uma decisão política assumida naquele momento – o momento da transição conciliada de 1979. A Lei 6.683 é uma lei-medida, não uma regra para o futuro, dotada de abstração e generalidade. Há de ser interpretada a partir da realidade no momento em que foi conquistada. A Lei 6.683/1979 precede a Convenção das Nações Unidas contra a tortura e outros tratamentos ou penas cruéis, desumanos ou degradantes – adotada pela Assembleia Geral em 10.12.1984, vigorando desde 26.06.1987 – e a Lei 9.455, de 07.04.1997, que define o crime de tortura; e o preceito veiculado pelo art. 5º, XLIII, da Constituição – que declara insuscetíveis de graça e anistia a prática da tortura, entre outros crimes – não alcança, por impossibilidade lógica, anistias anteriores a sua vigência consumadas. A Constituição não afeta leis-medida que a tenham precedido. [ADPF 153, rel. min. Eros Grau, j. 29.04.2010, *DJE* de 06.08.2010].

das sete Constituições, quatro foram promulgadas por assembleias constituintes, duas foram impostas – uma por D. Pedro I e outra por Getúlio Vargas – e uma aprovada pelo Congresso por exigência do regime militar. Na história das Constituições brasileiras, há uma alternância entre regimes fechados e mais democráticos, com a respectiva repercussão na aprovação das Cartas, ora impostas, ora aprovadas por assembleias constituintes.[24]

François Ost (1997, p. 306) afirma que a vida pública, nas democracias representativas tem sofrido um enorme déficit de interesse e participação dos cidadãos, enquanto que a necessidade de "pilotagem da atividade coletiva nunca foi tão intensa como hoje". E acrescenta, "no próprio momento em que a procura de democracia é mais forte, esta parece esgotar-se".

A liberdade política e, portanto, a democracia, é fundamental para o desenvolvimento econômico, pois conforme afirmado por Amartya Sen (2010, p. 16) o desenvolvimento requer que as principais fontes de privação da liberdade, tais como pobreza e tirania, falta de oportunidades econômicas e a "destruição social sistemática", a falta ou má qualidade de serviços públicos e a "intolerância ou interferência excessiva" de estados opressores sejam removidas. Amartya Sen acrescenta que

[à]s vezes a ausência de liberdades substantivas relaciona-se diretamente com a pobreza econômica que rouba das pessoas a liberdade de saciar a fome, de obter uma nutrição satisfatória ou remédios para doenças tratáveis, a oportunidade de vestir-se ou morar de modo apropriado deter acesso à água tratada ou saneamento básico. (p. 17)

O regime democrático não é puramente *formal*, ou seja, sem qualquer vínculo com a realidade dos indivíduos. É por meio do regime democrático que as reivindicações são feitas, que as opções políticas são definidas e, portanto, que se materializam os progressos ou retrocessos sociais. Logo, as "liberdades não são apenas os fins primordiais do desenvolvimento, mas também os meios principais" (p. 25).

O melhor exemplo do valor fundamental da democracia que Amartya Sen apresenta é o das grandes fomes. Segundo o autor, não há registro de grandes fomes em regimes democráticos. Também na questão da proteção ao meio ambiente a democracia é fundamental.

Durante o regime militar, o Brasil teve os municípios de interesse para a segurança nacional, definidos pela Lei 5.449, de 4 de junho de 1968. Em geral, eles eram municípios que abrigavam empresas com atividades causadoras de significativo impacto ambiental e que não podiam eleger diretamente os seus prefeitos.

Os graves problemas da poluição industrial, notadamente nas áreas com grandes concentrações urbanas fizeram com que os estados mais industrializados, em resposta à inércia do governo central, tomassem medidas concretas para fazer frente à questão. Em

---

24. Disponível em: http://www.senado.gov.br/noticias/especiais/constituicao25anos/historia-das-constituicoes. htm. Acesso em: 10 nov. 2020.

1968, no Estado de São Paulo foi criada a CETESB, por meio do Decreto nº 50.079, de 24 de julho, a medida foi uma resposta aos casos de poluição no estado, com destaque para Cubatão que chegou a ser conhecida como o "Vale da Morte", resultado das atividades geradas pelo polo industrial implantado na década de 50 do século XX. Cubatão é um dos berços da industrialização brasileira, tendo sido o "símbolo da transformação do Brasil rural no Brasil industrial na década de 50",[25] a cidade encravada em um vale na Serra do Mar, fica próxima ao porto de Santos e do grande centro consumidor de São Paulo. A industrialização teve início com a implantação em 1955 da Refinaria Presidente Bernardes e, logo a seguir, veio a Companhia Siderúrgica Paulista. A oferta de empregos atraiu grande contingente de trabalhadores e demais prestadores de serviço. As condições de dispersão atmosférica não eram boas e, rapidamente, o problema da poluição do ar, com todas as suas consequências se fez presente. Note-se que, por força da Lei 5.449, de 4 de junho de 1968, Cubatão era declarada como de "interesse da segurança nacional", fazendo com que o controle exercido pelo Estado fosse parcial e sempre submetido aos superiores interesses da segurança nacional. Na prática, a administração municipal era exercida pela União por intermédio de um preposto: o prefeito nomeado.

O estado do Rio de Janeiro, resultante da fusão do antigo Estado da Guanabara com o antigo Estado do Rio de Janeiro, em 1975 criou a Fundação Estadual de Engenharia do Meio Ambiente – FEEMA [Decreto-lei 39, de 24 de março de 1975]. No estado do Rio de Janeiro, os seus principais polos industriais, Angra dos Reis, Duque de Caxias e Volta Redonda, estavam catalogados como municípios de interesse para a segurança nacional.

Já no Estado de Minas Gerais as estruturas tecnocientíficas do governo influenciaram na introdução da questão ambiental na política pública mineira. A partir dos primeiros anos da década de 70 as propostas e atuação do Centro Tecnológico de Minas Gerais – CETEC – e da Fundação João Pinheiro (FJP) levaram à criação da Secretaria de Estado de ciência e Tecnologia – SECT [Lei 6.953, de 16 de dezembro de 1976], e posteriormente da Comissão de Política Ambiental – COPAM [Decreto 18.466, de 29 de abril de 1977], transformada em conselho em 1987. Também no estado de Minas Gerais, as suas principais atividades industriais e extrativas estavam catalogadas dentro do amplo contexto de "interesse da segurança nacional".

5. OS ATAQUES À DEMOCRACIA

A democracia está em recuo no mundo. "Em todas as regiões do mundo a democracia está sob ataque de líderes populistas e grupos que rejeitam o pluralismo".[26] Tal fenômeno tem sido tratado como "recessão democrática" (Mounk, 2019). Por populismo, entende-se no contexto específico a reivindicação de representação exclusiva do

---

25. PIRES, Fernanda. "Vale da Morte" foi o símbolo de Cubatão. Disponível em: https://www.valor.com.br/brasil/2570976/vale-da-morte-foi-o-simbolo-de-cubatao. Acesso em: 26 abr. 2019.
26. Disponível em: https://freedomhouse.org/issues/democracies-decline. Acesso em: 10 nov. 2020.

povo, com uma evidente relutância em tolerar as oposições e respeitas as instituições democráticas e independentes.

A queda do muro de Berlim e o fim da União Soviética fizeram com que muitos cientistas políticos se precipitassem e concluíssem que a história tinha terminado, com a prevalência da democracia liberal sobre os modelos autoritários de diferentes países.

A manifestação mais evidente desse otimismo foi a tese de Francis Fukuyama sobre o "fim da história". Escrevendo poucos meses antes da queda do Muro de Berlim, Fukuyama argumentava que a evolução ideológica da humanidade havia chegado ao fim. Embora vários movimentos políticos do século 20 houvessem prometido substituir o liberalismo ocidental, no final do século seu ímpeto havia arrefecido. O comunismo ainda poderia contar com "alguns fiéis devotos isolados" em lugares remotos como "Manágua, Pyongyang ou Cambridge, Massachusetts", mas já não era um adversário viável na disputa pela hegemonia ideológica. Sem alternativas críveis, o mundo era um lugar seguro para a democracia liberal: "O Estado que emerge no fim da história é liberal na medida em que reconhece e protege, através de um sistema jurídico, o direito universal do homem à liberdade, e é democrático na medida em que somente existe com o consentimento dos governados".[27]

A chamada visão triunfalista da história, a concepção de que a Humanidade anda sempre para frente e de que o futuro será sempre melhor que o presente, infelizmente, não corresponde à realidade dos fatos. Não há um determinismo histórico ou econômico no sentido de que o mundo caminhará nesta ou naquela direção. O futuro, em grande medida, é o resultado das opções e decisões do presente.

---

27. MOUNK, Yascha. O fim da história revisitado. Disponível em: https://estadodaarte.estadao.com.br/yascha--journal-fim-historia-revisited /. Acesso em: 10 nov. 2020.

Capítulo 4
DIREITO NATURAL

1. INTRODUÇÃO

O direito natural é uma das mais antigas formulações jurídicas, vindo desde a antiguidade até os dias atuais. O jusnaturalismo é constante na filosofia do direito ao longo da história do direito e da cultura ocidental, passando por momentos de maior ou menos prestígio. Tem sido recorrente a construção do direito natural sobre dois pilares fundamentais: a (1) natureza e a (2) existência de Deus, sempre tendo como objetivo alcançar a Justiça. Ao longo da história ocidental, diversas concepções de direito e de justiça se sucederam. Evidentemente que, não se pode aceitar que a história se encaminhe necessariamente para um determinado fim, como se a Humanidade não passasse de um joguete ao sabor dos acontecimentos, predestinada a percorrer este ou aquele caminho. As mudanças, todavia, acontecem, se para frente ou para trás, é uma questão que depende da escolha da humanidade e de suas instituições, dentre as diversas opções possíveis em determinado momento. A tese de Leo Strauss (2014), no sentido de que a história nos ensina apenas que certo pensamento foi abandonado em favor de outro por todos os indivíduos, ou por todos os indivíduos capacitados, ou talvez apenas pelos homens que mais se fizeram ouvir; não nos informa sobre a qualidade da mudança ou se o pensamento rejeitado merecia ser rejeitado, ela nos parece falaciosa, pois não faria o menor sentido que o pensamento platônico sobre à inferioridade da mulher, fosse retomado no século XXI.

A ideia de *regresso* é uma *contraposição* à ideia do progresso, enquanto nesta se faz um movimento adiante, naquela o movimento é em direção à retaguarda. Conforme observado por Gilberto Dupas (2006) em termos sociais e filosóficos, o progresso parte do pressuposto de que a civilização (ou civilizações) se dirige em direção a um futuro "benévolo", no qual haverá mais felicidade, uma utopia. Cuida-se de uma ideia-força que pode ser vista como resultado da ação humana, planejada ou não, ou como um "processo inexorável" e, portanto, independente da ação humana. Esta forma de pensamento é antiga, muito embora tenha sido reforçada na modernidade. Dada a proeminência e força do mito do progresso, qualquer circunstância histórica que remeta ao desfazimento do que foi considerado como "progresso" passa a ser identificado como "regresso", volta ao passado.

O historicismo[1] tem duas vertentes principais: (1) a doutrina do povo escolhido ou eleito, mediante a qual Deus é identificado como autor do drama em que se constitui a

---

1. Concepção filosófica de que o mundo caminha em uma determinada direção inevitável, independentemente da ação humana, pois ditada pela história.

História, pressupondo a existência de um povo escolhido como instrumento pelo qual a vontade divina se concretizará e que tal povo herdará a Terra. Assim, a vontade divina é o elemento impulsionador ou diretor da história, cujas leis podem ser conhecidas por uma correta compreensão dos desígnios divinos; (2) a filosofia histórica que identifica em determinados grupos sociais, classes ou partidos, os portadores dos destinos da história. Este modelo tem em Hegel um de seus fundadores (Popper, 2015).

Do ponto de vista político, a sociedade futura, o progresso e a nova era das luzes, ficam relegados a um futuro distante e cômodo, pois quaisquer que sejam as dificuldades presentes, elas serão resolvidas em um amanhã que nunca chega. É inegável, portanto, o caráter utópico do historicismo em suas diversas manifestações.

A noção de um progresso constante foi amplamente fortificada com o otimismo que passou a imperar, sobretudo, na Europa Ocidental e nos Estados Unidos dado o espetacular crescimento econômico que tais regiões tiveram a partir de meados da década de 50 até o final da década de 60 do século XX (Kershaw, 2018). No momento em que o forte impacto da primeira grande crise do petróleo atingiu a Europa e que a geração dos *Baby Boomers* começou a envelhecer, as quedas nos índices de natalidade na Europa e a maior afluência de imigrantes, que não compartilhavam os valores europeus, ao Velho Continente, o otimismo se transformou em pessimismo, fazendo com que populações envelhecidas gritassem contra o "retrocesso". O pessimismo e a desesperança em relação ao porvir podem ser muito bem caracterizados pelas obras de Jared Diamond (2005 e 2014) que olha para o passado, identificando civilizações que entraram em "colapso" e indicando que devemos aprender com sociedades "tradicionais" como forma de enfrentar problemas atuais cujas características são inteiramente distintas daquelas situações passadas pelas sociedades por ele apontadas. Certamente, há muito que se aprender com todas as sociedades; mas seria negar tudo o que somos se o passado pudesse indicar os caminhos para a época atual. Por outro lado, não se pode conceber que o mundo moderno é um mal *em si mesmo* e que os milhares de anos de cultura foram inúteis. O passado é importante para a nossa formação, mas não retorna.

2. DIREITO NATURAL

2.1 O direito natural entre os gregos

Sob a rubrica direito natural estão agrupadas diversas concepções jurídico-filosóficas. Na antiguidade grega, a primeira justificação doutrinária para o direito natural foram as ideias de justiça e de ordem divina. Em grego, *Dikaion* significa *direito* e *justo*. Para os gregos antigos, o direito traduzia a expressão do justo. Por Justiça eles compreendiam a igualdade harmônica existente entre as pessoas e as coisas, todos como partes integrantes da natureza. Aponta-se que está no teatro grego, espacialmente em *Antígona*, a primeira contestação ao poder político estabelecido. Na peça, sob a forma de uma lúcida alegoria, marca-se o primeiro conflito entre o individualismo e o estado organizado, entre o público e o privado.

> Sim, porque não foi Júpiter [Zeus] que a promulgou; e a Justiça, a deusa que habita com as divindades subterrâneas, jamais estabeleceu tal decreto entre os humanos; nem eu creio que o teu édito tenha força bastante para conferir a um mortal o poder de infringir as leis divinas, que nunca foram escritas, mas são irrevogáveis; não existem a partir de ontem, ou de hoje; são eternas, sim, e ninguém sabe desde quando vigoram (Sófocles: s/d, p. 227-228).

O trecho exprime a revolta de Antígona contra Creonte que se negava a autorizar o sepultamento de Polinice, irmão da heroína, por considerá-lo um traidor de Tebas. Antígona, mesmo falando em nome dos deuses e de uma moral baseada no coração, "é uma revolucionária, uma humanista", mesmo que não tenha conhecimento ou consciência disto (Ferry, 2012 p. 402).

A concepção de direito natural defendida por Antígona é, portanto, a-histórica; o direito natural, para ela, possui um conteúdo eterno, independente da vontade ou convenção humanas e se sobrepõe até mesmo às vontades mais poderosas, sendo superior ao direito positivo. Ele é vinculante, pois compatível com uma validação superior (Capra e Mattei: 2018), sendo uma esperança na qual Antígona se agarra para alcançar o justo. A ela pouco importa a ordem jurídica vigente, representada, então, por Creonte. Para Antígona interessa uma *outra* ordem jurídica, uma *ordem jurídica natural* que deveria ser copiada e imitada pelos humanos. Antígona está disposta a morrer pela ideia de justiça, o que indica que desde os seus primórdios, a ideia de direito natural, pressupõe a dúvida quanto à legitimidade da autoridade (Strauss, 1986).

2.1.1 *Sócrates*

Sócrates [Alópece, c. 469 a.C. – Atenas, 399 a.C.], mesmo não tendo no legado obra escrita é considerado um dos pais da filosofia ocidental e o seu pensamento está espalhado na obra de outros filósofos seus contemporâneos. Platão e Xenofonte foram seus alunos e os principais expositores das ideias socráticas. Os diálogos de Platão trazem as melhores e mais detalhadas exposições do pensamento do filósofo. Para Sócrates, o Homem deveria primeiro se conhecer a si próprio, antes de atingir qualquer outro conhecimento – *Nosce te ipsum*. Ele declarava que a única coisa que sabia era que nada sabia (paradoxo socrático). O seu método [método socrático] consistia em levar o aluno a chegar às próprias conclusões mediante uma sequência de perguntas e respostas que se encadeavam logicamente. Sócrates acreditava em uma justiça que não necessitava de sanção positiva, pois a obediência às leis era uma exigência para o bom cidadão. Ele viveu em Atenas na época de Péricles que é considerado como o apogeu da democracia ateniense (Pinheiro, 2003), muito embora seja uma cidade derrotada na Guerra do Peloponeso pela ditadura espartana.

Em 399, Sócrates, já com setenta anos, foi acusado de impiedade e corrupção da juventude. Julgado pelo tribunal da Helieia e foi condenado à morte por ingestão de cicuta. Instado a fugir para evitar a consumação da sentença, Sócrates se recusa, afirmando que não se pode fugir da morte.

> Dizem que uma injustiça é, por natureza um bem, e sofrê-la, um mal, mas que ser vítima de injustiça é um mal maior do que o bem que há em cometê-la. De maneira que, quando as pessoas praticam ou sofrem

injustiças umas das outras, e provam de ambas, lhes parece vantajoso, quando não podem evitar uma coisa ou alcançar a outra, chegar a um acordo mútuo, para não cometerem injustiças nem serem vítimas delas. Daí se originou o estabelecimento de leis e convenções entre elas e a designação de legal e justa para as prescrições da lei. Tal seria a gênese e essência da justiça, que se situa a meio caminho entre o maior bem – não pagar a pena das injustiças – e o maior mal – ser incapaz de se vingar de uma injustiça. Estando a justiça colocada entre estes dois extremos, deve, não preitear-se como um bem, mas honrar-se devida à impossibilidade de praticar a injustiça (Platão, 1949, p. 55).

Era aferrado às leis e à ordem e entendia que era melhor sofrer uma injustiça do que praticá-la.

2.1.2 Platão

Platão (Atenas, 428/427 – Atenas, 348/347 a.C.), *filósofo* e *matemático*, foi discípulo de Sócrates e fundador da *Academia*, associação considerada como a primeira instituição de *educação superior do mundo ocidental*. Ele foi profícuo na produção de uma vasta obra redigida sob a forma de diálogos, dentre os quais, os mais importantes para a IED são: A República, Leis e Político.

O Estado, tal como o organismo humano deve funcionar harmonicamente, o que só conseguirá pela virtude. A *Justiça* é, para Platão, a virtude em sua expressão maior, não sendo um bem individual. A Justiça não é individual, mas um bem da sociedade, pois esta deve ser justa. Para Platão o principal valor da justiça é a igualdade e não a liberdade. Platão vê a sociedade dividida entre pobres e ricos. Assim, não há apenas uma cidade, mas pelo menos duas: inimigas uma da outra, a dos pobres e a dos ricos. (Platão, 1949). A justiça, critica com ironia, é a mesma em toda parte: "a conveniência do mais forte" (Platão, 1949, p. 24). Segundo o filósofo, a família deveria ser uma só e os filhos submetidos ao controle do Estado, sendo todos os cidadãos parentes em algum grau; quanto às mulheres, elas deveriam viver em comunidade.

Uma vez que sois todos parentes, na maior parte dos casos gerareis filhos semelhantes a vós, mas pode acontecer que do ouro nasça uma prole argêntea, e da prata, uma áurea, e assim todos os restantes, uns dos outros. Por isso o deus recomenda aos chefes, em primeiro lugar e acima de tudo, que aquilo em que devem ser melhores guardiões e exercer mais aturada vigilância é sobre as crianças, sobre a mistura que entra na composição das suas almas, e, se a sua própria descendência tiver qualquer porção de bronze ou de ferro, de modo algum se compadeçam, mas lhes atribuam a honra que compete à sua conformação, atirando com eles para os artífices ou os lavradores; e se, por sua vez, nascer destes alguma criança com uma parte de ouro ou de prata, que lhes deem as devidas honras, elevando-os uns a guardiões, outras a auxiliares, como se houvesse um oráculo segundo o qual a cidade seria destruída quando um guardião de ferro ou de bronze a defendesse. Sabes de algum expediente para fazer acreditar neste mito? (Platão, 1949, p. 156).

Que estas mulheres todas serão comuns a todos esses homens, e nenhuma coabitará em particular com nenhum deles; e, por sua vez, os filhos serão comuns, e nem os pais saberão quem são os seus próprios filhos, nem os filhos os pais (Platão, 1949, p. 223).

As mulheres, segundo ele, eram seres inferiores, como deixa ver a doutrina da transmigração da alma, de acordo com a qual, aquele que conseguir viver bem durante o tempo que lhe cabe, regressará à morada do astro que lhe está associado, onde terá uma vida feliz. Por outro lado, caso se perca do bom caminho, na segunda geração, recairá sobre si a natureza de mulher; e se, mesmo em tal condição, não cessar de praticar o mal, será sempre gerado com natureza de animal, assumindo uma ou outra forma, conforme o mal que pratique (Platão, 2011). Segundo o filósofo, aqueles que nos constituíram estavam cientes de que um dia as mulheres e os outros animais selvagens seriam gerados a partir dos homens e também sabiam que muitas dessas criaturas teriam que se servir das garras para muitos fins; daí que, ao mesmo tempo que eram gerados os homens, fizeram um esboço das garras. Foi deste modo e por estes motivos que criaram a pele, os pelos e as unhas nas extremidades dos membros (Platão, 2011).

Em Crítias, Platão faz uma crítica à degradação ambiental, ao afirmar que graças a muitos e grandes dilúvios que ocorreram em nove mil anos, a terra, em razão do ocorrido durante todo esse tempo, deslizou das terras altas, não se empilhou num morro digno de menção, como acontece noutros locais; antes, ao escorregar continuamente como uma roda, desapareceu no fundo do mar. Comparado ao de então, o que agora restou é semelhante aos ossos de um corpo que adoeceu, pois tudo o que a terra tinha de gordo e mole escorregou, restando do lugar o corpo descascado. Mas, naquele tempo, enquanto esteve intacta, tinha montanhas altas e encristadas de terra, e, quanto às planícies a que agora chamamos solo rochoso, tinha-as cheias de terra fértil. Havia também numerosas florestas nas montanhas, de que ainda hoje há evidências manifestas, pois é nestas montanhas que atualmente existe o único alimento para as abelhas, e não há muito tempo que se cortava árvores nesse local para construir os tetos das grandes edificações – coberturas essas que ainda estão conservadas. Havia também muitas e grandes árvores benignas, bem como a terra providenciava pastos maravilhosos para o gado. Além disso, fruía a cada ano de água vinda de Zeus e não a perdia, ao contrário de agora, que corre da terra nua até o mar; em vez disso, por ter muita terra, recebia-a dentro de si, e armazenava-a num solo argiloso que a sustinha. Ao descarregar a água dos pontos altos para os vales, assegurava fluxos abundantes de fontes e rios a todos os lugares; os templos que outrora foram estabelecidos nessas fontes e ainda lá permanecem são um indício de que o que ele dizia era verdadeiro (PLATÃO, 2011).

O mundo, para Platão, existia no campo das ideias, sendo a representação de uma ordem superior e perfeita. É importante a observação de Diogo Freitas do Amaral (2015, p. 49) no sentido de que entre a democracia ateniense e o totalitarismo espartano, Platão não defendia "os trabalhadores, nem os pequenos e os médios empresários, nem os pobres", o que defendia era a aristocracia formada pelos altos servidores do Estado.

2.1.3 Aristóteles

Aristóteles (Estagira, 384 a.C. – Atenas, 322 a.C.) foi discípulo de Platão e é considerado o maior filósofo grego da antiguidade. Foi o fundador da *escola peripatética* e do *Liceu*. Foi, também, professor de *Alexandre, o Grande*. A sua obra é enciclopédica, alcançando temas como: *física, metafísica, lógica, retórica, governo, ética, biologia* etc. Os estudos e escritos aristotélicos foram baseados na observação da natureza, sem recurso ao idealismo platônico. As suas obras fundamentais para o estudo jurídico são: A Política e a Ética a Nicômaco. Para o estagirita, o Estado era uma necessidade, sendo uma união orgânica que visa alcançar a virtude e a felicidade.

Para Aristóteles a cidade é das coisas que são por natureza e "o homem, por natureza, é um animal político". Logo o homem que por natureza ou por acaso não tem a sua cidade-estado é inferior ou superior ao homem, como aquele que Homero injuriou: "Sem família, sem lei e sem morada". A natureza, segundo o Estagirita, "não faz nada em vão. E dos animais somente o homem tem a palavra" (Aristóteles: 2009, p. 73-74).

As leis refletem a Justiça, que se divide em *(1) distributiva* no que diz respeito à distribuição dos bens e das honrarias; e (2) *corretiva* que é uma intermediação entre dano e vantagem, assegurando o equilíbrio. Assim, da justiça particular e do que é justo, uma espécie é (1) a que se manifesta nas distribuições de honras, de dinheiro ou das outras coisas que são divididas entre aqueles que têm parte na constituição (pois aí é possível receber um quinhão igual ou desigual ao de outro); por sua vez, a outra (2) espécie é a que desempenha papel corretivo nas transações entre os indivíduos. A última [corretiva] se divide em dois: (1) as voluntárias, e (2) as involuntárias. As (1) voluntárias, por exemplo, são as compras e vendas, os empréstimos para consumo, as arras, o empréstimo para uso, os depósitos, as locações (todos estes atos são voluntários porque a origem das transações é voluntária); as (2) involuntárias podem ser divididas em (1) clandestinas (o furto, o adultério, o envenenamento, o lenocínio, o engodo a fim de escravizar, o falso testemunho), e (2) violentas (a agressão, o sequestro, o homicídio, o roubo a mão armada, a mutilação, as invectivas e os insultos).

Quanto à Justiça política, há duas divisões: a (1) natural e a (2) legal. A (1) natural é a que tem a mesma força onde quer que seja e não existe em razão do pensamento humano; já a (2) legal é a feita por convenção, são as leis promulgadas pelos humanos, sendo variável.

O justo para Aristóteles é, portanto, uma proporção.

Dentre as diferentes formulações aristotélicas, a divisão da justiça em (1) distributiva e (2) corretiva [comutativa] é a mais fundamental, sendo admitida até hoje. A *justiça distributiva*, como tem sido contemporaneamente considerada, atribui ao estado o papel central na distribuição dos direitos de propriedade, de forma que todas as pessoas possam ter assegurado um certo nível mínimo de recursos materiais (Fleischacker, 2006). A Justiça, para fugir a uma rigidez inaceitável deve ser precedida pela *equidade*, que é um critério de sua adaptação caso concreto. Tanto o Homem como o ato injusto são iníquos, existindo um ponto intermediário entre as duas iniquidades (extremos) presentes em cada caso concreto. O ponto intermediário é a equidade, pois em toda espécie de ação em que há o mais e o menos também há o igual. A injustiça é a iniquidade e a justiça a equidade. E, como o igual é um ponto intermediário, o justo será um meio-termo (Aristóteles, 2009).

Aristóteles, embora fosse respeitoso em relação a Platão, criticou duramente as suas principais concepções. *[A]micus Plato, sed magis amica veritas* (locução latina que significa "estimo Platão, mas amo mais a verdade").

2.1.4 *Epicuro*

Epicuro de Samos (341 a.C., Samos – 271 ou 270 a.C., Atenas) parte do pressuposto que o estado resulta de um contrato celebrado entre indivíduos livres e iguais que buscam uma utilidade recíproca, sendo o único fundamento da obrigação jurídica natural. Em termos atuais, podemos dizer que Epicuro foi materialista em sua filosofia, entendendo que o mundo era constituído por átomos, partes não divisíveis da matéria que voam no vazio. Epicuro contestava as formulações platônicas sobre a alma imaterial, sustentava ainda que os deuses não influenciavam a vida humana. Era hedonista, na medida em que considerava que o objetivo da vida humana era alcançar o prazer, que resumia na tranquilidade de espírito. O prazer, no entanto, só era alcançável através da autolimitação dos desejos.

> Um homem não pode dissipar seu medo sobre os assuntos mais importantes se não sabe qual é a natureza do universo, mas confia na verdade de alguma história mítica. De modo que, sem a ciência natural, não é possível alcançar os nossos prazeres imaculados (Epicuro, 2019, posição 165).

Segundo Ernst Bloch (1976), o direito natural de Epicuro é utilitário, um direito à segurança individual e não implica nenhum tipo de sacralização; é secular, produto de leis estabelecidas pelos humanos, convencional. As teses de Epicuro diferem *ex-radice* das de seu tempo, pois apresentam o direito como fruto da sociedade e estabelecido pelos Homens para assegurar-lhes melhores condições de vida, condições estas que deveriam ser providenciadas pelo Estado. Foi um dos primeiros contratualistas.

2.2 Direito natural em Roma

Marco Túlio Cícero (Arpino 106 – 43 a.C.) foi advogado, político, escritor, orador e filósofo, tendo sido eleito *cônsul* em 63 a.C. Assim como Marco Aurélio e Sêneca, foi dos principais filósofos estoicos. O estoicismo, é uma corrente filosófica que crê em um único Deus, cuja relação com os seus filhos é semelhante à de um pai para com os seus filhos. Sustenta a existência de virtudes um direito natural de origem divina e eterno; a humanidade se assemelha a uma família, sendo todos os humanos parentes. Também acreditavam no autocontrole pessoal, na devoção ao cumprimento do dever e no combate à tirania (Amaral, 2015).

Para Cícero, uma das principais virtudes é a dedicação à vida política, sendo preferível ao ócio e ao prazer. A virtude deve ser praticada e o "seu melhor uso" é o "governar a República", de modo a converter em obras aquilo que se aprende nas escolas. Ele é, portanto, um adepto da prática e da ação, pois os governantes devem dar o exemplo aos governados, praticando as virtudes.

Em relação ao direito natural, afirma em Da República (I, XVII) que a razão reta, isto é, a conforme à natureza, está inscrita em todos os corações, é imutável, eterna e ensina o bem, proíbe o mal e, seja com os seus mandamentos, seja com as suas proibições, nunca se dirige inutilmente aos bons, nem fica impotente frente aos maus. É uma lei que não pode ser contestada, nem derrogada, nem anulada. Nem o povo, nem o Senado (poder político) pode nos isentar da sua observância, "não há que procurar para ela outro comentador nem intérprete; não é uma lei em Roma e outra em Atenas, – uma antes e outra depois, mas una, sempiterna e imutável, entre todos os povos e em todos os tempos".

Quanto à Justiça, indaga se o homem justo deve obedecer às leis, a quais deve obedecer? Não se deve obedecer a todas as leis sem exceção. As leis injustas não merecem obediência. Cícero contesta aqueles que afirmam que "não há direito natural e, por conseguinte, não há justos por natureza". Ora, se as leis mudam, as leis que devem ser observadas e cumpridas pelos justos são aquelas da eterna justiça" e não aquelas estabelecidas por convenção, "posto que dar a cada um seu direito é próprio do homem bom e justo." Por fim, indaga sobre os nossos deveres para com os animais, respondendo que Pitágoras e Empédocles, já proclamaram "um direito universal para todos os seres vivos, ameaçando com terríveis penas aquele que se atreve a violar o direito de um animal qualquer. Prejudicar os animais é, pois, um crime" (Cicero, III, VIII).

> [...] Certamente, grandes são as questões ora bosquejadas. Porém, entre todas que ensejam as discussões dos doutos, nenhuma se assemelha à de compreender plenamente que nascemos para a Justiça e que o Direito não assenta em convenções, mas na Natureza. Tal se evidenciará a quem analisar os laços sociais e a união entre os homens. Nada há tão semelhante, tão igual, uns aos outros, como nós entre nós. E se a depravação dos costumes e as divergentes opiniões não deformassem e dobrassem os espíritos fracos aos seus caprichos, todo homem se assemelharia a todos, e qualquer definição que fosse dada a um homem serviria a todos. Tais considerações bastam para provar que não há diferenças no gênero humano. Com efeito, a razão, a única faculdade que nos coloca acima dos animais e nos torna capazes de inferir, demonstrar, refutar, discutir, resolver e concluir é, sem dúvida comum a todos os homens, pois, ainda que díspares no saber, possuem a mesma aptidão para aprender. Não apenas cada um dos sentidos capta objetos parecidos, mas também em cada um dos objetos impressionam os sentidos da mesma forma. Essas impressões – que são as primeiras noções a que me referi – são idênticas em todos, e a mente, ao expressar o discurso, mesmo empregando termos distintos expressa significados semelhantes. Não há indivíduo, pertença à raça que pertencer, que não consiga, sob a condução da Natureza, alcançar a virtude.[2]

Estas são as principais concepções de Cícero sobre o direito natural e a justiça. Há que se registrar que o Digesto, em seu primeiro livro, traz a assertiva de Pompônio, no sentido de que o direito natural, "não é próprio do gênero humano, mas de todos os animais que nascem na terra ou no mar, comum também às aves" e que, por ele "todos os homens nasceram livres e não se conheceria a manumissão, bem como se desconheceria a escravidão", sendo a Justiça a "vontade constante e perpétua de dar a cada

---

2. Disponível em: http://www.direitoshumanos.usp.br/index.php/Documentos-anteriores-%C3%A0-cria%-C3%A7%C3%A3o-da-Sociedade-das-Na%C3%A7%C3%B5es-at%C3%A9-1919/cicero-tratado-das-leis--52-ac.html. Acesso em: 03 jan. 2020.

um o seu direito", ou ainda, o "viver honestamente [*honeste vivere*], não lesar outrem [*alterum non laedere*] e "dar a cada um o que é seu" [*suum cuique tribuere*] [Ulpiano] (Wolkmer, 2019, p. 71).

2.3 Direito natural cristão

O direito natural cristão é o pensamento jurídico baseado nos ensinamentos contidos na Bíblia. É, assim como as demais correntes de direito natural, muito variado e complexo, sendo, uma das principais fontes do pensamento ocidental. Muitos são os autores que se filiam ao direito natural cristão. O Cristianismo representou uma importantíssima mudança de perspectiva para a doutrina do direito natural, enquanto na Antiguidade os indivíduos eram valorizados por seus bens, qualidades e feitos heroicos, com a exclusão dos pobres, das mulheres e dos escravos, o Cristianismo identificava uma igualdade básica entre todos os humanos. A partir disto, possibilitou-se a construção de uma "concepção transcendental de dignidade humana" (Wolkmer, 2019, p. 63-64).

2.3.1 Patrística

A Patrística foi uma corrente filosófica cristã da Alta Idade Média que pode ser dividida em duas partes a (1) grega e a (2) latina. Ela é a elaboração teórica que os Pais Apostólicos da Igreja desenvolveram articulando as verdades da fé cristã, defendendo-a dos pagãos e hereges. De certa forma é uma continuação da tradição filosófica grega, interpretando o Cristianismo e os seus ensinamentos à luz de conceitos já presentes na filosofia helênica. As grandes expressões da Patrística grega foram, dentre outros, São Justino, São Irineu, Clemente de Alexandria, Orígenes e São Basílio; na Patrística Latina se destacam Tertuliano, Lactâncio, Santo Ambrósio, São Jerônimo e Santo Agostinho.

2.3.1.1 Santo Agostinho

Aurélio Agostinho de Hipona (Santo Agostinho. Tagasta 354 – Hipona 410) é um dos principais teólogos e filósofos da Igreja Católica, tendo sido um escritor muito produtivo, com ele "a filosofia patrística e, quiçá, a filosofia cristã como tal, atingiu o seu apogeu (Boehmer e Gilson: 2012, p. 139). As suas principais obras são: (1) Cidade de Deus (*De Civitate Dei*), (2) Confissões (*Confessiones*) e o (3) Livre Arbítrio (*De Libero Arbitrio*).

Santo Agostinho possuía uma visão pessimista do Homem, tendo sido muito influenciado por Platão e, também, pela filosofia maniqueísta que professara antes de se converter ao cristianismo. O maniqueísmo foi uma corrente religiosa originária da Pérsia (fundada por Mani) que concebia o mundo dividido entre o bem e o mal, havendo um Deus do Bem e um Deus do Mal que o disputavam.

Agostinho repudiou o maniqueísmo, ao não admitir a hipótese de equiparação da força divina à do demônio. Todavia, em sua doutrina dividiu o mundo em duas cidades a Cidade de Deus (*Civitas Dei*) e a Cidade do Diabo (*Civitas Diaboli*), o que, de certa forma, revela a influência de suas antigas concepções teológicas. O contexto histórico-político de A Cidade de Deus é a invasão de Roma por Alarico em 410, o fato foi tão extraordinário que muitos, inclusive cristãos, culparam o cristianismo pelo evento. A existência das "duas cidades" pode ser considerada como parte da tradição cristã de separação entre o mundo espiritual e o secular. "Responderam-lhe: "De César!" Então, lhes afirmou: "Portanto, dai a César o que é de César, e a Deus o que é de Deus!" (Mateus, 22:21).[3]

Para Santo Agostinho, o direito não se fundamenta puramente na natureza humana, pois o Homem decaído vive em pecado, assim há a necessidade de que a *Lex Naturalis* seja inspirada pela *Lex Aeterna*, pois a lei natural dos homens é falha, vez que obra humana. O Homem, no entanto, é livre para escolher se vive em pecado ou em harmonia com Deus. Santo Agostinho diz em *De Libero Arbitrio* que na lei temporal, isto é, a lei da sociedade humana, não há nada que seja justo e legítimo que "não tenha sido tirado da lei eterna." Ao analisar os povos que, justamente, têm direito de escolher seus magistrados [governantes] e outros que, também de forma justa, não o têm, considera que ambas as hipóteses emanam da lei eterna" conforme a qual é sempre justo que um povo sensato eleja seus governantes e que um povo irresponsável não o possa" (Santo Agostinho, 1995, p. 41).

Para Wieacker (1980, p. 18), a partir da elaboração, por Santo Agostinho, do mundo jurídico (comunidade) como uma cópia da cidade divina, a metafísica jurídica tornou-se o mais importante dentre os elementos formadores do direito até o século XIX. A metafísica traduzida por Santo Agostinho era totalmente diferente do pensamento cristão então vigente. Santo Agostinho trouxe para o interior da doutrina cristã o ideário de Platão; que embora um dos luminares do pensamento profano grego, passou a dominar à teologia cristã.

2.3.2 *Escolástica*

A Filosofia Escolástica [Escolástica ou Escolasticismo] é uma metodologia de pensamento crítico e aprendizagem cujas origens remontam aos mosteiros cristãos, que busca harmonizar a fé com um sistema de pensamento racional, fortemente influenciado pela filosofia grega clássica, em especial por Platão e Aristóteles. Se a patrística foi o principal momento cultural do início da Idade Média, a escolástica foi o ápice da produção intelectual, filosófica e teológica da Europa cristã nos séculos XI e XIII (Wolkmer, 2019, p. 77-78). A Escolástica foi uma escola filosófica complexa. Fala-se em uma (1) primeira escolástica, em (2) alta escolástica e em (3) escolástica posterior (Boehmer e Gilson, 2012). Santo Tomás de Aquino é o grande divisor de águas. Na primeira escolástica os principais pensadores são *João Escoto Erígena*, *Anselmo de Cantuária*, São Bernardo de Claraval, Pedro Abelardo e Hugo de São Vitor. Na alta es-

---

3. Disponível em: https://bibliaportugues.com/luke/20-25.htm. Acesso em: 02 jan. 2020.

colástica despontam nomes como (1) Alberto Magno, (2) Santo Tomás de Aquino, (3) João Duns Escoto e (4) Mestre Eckhart; na escolástica posterior se destacam os nomes de Guilherme Ockham e (2) Nicolau de Cusa.

2.3.2.1 Santo Tomás de Aquino

Tomás de Aquino, (Roccasecca, 1225 – Fossanova, 7 de março de 1274), foi um *frade católico* da *Ordem dos Pregadores* (dominicano) cuja produção intelectual teve, e ainda tem, enorme influência na *teologia* e na *filosofia católicas* e devido a isto ficou conhecido como *"Doctor Angelicus"*, *"Doctor Communis"* e *"Doctor Universalis"*. Ele foi o criador do primeiro sistema completo de direito natural cristão, tomando por base o pensamento aristotélico.

O sistema tomista tem por alicerce a ideia de uma perfeita acomodação e conformidade entre a lei humana e a lei natural. A obediência à autoridade pública, para Santo Tomás, era uma obrigação primordial. Aristóteles reassumiu toda a sua antiga legitimidade social através da adoção, por Santo Tomás, de suas principais teses. Tomás de Aquino, e com ele a Igreja Católica, considerou que, apesar de o autor de *Ética a Nicômaco* não ter escrito sob inspiração cristã, conheceu a natureza, que é obra de Deus; logo, o conhecimento filosófico grego foi mediato e não direto. Destarte, não haveria impedimento maiores para a agregação do pensamento aristotélico à doutrina cristã, dotando-a com notável rigor metodológico.

Santo Tomás de Aquino foi o mais completo doutrinador do direito natural medieval. A relação estabelecida pelos estoicos entre *Lex Natural* e a *Lex Divina* foi mantida da forma que a igualdade estabelecida entre os *Dez Mandamentos* e a Lex *Natural*. Os Dez Mandamentos trouxeram uma nova revelação do direito natural, mas foram modificados, pois os seus destinatários são os humanos decaídos. Os Mandamentos têm como destinatários os Homens vivendo em pecado, oferecendo-lhes um caminho para a reconciliação com o Criador. Eles pressupõem não o Adão Justo, mas o Adão pecador. É o direito natural do estado de pecado, logo, relativizado. No paraíso, ou no estado original, existia a liberdade, a paz e a *communis possessio*. Tais direitos originais perderam-se no direito natural atenuado ou relativo. Assim sendo, admite que a ordem do mundo deveria ser mantida tal como estava, devido a inexistência do estado original. Tomás de Aquino era bastante claro no sentido de que nas matérias que digam respeito à salvação da alma, a obediência deve ser à Igreja e não ao poder temporal; entretanto, nas matérias que digam respeito ao bem temporal, a obediência em primeiro lugar deve ser ao poder temporal (Amaral, 2015). A Justiça é um princípio de gradação; deve ser dado a cada um o que lhe pertence; seja sob a forma comutativa, seja sob a forma distributiva.

2.4   Racionalismo e direito natural

O fim da Idade Média deu margem ao surgimento de correntes racionalistas que buscaram outra legitimação para o direito natural. A idade moderna trouxe consigo uma enorme fragmentação, uma pulverização caleidoscópica de pensamentos e opiniões que, daí para frente nunca mais se unificaram no Ocidente. Um ponto decisivo em tal explosão de ideias foi o cisma luterano, sobretudo em seu aspecto revolucionário ao pregar a desnecessidade da instituição Igreja como intermediária entre a Humanidade e Deus. Lutero admitia a leitura das Escrituras autorizava e capacitava o cristão para o exercício do *livre exame* da palavra de Deus. Com tal concepção, Martinho Lutero pôs fim à ideia de um poder espiritual universal, produzindo uma dupla liberação, a saber a (1) dos indivíduos em relação a uma doutrina única e a (2) dos estados em relação ao Papado. O movimento luterano deu origem às chamadas igrejas nacionais, o que fazia uma ligeira confusão entre o reino temporal e o espiritual, como se pode constatar com a fundação da Igreja da Inglaterra por Henrique VIII, em 1534 e de tantas outras igrejas.

2.4.1 *Hugo Grócio*

Hugo Grócio [Hugo Grotius, Hugo de Groot, Huig de Groot (Delft, 10 de abril de 1583 – Rostock, 28 de agosto de 1645)] foi jurista, *filósofo, dramaturgo, poeta* e um grande nome da *apologética cristã*, holandês. É considerado como um dos fundadores do direito internacional construído sobre a base do direito natural. É um dos precursores da laicização do direito natural, afastando-o da condição de obra imediata de Deus. Grotius, em *Iure Belli ac Pacis*, advogou a liberdade comercial entre as nações no oceano, isto é, a liberdade dos mares que pertencem a todos, não a esta ou aquela nação, como pensavam os navegantes e comerciantes ingleses. A partir da constatação de que diversos indivíduos, em tempos e lugares diferentes, afirmam uma mesma coisa como certa, esta coisa é fruto de uma causa universal, que é derivada dos princípios da natureza ou mesmo do senso comum, sendo uma verdade. A primeira das causas [princípios da natureza] indica a revelação do direito natural; já a segunda das causas [o senso comum], revela o direito das gentes.

A diferença que existe entre ambos deve ser distinguida não através dos próprios termos (pois os autores confundem os termos referentes ao direito natural e ao direito das gentes), mas deve ser entendida através da qualidade da matéria. De fato, quando através de princípios certos uma coisa não pode ser deduzida por um raciocínio correto e, contudo, parece ser observada em todos os lugares, segue-se que ela deve ter sua origem na vontade livre dos homens (Grotius, 1625).

Para o pensador holandês, o direito natural tem a sua fonte em si próprio, sendo imutável, assim como a natureza e a razão. Grotius libertou o direito natural da teologia. Em seu ideal burguês, o reconhecimento da propriedade faz parte dos direitos fundamentais. Seu pensamento foi a expressão cristalina do individualismo do ascendente capitalismo holandês. Conforme a lúcida observação de Antonio Padoa Schioppa (2014), a história das ideias e o seu impacto sobre a realidade são dependentes do contexto no qual elas surgem, portanto a ideia relativa à realidade independentemente da Revelação teve um peso muito grande em um mundo em que, a partir do século XVI, houve uma importante secularização da cultura e, por consequência, do direito.

2.4.2 Os contratualistas

Os contratualistas são os filósofos e juristas que adotam a concepção de um estado da natureza, a partir do qual os indivíduos entenderam ser mais racional abandonar a situação primitiva na qual não havia lei ou regras de convivência e se organizarem em um estado civil com regras de convivência entre todos. O estado natural, no entanto, não era igual para todos os contratualistas, pois alguns contratualistas partiam do pressuposto de que o Homem era bom em suas origens e vivia em harmonia; outros, julgavam que os humanos eram maus e viviam em constante refrega.

Os principais contratualistas foram (1) Thomas Hobbes, (2) John Locke e (3) Jean-Jacques Rousseau, dentre outros.

2.4.2.1 Thomas Hobbes

Thomas Hobbes De Malmesbury (5 de abril de 1588 – 4 de dezembro de 1679) foi filósofo, matemático e as suas principais obras foram *Do cidadão* [*De Cive*(1642)] e *Leviatã* (1651). Hobbes foi um pensador de "importância central" (Schioppa, 2014) na história do pensamento político-jurídico. Muito embora fosse britânico, as suas duas principais obras foram escritas em França, onde se refugiara por motivos políticos. No estado da natureza hobbesiano, os humanos se encontravam em uma guerra sem quartel, de uns contra os outros para satisfazerem às suas necessidades. Para ultrapassar esse estado primitivo e que tanto para que a sociedade, quanto para que o indivíduo possam ter êxito, faz-se necessário delegar poderes para um soberano absoluto que governaria em favor do bem comum. Lembre-se que Hobbes havia se refugiado em França, pois era um crítico do aumento do poder parlamentar em Londres que culminaram com a execução do rei Carlos I Stuart. Thomas Hobbes, provavelmente, tenha sido o pensador mais profundo da nova modalidade de direito natural e ao mesmo tempo o adversário acerbo de seu conteúdo democrático (Bloch, 1976).

> A única maneira de instituir um tal poder comum, capaz de defendê-los das invasões dos estrangeiros e das injúrias uns dos outros, garantindo-lhes assim uma segurança suficiente para que, mediante seu próprio labor e graças aos frutos da terra, possam alimentar-se e viver satisfeitos, é conferir toda sua força e poder a um homem, ou a uma assembleia de homens, que possa reduzir suas diversas vontades, por pluralidade de votos, a uma só vontade. O que equivale a dizer: designar um homem ou uma assembleia de homens como representante de suas pessoas, considerando-se e reconhecendo-se cada um como autor de todos os atos que aquele que representa sua pessoa praticar ou levar a praticar, em tudo o que disser respeito à paz e segurança comuns; todos submetendo assim suas vontades à vontade do representante, e suas decisões a sua decisão. Isto é mais do que consentimento, ou concórdia, é uma verdadeira unidade de todos eles, numa só e mesma pessoa, realizada por um pacto de cada homem com todos os homens, de um modo que é como se cada homem dissesse a cada homem: Cedo e transfiro meu direito de governar-me a mim mesmo a este homem, ou a esta assembleia de homens, com a condição de transferires a ele teu direito, autorizando de maneira semelhante todas as suas ações. Feito isto, à multidão assim unida numa só pessoa se chama Estado, em latim civitas. É esta a geração daquele grande Leviatã, ou antes (para falar em termos mais reverentes) daquele Deus Mortal, ao qual devemos, abaixo do Deus Imortal, nossa paz e defesa. Pois graças a esta autoridade que lhe é dada por cada indivíduo no Estado, é-lhe conferido o uso de tamanho poder e força que o terror assim inspirado o torna capaz de conformar as vontades de todos

eles, no sentido da paz em seu próprio país, e ela ajuda mútua contra os inimigos estrangeiros. É nele que consiste a essência do testado, a qual pode ser assim definida: Uma pessoa de cujos atos uma grande multidão, mediante pactos recíprocos uns com os outros, foi instituída por cada um como autora, de modo a ela poder usar a força e os recursos de todos, da maneira que considerar conveniente, para assegurar a paz e a defesa comum (Hobbes, 1997).

O estado hobbesiano é, claramente, autoritário. Um poder absoluto do estado sobre os indivíduos, em nome de uma segurança dos bens e da propriedade, perde-se a liberdade. Conforme Diogo Freitas do Amaral (2015, p. 175), ao comentar a obra de Thomas Hobbes, "não se pode – sem grave incoerência – ser democrata quanto à *origem* do poder e ser antidemocrático quanto ao exercício do poder".

2.4.2.2 John Locke

John Locke (Wrington, 29 de agosto de 1632 – Harlow, 28 de outubro de 1704) foi um filósofo inglês e um dos primeiros e principais teóricos do liberalismo. Foi um grande defensor da tolerância religiosa. A teoria do estado da natureza de Locke é "extremamente original e influente" (Cintra, 2010, p. 57), sendo fundamental para entender a sua ideia sobre o direito de propriedade, pois é no estado da natureza que a propriedade é legitimada, ou seja, antes mesmo da existência do estado civil. Para Locke é a necessidade de proteção para a propriedade privada que leva à formação do estado civil, ou governo civil. A propriedade é anterior ao próprio estado. A legitimidade da propriedade, o justo título, tem por base o trabalho.

Ainda que a terra e todas as criaturas inferiores pertençam em comum a todos os homens, cada um guarda a propriedade de sua própria pessoa; sobre esta ninguém tem qualquer direito, exceto ela. Podemos dizer que o trabalho de seu corpo e a obra produzida por suas mãos são propriedade sua. Sempre que ele tira um objeto do estado em que a natureza o colocou e deixou, mistura nisso o seu trabalho e a isso acrescenta algo que lhe pertence, por isso o tornando sua propriedade. Ao remover este objeto do estado comum em que a natureza o colocou, através do seu trabalho adiciona-lhe algo que excluiu o direito comum dos outros homens. Sendo este trabalho uma propriedade inquestionável do trabalhador, nenhum homem, exceto ele, pode ter o direito ao que o trabalho lhe acrescentou, pelo menos quando o que resta é suficiente aos outros, em quantidade e em qualidade (Locke, S/d, p. 42).

Locke, diferentemente de Hobbes, não parte da ideia da existência de uma maldade inerente aos seres humanos, ou da tendência humana ao litígio constante de todos contra todos. A injustiça surge no Estado da natureza, vez que a inexistência de regras e critérios que sejam válidos para todos gera insegurança, pois a aplicação da justiça é um ato meramente privado. O Estado civil é, assim como para os demais contratualistas, uma renúncia do direito individual e natural feita por cada um, em favor da coletividade, delegando ao Estado os poderes para (1) legislar, (2) administrar e (3) julgar. Dessa forma, há a instituição de um sistema de *justiça pública*. O *consentimento tácito* de todos, todavia, limita-se à sociedade política, pois esta objetiva o bem público. O indivíduo não delega poderes ao Estado que o autorizem a ingerir na vida privada de cada um dos indivíduos.

O "estado de Natureza" é regido por um direito natural que se impõe a todos, e com respeito à razão, que é este direito, toda a humanidade aprende que, sendo todos iguais e independentes, ninguém deve lesar o outro em sua vida, sua saúde, sua liberdade ou seus bens; todos os homens são obra de um único Criador todo-poderoso e infinitamente sábio, todos servindo a um único senhor soberano, enviados ao mundo por sua ordem e a seu serviço; são portanto sua propriedade, daquele que os fez e que os destinou a durar segundo sua vontade e de mais ninguém. Dotados de faculdades similares, dividindo tudo em uma única comunidade da natureza, não se pode conceber que exista entre nós uma "hierarquia" que nos autorizaria a nos destruir uns aos outros, como se tivéssemos sido feitos para servir de instrumento às necessidades uns dos outros, da mesma maneira que as ordens inferiores da criação são destinadas a servir de instrumento às nossas (Locke:S/d, p. 36).

Locke, como se pôde ver, era adepto do contratualismo democrático não admitindo que o Estado invadisse a esfera privado dos indivíduos, muito menos que o Estado fosse titular de poderes absolutos.

2.4.2.3 Jean-Jacques Rousseau

Jean-Jacques Rousseau (Genebra, 28 de junho de 1712 – Ermenonville, 2 de julho de 1778) foi filósofo, teórico político, educador, escritor e compositor. Foi um dos mais importantes iluministas e precursores do romantismo. Jean-Jacques Rousseau, conforme a observação de Wayne Morrison (2012, p. 183) expressava um "romantismo ambíguo", pois seu pensamento incorporou tendências otimistas e pessimistas. Em sua concepção, a passagem do estado da natureza para o estado civil produziu mudanças negativas no Ser Humano.

A passagem do estado natural ao estado civil produziu no homem uma mudança considerável, substituindo em sua conduta a justiça ao instinto, e imprimindo às suas ações a moralidade que anteriormente lhes faltava. Foi somente então que a voz do dever, sucedendo ao impulso físico, e o direito ao apetite, fizeram com que o homem, que até esse momento só tinha olhado para si mesmo, se visse forçado a agir por outros princípios e consultar a razão antes de ouvir seus pendores. Embora se prive, nesse estado, de diversas vantagens recebidas da Natureza, ganha outras tão grandes, suas faculdades se exercitam e desenvolvem, suas ideias se estendem, seus sentimentos se enobrecem, toda a sua alma se eleva a tal ponto, que, se os abusos desta nova condição, não o degradassem com frequência a uma condição inferior àquela de que saiu, deveria abençoar incessantemente o ditoso momento em que foi dali desarraigado para sempre, o qual transformou um animal estúpido e limitado num ser inteligente, num homem. Reduzamos todo este balanço a termos fáceis de comparar. O que o homem perde pelo contrato social é a liberdade natural e um direito ilimitado a tudo que o tenta e pode alcançar; o que ganha é a liberdade civil e a propriedade de tudo o que possui. Para que não haja engano em suas compensações, é necessário distinguir a liberdade natural, limitada pelas forças do indivíduo, da liberdade civil que é limitada pela liberdade geral, e a posse, que não é senão o efeito da força ou do direito do primeiro ocupante, da propriedade, que só pode ser baseada num título positivo (Rousseau, S/d).

Rousseau foi um homem de seu tempo, logo, republicano, anticlerical, teísta e democrata (Amaral, 2015). Mas, também foi eurocentrista. Em *Emílio*, Rousseau disserta sobre os lapões e os negros, afirmando que ambas as etnias vivem em climas extremos; por sua vez os habitantes dos ambientes temperados têm uma vantagem evidente sobre os dois primeiros pois, embora possa ser mudado tanto quanto aquele que vai de um extremo ao outro, ele apenas se afasta meio caminho de sua condição natural. Assim, afirma, um francês pode viver na Nova Guiné ou na Lapônia, mas um negro não pode viver em Tornea nem um Lapão em Benin. Rousseau acredita que também o cérebro estava menos perfeitamente organizado nos dois extremos. Acrescenta que nem os negros, nem os Lapões são tão sábios quanto os europeus. Então, caso ele quisesse que o seu aluno fosse um cidadão do mundo, deveria escolhê-lo na zona temperada, na França por exemplo, ao invés de em outro lugar (Rousseau, 2004). Diga-se, em favor de J.J. Rousseai, que tal tipo de pnesamento era bastante comum entre a elite intelectual europeia.

Para Rousseau, a *vontade geral* era a fonte básica da legitimidade política e se expressava em leis justas. A *vontade geral*, todavia, não era a mera soma das vontades individuais dos diversos membros do Estado civil.

3. O RENASCIMENTO DO DIREITO NATURAL

O século XIX foi o século da consolidação do positivismo jurídico como conse-quência da estabilização da ordem jurídica capitalista na sociedade ocidental. Entre-tanto, tal situação não foi capaz de extirpar as correntes jusnaturalistas que sempre continuaram a existir e a formular suas críticas ao positivismo triunfante. O principal momento do retorno do jusnaturalismo é, sem dúvida, o fim da 2ª Guerra Mundial. Como se sabe, a segunda grande guerra foi responsável por atos de barbaridade que envergonham a espécie humana. Não que no passado não existissem diversos motivos de vergonha para o Ser Humano. No século XX, a 2ª Guerra produziu a morte em escala industrial. Já a 1ª Guerra Mundial havia produzido números assustadores de baixas. A batalha do *Somme* travada por forças britânicas (com tropas coloniais da Austrália e África do Sul) e francesas contra alemães durante cerca de 5 meses, resultou em torno de 1 milhão e 100 mil mortos.[4] A batalha de Verdun que se prolongou por cerca de 300 dias no ano 1916 teve como resultado a utilização de 1,35 milhão de toneladas de aço, com o disparo de 10 milhões de tiros, em um espaço de cerca de 30 Km^2,[5] com cerca de 500 mortos por dia.

A 2ª Guerra Mundial foi um prolongamento da carnificina da 1ª Guerra e acrescen-tou o genocídio, com a industrialização e banalização burocrática da morte em grande escala. Estima-se que mais de 50 milhões de pessoas tenham perdido a vida na segunda grande guerra. O Julgamento dos crimes do nazismo após a 2ª Guerra é, seguramente, o grande marco do renascimento do direito natural no século XX.

---

4. Disponível em: https://www.bbc.com/portuguese/internacional-36672011. Acesso em: 06 jan. 2021.
5. Disponível em: https://www.dw.com/pt-br/batalha-de-verdun-simboliza-absurdo-da-primeira-guer-ra/a-19286823. Acesso em: 06 jan. 2021.

3.1 O Jusnaturalismo no século XX

3.1.1 Gustav Radbruch

Gustav Radbruch (Lübeck, 21 de novembro de 1878 – Heidelberg, 23 de novembro de 1949) foi *político*, *jurista* e *professor* de direito *alemão*. A Justiça, para Radbruch, deve ser o objetivo do legislador, pois é um valor absoluto, assim como a verdade, o bem e o belo. A Justiça se desdobra em duas: (1) como virtude e qualidade pessoal que é a *justiça subjetiva* e a (2) Justiça como propriedade do relacionamento entre pessoas (por exemplo, o preço justo), que é a *justiça objetiva*. A Justiça subjetiva corresponde à intenção que conduz à realização da Justiça objetiva e está para ela como a veracidade está para a verdade. A Justiça objetiva constitui, portanto, a forma primária, enquanto a Justiça subjetiva é a forma secundária da Justiça. A justiça objetiva é um parâmetro para o direito positivo – a juridicidade – da Justiça enquanto ideia anterior e superior à lei – justiça em sentido estrito. Para Radbruch, o cerne da justiça é a igualdade (2006, p. 24). Desde Aristóteles, lembra, a Justiça tem sido entendida sob duas formas, "cada uma delas plasmada sob uma diferente forma de igualdade". A *Justiça comutativa*, na visão do filósofo, é a igualdade absoluta entre prestação e contraprestação, ele dá como exemplo, mercadoria e preço, dano e indenização, culpa e pena. A *Justiça distributiva* é a proporcionalidade no tratamento dado a diversas pessoas, por exemplo, a diferenciação da carga tributária entre as pessoas em função de sua capacidade contributiva, a promoção das pessoas em função da antiguidade no serviço e o mérito.

A Justiça comutativa pressupõe duas pessoas juridicamente equiparáveis; a Justiça distributiva pressupõe no mínimo três pessoas: (1) uma colocada em nível superior, que impõe encargos ou distribui benefícios a (2) duas outras, subordinadas. A Justiça *comutativa* está à base do direito privado; já a *distributiva* é a base do direito público. G. Radbruch considera a Justiça distributiva – o suum cuique, a cada um o seu – como a forma primária de Justiça e a Justiça comutativa, uma forma derivada.

O direito natural é, através dos tempos, a teoria do direito justo que se manifestou de diversas formas ao longo da história. Na antiguidade, vigeu o antagonismo entre natureza e convenção, conforme a visão predominante de Aristóteles; durante a Idade Média, a disputa entre direito divino e direito humano, calcada em Santo Tomás de Aquino; na Idade Moderna, assenta-se no conflito entre razão e ordem coativa, tal como definido desde Hugo Grócio até Jean-Jacques Rousseau. O moderno direito natural, alicerça os seus postulados na teoria contratual, que não é um fato da vida real, mas uma construção teórica, hipotética. Por tal construção é possível avaliar "a retidão das ordens estatais e jurídicas: bons e justos são aquele Estado e aquele sistema jurídico que possam ser admitidos como resultantes da livre convenção dos cidadãos." (2008, p. 19). Radbruch alerta para o fato de que o contrato social é uma forma individualista de pensamento jurídico, pois concebido como fruto de acordo entre os indivíduos, o Estado e o sistema jurídico que correspondam aos interesses individuais de cada um.

56 INTRODUÇÃO AO ESTUDO DO DIREITO • Paulo de Bessa Antunes

Tal concepção, foi "revolucionária a seu tempo; sob inspiração dela triunfou o direito individualista e a ideia de Estado na Revolução Francesa. Com o revés da época da Restauração, encerrou-se o período de predomínio do Direito Natural, que foi substituído pelo predomínio da Escola Histórica do Direito" (p. 20).

O direito natural pode ser dividido em três períodos principais, a saber: (1) Como a natureza, como Deus e a razão humana, imutável e absoluto, em todos os tempos e lugares; (2) Apreensível pela razão; (3) É mais do que mero parâmetro para o direito positivo, haja vista que pode substituí-lo quando este estiver em contradição com ele. Logo, o direito natural *não* deve ser entendido como absoluto e imutável e sim como um direito natural de conteúdo variável. É, na verdade, um instrumento à disposição do cidadão contra as injustiças.

3.1.2   *Michel Villey*

Michel Villey (Caen, 4 de abril de 1914 – Caen, 24 de junho de 1988). A concepção de direito natural de Villey parte de uma abordagem aristotélico-tomista, chegando a uma crítica dos dire*itos humanos* que, para ele, eram construções da modernidade burguesa e, sobretudo, revolucionária [revoluções americana e francesa]. Na primeira fase de seu pensamento, ele entendia que categorias como a liberdade e a igualdade não eram objetos da ordem jurídica, portanto do direito. Tais valores, segundo Michel Villey, pertencem à esfera da filosofia.

Villey (2008) observa que a crítica aos *direitos do homem* tem uma versão tradicionalista conservadora, da qual Edmund Burke [Reflexões sobre a Revolução Francesa, 1790] é um exemplo e, pelo lado socialista por Karl Marx [A Questão Judaica, 1844]. Para o autor, "[a] maioria de nossos contemporâneos está mergulhada até a alma na religião dos direitos do homem." Villey entende que "estes pretensos direitos, qualquer que seja a maneira de definir-lhes o conteúdo, se mostram irrealizáveis." (p. 154). Ao criticar o modelo revolucionário francês, com base em Burke, sustenta que, ao tempo em que os membros da Assembleia proclamavam a liberdade, o direito de propriedade sagrado e inviolável, o direito a não ser condenado sem um processo judicial justo, desfilavam com as cabeças dos aristocratas espetadas em lanças, condenados sem nenhum processo. Assim, em sua visão, os direitos humanos não são para todos, assim como sucede com os chamados direitos sociais, econômicos e culturais. A questão, entretanto, não parece ser um problema dos direitos humanos *em si mesmos*, mas uma questão relativa à sua implementação em um período revolucionário que, como tantos outros, perdeu o seu rumo e que devorou seus líderes e ideais de forma arbitrária e implacável, assim como o fizera com os adversários políticos. A própria Inglaterra – pátria de Burke – viveu a Revolução Gloriosa que, também, cobrou um elevado preço em sangue humano.

Entendia o jusfilósofo que a Declaração Universal dos Direitos Humanos das Nações Unidas é um documento contraditório e problemático, pois o "direito dos povos de dispor livremente deles mesmos pode servir para defender a causa dos palestinos, e, para outros, a dos israelitas, mas não ao mesmo tempo a causa de uns e de outros" (p. 155). Os direitos humanos, portanto, estão em "superabundância" que "serve principalmente para alimentar uma torrente de reivindicações impossíveis de serem atendidas, e que quando confrontadas com o real deixam as pessoas decepcionadas e amargas." Enfim, tais direitos são meramente ilusórios, segundo M. Villey.

Villey faz uma forte crítica do individualismo típico da modernidade e, como solução para as importantes questões por ele suscitadas, prega o retorno ao passado. Uma retropia [utopia retrô], com a volta a conceitos do direito romano que, em sua opinião, albergava noções e categorias atemporais. Villey acreditava na existência de um sistema filosófico duradouro e imutável, cuja principal fonte era o sistema aristotélico-tomista de direito natural que nos permitiria reincorporar uma imagem estrita das finalidades da ordem jurídica. O direito, no fundo expressa uma relação entre pessoas, proporcionalmente justa, que deve ser descoberta casuisticamente pelo jurista que é um artista e não um cientista. O legislador, portanto, deve ser minimizado e cabe ao juiz, único capaz de aplicar a "justiça natural", a dizer o que é o "justo", o que é o equitativo (Arnaud, 2011-2012). Há um ponto importante na crítica de M. Villey no sentido de que não se pode confundir direitos efetivos e exigíveis com meras reivindicações. Ele antecipou uma questão relevante que uma tendência contemporânea de transformar reivindicações em "direitos fundamentais" os quais se avolumam uns sobre os outros, sem que os primeiros estejam sendo efetivamente cumpridos, com isto, perde-se a noção de prioridade e urgência.

3.2 Direito natural ecológico

A partir da década de 60 do século XX, em especial nos Estados Unidos e Europa, mas não apenas, tem início um interessante movimento político-intelectual de revalorização da natureza *em si* e, concomitantemente, uma rediscussão da ordem justa e da própria Justiça. Este movimento é o *ambientalismo* ou *ecologismo*. Não se trata, evidentemente, de algo que tenha surgido de forma "arbitrária" ou sem bases nas construções jurídicas ou filosóficas do passado; ao contrário, é uma resposta que parte das tradições intelectuais ocidentais, com base, sobretudo, no romantismo. O pensamento de Rousseau e outros é claramente identificável nas principais concepções do direito natural ecológico (Antunes, 2015).

O direito natural ecológico surge como resultado de um profundo desconforto com a industrialização e suas consequências negativas sobre o mundo natural, a liberdade e a saúde das pessoas e com a alienação progressiva do ser humano em função dos perigos cada vez maiores que a moderna vida em sociedade acarreta. A perplexidade causada pela sociedade industrial e pós-industrial, levou a que ela fosse considerada como sociedade de risco [Beck, 2011]. E mais: tal perplexidade é respondida, não raras vezes com um apelo ao passado e o retorno a um estado idealizado que, em boa medida, se assemelha ao estado da natureza, tantas vezes presente na filosofia política e do direito. Em tal estado da natureza dos filósofos contratualistas não existiam poluentes químicos, riscos nucleares e tantas mazelas que caracterizam o mundo moderno. A origem imediata do direito natural ecológico pode ser encontrada nas obras de Ralph Waldo Emerson e Henry David Thoreau.

As relações entre os humanos e o mundo natural sempre foram motivo de indagação erudita, e, igualmente, sempre serviram de modelo para a discussão política e filosófica. Keith Thomas [1988] afirma que o homem foi para Aristóteles um animal político, para Thomas Willis um animal que ri; que fabrica seus utensílios para Benjamin Franklin; religioso para Edmund Burke e, finalmente, que cozinha para James Boswell. A segunda metade do século XX presenciou o renascimento do direito natural, como forma de reação aos horrores proporcionados pela 2ª Guerra Mundial e, sobretudo, pelo Holocausto.

A Declaração Universal dos Direitos do Homem [1948], em seu artigo 1º, expressa com muita propriedade a sua vinculação às doutrinas jusnaturalistas: "Todos os homens nascem livres e iguais em dignidade e direitos. São dotados de razão e consciência e devem agir em relação uns aos outros com espírito de fraternidade". Ela criou uma base para toda uma série de reivindicações políticas, sendo muito relevante para a descolonização africana e asiática que surgiu após a segunda grande guerra. Aqui é importante que a Declaração é essencialmente um documento cunhado na cultura ocidental, pois grande parte dos povos africanos e asiáticos estavam sob jugo colonial e não participaram com voz própria na elaboração da Declaração. Não obstante este fato, a Declaração foi um dos mais importantes elementos que deflagraram a centelha da descolonização.

O movimento político-filosófico conhecido como *ambientalismo*, ainda que pouco claro, confuso e contraditório, é um importante agente na política moderna e na própria produção do direito. É um movimento com profunda desconfiança do mundo pós-moderno, da ciência e das próprias teorias políticas e econômicas.

> Difusos, incoerentes, uma salada" estes são apenas alguns dos epítetos frequentemente lançados às pessoas que se autodenominam "verdes". Sobretudo, quando eles falam acerca do que a sociedade é e deveria ser. Estas crenças parecem provir de "todos os lados". São uma *mélange* de ideias associadas tradicionalmente ao centro, à direita e à esquerda políticos, misturadas com princípios retirados da ciência da ecologia. Os verdes podem negar incoerência, reivindicando uma distinção baseada no "biocentrismo" (...) Ou podem argumentar que, ao contrário de uma fraqueza, a diversidade de ideias é uma força política. (Pepper, 2000, p. 25).

O direito natural ecológico ou ambiental, parte do pressuposto teórico que, no início dos tempos, havia harmonia entre todos os seres vivos em um estado natural que foi descaracterizado pelo estado civil, cujos defeitos se agravaram na sociedade industrial. O retorno à harmonia de antanho, ainda que sob uma nova roupagem, é a principal utopia que reúne as diferentes correntes do direito natural ecológico.

3.2.1 Os precursores

3.2.1.1 Ralph Waldo Emerson

Ralph Waldo Emerson (Boston, 25 de maio de 1803 – Concord, Massachusetts, 27 de abril de 1882) foi escritor, *filósofo*, tendo sido um dos fundadores da filosofia transcendentalista. Ele escreveu um importante livro denominado *Natureza*. Nele, Emerson começa com uma indagação fundamental para o desenvolvimento de sua obra: "com que fim existe a natureza?" (2011). É a partir de tal pergunta que o seu pensamento se constrói. O encontro de uma teoria da criação é o seu objetivo. A natureza, para Emerson, jamais deu mostra de uma aparência vulgar, pois os seus segredos não podem ser arrancados, sequer pelo mais sábio dos homens, nem é capaz de saciar sua curiosidade descobrindo toda a sua perfeição.

Para os sábios, a natureza não é um brinquedo, pois "as flores, os animais, as montanhas refletiram a sabedoria de seus melhores anos, tal como haviam deleitado a simplicidade de sua infância". Ao tratar da natureza, Emerson utiliza uma visão poética que, no entanto, é profundamente crítica à apropriação privada e econômica do mundo natural e, indiscutivelmente, à sua acelerada depleção. Preocupa-se com a impressão global causada pelos objetos naturais, pois "[i]sso é o que distingue o pedaço de pau, que tem diante de si o lenhador, da árvore do poeta". Emerson reconhece, portanto, um valor espiritual e superior ao valor econômico da natureza. A árvore do poeta é mais valiosa do que a árvore do lenhador.

Ele identifica um valor imaterial na natureza que não se confunde com os valores materiais. O maior valor imaterial da natureza é a paisagem. "A encantadora paisagem que contemplei esta manhã é composta indubitavelmente de umas vinte ou trinta fazendas. Miller é o dono daquele campo, Locke daquele, e Manning do arvoredo mais adiante. Porém, nenhum deles possui a paisagem". O direito de propriedade não se aplica a paisagem que não é um bem disponível para o proprietário, pois a sua utilização é feita coletividade. O direito de propriedade não dá ao proprietário o direito sobre as paisagens.

O direito à paisagem, antecipado por Emerson, é um tema de grande discussão nos tribunais brasileiros. A Constituição de 1934 incluía na competência concorrente da União e dos Estados, "proteger as belezas naturais". A "Polaca", Constituição de 1937, dispunha em seu artigo 134 que "[o]s monumentos históricos, artísticos e naturais, assim como as paisagens ou os locais particularmente dotados pela natureza, gozam da proteção e dos cuidados especiais da Nação, dos Estados e dos Municípios. Os atentados contra eles cometidos serão equiparados aos cometidos contra o patrimônio nacional". A matéria foi regulamentada pelo Decreto-Lei 25, de 30 de novembro de 1937 [Lei de Tombamento] que, no § 2° do artigo 1°, expressamente protegeu as paisagens que ficaram sujeitos a tombamento.

Em relação ao direito à paisagem, veja a seguinte decisão judicial

Na espécie, é incontroverso que, após o surgimento de conflito sobre a construção de muro lindeiro, as partes celebraram acordo, homologado judicialmente, por meio do qual foram fixadas condições a serem respeitadas pelos recorridos para preservação da vista da paisagem a partir do terreno dos recorrentes. Não obstante inexista informação nos autos acerca do registro da transação na matrícula do imóvel, essa composição equipara-se a uma servidão convencional, representando, no mínimo, obrigação a ser respeitada pelos signatários do acordo e seus herdeiros. – Nosso ordenamento coíbe o abuso de direito, ou seja, o desvio no exercício do direito, de modo a causar dano a outrem, nos termos do art. 187 do CC/02. Assim, *considerando a obrigação assumida, de preservação da vista da paisagem a partir do terreno dos recorrentes,* verifica-se que os recorridos exerceram de forma abusiva o seu direito ao plantio de árvores, descumprindo, ainda que indiretamente, o acordo firmado, na medida em que, por via transversa, sujeitaram os recorrentes aos mesmos transtornos causados pelo antigo muro de alvenaria, o qual foi substituído por verdadeiro muro verde, que, como antes, impede a vista panorâmica. STJ – REsp: 935474 RJ 2004/0102491-0, Relator: Ministro Ari Pargendler, Data de Julgamento: 19.08.2008, 3ª Turma, DJe 16.09.2008.

3.2.1.2 Henry David Thoreau

Quero dizer uma palavra em defesa do ambiente natural e da liberdade absoluta. Uma declaração extrema pois já há muitos defensores da civilização.

Henry David Thoreau (Concord, 12 de julho de 1817 – Concord, 6 de maio de 1862) é autor de uma vasta obra no campo da poesia, estudos naturais, história e filosofia. Assim como Ralph Waldo Emerson era transcendentalista. É difícil identificar entre a sua vasta produção intelectual quais são os trabalhos mais significativos; contudo é possível destacar os seguintes (1) *Walden, ou a vida nos bosques*, (2) *Desobediência Civil* e (3) *Caminhando*.

Thoreau é considerado o santo padroeiro do ambientalismo democrático, pois em suas obras sempre teve em vista a liberdade e a vida simples em harmonia com a natureza. Henry David Thoreau foi abolicionista e, em seu ensaio *Desobediência Civil* pregou a resistência pacífica contra a escravidão. A concepção de desobediência civil por ele adotada serviu de inspiração para grandes líderes pacifistas tais como (1) Lev Tolstoi, (2) Mohandas Gandhi e (3) Martin Luther King Jr, dentre outros.

Em *Desobediência Civil*, escrito em 1847, quando ainda prevalecia e escravidão nos Estados Unidos [Sul] e havia uma guerra sendo travada com o México, Thoreau, abre o ensaio afirmando que o melhor governo é o que governa menos, o que levado às últimas consequências significa o governo que "não governa de modo algum". Isto, entretanto, somente poderia ocorrer quando os homens estivessem preparados para tal. Logo, o governo é uma inconveniência necessária. A definição de governo adotada por Thoreau é básica: "Simplesmente uma forma que o povo escolheu para executar a sua vontade". O seu pensamento se enquadra no contratualismo democrático; ainda que admita que mesmo tal tipo de governo esteja "igualmente sujeito a abusos e perversões antes mesmo que o povo possa agir através dele". Como foi o caso da "atual guerra contra o México, obra de um número relativamente pequeno de indivíduos que usam o governo permanente como um instrumento particular".

O governo, americano, para Thoreau não tinha força nem vitalidade, pois um único homem pode fazê-lo dobrar-se à sua vontade. O governo é uma espécie de revólver de brinquedo para o próprio povo". Ironicamente, ele demonstra que o governo acabou se tornando uma arma contra o próprio povo, sendo exitoso em tal tarefa e que muitos cidadãos não se importam "se a opressão se volta também contra eles".

O governo é para Thoreau um obstáculo para que o povo se desenvolver em liberdade. O governo de seu tempo, não era capaz de manter o país livre, de povoar as terras do oeste, não educava. Os diferentes feitos que os EUA haviam conseguido, para Thoreau eram devidos ao "caráter inerente do povo norte-americano" que teria conseguido fazer consideravelmente mais "se o governo não tivesse sido por vezes um obstáculo". O governo, insiste, é uma construção através da qual os homens conseguiriam deixar em paz uns aos outros. Assim, a "conveniência máxima" dos governos "só ocorre quando os governados são minimamente molestados pelos seus governantes".

A partir da definição do papel do governo, Thoreau enfrenta a questão central de desobediência civil que é a resistência às leis injustas e, sobretudo, à escravatura. É importante lembrar que Thoreau morava em um "estado livre" que era Massachusetts, o qual, no entanto, havia aprovado uma lei que determinava a devolução para o proprietário de qualquer escravo fugitivo que tivesse entrado no Estado. Em relação à escravidão e a guerra com o México e à injustiça que elas representam, Thoreau desenvolve o seu argumento da seguinte forma: aqueles que se opõem à escravidão e à guerra, são aproximadamente 100 mil pessoas que "se interessam mais pelos negócios e pela agricultura do que pela humanidade e que não estão dispostos a fazer justiça ao escravo e ao México, custe o que custar". A virtude em alguns homens é capaz de fermentar toda a massa humana contra a guerra e a escravidão, pois há milhares de pessoas que se opõem a tais situações, mas "apesar disso, nada fazem de efetivo para pôr fim a ambas". Ele sugere que sejam tomadas medidas que ultrapassem as meras petições de protesto que não são efetivas. O simples ato de votar não é suficiente para evitar a injustiça: "[é] apenas uma forma de expressar publicamente o meu anêmico desejo de que o certo venha a prevalecer". Cabe ao sábio não permitir que o que é certo fique "nas mãos incertas do acaso" que é o resultado das votações eleitorais para a formação de maiorias. Muito embora ele entendesse que nenhum homem tinha o dever de erradicar o mal, cabia ao cidadão retirar o seu apoio aos governos injustos, pois senão o fizer, passará do imoral ao não moral.

As ações baseadas em princípios, a compreensão e execução do certo, modificam coisas e relações, sendo "essencialmente revolucionária[s]. A questão fundamental que Thoreau se coloca é que, uma vez constatada a existência de leis injustas, "devemos submeter-nos a elas e cumpri-las, ou devemos tentar emendá-las e obedecer a elas até a sua reforma, ou devemos transgredi-las imediatamente?" O exemplo que Henry David traz para a discussão é que os governos entendem que o caminho a ser tomado é esperar que as maiorias venham a modificar as leis, pois a resistência às leis injustas "pode vir a ser um remédio pior do que o mal a ser combatido." Entretanto, como ele afirma, "é precisamente o governo o culpado pela circunstância de o remédio ser de fato pior do que o mal", haja vista que é o próprio governo que faz tudo ficar pior. Logo, "[s]ob um governo que prende qualquer homem injustamente, o único lugar digno para um homem justo é também a prisão".

A desobediência civil é, portanto, uma forma legítima de resistência à opressão, consistindo na recusa efetiva de apoiar governos arbitrários, cuja ação esteja em desacordo com os superiores princípios da moral e da humanidade.

Walden é a celebração da vida simples. H.D. Thoreau inicia o seu diário informando que fora escrito nos dois anos e dois meses em que viveu só nos bosques, distante de qualquer vizinho, em uma cabana construída por ele mesmo, às margens do lago Walden, em Concord, Massachusetts. Ele buscava o retorno à absoluta simplicidade e ao despojamento dos tempos primitivos, nos quais o homem era "hóspede da natureza", pois morava no mundo como se fosse uma tenda. Mas, lamenta que os homens tenham se transformados nos instrumentos de seus instrumentos; pois, aquele que na maior liberdade apanhava os frutos nas árvores ao sentir fome, tornou-se agricultor; aquele que se deixava ficar debaixo de uma árvore por abrigo, virou caseiro.

Para Thoreau há muita ilusão a respeito do progresso que nem sempre é positivo. As invenções, em geral, são brinquedos que nos tiram a atenção das coisas sérias. Segundo ele, "[n]ão passam de meios aperfeiçoados para atingir um fim que não se aperfeiçoou". O "aperfeiçoamento" que ele critica, limita-se à pressa com a qual vivemos e não ao bom senso.

3.2.2   *Direito natural ecológico no século XX*

3.2.2.1 Rachel Carson

Rachel Louise Carson (Springdale, 27 de maio de 1907 – Silver Spring, 14 de abril de 1964) foi bióloga, escritora, ecologista e uma das primeiras e principais divulgadoras da moderna ecologia. Escreveu vários livros sobre ecologia e vida marinha, sendo *Primavera Silenciosa* (Carson, 2010) o mais importante e conhecido.

Rachel Carson (2010) inaugura o seu seminal livro *Primavera Silenciosa* com um capítulo denominado *uma fábula para o amanhã* no qual, à semelhança dos contos infantis, relata a fábula mítica de uma cidade no coração dos Estados Unidos, uma cidade que, na descrição da autora, assemelhava-se ao jardim do Éden. Todavia, tal cidade foi sendo destruída por seus habitantes, dando margem à indagação: "O que silenciou as vozes da primavera em numerosas cidades dos Estados Unidos?" (p. 21).

Primavera Silenciosa é o livro mais influente no pensamento ecológico. Na obra se encontram afirmações no sentido de que, juntamente com a possível extinção da humanidade, causada pela guerra nuclear, o problema central de nossa era é a contaminação total de nosso ambiente por substâncias nocivas e que as futuras gerações condenarão a nossa falta de preocupação com a integridade do mundo natural que é o suporte à vida. Também há a vinculação dos pesticidas com as armas de guerra, com suicídios e que a nossa atitude em relação às plantas é estreita.

Os capítulos possuem nomes como "E nenhum pássaro canta", "Rios de morte", "O preço humano", o que indica uma visão pessimista do futuro da humanidade e do ambiente. Há uma evidente nostalgia de um tempo passado, em que tais problemas não existiam. Rachel Carson encerra a sua obra com uma advertência cujo tomo de melancolia não passa despercebido:

> O "controle da natureza" é uma frase que exprime arrogância, nascida na era Neanderthal da biologia e da filosofia, quando se supunha que a natureza existisse para a conveniência do ser humano. Os conceitos e práticas da entomologia aplicada datam em grande parte daquela Idade da Pedra da Ciência. É nosso infortúnio alarmante que uma ciência tão primitiva se tenha armado com as mais e terríveis armas e que, voltando-os contra os insetos, também os tenha voltado contra a Terra (p. 249).

Não há nenhuma questão presente na agenda ambientalista atual que não esteja presente em *Primavera Silenciosa*. O manifesto trata de questões que vão desde a ameaça de guerra nuclear até a poluição do leite materno por produtos químicos. Fala das pequenas comunidades e da participação popular, dos riscos da ciência moderna e muitas outras coisas. Alarmista, por certo, em uma época na qual a preocupação com a guerra fria e as explosões termonucleares era muito forte; radical no banimento dos organoclorados, podemos dizer que a Convenção de Estocolmo contra os Poluentes Orgânicos Persistentes – POPS é um subproduto de *Primavera Silenciosa*. A obra e sua autora, merecidamente, ocupam um lugar de destaque no renascimento do direito natural, agora em sua versão verde, ainda que a sua obra não seja jurídica. O fato, todavia, é que as preocupações constantes de *Primavera Silenciosa* repercutiram diretamente na elaboração de muitas normas de proteção da natureza e da saúde humana.

3.2.2.2 Jean Dorst

Jean Dorst (1924-2001) foi um ornitologista francês que exerceu uma grande influência com o consagrado livro *Antes que a Natureza Morra: por uma ecologia política* (Dorst, 1973). O trabalho foi construído dentro do espírito que presidiu o surgimento do movimento ambientalista nos fins do século XX, notadamente nos países desenvolvidos. O autor afirma que a dicotomia entre conservação da natureza e exploração racional dos recursos é tão antiga quanto a própria presença do Homem sobre a Terra. Entende o autor que a Humanidade sempre exerceu uma "profunda influência" em seu habitat, "muito maior do que qualquer espécie animal". A se acrescentar que, em tempo humano, as principais modificações causadas pelos humanos ao Planeta, foram em período muito curto.

> Não queremos desempenhar o papel de Cassandra, mas cada um de nós já, por vezes, teve a sensação de se ter instalado num trem que se desloca a uma velocidade tal, que não nos é possível abandoná-lo. Não sabemos para onde nos conduz. Talvez para um grande bem-estar; mas, mais provavelmente, para um impasse, ou mesmo uma catástrofe. O homem, imprudentemente, brincou de aprendiz de feiticeiro, e desencadeou processos que já não consegue controlar (p. 2).

Apesar de todos os avanços da técnica e a fé depositada neles, para Jean Dorst, isto não é capaz de superar a dependência do Ser Humano em relação aos recursos naturais renováveis e, "essencialmente" da produtividade primária, da fotossíntese. Tal circunstância liga o Homem ao conjunto do "mundo vivo, do qual constitui apenas um elemento". Contudo, o autor adverte: elemento principal. A realidade do mundo como uma unidade funcional, é uma realidade indiscutível e que não pode mais ser posta em dúvida. "É neste vasto complexo natural onde nos situamos que temos de admitir a nossa integração, a despeito de uma posição espiritual única, a despeito também, de um orgulho que só em parte se justifica"(p. 8).

O Ser Humano, conforme a argumentação de Jean Dorst teria infringido gravemente "certas leis", pois a sua ação fragmentou e simplificou ecossistemas gerando um balanço ambiental global deficitário.

> É, no entanto, conveniente insistir no fato de que o homem não pode ser um simples elemento num equilíbrio verdadeiramente natural, e, de qualquer forma não pode ser logo que tenha ultrapassado u certo nível de civilização – nível esse que é atingido no momento em que o caçador e o coletor de frutos se transformam em pastor e cultivador – devidos às qualidades de seu intelecto. A terra, no seu estado primitivo, não está adaptada ao desenvolvimento da nossa espécie, que tem de impor-lhe determinadas sujeições para realizar o seu próprio destino (p. 8-9).

A satisfação das necessidades básicas dos seres humanos, em especial as alimentares, impõem-nos uma ação violenta em relação à natureza com a consequente transformação dos habitats. A agricultura é uma atividade indispensável e, devido a escala em que é praticada, tem repercussões negativas sobre os ecossistemas. Assim, o Homem não deve aplicar a mesma "receita" em todos os locais, pois arruinaria os sistemas terrestres. É necessário que os equilíbrios naturais sejam respeitados, de forma a evitar o pagamento de preços muito elevados pela natureza. O Homem moderno esqueceu as leis naturais, pensando que elas não mais se aplicavam a ele.

> [O] homem modificou a face do globo a ponto de destruir a harmonia do meio em que estava destinado a viver. Em vez de paisagens equilibradas, em uma escala humana, criamos por vezes meios hediondos, monstruosos, de onde desapareceram quaisquer elementos de dimensão humana. A atmosfera física e moral dos habitats modernos está tão transformada, tão insalubre, que se encontra em contradição flagrante com as exigências materiais e espirituais de nossa espécie. O número crescente de doenças mentais, de neuroses de todos os tipos – "doenças da civilização" – testemunha a profunda discrepância entre o homem e o seu meio. (p. 9).

Prossegue o autor afirmando que as atividades humanas "levadas ao seu paroxismo, desenvolvidas até o absurdo, parecem conter em si mesmas os germes da destruição da nossa espécie" (p. 9). Isto é, para Dorst, uma hipertelia que é um processo de grande especialização da vida dos humanos.

3.2.2.3 Michel Serres

Michel Serres (Agen, 1 de setembro de 1930 – Vincennes, 1 de junho de 2019) foi um *filósofo francês*. Escreveu entre outras obras "O terceiro instruído" e "O contrato natural". Foi professor visitante *na Universidade de São Paulo*. Foi um autor original que se dedicou a vários temas contemporâneos, tais como a violência. Para M. Serres, a história global entra na natureza e a natureza global entra na história. Isto é o inédito em filosofia (Serres, 1992, p. 18). A obra mais importante de M. Serres para o direito natural ecológico é o "contrato natural", pequeno ensaio no qual o autor expõe de forma contundente a sua concepção sobre as relações entre a humanidade e a natureza.

Para M. Serres, o maior acontecimento do século XX foi o fato de que a agricultura deixou de ser a principal atividade humana. Isto acarretou que nos tornássemos indiferentes ao clima, "salvo nos períodos de férias". Perdemos também a noção de longa duração, pois tudo passa a ser rápido, imediato.

Michel Serres identifica duas formas de poluição, sendo a primeira a (1) poluição material, técnica e industrial; já a (2) segunda é a poluição cultural que é invisível e muito mais perigosa que a primeira forma de poluição, pois nos afastou dos pensamentos de longo termo que nos tornou imediatistas.

M. Serres nos propõe o abandono da palavra ambiente [environnement], pois para ele, tal palavra coloca os humanos no centro de um sistema de coisas que gravitam ao seu redor. Cuida-se, portanto, de narcisismo. A Terra existe antes da existência da raça humana e continuará a existir, independentemente dos humanos. Assim, é necessário que as coisas sejam colocadas em seus devidos lugares e que o homem ocupe a periferia do sistema.

Há necessidade de um retorno à natureza, por meio de um contrato natural que supere os antigos contratos sociais. O contrato natural é um acréscimo ao contrato social que inclua a simbiose entre os humanos e a natureza, a reciprocidade entre humanidade e natureza. Um contrato que substitua o direito de propriedade e posse que são essencialmente parasitários por um direito de hóspede. O parasita pega tudo e não deixa nada em troca, por sua vez, o hóspede se utiliza do bem, mas tem a obrigação de deixá-lo no mesmo estado em que encontrou. A simbiose, ou o direito de simbiose, se caracteriza pela troca, pela reciprocidade. A natureza doa ao humano e, em contrapartida, o humano doa à natureza. Em tal concepção, a natureza se transforma em sujeito de direito.

3.2.2.4 José Lutzemberger

O pensamento ambientalista ou ecologista também se manifestou no Brasil, de forma eloquente, contemporaneamente à sua expansão internacional. José Lutzemberger com "O Fim do Futuro? Manifesto Ecológico Brasileiro" (1976) abriu o caminho para o ecologismo nacional. A sua importância para o pensamento ecológico brasileiro é comparável à de Rachel Carson para o norte-americano. Ao definir o conceito de ecologia Lutzemberger afirma: "Em seu entrosamento multidisciplinar, os seres vivos em conjunto, ou seja, a Biosfera, constituem-se no motor da Ecosfera. Este motor, movido pela energia solar através da fotossíntese dos vegetais, aciona os ciclos bio-geo-químicos que são o sistema de suporte de vida da Nave Espacial Terra" (p. 9).

A Ecologia é a ciência da "sinfonia da vida", a "ciência da sobrevivência", não sendo uma mera especialização, pois a ecologia "é a visão sinfônica do mundo" (p. 10). Em "a demolição da natureza" consta a afirmação de que "[a] sociedade moderna é infinitamente mais destruidora do ambiente que algumas das sociedades antigas, extintas justamente porque fabricava desertos" (p. 12). "Pecamos contra todos os preceitos da Ecologia" (p. 13).

José Lutzemberger faz um apelo moral ao comportamento humano em relação à natureza, pois a condição biológica do Homem, em especial a complexidade de seu cérebro, confere-lhe "autonomia de comportamento ou liberdade de ação" (p. 16), em outras palavras: livre arbítrio. Em consequência das agressões causadas pela sociedade industrial, a Ecosfera "está gravemente enferma" (p. 17). "A agricultura moderna é outra forma de rapina, de rapina mais irreversivelmente destruidora que a rapina do caboclo" (p. 21). Em "exploração insensata" Lutzemberger faz forte crítica à conjuntura desenvolvimentista contemporânea ao texto que foi marcada pela construção de diferentes obras de infraestrutura viária, minerária etc. Todo o padrão de desenvolvimento então adotado dava margem à constituição de uma "bacanal do esbanjamento".

A crítica à energia nuclear[6] é também forte, pois com a sua utilização o Ser Humano brinca de "aprendiz de feiticeiro":

"O leigo se imagina muitas vezes que serão certamente encontradas técnicas, ainda não suspeitadas, para resolver os problemas da radioatividade. Mas a Ciência não só abre novos horizontes, ela nos diz de impossibilidades fundamentais. Quando mexemos com o átomo, estamos mexendo com mecanismos básicos da estrutura do Universo. Podemos produzir plutônio, podemos até consumi-lo no reator, mas *nunca* conseguiremos recuperar o plutônio disperso, da mesma maneira que não podemos recolher DDT que se encontra nos oceanos e *jamais* eliminaremos a radiação dos elementos radioativos ou poderemos alterar-lhes a meia vida. Com a tecnologia nuclear colocamo-nos na posição da figura da fábula que destapou a garrafa que continha o espírito (p. 40).

A resistência de Lutzemberger à tecnologia nuclear, todavia é conjuntural, pois ela seria admissível em um mundo utópico no qual não existissem guerras, revoluções, banditismo, terrorismo, terremotos e outros fenômenos sociais e naturais (p. 42). Para o autor, a "explosão demográfica é um desequilíbrio que se deve a interferências artificiais em equilíbrios naturais" (p. 44). Para ele, a tecnologia agrícola e a medicina geraram alterações nas taxas de "[a] densidade demográfica alcançada por alguns países altamente desenvolvidos nunca nos poderá servir de modelo e isto invalida o argumento de que o desenvolvimento e o elevado nível de vida traz, automaticamente, o equilíbrio demográfico"(p. 45).

---

6. Piores acidentes com material radioativo: (1) Explosão da usina nuclear de Chernobyl, Ucrânia. (2) Terremoto e tsunami no centro de Fukushima, Japão. (3) Catástrofe nuclear de Kyshtym, Mayak, Rússia. (4) Acidente radiológico em Goiânia, Brasil. (5) Emissão de partículas radioativas na usina nuclear de Three Mile Island, EUA. (6) Acidente nos laboratórios de Chalk River, Canadá. (7) Acidente nuclear em Windscale Pile, Reino Unido. (8) Desastre nuclear na usina de tratamento de urânio em Tokaimura, Japão. Disponível em: https://pt.energia-nuclear.net/acidentes-nucleares. Acesso em: 13 mar. 2021.

Após tecer duras e ácidas críticas à sociedade industrial, em especial a forma que ela se organizou no Brasil, Lutzemberger na segunda parte do Manifesto apresenta o seu método para a "reconquista do futuro", chamando a atenção para a necessidade de "sustentabilidade econômica"(p. 76) que, em seu ponto de vista, não se confunde com o "desenvolvimento" pois, para ele "[u]m mundo totalmente "desenvolvido" seria impensável, ou melhor, "tão impensável quanto seria um mundo em que o último quilometro estivesse coberto de concreto"(p. 76). Há necessidade de ressacralização da natureza pois, "para o silvícola animista tudo é sagrado e para o budista, Deus e Natureza são a mesma coisa" (p. 78-79), o que não ocorre na Cultura Ocidental, haja vista que fazemos questão de "excluir de nossa ética tudo que não se relaciona com o Homem".

A Ecologia, para o autor, todavia não é revolucionária, pois é "ciência do possível" (p. 81), não se propondo a desmontar a ordem vigente. Com efeito, "[a] iniciativa descentralizada e a democracia pluralista estão, efetivamente, mais próximas dos mecanismos ecológicos e tem mais potencial evolutivo" (p. 82).

Em obra posterior, *Gaia o planeta vivo (por um caminho suave)* (1990), Lutzemberger continua a levantar todas as principais questões presentes no moderno ambientalismo brasileiro, destacando-se o fato de que os principais textos de J. Lutzemberger foram escritos durante o regime cívico-militar de 1964. Na Declaração de Princípios do Movimento de Luta Ambiental consta: "Os desequilíbrios são tais que se desequilibrou a própria espécie humana. Sua explosão demográfica leva à aceleração da rapina, e os métodos cada vez mais indiscriminados desta rápida aceleração e explosão, como na corrida da bola de neve que termina invariavelmente no estrondo da avalanche" (p. 13-14).

Nota-se o mesmo sentido de urgência, desesperança e indisfarçável neomalthusianismo tão característico do chamado *discurso ambiental* (Hannigan, 2014). Prossegue o autor, "[a]s causas desta constelação de calamidades são as estruturas de poder." (p. 14). "O desastre final seria apenas retardado, mas chegaria pior" (p. 15). Ao tratar da "alternativa fatal", ele afirma: "No mundo em que vivemos, a Sociedade Industrial moderna, que, em sua forma mais recente, passou a chamar-se Sociedade de Consumo, está imbuída, repousa mesmo, numa fé fanática, inabalável, no que se convencionou chamar "progresso" (p. 39). E mais: "Em pouco tempo teremos consumido até a última gota de petróleo e o último pé cúbico de gás natural" (p. 40). "O tipo de mundo que esse rumo nos prepara é o fim de toda civilização e volta ao barbarismo, se é que haverá sobrevivente" (p. 44). Em relação ao monismo Terra-Humanidade, "[s]ó o cego intelectual, o imediatista, não se maravilha diante desta esplendorosa sinfonia, não se dá conta de que toda agressão a ela é uma agressão a nós mesmos, pois dela somos apenas parte" (p. 85). No que tange a Gaia, "[o] Planeta Terra é um ser vivo, um ente vivo com identidade própria..." (p. 101). Em Gaia não há passageiros, *tudo é e todos somos Gaia* (p. 101-102).

3.2.2.5 Leonardo Boff

Leonardo Boff (2013) fala de um "cuidado necessário" que a Humanidade deve ter em relação à Terra, na medida em que Terra e Humanidade formam uma "única entidade" (p. 78). Aqui fica clara uma visão que antropomorfiza a Terra e naturaliza a Humanidade. O discurso escatológico inaugurado por Carson também está presente no pensamento de Boff que, embora de formação católica, enverada por um panteísmo radical. Com efeito, "a terra não será mais vista apenas como repositório de recursos abundantes à disposição da cobiça humana, mas como Mãe Terra e Gaia. Entre ela e nós deverá reinar a mutualidade e a reciprocidade" (p. 68). Neste ponto, a influência de M. Serres é evidente.

A vertente do jusnaturalismo ecológico fica patente na seguinte passagem:

> Normalmente reina um contrato natural entre Terra e humanidade. Mas nos últimos séculos ele foi rompido: os seres humanos se exilaram da Terra; criaram um mundo só para si, tendo uma relação de comércio e troca para com ela; rasgaram o pacto natural e inventaram o pacto social. Este considera apenas os seres humanos, como se somente eles existissem e tivessem direito, esquecendo-se dos direito de todos os seres à vida e os direitos da Mãe Terra (p. 86).

O pensamento de Boff é uma excelente expressão do que foi chamado por Edgar Morin e Anne Brigitte Kern como "maternização da Terra" (2011, p. 54), cuja maior expressão jurídico-positiva está na (1) Constituição do Equador (artigo 71) com a "constitucionalização" de Pacha Mama[7] e (2) no preâmbulo da Constituição Boliviana.[8]

Não se pode deixar de identificar uma certa confusão metodológica na ideia de "cuidado" que é a base fundamental de sua argumentação. O cuidado pregado por Boff é um ataque ao sistema econômico, visando substituí-lo por outro que só se encontra presente na imaginação do Filósofo, misturando desde práticas indígenas até conceitos "nova era". Conforme anotado por Mary Douglas (2012, p. 27), ainda que em outro contexto, "começou um processo, que ainda continua, de cortar os elementos revelados da doutrina cristã, e elevar, em seu lugar, princípios éticos como o amago da religião verdadeira". Veja-se a seguinte passagem de Boff,

> A razão sensível nos abre às mensagens que vêm da natureza e de todas as partes, suscita em nós a dimensão espiritual da gratuidade, da renúncia dos próprios interesses em favor do bem dos outros, da veneração e do respeito. Ela nos permite perceber a Energia amorosa e poderosa que subjaz a todos os eventos e que as religiões chamaram com mil nomes: Tao, Shiva, Inti, Javé, Alá, Olorum... numa palavra: Deus (2013, p. 84)

Compare-se com o seguinte texto:

---

7. Art. 71. La naturaleza o Pacha Mama, donde se reproduce y realiza la vida, tiene derecho a que se respete integralmente su existencia y el mantenimiento y regeneración de sus ciclos vitales, estructura, funciones y procesos evolutivos. Disponível em: http://www.oas.org/juridico/PDFs/mesicic4_ecu_const.pdf. Acesso em: 1º jan. 2018.
8. Disponível em: http://www.harmonywithnatureun.org/content/documents/159Bolivia%20Consitucion.pdf. Acesso em: 1º jan. 2018.

Daí provieram várias formas de agnosticismo e relativismo, que levaram a investigação filosófica a perder-se nas areias movediças dum cepticismo geral. E, mais recentemente, ganharam relevo diversas doutrinas que tendem a desvalorizar até mesmo aquelas verdades que o homem estava certo de ter alcançado. A legítima pluralidade de posições cedeu o lugar a um pluralismo indefinido, fundado no pressuposto de que todas as posições são equivalentes: trata-se de um dos sintomas mais difusos, no contexto atual, de desconfiança na verdade. E esta ressalva vale também para certas concepções de vida originárias do Oriente: é que negam à verdade o seu carácter exclusivo, ao partirem do pressuposto de que ela se manifesta de modo igual em doutrinas diversas ou mesmo contraditórias entre si (João Paulo II, 1998).

Importante observar que a Encíclica *Laudato Si*, expressamente reconhece que o Ser Humano possui "uma dignidade especial" (Papa Francisco, 2015). E mais: Afirmamos que "o homem é o protagonista, o centro e o fim de toda a vida económico-social".

CAPÍTULO 5
DIREITO E LEI

1. INTRODUÇÃO

A ideia de lei está intensa e profundamente ligada à de direito ou talvez seja melhor dizer que a ideia de direito está intimamente vinculada à de lei. Dito desta maneira, parece que apenas estamos diante de um simples jogo de palavras, feito para desfrute de juristas intelectualizados que se divertem em criar armadilhas verbais para os leigos. Não é assim. A prevalência do direito sobre a lei ou da lei sobre o direito, ou mesmo, a identificação entre os vocábulos indica pontos de vista teóricos divergentes.

Roberto Lyra Filho, um dos pioneiros críticos da teoria do direito no Brasil, tenta se afastar da visão dogmática de que o direito é, necessariamente, uma emanação da "classe dominante", vez que o estado, como sistema de órgãos que regem a sociedade politicamente organizada, estaria sob o controle dos detentores do poder econômico, ainda que seja ambíguo em sua formulação: "Embora as leis apresentem contradições, que não nos permitem rejeitá-las sem exame, como pura expressão dos interesses daquela classe, também não se pode afirmar ingênua ou manhosamente, que toda legislação, seja direito autêntico, legítimo e indiscutível" (Lyra F., 1982, p. 8). A conclusão lógica de sua argumentação é no sentido de que não é possível a identificação radical entre direito e lei e que ambos são expresses de fenômenos que, ainda que próximos, não se confundem.

É essencialmente válida e necessária a crítica ao dogmatismo positivista que idolatra a lei, haja vista que o processo de produção legislativo é falho, pois obra humana. A lei já reconheceu o direito de escravização de um ser humano por outro, já reconheceu o direito de vida e de morte sobre pessoas que pensavam de forma diferente. Foi somente com a Revolução Francesa que a ideia de direito e lei como uma unidade se incorporou à prática do direito, como expressão da vontade geral. "O que é direito deve transformar-se em lei para receber não somente a forma de sua universalidade, mas sua verdadeira determinação" (Hegel, 1979, p. 237).

A lei é um preceito abstrato que dispõe sobre situações em tese, aplicando-se a cada caso concreto. Ela expressa uma posição politicamente mediada sobre determinados temas da vida nacional. É a lei que assegura a situação jurídica, capaz de *obrigar* indivíduos e instituições, e é esta capacidade de obrigar que garante a realização do projeto global de uma dada sociedade. Não há uma diferença fundamental entre a concepção hegeliana e a de Roberto Lyra F., pois ambas admitem a existência de um direito não legislado. Entretanto, o primeiro insiste na necessidade de que este direito não legislado se transforme em lei, para alcançar a sua plenitude.

O dogmatismo legalista também é uma característica da doutrina marxista do direito, como se pode ver das concepções de Piotr Stücka, um dos principais juristas soviéticos ao afirmar que a relação entre direito e lei era de tal natureza que o direito, em seu sentido moderno – direito de classe –, se expressava fundamentalmente na lei e que a legislação e as medidas coercitivas são, essencialmente, um monopólio do poder estatal [classista]. A lei teria a função de demarcar os limites do ordenamento jurídico. A lei era, para Stücka, o principal alicerce do ordenamento jurídico (Stücka, 1976, p. 235).

O direito é mais do que apenas a lei, ou o sistema político-estatal que lhe serve de base, pois nele devem ser incorporados os diferentes sentimentos de justiça que não sejam "arbitrários", "queridos", mas que correspondam aos pensamentos e anseios "necessários" em um determinado momento histórico.

2. RAZÃO E DIREITO

O direito é, em grande parte, a sua interpretação. Aqui, a palavra interpretação é utilizada em sentido amplo, pois não se pode confundir a interpretação do direito com a sua interpretação administrativa ou judicial. O cidadão comum em suas múltiplas relações sociais, diariamente, interpreta o direito. A interpretação que a pessoa do povo faz do direito é fruto de sua compreensão da ordem jurídica. Fenômenos tipicamente brasileiros, tais como leis que "pegam ou não pegam", de fato, indicam se a lei está ou não, em conformidade com a realidade social na qual se pretende inserir e, portanto, se corresponde ao sentimento de direito em um determinado momento. Radomir Lukic (1974, p. 489) já afirmou com muita razão que "a ciência do direito, em seu conjunto, é um método de interpretação". Devido à importância da interpretação judicial e administrativa para o direito, ela não se faz de forma arbitrária, mas segundo toda uma série de postulados e mecanismos técnicos, lógicos e políticos que são elaborados a partir de, no mínimo, três elementos, a saber: o (1) sistema jurídico, a (2) lei e a (3) interpretação propriamente dita.

Adiante-se que a ideia de sistema no direito nem sempre foi totalmente aceita. De fato, tal concepção é tributária dos teóricos do direito natural e foi apropriada pelo idealismo alemão, com destaque para Fichte e Schelling, chegando a Hegel para quem "o sistema de direito é o império da liberdade realizada" (1979, p. 39). Para Karl Larenz, "a ideia de "sistema" significa: o desenvolvimento de uma unidade em uma variedade que, deste modo, é conhecida como uma conexão de sentido" (1980, p. 39).

A existência de um sistema jurídico implicaria no reconhecimento de uma ciência do direito. Todavia, conforme afirma Tércio Sampaio Ferraz Jr, "a expressão ciência do direito é relativamente recente, uma invenção da Escola Histórica alemã no século passado [século XIX]" (1977, p. 18). A assertiva de Tércio Ferraz é pacífica (Saldanha,

1977). Isso se explica, na medida em que, a partir do século XIX, a predominância do positivismo, fez com que a ciência passasse a ser um mito moderno, senhora do saber e do conhecimento, uma pitonisa infalível, da qual não é possível se duvidar. Dennis Lloyd afirma que no século XIX se entendia que todo e qualquer campo de estudo deveria se organizar cientificamente, se quisesse contribuir para a marcha geral do progresso, cujo caminho estava assinalado pelos métodos da ciência (1985). Há, certamente, uma visão historicista que parte do pressuposto de uma inevitável marcha à frente, guiada pela história, concepção herdada do iluminismo, mas, também, em ideias religiosas que fundamental em uma "finalidade" da história.

O cientificismo, e em especial o movimento positivista, buscou tratar todo o conhecimento humano "cientificamente", identificando uma divisão entre as "leis físicas" e as "leis normativas da conduta humana". Cada grupo possuía suas especificidades e particularidades, porém todas podiam ser tratadas como "coisa", cientificamente.

No século XX, a expressão ciência do direito dominou o conhecimento jurídico. Pretendeu-se que o estudo do direito fosse científico e mais: que as próprias normas jurídicas fossem elaboradas cientificamente. "A lei, em geral, é a razão humana, na medida em que esta governa todos os povos da terra; e as leis políticas e civis de cada nação não devem ser mais que os diversos casos particulares onde se aplica essa razão humana" (Hazard, 1983, p. 145).

Com o vitorioso o movimento revolucionário burguês, a lei postulada pelos enciclopedistas deixa de ser uma simples formulação teórica, um *dever-ser* e se transforma na lei estabelecida, na lei vigente. Esta lei é, portanto, a materialização de todo um modo de conceber o mundo. A lei se torna a expressão concreta da Razão. Da Razão burguesa que, devido aos seus êxitos políticos, sociais e econômicos se transforma em *razão humana* e não mais na racionalidade de uma das classes da sociedade.

A compreensão da ideia de Razão demanda um retrospecto de seu desenvolvimento histórico que nos indica que ela não é uma transcendência dada a *priori*, mas um processo que se desenvolve ao longo do tempo (Corbisier, 1987). A Razão, se transformou em realidade objetiva, conforme a conhecida formulação de Hegel: "o que é racional é real e o que é real é racional" (1979, p. 41).

A consolidação do poder burguês significou um progressivo afastamento das teorias jurídicas e políticas emergentes que serviram à luta contra a ordem feudal. O positivismo substituiu a ideologia revolucionária e contestadora do passado. A nós, nos interessa fundamentalmente o positivismo como corrente teórica das ciências sociais e não a sua expressão nas "ciências exatas" ou "naturais", vez que há importante separação entre ambas. "Nas ciências naturais, mas não na Ética e n Teoria do Direito, o positivismo podia apelar, até um certo ponto, à teoria do conhecimento de Kant" (Larenz, 1980, p. 57).

É a teoria social do positivismo que inspirará os juristas. Herbert Marcuse, discorrendo sobre a teoria social do positivismo afirma que o positivismo conteano é uma "defesa ideológica" das camadas médias da sociedade e uma justificação do autoritarismo. "A conexão entre a filosofia positiva e o irracionalismo, que caracterizaram a ideologia autoritária posterior anunciada pelo declínio do liberalismo, está inteiramente clara na obra de Comte" (Marcuse: 1969, p. 309).

Karl Larenz afirma que o racionalismo, cuja expressão no século XVIII está na obra de Christian Wolf (dentre outros) e no Direito Natural, no século XIX tomou a forma na crença na validade absoluta e cognoscibilidade das leis naturais. Isto acarretou, no caso extremo, a ilusão da previsibilidade do curso histórico. Em contrapartida, na história espiritual europeia, desenvolveu-se o "irracionalismo", particularmente na forma de voluntarismo. (1980, p. 81) O irracionalismo é uma corrente filosófica que sustenta a existência do irracional, ou da irracionalidade, seja nas coisas, seja no pensamento, seja na relação do pensamento com as coisas. Não há uma apenas, mas várias formas de irracionalismo, desde o filosófico até o político, o existencial e o estético (Corbisier, 1987). No âmbito jurídico, o irracionalismo encontrou expressão na corrente do "direito livre" (*Freirecht*). Em relação a tal corrente jurídica, pode ser dito que ela considera que ao lado do direito estatal está, como seu equivalente, o "direito livre", isto é, aquele criado p*elo entendimento jurídico dos membros da comunidade jurídica*, pela jurisprudência e pela ciência do direito, sendo um produto da vontade. É um direito antidemocrático, pois criado a partir do entendimento de um grupo profissional [os juristas] e não como expressão de costumes e necessidades existentes na sociedade (Larenz, 1980).

A expressão teórica máxima da prevalência da forma jurídica, independentemente de seu conteúdo ético é o normativismo Kelseniano, expresso em sua Teoria Pura do Direito, que é uma teoria do direito positivo em geral e não de uma determinada ordem jurídica. É uma teoria geral do direito, mas não simples interpretação de normas jurídicas, sejam elas nacionais ou internacionais. Como teoria, a sua pretensão é única e exclusivamente conhecer o seu próprio objeto. "Procura responder a esta questão: o que é e como é o Direito? Mas já não lhe importa a questão de saber como deve ser o Direito, ou como ele deve ser feito. É ciência jurídica e não política do direito" (Kelsen, 1979, p. 17).

Cuida-se, portanto, de uma teoria da conservação da ordem jurídica, qualquer que seja ela, não há qualquer indagação de natureza ética sobre o conteúdo do direito. Neste particular, vale recorrer à observação de Sérgio Paulo Rouanet para quem "a razão iluminista que, na origem, criticava o existente e propunha projetos alternativos de vida, acabou se transformando exclusivamente na razão instrumental, cuja única função é a adequação técnica de meios a fins e é incapaz de transcender à ordem constituída" (1987, p. 206).

Não é difícil perceber que, não obstante o alto nível de elaboração técnica da teoria pura do direito, ela não tem qualquer pretensão de "transcender" à "ordem constituída". Aliás, o próprio Kelsen é bastante explícito quanto ao particular, "não lhe importa a questão de saber como deve ser o Direito".

O ensino jurídico está preocupado com o direito c como conjunto de normas positivas que, de acordo com a concepção kelseniana, é uma verdadeira "camisa--de-força" que sufoca qualquer tentativa, ou mera aspiração, de mudança em suas estruturas. Assim, o direito contemporâneo, abandonou os seus compromissos com a mudança, tornando-se incapaz de lidar com os cambiantes e urgentes necessidades sociais, afastando-se do ideal hegeliano de que o "que é direito deve se tornar lei não só para receber a forma de sua universalidade mas, também, para receber sua verdadeira determinação" (Hegel, 1979, p. 236).

Foi devido ao afastamento do direito da política e da ética que se institucionalizou a insensibilidade social e foram construídas de teorias jurídicas "neutras" cujo exemplo mais eloquente é o normativismo.

O sistema jurídico é formado por um conjunto de normas que, aos olhos dos juristas tradicionais, não possui contradições internas e que, em seu conjunto, ordena todos os fatos existentes nas sociedades [econômicos, sociais e políticos] e que, por sua organização lógica, é capaz de encontrar em seu interior soluções para os mais diferentes problemas jurídicos, independentemente de suas consequências práticas. É verdade que tal forma de pensar tem diminuído de importância, pois a insuficiência da concepção é gritante. Veja-se que o artigo 20 da LINDB estabelece que, tanto na esfera administrativa, como na judicial não se deve decidir sem que sejam consideradas as consequências práticas da decisão.

3. A LEI COMO EXPRESSÃO DO DIREITO

A lei é a grande vedete do mundo jurídico contemporâneo, mesmo que esteja em decadência. Ela é a principal forma de expressão do direito nas sociedades de economia capitalista avançada, muito embora venha sendo paulatinamente solapada por outros instrumentos normativos de natureza regulamentar, técnica e até mesmo costumeira dentro de determinados grupos profissionais que ganham força e prestígio na atualidade. Isto corresponde a um afastamento do legislativo das principais esferas de decisão sobre a economia, por exemplo. E mais: mesmo tais normas "administrativas" tem sido postas sob desconfiança, em função da "necessidade de desregulamentação" do mundo econômico, com base no argumento de que "[s]er livre é, sempre, livrar-se do governo; é restringir sua interferência" (Mises, 2017, p. 102).

A lei, no entanto, não é uma expressão típica do capitalismo, embora o seu papel nele seja preponderante. Nicos Poulantzas (1981) afirma que a lei e a regra jurídica sempre estiveram presentes na constituição do poder, pois o estado escravagista, v.g., Roma e Atenas e o "estado feudal" foram sempre fundamentados no direito e na lei, desde o direito babilônico e assírio, até o direito grego e romano e mesmo o direito medieval.

É importante observar que a monumental obra legislativa legada pelos romanos foi reapropriada na Idade Média para atender às urgências dos mercadores em especial no que diz respeito à necessidade de normas comuns aos diferentes pontos de comércio europeus. Em Bolonha, Irnerius e outros, deram início aos estudos sistemáticos dos códigos de Justiniano, no início do século XII. A Escola dos Glosadores, por ele fundada, reconstituiu e classificou metodicamente o legado dos juristas romanos durante os cem anos seguintes. A eles se seguiram, nos séculos XIV e XV, os "Comentadores" mais interessados na *aplicação contemporânea das normas jurídicas romanas*, que, na análise erudita de seus princípios teóricos; e no processo de adaptação do direito romano às *condições drasticamente modificadas da época*, eles ao mesmo tempo *adulteraram* a sua forma primitiva e a *depuraram de seu conteúdo particularista*. A própria infidelidade [interpolações] de suas transposições da jurisprudência latina, paradoxalmente, "universalizou-a", ao *eliminar as amplas partes do direito civil romano estritamente relacionadas às condições históricas da Antiguidade*" (Anderson: 1985, p. 24). A reafirmação do direito romano, deveu-se ao renascimento da vida econômica, da indústria, do comércio, do tráfico marítimo. O direito germânico não era apto a regular juridicamente a nova matéria e as novas relações econômicas. O ressurgimento do direito romano [justinianeu], certamente, atende a uma necessidade de que as relações jurídicas fossem mais estáveis, baseadas em uma legislação que, de certa forma, estava na tradição europeia, pois os direitos locais [costumeiros] eram muito influenciados pelo direito legado pela dominação romana, diminuindo o arbítrio dos magistrados locais. Uma moldura legal, a mais unificada possível, era fundamental para que o comércio prosperasse (Gramsci, 1968).

A concepção da lei como a principal expressão do direito é um dado amplamente aceito no pensamento jurídico moderno. Nelson Saldanha afirma que a lei quando passou a ser tida como a principal expressão do direito, acarretou como consequência que qualquer outra "norma" só seria "jurídica" caso fosse consagrada pelo estado, seja pelo reconhecimento expresso ou pela sua aplicação. "Observe-se que isto, que certos livros mencionam como sendo algo coessencial à "natureza" da norma jurídica, é apenas uma consequência histórica do predomínio assumido pela lei dentro de determinado sistema e em determinada época" (Saldanha: 1977, p. 56). Hegel, ao afirmar a coincidência entre lei e direito disse que: "o que é em si o direito é posto em sua existência objetiva, quer dizer, definido para a consciência pelo pensamento Ele é conhecido como aquilo que é e vale: é a lei. E este direito, segundo esta determinação, é o direito em geral" (1979, p. 237).

O dogma legal, ao longo do tempo, ganhou a forma da intangibilidade da *letra* da lei (Stücka, 1976). Todavia, desde a segunda metade do século XX, podem ser identificados fortes movimentos de "esvaziamento" da lei e de transferência de várias funções legislativas para órgãos administrativos, parecendo fazer crer que a lei se transformou em uma etapa ultrapassada na evolução jurídica da sociedade (Tumánov, 1984).

Para os romanos, o vocábulo *lex* era empregado tanto para designar determinações oriundas do poder político, quanto para designar convenções privadas. A *lex publica* era uma convenção, válida para todos e, em sentido contrário, as convenções entre particulares deviam ser tomadas como uma *lex* apenas para as partes contratantes. (Batalha, 1981). Na Idade Média, o termo lei era ambíguo, não sendo tranquilo o seu significado na ordem jurídica então vigente, pois era utilizado em sentido genérico e até mesmo metafísico (Saldanha, 1977). Nelson Saldanha sustenta que "naqueles séculos não havia uma distinção suficiente entre direito e lei; nem mesmo havia uma delimitada teoria do costume. Esta, por sinal, só surgiria no século XIX, em contraposição à ideia contemporânea de lei" (1977, p. 46).

Johannes Althusius (1557-1638) foi um dos precursores da teoria do direito natural, defendendo a prevalência do direito do povo contra o da Coroa. Para Althussius é o próprio povo, e não os seus representantes, que possui o direito de destituir os governantes, caso eles não ajam conforme as expectativas populares. "O povo é, neste contexto a burguesia" (Bloch, 1974). O estado e os governantes têm a condição de simples mandatários. No mesmo sentido vai o pensamento de Hugo Grotius (1581-1645), para quem o contrato social era "considerado como base do direito dos povos", pois se a autoridade não age de acordo com o estipulado no contrato celebrado nos primeiros tempos da humanidade, os homens também não devem obedecê-la. Segundo Ernst Bloch, Grotius foi o introdutor, no direito moderno, do conceito de coisa pública, já existente na filosofia estoica. Essas teorias jusnaturalistas serão aperfeiçoadas e aprofundadas – sobretudo em relação à sua base contratualista – e irão desembocar no célebre contrato social de Jean-Jacques Rousseau que definirá a *lei como expressão da vontade geral*. A lei é estatuída pelo povo todo, para todo o povo, não havendo divisão do todo [povo]. Logo, a matéria sobre a qual ela dispõe é geral: é a vontade geral que o Genebrino denominava lei (Rousseau, 1983). Da locução de Rousseau, percebe-se que a perspectiva a ser adotada é a que transforma a lei em um conceito unitário e derivado de um ato político popular – aqui continua valendo a observação de Ernst Bloch no sentido de que devemos tomar a burguesia pelo povo todo. Este estado, surgido do contrato social, será doravante, a única autoridade legítima para falar e agir em nome de todos e para todos. Observe-se que a construção de Rousseau é fruto do racionalismo, ainda que ele seja um romântico, a característica mais marcante da ideologia revolucionária da burguesia. "Pois este é um traço essencial do pensamento burguês moderno, desde os seus primórdios; ele só conhece aquilo que é engendrado racionalmente e este produto deve poder ser reconstituído logicamente a partir de seus elementos e fundamentos (Bloch, 1976, p. 64).

A consequência disso é que o desenvolvimento das teorias sobre o direito, o estado e a lei, com a vitória revolucionária, vão ser institucionalizadas e transformadas em filosofia dominante e conservadora. É a partir desse momento que a filosofia do direito irá, gradativamente, assumindo um posicionamento "bem-comportado" e desvinculado das teses insurrecionais de suas origens. Um bom exemplo é o formalismo kantiano que, embora tributário do contratualismo, reduziu o direito natural a uma mera forma expressa pela lei do dever e pelo princípio da liberdade. "O fenômeno kantiano anuncia o normativismo positivista, isto é, a negação do direito natural" (Brimo, 1978, p. 152). Para Kant, as intenções não possuem relevância para o direito, mas apenas os fatos externos, ou seja, a ação. As motivações, para Kant, são objeto da moral. Kant, conforme a observação de Roberto Lyra Filho, é o patrono de todo o moderno positivismo (1980).

4. A LEI E SEUS ASPECTOS DOGMÁTICOS

4.1 Definição geral

Depois de todas as questões até aqui suscitadas, cabe a indagação: o que é a lei? A resposta, do ponto de vista filosófico e teórico já foi dada. Mas, o que é a lei do ponto de vista prático, pragmático? Uma definição tradicional de lei é que ele é uma regra geral, cogente e emanada do poder público competente, ou, ainda pode ser definida como um preceito comum e obrigatório, emanado do poder competente e provido de sanção. Como toda definição genérica, nem todas as situações estão cobertas. A lei tem como uma de suas principais características a *abstração*, ou seja, ela não é [não deve ser] feita para uma situação concreta. A *generalidade*, ou seja, a sua aplicação para todos, é outro elemento fundamental nas leis. Entretanto, existem leis que não são abstratas, são as leis ditas de efeitos concretos ou reais. "A lei que dispõe sobre a instalação de equipamentos eliminadores de ar nas tubulações do sistema de água da cidade de Itamarandiba é lei de efeitos reais, e não apresenta características de generalidade e de abstração típicas das demais leis".[1]

Esquematicamente as leis podem ser definidas quanto à (1) origem: (a) Federais, (b) Estaduais e (c) Municipais; (2) quanto ao alcance: (a) Gerais, (b) Especiais e (c) Individuais; quanto à (3) duração: temporárias e permanentes. Muitas outras classificações podem ser arroladas, como a divisão entre (1) lei formal e (2) lei material. E de muitas outras formas.

A divisão entre lei *formal* e lei *material* é, do ponto de vista teórico, subtração do poder congressual de legislar. A lei não é mais o preceito genérico e abstrato, oriundo do poder legislativo, esta é *apenas* a lei formal, isto é, aquela que passa pela tramitação tradicional e rotineira do ponto de vista histórico, que se dá às casas legislativas. Sob pretextos de dificuldades técnicas, necessidades imperiosas e tantos outros, a lei vai se esvaziando e sendo ultrapassada por inúmeros outros mecanismos, cada vez mais sofisticados que são criados em sua substituição. A partir daí surge o conceito jurídico de *lei material,* no qual se engloba a noção de *legislação*, permitindo que, na prática, textos jurídicos, produzidos internamente pela própria administração, tais como portarias, instruções normativas, resoluções etc., desempenhem papel predominante dentro do ordenamento jurídico. Veja-se o artigo 96 do Código Tributário Nacional [CTN] que define como "legislação tributária"[2] as leis, os tratados e as convenções internacionais que versem, no todo ou em parte, sobre tributo e relações jurídicas a eles pertinentes"; em seguida, esta lei dispõe que são normas complementares das leis, dos tratados e

---

1. TJ-MG – AC: 10325180013956001 MG, Relator: Dárcio Lopardi Mendes, Julgamento: 06.06.2019, Publicação: 11.06.2019.
2. É inequívoco que atos normativos do Fisco podem estabelecer obrigação tributária acessória, por estarem abrangidos pelo conceito de "legislação tributária" a que alude o art. 96 do CTN. TRF-3 – ApReeNec: 00020652320074036104 SP, Relator: Juíza Convocada Giselle França, Julgamento: 16.01.2014, 6ª Turma, Publicação: e-DJF3 Judicial 1:24.01.2014).

das convenções internacionais e dos decretos: (a) Os atos normativos expedidos pelas autoridades administrativas; (b) As decisões dos órgãos singulares ou coletivos de jurisdição administrativa às quais a lei atribui eficácia normativa; (c) Práticas reiteradamente observadas pela autoridade administrativa; (d) Os convênios que entre si celebram a União, os Estado, o Distrito Federal e os Municípios (art. 100 CTN). Os órgãos administrativos, cada vez mais têm autorização legal para definir conceitos normativos, como se pode ver do poder outorgado ao Conselho Nacional do Meio Ambiente: "Não cabe ao perito questionar a Resolução do Conama, lançando dúvidas quanto ao conceito de "Restinga" para fins de constatar dano ambiental. 2. O CONAMA é o órgão que tem atribuição legal de esclarecer os termos da legislação ambiental extravagante (art. 6º, inciso II, da Lei 6.938/81) e cujas resoluções gozam de presunção legal de legitimidade, legalidade e veracidade. (Precedentes do STJ)".[3]

A lei *material* é cada vez mais uma realidade no ordenamento jurídico, especialmente no ambiente regulatório. O STF, ao decidir a Ação Direta de Inconstitucionalidade [ADI] 4874,[4] na qual se discutia a competência da Agência Nacional de Vigilância Sanitária [ANVISA] para proibir a importação e comercialização de produtos fumígenos derivado do tabaco contendo aditivos [cigarros com sabor], decidiu que

[a] competência para editar atos normativos visando à organização e à fiscalização das atividades reguladas insere-se no poder geral de polícia da Administração sanitária. Qualifica-se, a competência normativa da ANVISA, pela edição, no exercício da regulação setorial sanitária, de atos: (i) gerais e abstratos, (ii) de caráter técnico, (iii) necessários à implementação da política nacional de vigilância sanitária e (iv) subordinados à observância dos parâmetros fixados na ordem constitucional e na legislação setorial.

A ideia de lei material tem suas origens no período de Bismarck como chanceler da Prússia, pois ele, em luta contra o parlamento prussiano, não conseguia aprovar o seu orçamento militar. Logo, "surgiram então autorizados juristas e desenvolveram a tese de que o orçamento era cálculo e não uma lei. Não era mister, pois que o legislativo o aprovasse "(Lima, 1971, p. 120).

A lei, em seu sentido *técnico-formal* é, em regra, originária do poder legislativo. Entretanto, a CF consagra uma flexibilização de tal entendimento, pois há diversas exceções à regra. A primeira questão a se considerar é a iniciativa legislativa, isto é, a qual dos ramos do poder público compete iniciar o processo legislativo? A regra tradicional é que a iniciativa legislativa seja do executivo ou do legislativo. A CF estabelece, por exemplo, no § 2º do artigo 61 a iniciativa popular pode ser exercida pela representação à Câmara dos Deputados, mediante projeto de lei subscrito por, no mínimo, um por cento do eleitorado nacional, distribuído pelo menos por cinco Estados, com não menos de três décimos por cento dos eleitores de cada um deles. O artigo 93 da CF que a lei complementar relativa ao estatuto da magistratura é de iniciativa do STF.

---

3. TRF-4 – APELREEX: 50005408520134047201 SC 5000540-85.2013.404.7201, Relator: Salise M. Onteiro Sanchotene, Julgamento: 25.08.2015, 4ª Turma.
4. STF – ADI 4874, Pleno. Relatora Ministra Rosa Weber. Julgamento: 1º.02.2018. Publicação 1º.02.2019.

4.2 A lei no tempo

A lei dispõe para o futuro. O direito estabelece mecanismos próprios de contagem do tempo, define o nascimento ou o perecimento de direitos e obrigações, em função do tempo decorrido ou a decorrer. Esta é uma tradição antiga que não foi superada. Na proteção ambiental, no entanto, o STF não tem admitido que a inércia da administração gere direitos subjetivos para os particulares se tais direitos, em tese, confrontarem com a proteção ambiental [ADPF 656 – MC/DF].[5]

No calendário dos antigos romanos, por exemplo, os meses eram divididos por três marcadores primários, a saber: O (1) Calendas, o (2) Nonas e os (3) idos. O Calendas era sempre o primeiro dia do mês; o Nones podia ser o dia 5 ou o 7; o Ides [idos] em geral era o dia 15, mas poderia ser o 13.[6] O CCB, no § 2º do artigo 132, claramente mostra a influência do sistema romano ao estabelecer que "[m]eado considera-se, em qualquer

---

5. STF – I – O ato impugnado consiste em portaria assinada pelo Secretário de Defesa Agropecuária do Ministério da Agricultura, Pecuária e Abastecimento – MAPA, que estabelece prazos para aprovação tácita de utilização de agrotóxicos, independentemente da conclusão de estudos técnicos relacionados aos efeitos nocivos ao meio ambiente ou as consequências à saúde da população brasileira. II – Trata-se de portaria, destinada ao público em geral com função similar a um decreto regulamentar, o qual, à pretexto de interpretar o texto legal, acaba por extrapolar o estreito espaço normativo reservado pela Constituição às autoridades administrativas. III – Exame de atos semelhantes que vêm sendo realizados rotineiramente por esta Corte, a exemplo da ADPF 489, também proposta pela Rede Sustentabilidade contra a Portaria do Ministério do Trabalho 1.129/2017, a qual redefiniu os conceitos de trabalho forçado, jornada exaustiva e condições análogas às de escravos. IV – A portaria ministerial que, sob a justificativa de regulamentar a atuação estatal acerca do exercício de atividade econômica relacionada a agrotóxicos, para imprimir diretriz governamental voltada a incrementar a liberdade econômica, fere direitos fundamentais consagrados e densificados, há muito tempo, concernentes à Saúde Ambiental. V – Cuida-se de "um campo da Saúde Pública afeita ao conhecimento científico e à formulação de políticas públicas relacionadas à interação entre a saúde humana e os fatores do meio ambiente natural e antrópico que a determinam, condicionam e influenciam, visando à melhoria da qualidade de vida do ser humano, sob o ponto de vista da sustentabilidade". VI – Estudos científicos, inclusive da Universidade de São Paulo, descortinam dados alarmantes, evidenciando que o consumo de agrotóxicos no mundo aumentou em 100 % entre os anos de 2000 e 2010, enquanto no Brasil este acréscimo correspondeu a quase 200 %. VII – Pesquisas mostram também que o agrotóxico mais vendido no Brasil é o Glifosato, altamente cancerígeno, virtualmente banido nos países europeus, e que corresponde, sozinho, a mais da metade do volume total de todos os agrotóxicos comercializados entre nós. VIII – No País, existem 504 ingredientes ativos com registro autorizado, sendo que, desses, 149 são proibidos na União Europeia, correspondendo a cerca de 30% do total, valendo acrescentar que, dos 10 agrotóxicos mais vendidos aqui, 2 são banidos na UE. IX – Permitir a entrada e registro de novos agrotóxicos, de modo tácito, sem a devida análise por parte das autoridades responsáveis, com o fim de proteger o meio ambiente e a saúde de todos, ofende o princípio da precaução, ínsito no art. 225 da Carta de 1988. X – A Lei 7.802/1989, que regulamenta o emprego dos agrotóxicos no Brasil, estabelece diretriz incontornável no sentido de vedar o registro de agrotóxicos, seus componentes e afins, com relação aos quais o País não disponha de métodos para desativação de seus componentes, de modo a impedir que os resíduos remanescentes provoquem riscos ao meio ambiente e à saúde pública. XI – A aprovação tácita dessas substâncias, por decurso de prazo previsto no ato combatido, viola, não apenas os valores acima citados, como também afronta o princípio da proibição de retrocesso socioambiental. XII – Fumus boni iuris e periculum in mora presentes, diante da entrada em vigor da Portaria em questão no dia 1º de abril de 2020. XIII – Medida cautelar concedida para suspender a eficácia dos itens 64 a 68 da Tabela 1 do art. 2º da Portaria 43, de 21 de fevereiro de 2020, do Ministério da Agricultura, Pecuária e Abastecimento/Secretaria de Defesa Agropecuária, até a decisão definitiva do Plenário desta Corte na presente ADPF. ADPF 656 MC/DF – Distrito Federal. Tribunal Pleno. Relator: Min. Ricardo Lewandowski. Julgamento: 22.06.2020. Publicação: 31.08.2020.

6. Disponível em: https://www.portalsaofrancisco.com.br/historia-geral/calendario-romano. Acesso em: 23 fev. 2021.

mês, o seu décimo quinto dia", quando se fala nos "idos do mês de abril", queremos dizer depois do dia 15. Ele deixou o problema para as Calendas gregas, significa que o problema foi esquecido, pois o calendário grego não contemplava as calendas que era uma fórmula romana.

4.2.1 Irretroatividade e ultratividade das leis

A não retroatividade [irretroatividade] das leis, isto é, a impossibilidade constitucional de que elas possam dispor situações jurídicas passadas, de forma a torna-las mais gravosas para os interessados, é um dos direitos e garantias fundamentais estabelecidos pelo artigo 5º, incisos XXXVI, XXXIX e XL da CF.

Não há uma proibição constitucional expressa de que a lei civil não retroaja. Entretanto, ela precisa respeitar os *direitos adquiridos* e a *coisa julgada*, ou seja, as situações jurídicas já plenamente constituídas, conforme a legalidade vigente. A influência do tempo na proteção legal do meio ambiente pode ser vista, dentre outras hipóteses, no caso do licenciamento ambiental que é concedido com prazo certo de vigência. "No Direito brasileiro, a licença ambiental é sempre por prazo certo. Uma vez esgotada sua validade temporal, não cria direito algum, nem mesmo expectativa de direito".[7]

A irretroatividade explícita é diz respeito à lei penal mais gravosa, haja vista que "a lei penal não retroagirá, salvo para beneficiar o réu", e, ainda, que "não há crime sem lei anterior que o defina, nem pena sem prévia cominação legal". É interessante observar, no entanto, que o vigente Código Penal [Decreto-Lei 2.848, de 7 de dezembro de 1940] não é *lei*, pois foi editado na ditadura Vargas, ocasião em que o Congresso Nacional estava fechado e os decretos-leis eram tidos como lei. Tal aberração jurídica estava prevista no artigo 13 da "Constituição de 1937" [Polaca] que permitia ao presidente da república, "nos períodos de recesso do Parlamento ou de dissolução da Câmara dos Deputados", "se o exigirem as necessidades do Estado", editar decretos-lei sobre matérias de competência da União.

As relações entre lei e tempo são de ordem constitucional. Já a Constituição Imperial dispunha em seu artigo 179 sobre o princípio da legalidade e sua extensão determinando que nenhum cidadão poderia ser obrigado a fazer, ou deixar de fazer alguma cousa, senão em virtude da Lei; que nenhuma lei seria "estabelecida sem utilidade pública" e que, a "sua disposição não terá efeito retroativo" [artigo 179, I, II e III]. O inciso XI do mesmo artigo assegurava a anterioridade da lei penal. Assim, desde a Constituição de 1824, foi estabelecido o princípio jurídico de que a lei existe para regular situações presentes e/ou futuras, isto é, as leis não podem, em geral, dispor sobre o passado.

A vedação de retroatividade das leis pode ser dividida em três principais aspectos, a saber: a (1) reserva expressa em relação à lei penal, a (2) reserva implícita, no sentido

---

7. STJ – REsp: 1555131 RJ 2013/0355942-1, Relator: Ministro Herman Benjamin, Data de Julgamento: 19.05.2016, T2 – Segunda Turma, Data de Publicação: DJe 05.11.2019.

de que a lei não pode dispor, por força da retroação, sobre situação que não pode dispor pela via direta e (3) reserva quanto aos efeitos por força do respeito à coisa julgada [*res iudicata*] e ao direito adquirido [*droit acquis, vested rights*].

Em matéria penal é absoluta a proibição de regras retroativas. Entretanto, a lei penal que for mais benéfica ao réu será aplicada, mesmo que posterior à lei que vigia na época da condenação do réu. Este fenômeno tem o nome de *abolitio criminis* [abolição do crime].

> 1. Nos termos da denúncia, o Paciente e um Corréu "mantinham em depósito as armas de fogo, as munições no quintal da residência, próximo a um poço". Tal conduta subsume-se ao tipo do art. 12 do Estatuto do Desarmamento. 2. Entre 23.12.2003 a 23.10.2005, a referida abolitio criminis temporária abrangia a conduta de posse ilegal de arma de fogo, de uso permitido ou restrito. Todavia, esta Corte Superior assentou o entendimento de que a Medida Provisória 417, 31.01.2008, convertida na Lei 11.706/2008, prorrogou o prazo da multicitada *vacatio* até 31.12.2008, restringindo, porém, a medida para o crime do delito do art. 12 do Estatuto do Desarmamento. E a publicação da Lei 11.922/2009 postergou o prazo fatal para 31.12.2009. 3. No caso, a conduta praticada pelo Paciente em 25.07.2008 foi alcançada pela excepcional vacatio legis indireta prevista nos arts. 30 e 32 da Lei 10.826/2003, já que o prazo para registro de armas e munições de uso permitido a que se refere o mencionado art. 30 foi prorrogado para 31.12.2008, pela precitada Lei 11.706/2008.[8]

A ultratividade da lei penal é o oposto de sua irretroatividade. Em geral ela ocorre em relação às leis que tenham sido editadas para ter vigência em período de conflitos, guerras, epidemias etc. Estas, mesmo cessada a causa, continuarão a produzir seus efeitos punitivos sobre aqueles que tenham delinquido no período extraordinário. Há, também, a ultratividade da lei penal mais benéfica., isto é, nas ocasiões em que uma lei penal é revogada por outra com penas maiores, os condenados com base na lei revogada não sofrerão acréscimo de pena.

> A Lei 13.654, de 23 de abril de 2018 retirou a causa de aumento do § 2º, inciso I, do art. 157 do CP, passando para o § 2º-A, inciso I, do mesmo artigo a reprimenda. Assim, houve alteração da fração de aumento de 1/3 (um terço) para 2/3 (dois terços) na sanção dos delitos de roubo praticados com violência ou grave ameaça com emprego de arma de fogo – No processo penal, a ultratividade da lei penal mais benéfica é medida que se impõe, no caso do delito ter sido cometido antes da alteração legislativa que agravou a sanção.[9]

4.2.2   Direito transitório

A lei dispõe para o futuro e, em geral, não é editada com vistas a uma existência transitória ou limitada no tempo. Entretanto, isto pode acontecer em situações excepcionais. A Lei 13.979, de 6 de fevereiro de 2020 e o Decreto Legislativo 6 de 2020 reconheceram "a ocorrência do estado de calamidade pública, com efeitos até 31 de dezembro de 2020", em função da pandemia da Covid 19. O direito transitório é im-

---

8. STJ – HC: 219045 RJ 2011/0223644-4, Relator: Ministra Laurita Vaz, Julgamento: 07.11.2013, 5ª Turma, Publicação: DJe 25.11.2013.

9. TJ-MG – ED: 10480180012258002 MG, Relator: Bruno Terra Dias, Julgamento: 19.01.2020, Publicação: 27.01.2020.

portante, pois ele tem por objetivo possibilitar a passagem suave de um regime jurídico para outro. O estabelecimento de regimes jurídicos de transição, no entendimento do STF, é uma obrigação do poder público, tendo em vista o princípio constitucional da segurança jurídica.

> o legislador tem o dever de promover transições razoáveis e estabilizar situações jurídicas consolidadas pela ação do *tempo* ao edificar novos marcos legislativos, tendo em vista que a Constituição da República consagra como direito fundamental a segurança jurídica (art. 5º, caput). O novo Código Florestal levou em consideração a salvaguarda da segurança jurídica e do desenvolvimento nacional (art. 3º, II, da CRFB) ao estabelecer uma espécie de marco zero na gestão ambiental do país, sendo, consectariamente, constitucional a fixação da data de 22 de julho de 2008 como marco para a incidência das regras de intervenção em Área de Preservação Permanente ou de Reserva Legal.[10]

Veja-se que, no caso da aplicação do Novo Código Florestal [Lei 12.651, de 25 de maio de 2012], o Superior Tribunal de Justiça, em decisão surpreendente, nega a sua aplicação em relação a acordos e transações que tenham sido firmados antes de sua vigência, em geral com o intuito de regularizar situações em desconformidade com a lei vigente à época.

> A aplicação do Novo Código Florestal à presente demanda merece reforma, pois tal entendimento se encontra em dissonância com a jurisprudência do STJ, uma vez que a ação civil pública foi proposta em momento anterior à vigência do Novo Código, assim como os fatos que a envolvem. Inviável a aplicação da nova disciplina legal, em razão do princípio de proibição do retrocesso na preservação ambiental, uma vez que a norma mais moderna estabelece um padrão de proteção ambiental inferior ao existente anteriormente. ... VI – O princípio do tempus *regit actum* orienta a aplicabilidade da lei no tempo, considerando que o regime jurídico incidente sobre determinada situação deve ser aquele em vigor no momento da materialização do fato. No caso em tela, portanto, devem prevalecer os termos da legislação vigente ao tempo da infração ambiental.[11]

A orientação surpreende, pois as leis de "ordem pública" têm aplicação imediata e, se uma determinada conduta era ilícita no passado e, no tempo presente, deixou de ser, não é jurídico que se mantenham as punições ou restrições dela decorrentes, quando revogada a norma. A orientação do STJ é contrária ao entendimento do STF, em decisão com força vinculante:

> 11. Por outro lado, as políticas públicas ambientais devem conciliar-se com outros valores democraticamente eleitos pelos legisladores como o mercado de trabalho, o desenvolvimento social, o atendimento às necessidades básicas de consumo dos cidadãos etc. Dessa forma, não é adequado desqualificar determinada regra legal como contrária ao comando constitucional de defesa do *meio ambiente* (art. 225, *caput*, CRFB), ou mesmo sob o genérico e subjetivo rótulo de retrocesso ambiental, ignorando as diversas nuances que permeiam o processo decisório do legislador, democraticamente investido da função de apaziguar interesses conflitantes por *meio* de regras gerais e objetivas.
>
> Princípio da vedação do retrocesso não se sobrepõe ao princípio democrático no afã de transferir ao Judiciário funções inerentes aos Poderes Legislativo e Executivo, nem justifica afastar arranjos legais mais eficientes para o desenvolvimento sustentável do país como um todo. 20. A propósito, a jurisprudência

---

10. STF – ADC 42/DF. Tribunal Pleno. Relator: Min. Luiz Fux. Julgamento: 28.02.2018. Publicação: 13.08.2019.
11. STJ – REsp: 1717736 SP 2018/0001351-2, Relator: Ministro Francisco Falcão, Julgamento: 03.09.2019, 2ª Turma, Publicação: DJe 09.09.2019.

do Supremo Tribunal Federal demonstra deferência judicial ao planejamento estruturado pelos demais Poderes no que tange às políticas públicas ambientais. No julgamento do Recurso Extraordinário 586.224/ SP (Rel. ministro Luiz Fux, julgamento em 05.03.2016), apreciou-se o conflito entre *lei* municipal proibitiva da técnica de queima da palha da cana-de-açúcar e a *lei* estadual definidora de uma superação progressiva e escalonada da referida técnica. Decidiu a Corte que a *lei* do ente menor, apesar de conferir aparentemente atendimento mais intenso e imediato ao interesse ecológico de proibir queimadas, deveria ceder ante a norma que estipulou um cronograma para adaptação do cultivo da cana-de-açúcar a métodos sem a utilização do fogo. Dentre os fundamentos utilizados, destacou-se a necessidade de acomodar, na formulação da política pública, outros interesses igualmente legítimos, como os efeitos sobre o mercado de trabalho e a impossibilidade do manejo de máquinas diante da existência de áreas cultiváveis acidentadas. Afastou-se, assim, a tese de que a norma mais favorável ao *meio ambiente* deve sempre prevalecer (in dubio pro natura), reconhecendo-se a possibilidade de o regulador distribuir os recursos escassos com vistas à satisfação de outros interesses legítimos, mesmo que não promova os interesses ambientais no máximo patamar possível. Idêntica lição deve ser transportada para o presente julgamento, a fim de que seja refutada a aplicação automática da tese de vedação ao retrocesso para anular opções validamente eleitas pelo legislador.[12]

A utilização de normas de direito transitório é muito comum quando ocorrem mudanças na ordem constitucional. Normalmente, as novas Constituições trazem regras de transição. A Constituição Republicana de 24 de fevereiro de 1891, no artigo 7º das disposições transitórias concedeu a D. Pedro de Alcântara, ex-Imperador do Brasil, uma pensão que, a contar de 15 de novembro de 1889, garanta-lhe, por todo o tempo de sua vida, subsistência decente. Cabendo ao Congresso ordinário fixar-lhe o valor. Muitas vezes, o direito transitório é letra morte, e.g. o artigo 67 do ADCT da Constituição de 1988, determinou que a União concluísse "a demarcação das terras indígenas no prazo de cinco anos a partir da promulgação da Constituição." Isto, como se sabe, não aconteceu.

O legislador[13] edita a lei com pretensão de que ela tenha vigência ilimitada. Entretanto, sabemos que é uma pretensão vã, pois a lei terá vigência apenas e tão somente enquanto não for revogada por outra de igual hierarquia.

4.2.3   Vigência das leis

A Lei de Introdução às Normas do Direito Brasileiro [Decreto-Lei 4.657, de 4 de setembro de 1942 – LINDB] estabelece as condições de aplicação da lei no tempo. A lei entra em vigor em todo o território nacional, salvo disposição em contrário, *quarenta e cinco dias* após a sua publicação oficial. No exterior, sempre que for admitida a obrigatoriedade da lei brasileira, ela começa a viger tem início três meses após a publicação oficial. Caso haja nova publicação do texto de uma lei, destinada à sua correção, os prazos de vigência começarão a correr a partir da nova data. Se a correção do texto legal ocorrer quando a norma já estiver vigente, ela será considerada como lei nova.

---

12. STF – ADC 42/DF – Distrito Federal. Tribunal Pleno. Relator: Min. Luiz Fux. Julgamento: 28.02.2018. Publicação: 13.08.2019.

13. Legislador é uma expressão genérica que busca identificar o poder que deu origem à lei. Efetivamente, não existe um "legislador", mas um órgão do estado dotado de competência legal para editar uma lei.

O período entre a sanção da lei e a sua entrada em vigor é a *vacatio legis*. Há que se observar que não há presunção de *vacatio legis*, especialmente no que tange à aplicação da legislação de proteção ao meio ambiente que é de ordem pública e, portanto, de aplicação imediata. "*Vacatio legis* não se presume, devendo constar expressamente do texto legal. Assim, se o legislador estabelece obrigação ambiental sem fixar termo inicial ou prazo para seu cumprimento, pressupõe-se que sua incidência e sua exigibilidade são imediatas".[14]

A sanção é a declaração formal do presidente da república [governador, prefeito] aquiescendo com o projeto de lei [PL] aprovado pelo Legislativo. A sanção presidencial, no entanto, não é capaz de sanar os vícios constantes do projeto de lei, conforme a jurisprudência do STF.[15] Em sentido contrário, o *veto* demonstra que o chefe do executivo não aquiesceu parcial ou totalmente com o PL.

Se a lei não for destinada à vigência temporária, a sua permanência no mundo jurídico somente se encerra com a sua modificação ou *revogação* por outra. A revogação pode ser *total* (ab-rogação) ou *parcial* (derrogação). Assim, uma lei que modifique outra, suprimindo artigos ou os substituindo, *derroga* a lei antecedente. A Lei Complementar nº 95, de 26 de fevereiro de 1998, em seus artigos 9º e 13, § 2º, XI estabelece que as hipóteses de revogação de textos legais devem ser expressamente declaradas nas leis revogadoras. Entretanto, isto nem sempre ocorre, sendo comum que as leis contenham uma cláusula geral, v.g., "revogadas as disposições em contrário", o que, na prática, permite uma enorme dúvida sobre a vigência dos textos normativos. A revogação pode ser *expressa* ou *tácita*. A revogação expressa se faz por uma menção clara no texto da lei nova, dizendo quais dispositivos de outras leis são revogados, e.g., o artigo 60 da Lei 9.985, de 18 de julho de 2000 [Sistema Nacional de Unidades de Conserva 6.938, de 31 de agosto de 1981. – SNUC] que revogou os artigos 5º e 6º da Lei 4.771, de 15 de setembro de 1965, o artigo 5º da Lei 5.197, de 3 de janeiro de 1967 e o artigo 18 da lei 6.938, de 31 de agosto de 1981 A revogação tácita decorre da incompatibilidade entre os textos. Entretanto, há que se registrar que definir quando uma lei está revogada tacitamente não é uma questão trivial, pois demanda interpretação que pode ser complexa.

A sucessão de leis no tempo, necessariamente, deverá levar em consideração a especialidade ou a generalidade do texto legal, pois a lei posterior revoga a anterior quando isto for expressamente declarado, quando haja incompatibilidade entre ambas ou quando *regular inteiramente* a matéria tratada pela anterior. Todavia, *a lei nova que estabeleça disposições gerais ou especiais a par das já existentes, não revoga nem modifica*

---

14. STJ: REsp: 1241630 PR 2011/0046147-2, Relator: Ministro Herman Benjamin, Julgamento: 23.06.2015, T2 – Segunda Turma, Publicação: DJe 19.04.2017.

15. STF: A sanção do projeto de lei não convalida o vício de inconstitucionalidade resultante da usurpação do poder de iniciativa. A ulterior aquiescência do chefe do Poder Executivo, mediante sanção do projeto de lei, ainda quando dele seja a prerrogativa usurpada, não tem o condão de sanar o vício radical da inconstitucionalidade. Insubsistência da Súmula 5/STF. [ADI 2.867, rel. min. Celso de Mello, j. 03.12.2003, P, *DJ* de 09.02.2007.]. ADI 2.113, rel. min. Cármen Lúcia, j. 04.03.2009, *DJE* de 21.08.2009.

a lei anterior. Por fim, a revogação de uma lei que tenha revogado outra, não restabelece a vigência da primeira norma revogada, a menos que haja expressa previsão legal para tal [repristinação].

> Enquanto vigente, a Lei 6.825/1980 tinha prevalência sobre o Decreto-Lei 3.365/1941 no que tange ao reexame necessário das condenações da União por desapropriação. O conflito de normas se resolvia pelo critério da especialidade. Revogada expressamente referida lei ordinária, a lei geral anterior (decreto-lei) volta a ser integralmente aplicável aos casos que rege de forma genérica, isto é, às desapropriações tanto da União quanto dos demais entes federados. Isso porque a edição de lei especial não revoga a lei geral, não havendo que se falar em vedada repristinação na hipótese.[16]

O sistema de aplicação da lei no tempo está subordinado ao princípio da hierarquia das leis, sendo indispensável que se examine se a lei posterior é da mesma hierarquia ou superior à da lei anterior e, ainda, qual o ente político que as fez editar, pois um regime federativo e sujeito ao controle de constitucionalidade das leis, tais aspectos são de importância capital, Caio Mário da Silva Pereira (1974, p. 130) adverte que

> Quando uma lei entra em vigor, revogando ou modificando outra, sua aplicação é para o presente e para o futuro. Não seria compreensível que o legislador, instituindo qualquer normação, criando um novo instituto ou alterando a disciplina da conduta social, fizesse-o com os olhos voltados para o tempo pretérito, e pretendesse ordenar o comportamento para o decorrido.

Há uma importante questão suscitada pela Lei Complementar 140, de 8 de dezembro de 2011 [LC 140] que, em seu artigo 20 determinou fosse dada nova redação ao artigo 0 da Lei 6.938, de 31 de agosto de 1981 [PNMA]. A LC 140 foi editada para "regulamentar" o artigo 23 da CF, estabelecendo os mecanismos de cooperação entre os diferentes entes federados. A jurisprudência do STF tem admitido a hipótese de revogação de LC por lei ordinária, quando a matéria tratada na LC não for própria de LC.[17] Não há hierarquia entre LC e lei ordinária, vez que os seus campos de incidência são distintos, sendo certo que a LC é uma exigência constitucional para os casos expressamente previstos pela CF.

Uma interessante discussão sobre o conflito de lei no tempo conjugada com a questão da especialidade das leis é a sobre a prevalência da Lei da Mata Atlântica [Lei 11.428/2006] ou do Novo Código Florestal [Lei 12.651/2012].

---

16. STJ – REsp: 1308340 MG 2012/0024045-7, Relator: Ministro Og Fernandes, Julgamento: 03.05.2018, T2 – Segunda Turma, Publicação: DJe 09.05.2018.

17. Sociedade civil de prestação de serviços profissionais relativos ao exercício de profissão legalmente regulamentada. – COFINS – Modalidade de contribuição social – Outorga de isenção por lei complementar (LC 70/91) – Matéria não submetida à reserva de lei complementar – Consequente possibilidade de utilização de lei ordinária (Lei 9.430/96) para revogar, de modo válido, a isenção anteriormente concedida pela LC 70/91 – inexistência de violação constitucional – A questão concernente às relações entre a lei complementar e a lei ordinária – Inexistência de vínculo hierárquico-normativo entre a lei complementar e a lei ordinária – Espécies legislativas que possuem campos de atuação materialmente distintos – Doutrina – Precedentes (STF) – Nova orientação jurisprudencial firmada pelo Plenário do Supremo Tribunal Federal –(...)STF – AI: 467822 RS, Relator: Min. Celso De Mello, Julgamento: 20.09.2011, 2ª Turma, Publicação: DJe-190 Divulg 03.10.2011 Public 04.10.2011 EMENT VOL-02600-01 PP-00115.

A Lei 12.651/2012 tem abrangência *menor* do que a revogada Lei 4.771/1965 [antigo Código Florestal], pois ao longo dos anos foram sendo editadas leis especiais que retiraram matérias do Código Florestal. A Lei do Sistema Nacional de Unidade de Conservação, artigo 60, revogou o artigo 5º da Lei 4.771/1965, estabelecendo um direito especial. Posteriormente, a Lei da Mata Atlântica, pelo princípio da especialização, tomou o lugar do Código Florestal na área de incidência da Mata Atlântica. É certo, todavia, que o artigo 1º da Lei 11.428/06 faz expressa menção à Lei 4.771/1965 que, como já foi visto acima, teria aplicação subsidiária em casos lacunosos. Ocorre que, com a revogação da Lei 4.771/1965, tais menções se tornaram vazias.

As Áreas de Preservação Permanente [APP], sem dúvida, não foram tratadas pela Lei da Mata Atlântica e, tipicamente, se configuram como hipóteses de aplicação subsidiária da Lei 4.771/1965, não tivesse esta sido revogada pela Lei 12.651/2012. Entretanto, a Lei 12.651/2012, ao cuidar das APP, o fez de duas formas distintas: a (1) primeira foi o estabelecimento do regime geral a elas aplicável [Disposições Gerais –Capítulo I e Áreas de Preservação Permanente – Capítulo II] a (2) segunda foi o estabelecimento de normas transitórias para as chamadas APPs consolidadas [Capítulo XIII – das Disposições Transitórias]. Neste ponto houve o estabelecimento de um direito transitório, Nesta altura, cabe uma nota sobre a consolidação da APP, tal como tratada pela Lei 12.651/2012, pois, consolidada não é a APP, mas as atividades que, em tese, não poderiam ser exercidas legalmente. Logo, a norma reconhece uma situação de fato que se consolidou em contravenção à lei. Em sendo assim, é uma afronta ao direito que se busque transformar situações que a própria lei atribui o caráter de transitórias em regras gerais aplicáveis a um bioma que está presente em 17 estados da federação.

Os artigos 61 A e 61 B são inovações em relação à Lei 4.771/1965 e, claramente, oferecem menos proteção ambiental do que as normas contempladas pela lei revogada. Não se discute aqui a constitucionalidade de tais comandos legais que, aliás, já foram confirmados em sua constitucionalidade pelo STF. Todavia, é necessário observar que os artigos 61 A e 61 B estão, topologicamente, localizados no Capítulo XIII, das Disposições Transitórias. Em tal condição, são normas com endereço certo, destinadas a regular situações provisórias que são explicitamente definidas e, portanto, de aplicação restrita e não geral. Nenhum dos dois artigos faz qualquer menção expressa à aplicação no Bioma Mata Atlântica que, como se sabe, é regido por lei própria e, no que tange à aplicação subsidiária de outras leis, no caso a Lei 12.651/2012, não teria qualquer sentido lógico ou jurídico que se presumisse a aplicação de suas disposições transitórias, até mesmo porque são exceções e é elementar que, em direito, as exceções não se presumem. Assim, em nossa opinião, salvo expressa determinação legal, as áreas de APP no bioma Mata Atlântica estão regidas pelas normas gerais da Lei 12.651/2012.

Por fim, seria completamente ilógico que a aplicação subsidiária de uma norma resultasse em grau menor de proteção ambiental do que o concedido pela Lei especial de regência da matéria.

4.3 As diferentes manifestações da lei[18]

A lei é uma manifestação *típica* do direito. Isto significa que só é reconhecido como lei, em sentido amplo, aqueles atos normativos expressamente previstos no artigo 59 da CF ou seja, as (1) emendas à Constituição; as (2) leis complementares; as (3) leis ordinárias; as (4) leis delegadas; as (5) medidas provisórias; os (6) decretos legislativos; e as (6) resoluções. A forma pela qual as leis são elaboradas está prevista na própria Constituição e na Lei Complementar 95/1998.

Coube a Hans Kelsen desenvolver, doutrinariamente, o sistema de hierarquia das leis e atos normativos, tendo por cume a Constituição. A hierarquia das leis é tema da maior relevância teórica e prática em um estado democrático de direito, pois ela permite o exercício do controle da constitucionalidade e da legalidade das normas jurídicas.

As *Emendas à Constituição* são leis que, aprovadas por maioria qualificada das casas legislativas [votação em dois turnos em ambas as Casas legislativas, por aprovação de, três quintos dos votos dos respectivos membros], têm por escopo alterar, suprimir ou acrescentar dispositivos à Constituição. Uma vez aprovadas pelo Congresso Nacional são incorporadas à Constituição; entretanto, para que uma Emenda Constitucional seja "constitucional" é necessário que siga a tramitação definida pela própria Constituição.

> A eficácia das regras jurídicas produzidas pelo poder constituinte (redundantemente chamado de "originário") não está sujeita a nenhuma limitação normativa, seja de ordem material, seja formal, porque provém do exercício de um poder de fato ou suprapositivo. Já as normas produzidas pelo poder reformador, essas têm sua validez e eficácia condicionadas à legitimação que recebam da ordem constitucional. Daí a necessária obediência das emendas constitucionais às chamadas cláusulas pétreas.[19]

A proposta de Emenda à Constituição pode ser de iniciativa de (1) um terço, no mínimo, dos membros da Câmara dos Deputados ou do Senado Federal; do (2) Presidente da República; de (3) mais da metade das Assembleias Legislativas das unidades da Federação, manifestando-se, cada uma delas, pela maioria relativa de seus membros. Não é possível emendar à Constituição na vigência de intervenção federal, de estado de defesa ou de estado de sítio. Determinadas cláusulas da Constituição [cláusulas pétreas] não admitem, sequer, deliberação relativas à proposta de emenda tendente a abolir: a (1) forma federativa de Estado; o (2) voto direto, secreto, universal e periódico; a (3) separação dos Poderes; e (4) os direitos e garantias individuais.

A *lei complementar* resulta de uma *exigência constitucional* explicita e têm por objeto a regulamentação de um artigo ou princípio consagrado pela Lei Fundamental. Para sua aprovação necessitam de *quórum* qualificado [maioria absoluta]. As leis complementares são conhecidas como *leis nacionais*, não havendo que se falar em Lei complementar sem a prévia previsão constitucional. A elaboração de leis complemen-

---

18. A matéria será tratada em maior profundidade no capítulo 6.
19. STF: [ADI 2.356 MC e ADI 2.362 MC, rel. p/ o ac. min. Ayres Britto, j. 25.11.2010, P, *DJE* de 19.05.2011]. ADI 939, rel. min. Sydney Sanches, j. 15.12.1993, *DJ* de 18.03.1994.

tares não é inteiramente discricionária. Em matéria de cooperação administrativa para a proteção do meio ambiente, o artigo 23 da CF prevê a edição de Lei Complementar. Em atendimento à determinação constitucional oi editada a Lei Complementar 140, de 8 de dezembro de 2011.[20]

A *lei ordinária* é fruto da produção legislativa usual, rotineira, não demanda *quórum* qualificado e tampouco dispõe sobre matéria de sede constitucional. As leis ordinárias do Parlamento brasileiro são *leis federais*. Em matéria de proteção ambiental, as chamadas políticas nacionais, como regra, são estabelecidas por lei ordinária que, inclusive, delegam poderes para órgãos administrativos com a finalidade de estabelecer padrões e índices de qualidade ambiental, v.g.,

> A Lei 6.938/1981, de âmbito nacional, ao instituir a Política Nacional do Meio Ambiente, elegeu o Conselho Nacional do Meio Ambiente – CONAMA como o órgão competente para estabelecer normas e critérios para o licenciamento de atividades efetiva ou potencialmente poluidoras a ser concedido pelos Estados e supervisionado pelo IBAMA. O CONAMA, diante de seu poder regulamentar, editou a Resolução 237/1997, que, em seu art. 12, § 1º, fixou que poderão ser estabelecidos procedimentos simplificados para as atividades e empreendimentos de pequeno potencial de impacto ambiental, que deverão ser aprovados pelos respectivos Conselhos de Meio Ambiente. A legislação federal, retirando sua força de validade diretamente da Constituição Federal, permitiu que os Estados membros estabelecessem procedimentos simplificados para as atividades e empreendimentos de pequeno potencial de impacto ambiental.[21]

As *leis delegadas* são as derivadas de atos de delegação legislativa solicitada pelo Presidente da República ao Congresso Nacional. Entretanto, a CF veda a delegação de atos de competência exclusiva do Congresso Nacional, assim como os de competência privativa da Câmara dos Deputados ou do Senado Federal, a matéria reservada à lei complementar. É vedada, ainda, a delegação para as seguintes matérias: a (1) organização do Poder Judiciário e do Ministério Público, a carreira e a garantia de seus membros; a (2) nacionalidade, a cidadania, os direitos individuais, políticos e eleitorais; os (3) planos plurianuais, diretrizes orçamentárias e orçamentos.

As *Medidas Provisórias* são atos expedidos pelo Executivo, com vigência imediata e efeitos iguais aos de uma lei formal, encaminhados ao Congresso para deliberação. A edição de Medidas Provisórias [MPv] é da competência exclusiva do Presidente da República em casos de relevância e urgência, tendo "força de lei" e entrando em vigor imediatamente. Uma vez editada deve ser encaminhada ao Congresso Nacional [CF artigo 62]. As MPv são limitadas não podendo dispor sobre: (1) nacionalidade, cidadania, direitos políticos, partidos políticos e direito eleitoral; (2) direito penal, processual penal e processual civil; (3) organização do Poder Judiciário e do Ministério Público, a

---

20. Penalidade imposta pelo desenvolvimento de atividade sem as licenças ambientais obrigatórias. Todavia, autora observou o prazo de 120 para solicitar a renovação, previsto no art. 14, § 4º, da LC 140/11. Existência de prorrogação automática até uma decisão definitiva da CETESB sobre o pedido. Impossibilidade de aplicação de multa contra a apelante pela falta dos documentos devidamente reconhecida. TJ-SP – AC: 10118320720178260361 SP 1011832-07.2017.8.26.0361, Relator: Paulo Alcides, Julgamento: 23.05.2019, 2ª Câmara Reservada ao Meio Ambiente, Publicação: 23.05.2019.
21. STF: [ADI 4.615, rel. min. Roberto Barroso, j. 20.09.2019, *DJE* de 28.10.2019.

carreira e a garantia de seus membros; (4) planos plurianuais, diretrizes orçamentárias, orçamento e créditos adicionais e suplementares, ressalvado o previsto no art. 167, § 3º da CF. Também é vedada a edição de Mpv que (1) vise a detenção ou sequestro de bens, de poupança popular ou qualquer outro ativo financeiro; que (2) disponha sobre matéria reservada a lei complementar; ou (3) já disciplinada em projeto de lei aprovado pelo Congresso Nacional e pendente de sanção ou veto do Presidente da República.

As medidas provisórias têm validade de 60 dias, prorrogável uma vez por igual período, após o que perderão a eficácia se não forem convertidas em lei, Em matéria de proteção ao meio ambiente, não se admite a edição de MPv que altere limites de unidades de conservação, conforme decidido pelo STF.[22]

Os *Decretos legislativos* regulam as matérias de competência exclusiva do Poder Legislativo. Por meio de decretos legislativos o Congresso Nacional julga as contas do Presidente da República; resolve definitivamente sobre tratados, acordos ou atos internacionais; aprecia atos de concessão ou renovação de concessão de emissoras de rádio e televisão; autoriza que o Presidente da República se ausente do País por mais de quinze dias; disciplina as relações jurídicas decorrentes de medidas provisórias não convertidas em lei; escolhe dois terços dos Ministros do TCU; autoriza referendo e convoca plebiscito; e susta atos normativos do Poder Executivo que exorbitem do poder regulamentar.[23] Como exemplo da importância dos decretos legislativos, veja-se que o Decreto Legislativo 2 de 1994 aprovou o texto da Convenção sobre Diversidade Biológica, assinada durante a Conferência das Nações Unidas sobre Meio Ambiente e Desenvolvimento, realizada na Cidade do Rio de Janeiro, no período de 5 a 14 de junho de 1992.

As *Resoluções* são atos das Mesas das Casas Legislativas que dispõem sobre matéria de sua competência privativa de caráter político, processual, legislativo ou administrativo.

Todas essas espécies do *gênero lei* estão arroladas ordenadamente partindo-se daquela com maior autoridade para a de menor autoridade. As de menor envergadura não poderão contrariar as que lhe são hierarquicamente superiores.

5. DIREITO ADQUIRIDO E COISA JULGADA

Direito adquirido é o que, na forma da lei, "o seu titular, ou alguém por ele, possa exercer, como aqueles cujo começo do exercício tenha termo prefixo, ou condição

---

22. As medidas provisórias não podem veicular norma que altere espaços territoriais especialmente protegidos, sob pena de ofensa ao art. 225, inc. III, da Constituição da República. As alterações promovidas pela Lei 12.678/2012 importaram diminuição da proteção dos ecossistemas abrangidos pelas unidades de conservação por ela atingidas, acarretando ofensa ao princípio da proibição de retrocesso socioambiental, pois atingiram o núcleo essencial do direito fundamental ao meio ambiente ecologicamente equilibrado previsto no art. 225 da Constituição da República. [ADI 4.717, rel. min. Cármen Lúcia, j. 05.04.2018, *DJE* de 15.02.2019].

23. Disponível em: https://www.congressonacional.leg.br/legislacao-e-publicacoes/glossario/-/definicoes/termo/decreto_legislativo. Acesso em: 24 fev. 2021.

preestabelecida inalterável, a arbítrio de outrem. "[LINDB, artigo 6º, § 2º]. É o direito que se aperfeiçoou com total respeito à lei vigente [tempus regit acto] Cabe ressaltar que a doutrina dos direitos adquiridos é muito complexa e, em realidade, uma assimilação acrítica de seu conteúdo pode induzir o jurista ao apego e à consolidação de uma concepção ultrapassada do mundo. No período que existiu a escravidão no Brasil, os proprietários de escravos possuíam "direitos adquiridos" a continuarem proprietários de escravos. Entretanto, a lei que aboliu a escravatura não reconheceu tais direitos e não indenizou os antigos proprietários. Veja-se que a Suprema Corte dos Estados Unidos no *infame* caso *Dred Scott v Sandford* [60 US 393 (1857)][24] decidiu que o Congresso dos Estados Unidos não tinha competência para proibir a escravidão nos territórios federais da União, assim como não tinha competência para dispor sobre os escravos que, na condição de bens móveis ou propriedade privada, não poderiam ser retirados de seus donos sem a observância do devido processo legal.

Em termos de proteção ambiental, o direito brasileiro não reconhece o direito adquirido de poluir, conforme seguidamente decidido por nossos tribunais.

> Não há *direito adquirido* a *poluir* ou degradar o meio ambiente, não existindo permissão ao proprietário ou possuidor para a continuidade de práticas vedadas pelo legislador. A obrigação de recuperar a degradação ambiental é do titular da propriedade do imóvel, mesmo que não tenha contribuído para a deflagração do dano, tendo em conta sua natureza propter rem. Não é razoável considerar consolidada uma construção irregular, em área de preservação permanente, somente com base na antiguidade da ocupação, sobretudo porque não há *direito adquirido* a *poluir* ou degradar o meio ambiente. Sendo possível a reparação do dano ambiental mediante a reversão da condição da área degradada ao seu estado anterior, não é necessária a condenação pagamento de indenização.[25]

Quando se trará da coisa julgada (Res Iudicata) que, normativamente é "a decisão judicial de que já não caiba recurso".

A lei não pode retroagir para modificar os efeitos da decisão judicial proferida no caso concreto e que tenha *transitado em julgado*. Por este critério, pretende-se assegurar ao cidadão que tenha obtido uma sentença, que ela permaneça imutável, persistindo os seus efeitos ao longo do tempo. A norma admite que, em casos civis e em casos criminais, a sentença possa ser *rescindida*, isto é, pode ser anulada por ser portadora de vícios de tal gravidade que não seja possível admitir-se que tal decisão judicial como juridicamente válida. No direito processual civil dá-se o nome de ação rescisória à ação que visa rescindir uma sentença; no direito processual penal chama-se revisão criminal, sendo que esta somente pode ser promovida pelo réu.

---

24. Disponível em: https://www.oyez.org/cases/1850-1900/60us393. Acesso em: 24 fev. 2021.
25. STF: ARE 1142000. Relator(a): Min. Gilmar Mendes, Julgamento: 29.06.2018. Publicação: 02.08.2018.

CAPÍTULO 6
FONTES DO DIREITO

1. INTRODUÇÃO

A expressão fontes do direito é uma imagem tradicional que tem por finalidade indicar de onde provém o direito. As fontes do direito podem ser (1) internas e (2) externas e, também, (a) formais e (b) materiais. A doutrina jurídica tem privilegiado as fontes formais e, por maioria, desprezado os materiais, isto em razão da predominância do positivismo jurídico. O modelo jurídico adotado no Brasil tem na lei formal [com a Constituição na cúpula] a principal fonte de direito, as demais são consideradas subsidiárias e somente são chamadas a intervir quando identificado um "vazio legal", uma lacuna. Repita-se, contudo, que as fontes de direito não são apenas as legais. Por outro lado, é necessário flexibilidade na observação e utilização dos fatores extralegais, pois atribuir-lhes caráter secundário é, efetivamente, fechar os olhos a uma realidade que se reproduz diariamente nos tribunais, ainda que se possa argumentar que o problema é relativo à interpretação do direito e não às fontes. A jurisprudência ocupa uma área nebulosa, pois situada entre as fontes do direito e a interpretação. É evidente que as decisões judiciais servem de inspiração para os membros do Judiciário, sendo certo que, a partir do Código de Processo Civil de 2015, o número de decisões judiciais vinculantes cresceu muito.

As fontes legais do direito são as normas jurídicas escritas, vigentes em determinado território, emanadas do Estado ali constituído, possuindo validade e sendo aplicadas pelas autoridades legalmente investidas.

A LINDB, em seu artigo 4º estabelece que, em caso de omissão legal, "o juiz decidirá o caso de acordo com a analogia, os costumes e os princípios gerais de direito." O direito empresarial, por exemplo, reconhece amplamente os usos e costumes comerciais como fontes de direito [CCB, artigo 113], o mesmo em relação à locação de imóveis [CCB, art. 569]. No campo do direito público, em especial no direito constitucional, há, inclusive, o reconhecimento do pluralismo jurídico, conforme o disposto no artigo 231 da Constituição Federal que reconhece aos índios a "sua organização social, costumes, línguas, crenças e tradições, e os direitos originários sobre as terras que tradicionalmente ocupam" Mesmo antes da Constituição de 1988, a Lei 6001, de 19 de dezembro de 1971 [Estatuto do Índio], em seu artigo 6º já dispunha que "[s]erão respeitados os usos, costumes e tradições das comunidades indígenas e seus efeitos, nas relações de família, na ordem de sucessão, no regime de propriedade e nos atos ou negócios realizados entre índios, salvo se optarem pela aplicação do direito comum". Também no direito do trabalho, o pluralismo jurídico tem sido reconhecido tranquilamente.

> Ora, a Constituição da República acolheu a concepção pluralista, seja no campo social, político e econômico, bem como na seara jurídica, nesta reconhecendo a autonomia privada coletiva e legitimando grupos sociais ou uma coletividade para produzir normas jurídicas a reger suas relações. As convenções e os acordos coletivos de trabalho são espécies normativas que bem exemplificam o pluralismo jurídico acolhido pela ordem jurídica pátria (art. 7º, XXVI, CF/1988), pois são produzidas por sindicatos ou sindicatos e empresas, com a finalidade de regular os contratos individuais de trabalho dos integrantes das categorias que representam, seja no âmbito de uma empresa ou estabelecimento, seja na base territorial das entidades sindicais convenentes. (TST – AIRR: 15030520175110010, Relator: Alexandre De Souza Agra Belmonte, 3ª Turma, Publicação: 19.10.2020).

As fontes do direito têm múltiplas origens e é um reducionismo ultrapassado considerar que *apenas* o Estado é capaz de dizer o que é o direito. Assim como a leitura do direito romano feita pelos glosadores se espalhou pela Europa na Idade Média, os modernos tempos de globalização, têm expandido o modelo norte-americano de direito pelo mundo. Tal fato gera um importante impacto nas fontes do direito que, no modelo anglo-saxônico são bastante diversas do modelo europeu continental. António Manuel Hespanha (2014) afirma a existência de uma tendência a importar para o ambiente europeu o modelo mais radical do sistema jurídico anglo-saxônico que é o americano, "destacando-se a autoridade dos direitos (dos indivíduos) em relação ao direito (parlamentar)". Isto levou a uma maior aceitação das regulamentações privadas como fontes legítimas de direito.

O artigo 611 – A da Consolidação das Leis do Trabalho, por exemplo, admite que a "convenção coletiva e o acordo coletivo de trabalho têm prevalência sobre a lei" em diversas hipóteses. Ainda no que se refere à legislação trabalhista, o parágrafo único do artigo 444 determina que "a livre estipulação a que se refere o caput deste artigo aplica-se às hipóteses previstas no art. 611-A desta Consolidação, *com a mesma eficácia legal e preponderância sobre os instrumentos coletivos*, no caso de empregado portador de diploma de nível superior e que perceba salário mensal igual ou superior a duas vezes o limite máximo dos benefícios do Regime Geral de Previdência Social".

Não há dúvida, entretanto, sobre o importante papel do Estado na produção do direito. Contudo, não se pode deixar de consignar que, em matéria de produção de normas de regulação social e econômica, ele vem se transformando.

A democracia liberal passa por crise de legitimidade que opõe a *legitimidade democrática* [poderes políticos eleitos pelo voto popular], à *legitimidade técnica* [órgãos do Executivo] e à *legitimidade jurisdicional* [Poder Judiciário, revisão dos atos administrativos e defesa dos direitos e garantias individuais]. Esta crise de legitimidade engloba um amplo espectro de vai desde a defesa clara de modelos de *democracia iliberal* (Zakaria, 1997), isto é, democracias de baixa intensidade nas quais os dirigentes eleitos passam a atacar sistematicamente as liberdades e cercear o exercício da oposição, até o reconhecimento da necessidade de maior participação popular no processo político e mesmo regulatório. Isto, evidentemente, impacta na questão das fontes de direito. Tome-se como exemplo o inciso IV do § 1º do artigo 225 da Constituição Federal que determina a publicidade para os estudos prévios de impacto ambiental [EIA]. A pandemia do COVID 19, possibilitou a emissão da Resolução CONAMA 494, de 11 de agosto de 2020 sobre audiências públicas virtuais [APV], cabendo ao órgão ambiental competente definir os procedimentos técnicos relativos à realização da APV, de modo a garantir a efetiva participação dos interessados, assegurada a (1) ampla divulgação e disponibilização do conteúdo do produto em análise e do seu referido RIMA e a (2) viabilização, observada a segurança sanitária dos participantes, de ao menos um ponto de acesso virtual aos diretamente impactados pelo empreendimento e, caso se faça necessário, de outros pontos, conforme a análise do caso pela autoridade licenciadora.

2. A PRINCIPAL FONTE DE DIREITO É A SOCIEDADE

O direito é um fenômeno social, logo a sua principal fonte é a sociedade. Não se pretende, com isto, afirmar que a sociedade faz o direito "brotar" imediatamente e que todas as práticas sociais sejam direito. Há, entretanto, um processo de mediação entre a sociedade e o direito por ela produzido que é complexo e se desdobra em múltiplas possibilidades. A crescente complexidade da sociedade moderna tem estimulado a criação de diferentes formações intermediárias que se situam entre os indivíduos e o próprio estado que têm aumentado de importância na construção do direito moderno. Infelizmente, as fontes sociais e externas ao direito, *em si*, têm sido negligenciadas e consideradas como não jurídicas, o que enfraquece a compreensão do próprio direito. Não se trata de uma "sociologização" do direito, muito menos de compreender o seu caráter peculiar como "instrumento institucionalizado de maior importância para o controle social" (Rosa, 1973, p. 53). A verdade é que o mundo mudou no "domínio da política e do direito" por diversas razões que se ligam à evolução científica e tecnológica, mas também em função de uma nova valorização da diversidade e do pluralismo das sociedades (Hespanha, 2013).

À valorização do pluralismo corresponde, necessariamente, uma ampliação das fontes de direito, pois é um reconhecimento das diferentes formas como os diferentes grupos sociais e étnicos estabelecem as suas hierarquias e como tais hierarquias se relacionam com as "oficialmente" reconhecidas. Como foi muito bem observado por HESPANHA, "o pluralismo normativo é, assim, um fato, antes mesmo de ser ou um ideal ou um perigo; ele já existe já é reconhecido como o atual modelo de direito." (2013, p. 63). As diferentes fontes de direito são reconhecidas pela LINDB (art. 4º), pelo Código de Processo Civil (art. 8º) e, até mesmo a equidade [justiça do caso concreto] é reconhecida em determinadas hipóteses como fonte legítima de direito (CCB art. 738, par. único, por exemplo).

O direito estatal, assim como o conhecemos atualmente, com a pretensão de ter monopólio e unicidade na elaboração de normas jurídicas, é um fenômeno relativamente recente e que, pela tendência observável nas sociedades modernas, caminha para a sua própria superação. A história humana nos demonstra que o pluralismo jurídico é um fenômeno social constante. A idade média europeia, por exemplo, era assumidamente pluralista, pois admitia, sem qualquer constrangimento, a existência de um direito comum (*ius commune*) e de direitos particulares (*iura propria*) (Grossi, 1974).

3. FONTES LEGAIS DO DIREITO

Um sistema legal que afirma a superioridade da norma estatal sobre as demais, há que ser hierarquizado, articulando as diferentes camadas normativas entre si. Conforme a tradicional lição de Hans Kelsen, se se indaga sobre o fundamento de validade de uma norma pertencente a uma determinada ordem jurídica, a resposta consiste na recondução à *norma fundamental* desta ordem jurídica, quer dizer: na afirmação de que esta norma foi produzida de acordo com a norma fundamental (1979).

Mesmo em um sistema jurídico plural, como o atual, o direito produzido pelo Estado ocupa um papel fundamental e não deve ser desprezado. Em um uma sociedade democrática e plural, a ordem jurídica positivada é importante por estabelecer um padrão de convivência entre os diferentes grupos e por garantir que todos possam se expressar livremente no espaço público e, assim, buscar a solução de seus problemas pela via democrática. De acordo com a observação de François Ewald (1993), a lei define um espaço de liberdade, estabelece-lhe os limites, assegurado que em seu interior cada um possa fazer o que julgue correto. Ela divide, ainda que imperfeitamente, o permitido do proibido. É por ela que se assegura a igualdade entre os cidadãos, pois "é indiferente à sua existência singular".

3.1 Constituição

A Constituição, dependendo da tradição jurídica pode ser escrita ou não; se escrita, pode estar em uma única lei ou não. No Brasil, a Constituição é um único conjunto de normas que estabelece a organização do Estado, os direitos e garantias individuais, o sistema político, o modelo econômico e outras questões fundamentais para a vida em sociedade. O Brasil segue o padrão adotado pioneiramente pelos Estados Unidos da América que proclamou a sua primeira e única Constituição em 1789, cujo preâmbulo se tornou um modelo:

> Nós, o Povo dos Estados Unidos, a fim de formar uma União mais perfeita, estabelecer a Justiça, assegurar a Tranquilidade interna, prover a defesa comum, promover o Bem-Estar geral, e garantir para nós e para os nossos descendentes os Benefícios da Liberdade, promulgamos e estabelecemos esta Constituição para os Estados Unidos da América.[1]

---

1. Disponível em: http://www.direitoshumanos.usp.br/index.php/Documentos-anteriores-%C3%A0-cria%-C3%A7%C3%A3o-da-Sociedade-das-Na%C3%A7%C3%B5es-at%C3%A9-1919/constituicao-dos-estados--unidos-da-america-1787.html. Acesso em: 14 mar. 2021.

O *Canadá*, por exemplo, tem a sua Constituição formada por duas normas distintas: a (1) Constituição do Canadá (Lei Constitucional de 1867 – *Constitutional Act of 1867*)[2] e a (2) Carta Canadense de Direitos e Liberdades (*The Canadian Charter of Rights and Freedoms*).[3] A seção 25 da Carta Canadense de Direitos e Liberdades, estabelece que "a garantia nesta Carta de certos direitos e liberdades não deve ser interpretada de forma a revogar ou derrogar qualquer tratado, outros direitos ou liberdades que pertençam aos povos aborígenes do Canadá, incluindo: 1 – qualquer direito ou liberdades que tenham sido reconhecidos pela Proclamação Real de 7 de Outubro de 1763; e 2 qualquer direito ou liberdades ora existentes por força de acordos em reclamações territoriais ou que assim possam ser adquiriodos".

O Reino Unido possui uma Constituição *não escrita* que é composta por leis do Parlamento, decisões judiciais e convenções. A Magna Charta de 1215[4] ainda está em vigor e estabelece os direitos básicos dos cidadãos britânicos, tendo servido de inspiração para diversos países. O principal marco formador da Constituição não escrita do Reino Unido é a Declaração de Direitos [1689 – Bill of Rights], que estabeleceu a supremacia do Parlamento sobre a Coroa após a substituição forçada do Rei Jaime II (r. 1685–1688) por Guilherme III (r. 1689–1702) e Maria (r. . 1689-1694) na Revolução Gloriosa (1688).[5]

A *Nova Zelândia* adota uma *Constituição não escrita*, formada por diferentes fontes incluindo (1) peças legislativas cruciais, (2) vários documentos legais, (3) direito consuetudinário derivado de decisões judiciais, bem como (4) práticas constitucionais estabelecidas e conhecidas como convenções. Cada vez mais, a Constituição da Nova Zelândia reflete o Tratado de Waitangi[6] como um documento fundador do Estado,[7] reconhecendo sua condição de estado multietnico.

Israel não possui Constituição, limitndo-se a possuir uma Lei Básica que define os poderes do Parlamento (Knesset), a forma de eleição de seus membros, prerrogativas e imunidades dos parlamentares etc.[8] Tal situação, no entanto, tem mercido críticas do próprio parlamento israelenese que reconhece que, desde 1948, têm havido tentativas de elaboração de uma Constituição que fracassaram. Assim, Israel desenvolveu um

---

2. Disponível em: https://www.justice.gc.ca/eng/csj-sjc/just/05.html. Acesso em: 14 nov. 2020.
3. Disponível em: https://www.justice.gc.ca/eng/csj-sjc/rfc-dlc/ccrf-ccdl/index.html. Acesso em: 14 nov. 2020.
4. Disponível em: https://www.constituteproject.org/constitution/United_Kingdom_2013?lang=en. Acesso em: 15 nov. 2020.
5. Disponível em: https://www.bl.uk/magna-carta/articles/britains-unwritten-constitution. Acesso em: 14 nov. 2020.
6. O Tratado de Waitangi é o documento fundador da Nova Zelândia. Seu nome vem de um lugar na Baía das Ilhas onde foi assinado pela primeira vez, em 6 de fevereiro de 1840. Este dia é agora feriado na Nova Zelândia. O Tratado é um acordo, redigido em Mãori e Inglês, celebrado entre a Coroa Britânica e cerca de 540 Mãori rangatira (chefes).
7. Disponível em: https://gg.govt.nz/office-governor-general/roles-and-functions-governor-general/constitutional-role/constitution/constitution. Acesso em: 14 nov. 2020.
8. Disponível em: https://www.constituteproject.org/constitution/Israel_2013?lang=en. Acesso em: 14 nov. 2020.

sistema de leis e direitos básicos, com status semiconstitucional. Cuida-se de uma "solução provisória" que está aquém das necessidades do país.[9]

3.1.1 Modelos de Constituição

O modelo mais tradicional de Constituição é o liberal, que se limita à organização política do Estado e a relacionar os principais direitos e garantias individuais. É um modelo que não corresponde à realidade das modernas Constituições que tendem a ser mais detalhistas e avançar em campos outros que não a mera descrição das instituições estatais e aos dos direitos e garantias individuais.

As Cartas Políticas modernas tratam de temas que ultrapassam o modelo liberal, pois cuidam dos direitos sociais, da proteção ao meio ambiente, dos direitos culturais, proteção de minorias étnicas e tantos outros. Os direitos culturais, por exemplo, estão presentes no artigo 4 da Constituição Belga que divide o país em regiões linguísticas;[10] também há o reconhecimento expresso de direitos culturais na Constituição da África do Sul.[11] Os direitos do meio ambiente e da natureza se encontram, dentre outras, na Constituição do Equador.[12]

Quanto à maior ou menor facilidade de reforma, as constituições podem ser (1) rígidas, (2) semirrígidas ou (3) flexíveis.

3.1.1.1 Emenda à Constituição

A Emenda à Constituição é uma modificação dos termos da Constituição realizada conforme procedimento previsto na própria Constituição e, uma vez promulgada, é

---

9. Disponível em: https://knesset.gov.il/constitution/ConstIntro_eng.htm. Acesso em: 14 nov. 2020.
10. Artigo 4A Bélgica compreende quatro regiões linguísticas: a região de língua holandesa, a região de língua francesa, a região bilingue de Bruxelas-Capital e a região de língua alemã. Cada município do Reino faz parte de uma dessas regiões linguísticas. As fronteiras das quatro regiões linguísticas só podem ser alteradas ou corrigidas por uma lei aprovada pela maioria dos votos expressos em cada grupo linguístico em cada Casa, desde que a maioria dos membros de cada grupo esteja presente e desde que o total o número de votos a favor expressos nos dois grupos linguísticos seja igual a pelo menos dois terços dos votos expressos. Dispoível em: https://www.google.com/search?client=firefox-b-d&q=translator. Acesso em: 15 nov. 2020.
11. 31. Comunidades culturais, religiosas e linguísticas 1. Ás pessoas pertencentes a uma comunidade cultural, religiosa ou linguística não podem ser negados o direito, com outros membros dessa comunidade: a. para desfrutar de sua cultura, praticar sua religião e usar sua língua; e b. formar, aderir e manter associações culturais, religiosas e linguísticas e outros órgãos da sociedade civil. 2. Os direitos na subseção (1) não podem ser exercidos de maneira inconsistente com qualquer disposição da Declaração de Direitos. Disponível em: https://www.constituteproject.org/constitution/South_Africa_2012?lang=en. Acesso em: 15 nov. 2020.
12. Artigo 71. A natureza, ou Pacha Mama, onde a vida se reproduz e ocorre, tem direito ao respeito integral por sua existência e pela manutenção e regeneração de seus ciclos de vida, estrutura, funções e processos evolutivos. Todas as pessoas, comunidades, povos e nações podem apelar às autoridades públicas para fazer cumprir os direitos da natureza. Para fazer valer e interpretar esses direitos, devem ser observados os princípios estabelecidos na Constituição, conforme o caso. O Estado deve dar incentivos às pessoas físicas e jurídicas e às comunidades para proteger a natureza e promover o respeito por todos os elementos que compõem um ecossistema. Disponível em: https://www.constituteproject.org/constitution/Ecuador_2015?lang=en. Acesso em: 15 nov. 2020.

CAPÍTULO 6 • FONTES DO DIREITO

parte da própria Constituição. A Constituição dos Estados Unidos, por exemplo, em seu artigo V dispõe sobre as emendas. Uma emenda importante é a IV:

> O direito do povo à inviolabilidade de suas pessoas, casas, papéis e haveres contra busca e apreensão arbitrárias não poderá ser infringido; e nenhum mandado será expedido a não ser mediante indícios de culpabilidade confirmados por juramento ou declaração, e particularmente com a descrição do local da busca e a indicação das pessoas ou coisas a serem apreendidas.[13]

A C.F., em seu artigo 60, dispõe sobre o conteúdo e a forma de aprovação das Emendas à Constituição. No regime constitucional brasileiro, o Constituinte *não outrogou*, ao Congresso Nacional, o direito absoluto de reformar a Carta Política. Ao contrário, o § 4º do artigo 60 veda a mera deliberação sobre proposta de emenda tendente a abolir: (1) a forma federativa de Estado; (2) o voto direto, secreto, universal e periódico; (3) a separação dos Poderes e (4) os direitos e garantias individuais. São as chamadas cláusulas pétreas, ou seja, as que não admitem qualquer forma de alteração com vistas à sua supressão. Em relação ao tema, veja-se que o STF decidiu que

> Anotação Vinculada – art. 60, § 4º da Constituição Federal. (...) É fácil ver que a amplitude conferida às cláusulas pétreas e a ideia de unidade da Constituição (...) acabam por colocar parte significativa da Constituição sob a proteção dessas garantias. Tal tendência não exclui a possibilidade de um "engessamento" da ordem constitucional, obstando a introdução de qualquer mudança de maior significado (...). Daí afirmar-se, correntemente, que tais cláusulas hão de ser interpretadas de forma restritiva. Essa afirmação simplista, ao invés de solver o problema, pode agravá-lo, pois a tendência detectada atua no sentido não de uma interpretação restritiva das cláusulas pétreas, mas de uma interpretação restritiva dos próprios princípios por elas protegidos. Essa via, em lugar de permitir fortalecimento dos princípios constitucionais contemplados nas "garantias de eternidade", como pretendido pelo constituinte, acarreta, efetivamente, seu enfraquecimento (...)(Rp 94, rel. min. Castro Nunes, Archivo Judiciário 85/31, 34-35, 1947). [ADPF 33 MC, voto do rel. min. Gilmar Mendes, j. 29.10.2003, DJ de 06.08.2004].

Há uma outra questão que é a relativa à constitucionalidade ou inconstitucionalidade de emendas à Constituição.

> A eficácia das regras jurídicas produzidas pelo poder constituinte (redundantemente chamado de "originário") não está sujeita a nenhuma limitação normativa, seja de ordem material, seja formal, porque provém do exercício de um poder de fato ou suprapositivo. Já as normas produzidas pelo poder reformador, essas têm sua validez e eficácia condicionadas à legitimação que recebam da ordem constitucional. Daí a necessária obediência das emendas constitucionais às chamadas cláusulas pétreas [ADI 2.356 MC e ADI 2.362 MC, rel. p/ o ac. min. Ayres Britto, j. 25.11.2010, P, *DJE* de 19.05.2011]. ADI 939, rel. min. Sydney Sanches, j. 15.12.1993, P, *DJ* de 18.03.1994].

Veja-se o caso da Emenda Constitucional 96, de 2017 [EC 96/2017] que acrescentou o § 7º ao artigo 225 da Constituição Federal, cujo teor é o seguinte: "Para fins do disposto na parte final do inciso VII do § 1º deste artigo, não se consideram cruéis as práticas desportivas que utilizem animais, desde que sejam manifestações culturais, conforme

---

13. Disponível em: http://www.direitoshumanos.usp.br/index.php/Documentos-anteriores-%C3%A0-cria%-C3%A7%C3%A3o-da-Sociedade-das-Na%C3%A7%C3%B5es-at%C3%A9-1919/constituicao-dos-estados--unidos-da-america-1787.html. Acesso em: 14 mar. 2021.

o § 1º do art. 215 desta Constituição Federal, registradas como bem de natureza imaterial integrante do patrimônio cultural brasileiro, devendo ser regulamentadas por lei específica que assegure o bem-estar dos animais envolvidos". Tramita perante o STF a ADI 5728 que impugna a constitucionalidade da EC 96/2017. A discussão é relevante, pois reacende o debate sobre normas constitucionais inconstitucionais. A propósito do tema, veja-se a decisão proferida pelo STF na ADI 815/DF:

> Ação direta de inconstitucionalidade. Parágrafos 1. e 2. do artigo 45 da Constituição Federal – A tese de que há hierarquia entre normas constitucionais originarias dando azo a declaração de inconstitucionalidade de umas em face de outras e incompossível com o sistema de Constituição rígida. – Na atual Carta Magna "compete ao Supremo Tribunal Federal, precipuamente, a guarda da Constituição" (artigo 102, "caput"), o que implica dizer que essa jurisdição lhe e atribuída para impedir que se desrespeite a Constituição como um todo, e não para, com relação a ela, exercer o papel de fiscal do Poder Constituinte originário, a fim de verificar se este teria, ou não, violado os princípios de direito supra positivo que ele próprio havia incluído no texto da mesma Constituição. – Por outro lado, as cláusulas pétreas não podem ser invocadas para sustentação da tese da inconstitucionalidade de normas constitucionais inferiores em face de normas constitucionais superiores, porquanto a Constituição as prevê apenas como limites ao Poder Constituinte derivado ao rever ou ao emendar a Constituição elaborada pelo Poder Constituinte originário, e não como abarcando normas cuja observância se impôs ao próprio Poder Constituinte originário com relação as outras que não sejam consideradas como cláusulas pétreas, e, portanto, possam ser emendadas. Ação não conhecida por impossibilidade jurídica do pedido. STF (ADI: 815 DF, Relator: Moreira Alves, Julgamento: 28.03.1996, Tribunal Pleno, Publicação: DJ 10.05.1996 PP-15131 EMENT VOL-01827-02 PP-00312).

3.2   Lei

A *lei*, como regra geral, é uma expressão da deliberação e vontade popular efetivada pela atuação dos representantes eleitos do povo no parlamento. O conceito de lei é amplo o suficiente para englobar diferentes instrumentos jurídicos com vários níveis hierárquicos. A Constituição escrita de um país é uma lei, certamente a mais importante.

3.2.1   *Considerações preliminares*

A lei não se confunde com o direito, sendo apenas uma parte dele. A lei, assim como o direito é palavra polissêmica. Em uma visão liberal clássica, a lei é a organização do direito natural de legítima defesa; ou ainda, é a substituição das forças individuais por uma força coletiva, incumbida de fazer aquilo que as forças individuais têm o direito natural de fazer, isto é, proteger as pessoas, as liberdades e a propriedades, mantendo os direitos de cada um e fazendo com que reine a justiça (Bastiat, 2016). Logo, a lei, em concepção liberal, deve se limitar a estabelecer uma esfera de liberdade e de segurança para o cidadão, não se imiscuindo em outros setores da vida social. O conceito, evidentemente, está ultrapassado, pois mesmo os mais radicais defensores do liberalismo entendem que a lei e o direito não podem se limitar a tratar de liberdades. "A liberdade não pode ser absoluta. Vivemos em uma sociedade interdependente. Algumas restrições à nossa liberdade são necessárias para evitar outras ainda piores" (Friedman e Friedman, 2015, p. 113).

CAPÍTULO 6 • FONTES DO DIREITO **101**

O campo da lei moderna é mais amplo do que a mera delimitação de um direito "natural de legítima defesa". Nas sociedades contemporâneas, a maior parte da produção legislativa está voltada para questões técnicas, financeiras, orçamentárias, urbanísticas, previdenciárias e tantas outras que ultrapassam o simples campo da liberdade individual ou o direito de legítima defesa. Anote-se, ademais, que grande parcela da moderna legislação está destinada à criação e implantação de políticas públicas a serem implementadas pelo estado, não raras vezes realizando a chamada discriminação compensatória (Dworkin, 2002).

A Constituição da República Federativa do Brasil [CRFB], por exemplo, utiliza o termo *lei* em diferentes sentidos. No artigo 225 da Constituição, a palavra lei aparece 7 (sete) vezes, nem sempre com o mesmo significado. A expressão, *na forma da lei*, utilizada no inciso IV do § 1º tem sido compreendida, pelos tribunais brasileiros e pela doutrina especializada, como sinônimo de resolução do Conselho Nacional do Meio Ambiente, haja vista que as Resoluções

> decorrem de autorização legal, ora categórica, ora implícita, cabendo citar, entre outros, o art. 8º da Lei 6.938/1981. Especificamente, compete ao Conselho "estabelecer normas, critérios e padrões relativos ao controle e à manutenção da qualidade do meio ambiente com vistas ao uso racional dos recursos ambientais, principalmente os hídricos" (art. 8º, VII, da Lei 6.938/1981, grifo acrescentado). 2. O próprio legislador esclareceu o que se deve entender por "recursos ambientais", definindo-os como "a atmosfera, as águas interiores, superficiais e subterrâneas, os estuários, o mar territorial, o solo, o subsolo, os elementos da biosfera, a fauna e a flora" (art. 3º, V), o que significa dizer que, nesse campo, a competência do Conama é ampla, só podendo ser afastada por dispositivo legal expresso, que deve ser interpretado restritivamente, diante da natureza de lei-quadro ou nave-mãe do microssistema que caracteriza a Lei da Política Nacional do Meio Ambiente.[14]

No inciso III do § 1º cujo objeto é a obrigação do Poder Público definir, em todas as unidades da Federação, espaços territoriais e seus componentes a serem especialmente protegidos", o Constituinte, com vistas a assegurar a maior proteção ao meio ambiente, determinou que os espaços territoriais merecedores de proteção especial por parte do Estado, somente poderiam ser suprimidos ou alterados "*através de lei*, vedada qualquer utilização que comprometa a integridade dos atributos que justifiquem sua proteção". O Supremo Tribunal Federal, ao decidir matéria relativa à alteração de limites de unidade de conservação, por meio de medida provisória, entendeu que "[a]s medidas provisórias não podem veicular norma que altere espaços territoriais especialmente protegidos, sob pena de ofensa ao art. 225, inc. III, da Constituição da República." A Corte acrescentou, ainda, que "[a]s alterações promovidas pela Lei 12.678/2012 importaram diminuição da proteção dos ecossistemas abrangidos pelas unidades de conservação por ela atingidas, acarretando ofensa *ao princípio da proibição de retrocesso socioambiental*, pois atingiram o núcleo essencial do direito fundamental ao meio ambiente ecologicamente equilibrado(...)" [ADI 4.717, rel. min. Cármen Lúcia, j. 05.04.2018, DJE de 15.02.2019].

---

14. STJ – AgRg no REsp: 1369492 SP 2013/0050196-5, Relator: Ministro Herman Benjamin, Julgamento: 27.08.2013, 2ª Turma, DJe 24.10.2016.

Assim, quanto à proteção ambiental, a CRFB criou um modelo hierárquico diferente do tradicional, pois admite a proteção de espaços territoriais por ato do executivo [decreto] mas as alterações dependem de ato do Legislativo em sentido estrito. As Medidas Provisórias que, pelo artigo 62 da CF têm "força de lei", não podem ser utilizadas para alterar ou suprimir espaços territoriais especialmente protegidos [ETEP], até porque, parece ser improvável a "relevância e urgência" para diminuir a proteção ambiental de um determinado local.

Um outro aspecto muito importante a ser considerado é o dos *conceitos normativos* que são os conceitos formais que ultrapassam os simples conceitos derivados da observação e da experiência, não sendo meramente descritivos. Podemos retomar o exemplo do § 7º ao artigo 225 da Constituição Federal, relativo às manifestações culturais com utilização de animais que estabelece que para os fins do disposto na parte final do inciso VII do § 1º do artigo 225, não se consideram cruéis as práticas desportivas que utilizem animais, desde que sejam manifestações culturais, conforme o § 1º do art. 215 desta Constituição Federal, registradas como bem de natureza imaterial integrante do patrimônio cultural brasileiro, devendo ser regulamentadas por lei específica que assegure o bem-estar dos animais envolvidos.

No particular, a Lei 13.364, de 29 de novembro de 2016, reconhece o rodeio, a vaquejada e o laço, bem como as respectivas expressões artísticas e esportivas, como manifestações culturais nacionais; eleva essas atividades à condição de bens de natureza imaterial integrantes do patrimônio cultural brasileiro; e dispõe sobre as modalidades esportivas equestres tradicionais e sobre a proteção ao bem-estar animal. O Conselho Federal de[15] Medicina Veterinária, por meio da Resolução 1.236, de 26 de outubro de 2018 definiu crueldade, abuso e maus-tratos contra animais vertebrados. da seguinte forma: (1) maus-tratos: qualquer ato, direto ou indireto, comissivo ou omissivo, que intencionalmente ou por negligência, imperícia ou imprudência provoque dor ou sofrimento desnecessários aos animais; (2) – crueldade: qualquer ato intencional que provoque dor ou sofrimento desnecessários nos animais, bem como intencionalmente impetrar maus tratos continuamente aos animais e (3) – abuso: qualquer ato intencional, comissivo ou omissivo, que implique no uso despropositado, indevido, excessivo, demasiado, incorreto de animais, causando prejuízos de ordem física e/ou psicológica, incluindo os atos caracterizados como abuso sexual.

3.2.2 *Tipos de lei*

As leis podem ter diversas formas. O artigo 59 da CRFB estabelece que o processo legislativo compreende a elaboração de (1) emendas à Constituição, (2) leis complementares; (3) leis ordinárias; (4) leis delegadas; (5) medidas provisórias; (6) decretos

---

15. Disponível em: http://www.ceuaics.ufba.br/sites/ceuaics.ufba.br/files/anexo_da_resolucao_cfmv_1236_2018.pdf. Acesso em: 14 mar. 2021.

legislativos; e (7) resoluções. O procedimento segundo o qual as leis são elaboradas está previsto na Lei Complementar 95, de 26 de fevereiro de 1998.

Tecnicamente, a lei é estruturada em três partes básicas, a saber: a (1) parte preliminar que compreende a epígrafe, a ementa, o preâmbulo, o enunciado do objeto e a indicação do âmbito de aplicação das disposições normativas; a (2) parte normativa que compreende o texto das normas de conteúdo substantivo relacionadas com a matéria regulada; e (3) a parte final que compreende as disposições pertinentes às medidas necessárias à implementação das normas de conteúdo substantivo, às disposições transitórias, se for o caso, a cláusula de vigência e a cláusula de revogação, quando couber.

Lei Constitucional. Nos países que adotam o modelo de Constituição escrita é a principal, subordinando todas as demais. As Emendas à Constituição também são leis constitucionais.

Lei Complementar. A Lei Complementar é um tipo de lei com expressa previsão constitucional cuja finalidade é complementar à Lei Fundamental [Constituição]. O parágrafo único do artigo 23 da Constituição Federal estabelece que leis complementares "fixarão normas para a cooperação entre a União e os Estados, o Distrito Federal e os Municípios, tendo em vista o equilíbrio do desenvolvimento e do bem-estar em âmbito nacional". Nesse sentido foi editada a Lei Complementar 140, de 8 de dezembro de 2011 com objetivo de estabelecer os mecanismos para a cooperação administrativa entre os entes da federação para a proteção do meio ambiente.

Lei Ordinária. É a forma rotineira e usual mediante a qual a vontade popular se manifesta. É o padrão em matéria de produção de direito novo. A lei ordinária não necessita de forma especial para elaboração ou revogação. O código civil, por exemplo, é lei ordinária.

Lei quadro. A lei quadro não consta da divisão e nomenclatura tradicional das leis, sendo um padrão legislativo moderno que muito se assemelha às Convenções Quadro do direito internacional público. A Convenção Quadro é um acordo internacional multilateral que fixa normas gerais e diretrizes sobre um determinado assunto e que será, posteriormente, detalhado por protocolos e por legislação interna a ser produzida pelas Partes contratantes. A lei quadro estabelece um espectro normativo relativamente aberto, quase sempre baseado em princípios e diretrizes, remetendo para o poder regulamentar a definição concreta de inúmeras questões. A Lei da Política Nacional de Resíduos Sólidos, por exemplo, é uma lei quadro, haja vista que demanda toda uma série de regulamentações administrativas para a sua adequada implementação, inclusive com a definição em concreto de princípios e medidas de natureza política.

Medida Provisória. A Medida Provisória prevista no art. 62 da Constituição Federal é uma iniciativa exclusiva do Presidente da República, em caso de "relevância e urgência", com "força de lei" e que deve ser submetida "de imediato ao Congresso Nacional". As medidas provisórias, ainda que tenham força de lei, sofrem limitação em seu campo de abrangência por força da própria Constituição. O § 1º do artigo 62 veda e edição de medidas provisórias sobre matéria (1) relativa a (a) nacionalidade, cidadania, direitos políticos, partidos políticos e direito eleitoral; (b) direito penal, processual penal e processual civil; (c) organização do Poder Judiciário e do Ministério Público, a carreira e a garantia de seus membros; (d) planos plurianuais, diretrizes orçamentárias, orçamento e créditos adicionais e suplementares, ressalvado o previsto no art. 167, § 3º; que vise (2) a detenção ou sequestro de bens, de poupança popular ou qualquer outro ativo financeiro; reservada a (3) lei complementar; já (4) disciplinada em projeto de lei aprovado pelo Congresso Nacional e pendente de sanção ou veto do Presidente da República. Há, também, vedação de edição de medida provisória para a regulamentação de serviços locais de gás canalizado (CF art. 25, § 2º). Por fim, há a vedação constante no artigo 246 da Constituição Federal, consistente na "regulamentação de artigo da Constituição cuja redação tenha sido alterada por meio de emenda promulgada entre 1º de janeiro de 1995" até a promulgação da emenda 32, inclusive.

Conforme o disposto no § 3º do artigo 62 da CF, as medidas provisórias, ressalvado o disposto nos §§ 11 e 12 do artigo 62 da CF, perderão a eficácia, desde a edição, se não forem convertidas em lei no prazo de sessenta dias, prorrogável, nos termos do § 7º do artigo 62 da CF, uma vez por igual período, devendo o Congresso Nacional disciplinar, por decreto legislativo, as relações jurídicas delas decorrentes.

No regime constitucional anterior (militar) havia o decreto-lei que era um ato emanado do Executivo, com vigência imediata após a sua expedição que, se não fosse rejeitado ou aprovado, seria tido por aprovado em razão do decurso de prazo.

Entretanto, as fontes do direito não são apenas legais; existem outras muito relevantes. Contudo, é necessário flexibilidade na observação dos fatores extralegais como fontes do direito, pois conferir-lhes um caráter secundário, liminarmente, é fechar os olhos a uma realidade que se reproduz diariamente nos tribunais, ainda que se pudesse dizer que tal problema diz respeito à *interpretação* do direito e não às fontes. Ora, se observarmos o problema suscitado pela jurisprudência, iriamos verificar que a mesma ocupa uma área nebulosa situada entre as fontes do direito e da interpretação. A jurisprudência, como sabemos, é a reiteração de decisões judiciais sobre casos semelhantes. É evidente que estas decisões são pontos de obras interpretativas realizadas pelo Poder Judiciário; porém, no direito brasileiro, o poder de um conjunto de decisões sobre uma futura decisão é grande, embora não vinculante, e não pode ser desprezado, sob pena de incorrermos em grave erro.

4. AS PRINCIPAIS FONTES NÃO LEGAIS DO DIREITO

4.1 Costume

As regras e normas de conduta nas sociedades iletradas eram uma emanação do que os seus membros julgavam devesse ser observado por todos, ou seja, do costume. Portanto, do ponto de vista histórico, o *direito escrito* procede do costumeiro, sendo originariamente uma compilação das normas costumeiras existentes em determinada sociedade. O primeiro povo ameríndio encontrado pelos europeus na América foram os Taino que não possuíam escrita, mas possuíam governo; as suas leis constavam de canções que, também, narravam a sua história. (Lepore, 2020). Em diversas sociedades, as normas limitam-se a arranjos cooperativos, sem qualquer estrutura formal tais como chefes, legisladores, líderes ou conselhos, como é o caso dos Povos da Floresta (Mbuti da República Democrática do Congo) estudados por Colin M. Turnbull (1987).

O direito tal como positivado pela Revolução Francesa, tentou banir o costume do mundo do direito, buscando reduzir o direito à sua expressão legal. Curiosamente, no século XXI é cada vez maior o recurso ao costume como fonte legítima de direito. O costume é uma prática reiterada realizada por um grande grupo como regra geral em determinadas circunstâncias e considerada subjetivamente como obrigatória. Não é, evidentemente, uma prática unânime, mas amplamente aceita, podendo ser considerada como a primeira forma de direito praticada pelas diferentes sociedades, pois antecede a própria escrita. Na verdade, as primeiras leis escritas foram compilações de costumes e de tradições como é o caso, v.g., da lei das XII Tábuas (Lex Duodecim Tabularum / Duodecim Tabulae) antiga legislação romana, ou do Código de Hamurabi da Babilônia. O costume, na antiguidade era expresso nas tradições orais, nas obras poéticas, nas peças teatrais. Ele é um elemento de estabilização das sociedades, é uma convicção profunda que supera um simples indivíduo, ou a memória individual e que reflete a sociedade no que ela tem de mais autêntico e permanente. O costume é constituído por dois elementos: o (1) *material*, ou seja, a repetição uniforme, ininterrupta e que vem sendo exercida por longo tempo (*longi temporis praescriptio*) e o (2) *psicológico*, uma convicção íntima de que a prática é obrigatória (*opinio iuris*) e necessária (*opinio necessitatis*). Ele exprime, em síntese, no nível jurídico, "os fatos fundamentais do sangue, da terra, do tempo" (Grossi, 2014, p. 109).

O costume também é conhecido como direito costumeiro ou consuetudinário. Em relação ao direito costumeiro medieval e suas relações com o uso simultâneo dos bens por diferentes agentes econômicos e com a proteção ambiental, é interessante a informação de François Ost, no sentido de que os usos e costumes, antes de 1789 eram numerosos nesse campo, limitando os direitos de cada classe de usuários, impondo servidões destinadas a assegurar a complementaridade dos fundos agrários e a interdependência das formas de utilização dos recursos naturais. Era uma forma de conciliar a agricultura, a criação de gado, a caça, a pesca e a utilização da madeira; nas regiões dos pólderes flamengos, por exemplo, eram impostos usos muito precisos quanto à manutenção dos diques e à regularização dos regimes das águas; nas florestas comunitárias, os habitantes não podiam "arrotear, desbravar ou, por qualquer outra forma, alterar a natureza e forma da floresta", e que os devem "conservar como floresta e utilizar como um bom pai de família, sem excessos ou abusos"; em alguns casos, todas as formas de uso eram proibidas em alguns fundos tais como o mato de coelho bravo ou os bosques antigos, dando margem à aplicação de multas ou de penas diversas. Havia, portanto, uma forma de proteção da natureza contra a sobre-exploração de um patrimônio comum, necessário ao equilíbrio ecológico do meio com a comunidade (1997).

Há uma tendência disseminada a se considerar uso e costume como sinônimos. Entretanto, do ponto de vista jurídico, isto é um equívoco. O uso, assim como o costume, é, evidentemente, uma prática; ocorre que o *uso para se transformar em costume* demanda que a prática seja *constante* e *repetitiva* e, sobretudo, aceita como obrigatória, repita-se. O CCB estipula que os negócios jurídicos devem ser interpretados conforme a boa-fé e os usos do lugar de sua celebração e que tal interpretação "deve-lhe atribuir o sentido" que "corresponder aos usos, costumes e práticas do mercado relativas ao tipo de negócio" (art. 113, § 1º, II). No âmbito do direito privado, o costume possui grande força, em especial no direito empresarial.

4.2   O costume no direito brasileiro

A CRFB, em seu artigo 216, *caput* e incisos I e II reconhece que o patrimônio cultural brasileiro é constituído, dentre outras coisas pelos "modos de criar, fazer e viver"[16] dos diferentes grupos formadores da sociedade brasileira. Os modos de fazer, viver e criar são evidentemente, os *costumes* adotados pelos grupos que constituem a sociedade nacional. No artigo 231, *caput* e § 1º, a CF, expressamente, reconhece os costumes indígenas, os quais evidentemente são derivados da sua organização social, crenças e tradições. No Ato das Disposições Constitucionais Transitórias [ADCT], há o reconhecimento do direito das comunidades quilombolas às terras por elas ocupadas [ADCT, art. 68].

A LINDB, artigo 4º, estabelece que, em caso de omissão legal, o juiz decidirá o caso de acordo com a analogia, *os costumes* e os princípios gerais de direito. O Código Civil, em diversas ocasiões se utiliza dos termos "bons costumes", "costumes do lugar" e "costume da localidade". A força dos costumes é de tal magnitude que, mesmo em um período de grandes dificuldades para os povos indígenas, a Lei 6.001, de 19 de dezembro de 1973 [Estatuto do Índio] reconheceu os direitos costumeiros dos povos indígenas, de

---

16. STF. Anotação Vinculada – art. 216, inc. II da Constituição Federal – "Revela-se de importância ímpar a promoção de regularização fundiária nas terras ocupadas de domínio da União na Amazônia Legal, de modo a assegurar a inclusão social das comunidades que ali vivem, por meio da concessão de títulos de propriedade ou concessão de direito real de uso às áreas habitadas, redução da pobreza, acesso aos programas sociais de incentivo à produção sustentável, bem como melhorando as condições de fiscalização ambiental e responsabilização pelas lesões causadas à Floresta Amazônica. O artigo 4º, § 2º da Lei 11.952/2009 vai de encontro à proteção adequada das terras dos remanescentes de comunidades quilombolas e das demais comunidades tradicionais amazônicas, ao permitir interpretação que possibilite a regularização dessas áreas em desfavor do modo de apropriação de território por esses grupos, sendo necessária interpretação conforme aos artigos 216, I da Constituição e 68 do ADCT, para assegurar a relação específica entre comunidade, identidade e terra que caracteriza os povos tradicionais. Exige interpretação conforme à Constituição a previsão do artigo 13 da Lei 11.952/2009, ao dispensar a vistoria prévia nos imóveis rurais de até quatro módulos fiscais, a fim de que essa medida de desburocratização do procedimento seja somada à utilização de todos os meios eficazes de fiscalização do meio ambiente, como forma de tutela à biodiversidade e inclusão social dos pequenos proprietários que exercem cultura efetiva na área" [ADI 4.269, rel. min. Edson Fachin, j. 18.10.2017, P, DJE de 1º.02.2019].

CAPÍTULO 6 • FONTES DO DIREITO   **107**

acordo com o disposto no artigo 6º que determina sejam respeitados "os usos, costumes e tradições das comunidades indígenas e seus efeitos, nas relações de família, na ordem de sucessão, no regime de propriedade e nos atos ou negócios realizados entre índios, salvo se optarem pela aplicação do direito comum."

O Código de Proteção e Defesa do Consumidor [Lei 8.078, de 11 de setembro de 1990, CDC], artigos 7º e 39, estabelece respectivamente que os direitos nele previstos não excluem outros decorrentes de tratados ou convenções internacionais de que o Brasil seja signatário, da legislação interna ordinária, de regulamentos expedidos pelas autoridades administrativas competentes, bem como dos que derivem dos princípios gerais do direito, analogia, *costumes* e equidade. O CDC veda ao fornecedor de produtos ou serviços, "recusar atendimento às demandas dos consumidores, na exata medida de suas disponibilidades de estoque, e, ainda, de conformidade com os usos e costumes" (artigo 39, II). No direito marítimo, é grande a influência do costume, conforme se pode ver do inciso 3 do artigo 673 e do inciso I do artigo 742 do Código Comercial.

A Lei da Mata Atlântica [Lei 11.428, de 22 de dezembro de 2006 – LMA] reconhece amplamente o costume, tal como indicam diversos de seus dispositivos relacionados ao *pousio* que é a "prática que prevê a interrupção de atividades ou usos agrícolas, pecuários ou silviculturais do solo por até 10 (dez) anos para possibilitar a recuperação de sua fertilidade". É interessante observar que o pousio implica na manutenção da área com finalidade agrícola, mesmo após 10 anos sem utilização, cabendo a regulamentação da lei adotar normas e "procedimentos especiais, simplificados e céleres, para os casos de reutilização das áreas agrícolas submetidas ao pousio." (art. 16). A força do costume, na LMA, chega ao ponto de impedir a aplicação das normas referentes à proteção da vegetação secundária em estágio inicial de regeneração. O pousio, isto é, a permanência da terra, sem utilização, por dez anos, certamente tem o condão de fazer com que a vegetação se recupere, o que implicaria na cessação do regime de pousio. Por isto, o legislador determinou no artigo 26 da LMA que "[s]erá admitida a prática agrícola do pousio nos Estados da Federação onde tal procedimento é utilizado tradicionalmente."

Há reconhecimento expresso do costume, ainda, na Lei de Acesso ao Patrimônio Genético e aos Conhecimentos Tradicionais associados à Diversidade Biológica [Lei 13.123, de 20 de maio de 2015]. Assim, o artigo 2º, IV define como comunidade tradicional o grupo culturalmente diferenciado que se reconhece como tal, possui forma própria de organização social e ocupa e usa territórios e recursos naturais como condição para a sua reprodução cultural, social, religiosa, ancestral e econômica, utilizando conhecimentos, inovações e práticas geradas e *transmitidas pela tradição*. A concessão de consentimento prévio informado para acesso aos seus conhecimentos tradicionais deve ser feita "segundo os seus usos, costumes e tradições ou protocolos comunitários" (art. 2º, VI), sendo certo que o protocolo comunitário é a "norma procedimental das populações indígenas, comunidades tradicionais ou agricultores tradicionais que estabelece, segundo seus usos, costumes e tradições, os mecanismos para o acesso ao conhecimento tradicional associado e a repartição de benefícios" (art. 2º, VII). É interessante observar que o artigo 8º da Lei, em seu § 4º, expressamente reconhece a não incidência do direito estatal no intercâmbio e difusão de patrimônio genético e de conhecimento tradicional associados "praticados entre si por populações indígenas, comunidade tradicional ou agricultor tradicional para seu próprio benefício e baseados em seus usos, costumes e tradições são isentos das obrigações" estabelecidas pela lei de regência do tema.

O STF já reconheceu um importante direito *costumeiro* brasileiro que é o chamado *Indigenato*, ainda no regime da Carta de 1946:

> A posse indígena sobre a terra, fundada no indigenato, diz com o ius possessionis e o ius possidendi. Abrange a relação material do sujeito com a coisa e o direito de seus titulares a possuírem-na como seu habitat. 26. Nessa linha decidiu esta Corte, sob a Constituição de 1946, voto do Ministro Victor Nunes Leal, no RE 44.585 [DJ de 11.10.1961]: "O objetivo da Constituição Federal é que ali permaneçam os traços culturais dos antigos habitantes, não só para sobrevivência dessa tribo, como para estudo dos etnólogos e para outros efeitos de natureza cultural e intelectual. Não está em jogo, propriamente, um conceito de posse, nem de domínio, no sentido civilista dos silvícolas, trata-se de habitat de um povo".

Entretanto, note-se que os direitos indígenas, muito embora previstos constitucionalmente e reconhecidos em diversas decisões judiciais têm encontrado resistência, como é caso do AGReg no Recurso Extraordinário com Agravo 803.462-MS,[17] no qual a 2ª Turma do STF decidiu que "d[essa forma, sendo incontroverso que as últimas ocupações indígenas na Fazenda Santa Bárbara ocorreram em 1953 e não se constatando, nas décadas seguintes, situação de disputa possessória, fática ou judicializada, ou de outra espécie de inconformismo que pudesse caracterizar a presença de não índios como efetivo 'esbulho renitente', a conclusão que se impõe é a de que o indispensável requisito do marco temporal da ocupação indígena, fixado por esta Corte no julgamento da Pet 3.388 não foi cumprido no presente caso".

A tese do Indigenato dá suporte ao disposto no artigo 231 da Constituição Federal. João Mendes (1912) demonstrou que a legislação colonial, em alguma medida, reconhecia a primariedade da posse indígena, do direito surgido da simples presença, com desejo de permanência, em determinadas terras antes da chegada dos colonizadores portugueses:

> [O] indígena primariamente estabelecido, tem a *sedun positio*, que constitui o fundamento da posse, segundo o conhecido texto do jurisconsulto Paulo (...) ; mas o indígena, além desse *jus possessionis*, tem o *jus possidendi*, que já lhe é reconhecido e preliminarmente legitimado, desde o Alvará de 1º de Abril de 1680, como direito congênito. Ao indigenato, é que melhor se aplica o texto do jurisconsulto Paulo: – *quia naturaliter tenetur ab eo qui isistit*. (1912, p. 58-59).[18]

---

17. Disponível em: http://redir.stf.jus.br/paginadorpub/paginador.jsp?docTP=TP&docID=7734834. Acesso em: 1º maio 2020.

18. Investigações mais modernas indicam que o Alvará de 1º de abril de 1680, em realidade, era uma Provisão da mesma data (MARCHINI, 2011, p. 38, nota 126).

CAPÍTULO 6 • FONTES DO DIREITO

[...] E para que os ditos Gentios, que assim descerem, e os mais, que há de presente, melhor se conservem nas Aldeias: hei por bem que senhores de suas fazendas, como o são no Sertão, sem lhe poderem ser tomadas, nem sobre elas se lhe fazer moléstia. E o Governador com parecer dos ditos Religiosos assinará aos que descerem do Sertão, lugares convenientes para neles lavrarem, e cultivarem, e não poderão ser mudados dos ditos lugares contra sua vontade, nem serão obrigados a pagar foro, ou tributo algum das ditas terras, que ainda estejam dados em Sesmarias e pessoas particulares, porque na concessão destas se reserva sempre o prejuízo de terceiro, e muito mais se entende, e quero que se entenda ser reservado o prejuízo, e direito dos Índios, primários e naturais senhores delas.

Sabemos que a legislação colonial foi contraditória, parcial e, em essência, voltada para suprimir direitos dos povos autóctones. Fato é que a norma foi positivada e, como declarado por João Mendes Jr, não se tem notícia de sua revogação. Segundo João Mendes Jr., o primeiro ocupante somente poderia ser o indígena que tinha como título o Indigenato, a posse aborígene, expressão de um direito congênito que nasce com a primeira ocupação. Segundo Mendes Jr, o regulamento de 1854, no particular, limitou-se a reproduzir o Alvará de 1º de abril de 1680. Acrescenta, ainda, que a Lei 601/1850 traz outras reservas que não "supõem posse originária ou congênita" que seriam as terras devolutas destinadas à (1) colonização, (2) abertura de estradas, (3) fundação de povoações e quaisquer outras servidões púbicas. E mais: para Mendes Jr.,

[a] colonização de indígenas, como já ficou explicado, supõe, como qualquer outra colonização, uma emigração para imigração; e o próprio regulamento 1318 de 30 de janeiro de 1854, no art. 72, declara reservadas as terras devolutas, não só as terras destinadas à colonização dos indígenas, como as terras dos aldeamentos onde existem hordas selvagens. Em suma, quer da letra, quer do espírito da Lei de 1850, se verifica que essa Lei nem mesmo considera devolutas as terras possuídas por hordas selvagens estáveis: essas terras são tão particulares como as possuídas por ocupação, legitimável, isto é, são originariamente reservadas da devolução, nos expressos termos do Alvará de 1º de abril de 1680, que as reserva até na concessão de sesmaria (1912, p. 60).

O Indigenato, como instituto jurídico foi reconhecido pelo STF, e.g., ACO 312.[19]

É possível afirmar que, no direito brasileiro, o costume é mais do que um recurso para solucionar eventuais "lacunas" legais, sendo, em diversos casos, direito aplicável aos casos concretos e cogente.

4.3 Formas de costume

Os costumes se classificam em (1) *"secundum legem"* [segundo a lei], o (2) *"praeter legem"* [complementam a lei] e o (3) costume *"contra legem"* [contra a lei]. *Secundum*

---

19. "A posse indígena sobre a terra, fundada no indigenato, diz com o *ius possessionis* e o *ius possidendi*. Abrange a relação material do sujeito com a coisa e o direito de seus titulares a possuírem-na como seu habitat. 26. Nessa linha decidiu esta Corte, sob a Constituição de 1946, voto do Ministro Victor Nunes Leal, no RE 44.585 [DJ de 11.10. 1961]: "O objetivo da Constituição Federal é que ali permaneçam os traços culturais dos antigos habitantes, não só para sobrevivência dessa tribo, como para estudo dos etnólogos e para outros efeitos de natureza cultural e intelectual. Não está em jogo, propriamente, um conceito de posse, nem de domínio, no sentido civilista dos silvícolas, trata-se de habitat de um povo".
Disponível em: http://redir.stf.jus.br/paginadorpub/paginador.jsp?docTP=AC&docID=629999. Acesso em: 02 maio 2020.

Legem é o costume interpretativo, o que dá a "usual interpretação de uma lei" (Gusmão: 2018). *Contra legem*, é o costume negativo (Ferraz Jr., 2019). Boa parte da doutrina nega vigência ao costume *contra legem*, sob o argumento de que sendo a principal fonte do direito a lei, não pode ser contrariada pelo costume.

A distinção entre costume *praeter legem* e *contra legem* nem sempre é fácil. O Conselho Nacional de Justiça [CNJ], ao discutir matéria relacionada à reeleição de direção de tribunal [artigo 102 da Lei Orgânica da Magistratura Nacional (LOMAN)], assim entendeu:

> No presente caso, afigura-se evidente que não se trata de costume *praeter legem*, supridor de lacunas da lei. O art. 102 da LOMAN é claro ao vedar a elegibilidade do Magistrado que já tenha exercido por quatro anos, em dois mandatos completos, cargos de direção nos Tribunais, "*salvo recusa manifestada e aceita antes da eleição*". Esta recusa deve ser individual e fundada na autonomia dos respectivos membros do Tribunal, não podendo, obviamente, ser imposta heteronomamente. A praxe ou o acordo que se dirija a impor heteronomamente a "recusa", individual ou coletivamente, é *contra legem*, não dispondo de força normativo-jurídica no ordenamento jurídico vigente no Brasil (CNJ – CONS: 00071406620102000000, Relator: Marcelo Neves, Data de Julgamento: 23.11.2010).

4.3.1 O direito costumeiro indígena e o seu reconhecimento internacional

O reconhecimento do direito costumeiro indígena tem sido frequente em tribunais estrangeiros, como se pode ver dos casos a seguir mencionados. Nos (1) Estados Unidos, desde o século XIX, a Suprema Corte dos Estados Unidos, nos casos (a) *Johnson v. M'Intosh* (1823), (b) *Cherokee Nation v. Georgia* (1831) e (c) *Worcestar v. Georgia* (1832), sob a presidência de John Marshall reconheceu, com base no direito internacional, os "direitos originários" dos povos nativos, assim como indicou os meios pelos quais tais direitos seriam exercidos [Anaya, 1994]. Os casos são conhecidos como a "trilogia Marshall". Em *Johnson* foi definido que os indígenas tinham direito de ocupação sobre suas terras e que a venda a não índios estava condicionada à aprovação do governo federal, haja vista que a aquisição de terras indígenas era direito exclusivo dos Estados Unidos, fosse por compra ou por ocupação.[20] No caso *Cherokee Nation v. Georgia*, a Suprema Corte estabeleceu que, muito embora os Cherokee representassem uma sociedade distinta dos Estados Unidos, eles estavam sob o domínio dos Estados Unidos na condição de "nações domésticas dependentes". Em *Worcester v. Georgia*, a Corte definiu que as tribos indígenas não estavam submetidas à jurisdição dos estados da federação e que as tribos poderiam regular as suas próprias atividades, submetidas apenas aos Tratados com os Estados Unidos e às leis emanadas do Congresso dos Estados Unidos.

Na Austrália, a Suprema Corte, nos casos Mabo:[21] (a) *Mabo and others v. Queensland* (No. 2) [1992] HCA 23; (1992) 175 CLR 1 F.C. 92/014 (3 June 1992) e (b) *Mabo v.*

---

20. Disponível em: https://law.jrank.org/pages/25514/Johnson-v-McIntosh-Impact.html. Acesso em: 09 maio 2020.
21. Disponível em: https://aiatsis.gov.au/publications/products/case-summary-mabo-v-queensland. Acesso em: 09 maio 2020.

Queensland (n. 1) (1988) 166 CLR 186 F.C. 88/062, rejeitou a doutrina da *terra nullius* (terra de ninguém), na qual se baseava a posse britânica da Austrália. As decisões dos casos Mabo reconheceram a legitimidade jurídica dos títulos aborígenes. A Suprema Corte da Austrália reconheceu os *direitos tradicionais* do povo Merian sobre as ilhas que ocupavam no estreito oriental de Torres. A Corte também reconheceu que os títulos nativos eram válidos para todos os povos nativos da Austrália que os ostentassem antes do estabelecimento da colônia britânica de Nova Gales do Sul em 1788. Pela decisão, foi reconhecido que os povos aborígenes da Austrália possuíam títulos anteriores à tomada de posse, em nome da Coroa por Cook em 1770, e que tais títulos eram válidos para qualquer porção de terra na qual eles não tivessem sido legal e formalmente extintos.

No Canadá, a Suprema Corte decidiu vários casos envolvendo as Primeiras Nações (First Nations).[22] Um dos mais relevantes é Tsilhqot'in Nation v. British Columbia, 2014 SCC 44, [2014] 2 S.C.R. 256. Resumidamente: Um grupo seminômade de seis tribos se opôs à concessão pelo governo da Columbia Britânica de uma licença de exploração comercial (para a construção e operação de um oleoduto) em terras que consideravam parte de seu território tradicional, onde era praticada a caça e a pesca, ainda que tal *área estivesse fora de sua reserva legalmente definida.*

A Corte[23] afirmou que a Constituição Canadense estabelece a forma pela qual os governos federal e provinciais devem tratar as terras aborígenes e que nenhuma das esferas de governo pode diminuir significativamente os direitos aborígenes, constantes de um título original ou de um tratado, a menos que tal circunstância seja justificada por um interesse público mais amplo e seja consistente com o dever fiduciário da Coroa em relação aos grupos aborígenes.

4.3.2 O direito costumeiro popular e o seu reconhecimento pela ordem jurídica estatal

Uma influência direta dos costumes na produção do direito está na Lei 13.465, de 11 de julho e 2017 que trata da regularização fundiária urbana e rural. A lei, dentre outras medidas, promoveu alteração no CCB introduzindo no rol dos direitos reais *a laje* (artigo 1225, XIII). A Exposição de Motivos da Medida Provisória que deu origem à lei, claramente afirma que o direito de laje vem,

> [e]m reforço ao propósito de adequação do Direito à realidade brasileira, marcada pela profusão de edificações sobrepostas, o texto prevê a criação do direito real de laje. 114. Por meio deste novo direito real, abre-se a possibilidade de se instituir unidade imobiliária autônoma, inclusive sob perspectiva registral, no espaço aéreo ou no subsolo de terrenos públicos ou privados, desde que esta apresente acesso exclusivo. Tudo para que não se confunda com as situações de condomínio. 115. O direito de laje não enseja a

---

22. Disponível em: https://www.lib.sfu.ca/help/research-assistance/subject/criminology/legal-information/indigenous-scc-cases#land-title. Acesso em: 09 maio 2020.
23. Disponível em: https://www.canlii.org/en/ca/scc/doc/2014/2014scc44/2014scc44.html. Acesso em: 09 maio 2020.

criação de codomínio sobre o solo ou sobre as edificações já existentes. Trata-se de mecanismo eficiente para a regularização fundiária de favelas.

Conforme o disposto no artigo 1.510-A do Código Civil, "o proprietário de uma construção-base poderá ceder a superfície superior ou inferior de sua construção a fim de que o titular da laje mantenha unidade distinta daquela originalmente construída sobre o solo". Este direito é o reconhecimento pelo estado de uma prática utilizada nas comunidades mais pobres referente à construção de "puxadinhos" para a acomodação de filhos e outros parentes etc.

5. PRINCÍPIOS GERAIS DE DIREITO E PRINCÍPIOS JURÍDICOS

5.1 Introdução

Definir os princípios gerais do direito [PGD] é complexo, pois conforme Silvio Salvo Venosa (2019) tais questões estão ligadas a assuntos que, em sua maioria, dizem respeito a temas filosóficos complexos. Os PGD são uns dos diversos recursos postos à disposição do aplicador do direito para a solucionar casos concretos, para os quais a lei seja omissa. Conforme o artigo 4º da LINDB, os PGD são utilizados quando os demais mecanismos de preenchimento de lacunas legislativas tenham fracassado. Os PGD, em passado não muito remoto, eram confundidos com o direito natural (Lopes, 1996), tal concepção é superada. A ideia de princípios gerais do direito não é igual em todas as áreas do direito.

Princípios gerais do direito é uma expressão antiga, detentora de longa tradição, ainda que a sua noção permaneça obscura (Bergel, 2006). A origem remota dos princípios gerais do direito é o direito romano (França, 1971). Tércio Sampaio Ferraz Jr. (2019) afirma que eles são "reminiscência do direito natural". Os PGD são essencialmente indefinidos, o que torna muito insegura a sua aplicação aos casos concretos. No fundo eles são considerados uma forma de estruturar o raciocínio jurídico, de estabelecer uma premissa maior para a construção de uma premissa menor que será aplicada para solucionar o caso. Os PGD são os princípios sobre os quais está alicerçado o direito positivo. Não são formulados, formam antes o pressuposto lógico do ordenamento jurídico e os valores fundamentais que lhes dão base. (Lima, 1996).

O Código Civil Austríaco de 1811 (§ 7) estipulava que quando uma causa não pudesse ser decidida nem pela palavra, nem pelo sentido natural da lei, o interprete deveria levar em consideração os casos semelhantes decididos por meio de outras leiss e seus fundamentos. Caso a hipótese permanecesse sem resposta, ela deveria ser decidida de acordo com os *princípios do direito natural*, levando-se em conta todas as circunstâncias do caso. A mesma solução constava do artigo 16º do Codigo Civil Português de 1867, "[s]e as questões sobre direitos e obrigações não puderem ser resolvidas, nem pelo texto de lei, nem pelo seu espirito, nem pelos casos análogos, prevenidos em outras leis, serão decididas pelos princípios de direito natural, conforme as circunstâncias do caso".

A expressão *direito natural*, no Código Civil do Reino da Itália de 1865 (disposições preliminares, artigo 3º), foi substituída por *princípios gerais do direito*.[24] A partir do Código Italiano, os PGD passaram a ser adotados por diversos países como forma padronizada para o preenchimento de lacunas legislativas. O revogado CCB de 1916, em seu artigo 7º dispunha que: "[a]plicam-se nos casos omissos as disposições concernentes aos casos análogos, e, não as havendo, os princípios gerais de direito."

De forma sintética, afirma-se que os princípios gerais do direito têm por objetivo preencher a lacuna existente entre a regra jurídica e a realidade concreta (Garcia, 2015). Eles refletem a consolidação de práticas e entendimentos jurídicos utilizados pela comunidade jurídica, desde longa data e, evidentemente, espelham os diferentes sistemas de direito existentes, incorporando os seus preceitos fundamentais. Em última instância, são os fundamentos de uma determinada ordem jurídica chamados a intervir para solucionar um caso concreto, quando a norma positiva não oferece uma solução clara.

Na sequência ordenada pelo artigo 4º da LINDB, a saber: a (1) analogia, os (2) costumes e (3) os princípios gerais de direito, os PGD figuram em último lugar, o que significa, segundo José de Oliveira Ascensão (1984), que eles são os últimos critérios de decisão, com o objetivo de "não deixar sem resposta os casos da vida". O intérprete somente deve se socorrer deles quando esgotadas as demais formas de interpretação ou integração jurídica. O direito moderno e, sobretudo, as constituições da segunda metade do século XX, cada vez mais, têm feito apelo e remissão aos princípios jurídicos, que, no caso não devem ser confundidos com os PGD, tal como aqui descritos.

A existência de diversas ordens jurídicas e, mais do que isto, de diferentes sistemas jurídicos pelo mundo, torna difícil a definição dos "princípios gerais do direito", pois de fato, existem "direitos", "ordens jurídicas" que devido às suas características peculiares, nem sempre podem ser reduzidas a uma principiologia comum. Fato é que a ordem jurídica contemporânea, internacional ou interna, é caleidoscópica (Hespanha, 2009) e isto precisa ser levado em consideração na aplicação do direito.

5.2   A CORTE INTERNACIONAL DE JUSTIÇA [CIJ] E O DIREITO DOS "POVOS CIVILIZADOS"

A concepção de direito que serve de base para a discussão dos princípios gerais é fundamentalmente a que embasa a ordem jurídica ocidental e, especificamente no âmbito do direito internacional público, a resultante das estruturas coloniais e do período imediatamente após a Segunda Guerra Mundial. Tal situação é claramente expressa no artigo 38 (c) do Estatuto da CIJ ao reconhecer como princípios gerais de direito somente os das "nações civilizadas". A norma, à toda evidência, parte do pressuposto de que os povos submetidos ao regime colonial não possuíam estruturas

---

24. Disponível em: http://www.unife.it/giurisprudenza/giurisprudenza-magistrale-rovigo/studiare/storia-del--diritto-medievale-e-moderno/materiale-didattico/linterpretazione-della-legge. Acesso em: 08 dez. 2020.

de controle social e organização da vida em sociedade que pudessem ser classificadas como direito (Kelsen, 1979), muito menos como "direito civilizado". Nesta altura é forçosa a lembrança da observação de Gandavo (1574, posição 520) sobre os povos que habitavam o Brasil, à época do descobrimento: "A língua deste gentio todo pela costa é uma; carece de três letras, scilicet [a saber], não se acha nela F, nem L, nem R, coisa digna de espanto, porque assim não têm Fé, nem Lei, nem Rei; e desta maneira vivem sem Justiça e desordenadamente".

Guido Soares (2001) afirma que os redatores do Estatuto da Corte Permanente de Justiça Internacional [CPJI], antecessora da CIJ, nos entreguerras, "se acreditavam de tal maneira representantes da civilização" que adjetivaram os PGD. Acrescente-se, com Alexandre Kiss (1989), que o conceito de nação civilizada é contestado e controverso. Relembre-se que, dentre as fontes de direito internacional reconhecidas no Estatuto da CIJ, os PGD são os "mais vagos" (Silva, 2002).

O direito ocidental, o "direito das nações civilizadas" não é mais soberano como fora na época da colonização, ou pretendia ser. A atualidade tem reconhecido, cada vez mais, os direitos autóctones, como, *v.g.*, ocorreu nos chamados casos Mabo (1 e 2), julgados pela Suprema Corte Australiana, envolvendo terras do povo Merian, grupo aborígene que postulava direitos sobre as ilhas Murray, consideradas *terra nullius* pelo direito colonial britânico. Em Mabo (1), a Suprema Corte australiana declarou que as terras australianas, antes da chegada dos colonos ingleses, não eram *terrae nullius*, sendo o povo Merian o seu legítimo proprietário. Em Mabo (2), a Corte adotou a doutrina do título nativo de propriedade, reconhecendo que os aborígenes foram ilegitimamente expropriados de suas terras tradicionais, admitindo a existência de uma ordem jurídica plural (Hespanha, 2013). Em nível internacional, a Convenção 169 da Organização Internacional do Trabalho sobre Povos Indígenas e Tribais reconhece os povos "cujas condições sociais, culturais e econômicas os distingam de outros setores da coletividade nacional, e que estejam regidos, total ou parcialmente, por seus próprios costumes ou tradições" – artigo 1º (1)(a).

O modelo exclusivo do direito ocidental não se sustenta mais, pois a antropologia nos mostra que qualquer sociedade, por mais "bárbara" e "primitiva" que seja, traz em si um sentido de ordem, sem o qual "não há humanidade possível" (Assier-Andrieu, 2000, p. 98), logo, de direito. A multiplicidade dos direitos é hoje um fato reconhecido e, portanto, a definição de um conjunto de princípios gerais válidos para todo e qualquer sistema jurídico é tarefa cada vez mais difícil, senão impossível. Decorre daí que o simples reconhecimento dos princípios gerais de direito "das nações civilizadas" é anacronismo incompatível com a realidade moderna.

5.3 Princípios e regras jurídicas

É importante que se trace a linha divisória entre os princípios e as regras jurídicas, de forma que se percebam as semelhanças e dissemelhanças dos papéis que eles desempenham no ordenamento jurídico. Como já fora anteriormente assinalado, há um

CAPÍTULO 6 • FONTES DO DIREITO **115**

crescimento exponencial dos princípios no direito contemporâneo, dando um sentido de urgência à questão. Conforme a observação de Ana Paula de Barcellos (2020), o estudo das relações entre princípios e regras ganhou força devido à "centralidade dos textos constitucionais" que, nas últimas décadas, têm feito uma "intensiva adoção de princípios". Princípios e regras são normas jurídicas. Todavia, o conhecimento jurídico, o estudo do direito, ao longo dos séculos e, em especial, a partir do domínio teórico do positivismo fortemente centrado no direito originado das revoluções liberais, fez-se ao redor das regras jurídicas. O crescimento quantitativo e qualitativo dos princípios, em especial nas Constituições, tem gerado perplexidades entre os aplicadores do direito e tensões entre normas e princípios.

O próprio legislador, em tentativa, vã, de impedir a implementação dos princípios jurídicos, no artigo 20 e parágrafo único da LINDB estabeleceu que nas esferas administrativa, controladora e judicial, não se decidirá com base em *valores jurídicos abstratos* sem que sejam consideradas as consequências práticas da decisão. O Decreto 9.830, de 10 de junho de 2019, a pretexto de regulamentar o conceito "valores jurídicos abstratos", em seu artigo 3º, § 1º definiu-os como "aqueles previstos em normas jurídicas com alto grau de indeterminação e abstração." Ora, o próprio regulamento é, sem dúvida, dotado de "alto grau de indeterminação e abstração", pois tais conceitos são tão abertos quanto os que pretende criticar. Todo valor é abstrato, todo princípio é abstrato. A sua aplicação é que se faz concreta, na base do caso a caso.

Os princípios, em especial os constitucionais, são uma expressão abstrata de uma concepção de ordem jurídica justa, de um direito justo (Larenz, 1985). Eles são os conceitos reitores de uma ordem jurídica existente ou possível. Eles são positivados, na medida em que influenciam não só na produção de normas jurídicas, como fundamentalmente na aplicação das regras jurídicas que deverão conter as emanações dos princípios. Os princípios partem de uma concepção geral de justiça e ordem jurídica extremamente abstrata e genérica e a transforma em algo mais específico: princípio da prevenção de danos ambientais. As regras jurídicas terão a tarefa de concretizá-lo. Os princípios são objetivos a serem atingidos pelas políticas públicas e normas, ainda que parcialmente. Não se pode, todavia, entender que toda e qualquer expressão arbitrária de pensamentos ou desejos individuais ou de pequenos grupos possam ser tomadas por princípios jurídicos. Os princípios surgem das experiências sociais concretas e não da fabulação de juristas ou de iluminados.

5.4   Princípios gerais do direito no direito brasileiro e princípios jurídicos

Os PGD e os princípios jurídicos, em sua acepção moderna não são exatamente a mesma coisa, pois os princípios gerais do direito, como regra, refletem concepções passadas sobre o direito e que são utilizadas para a solução de problemas atuais, ante a inexistência de uma regra jurídica aplicável ao caso concreto . O sentido mais atual tem o conteúdo de aplicação de políticas públicas, de diretrizes a serem observadas pela administração pública em sua atuação objetiva no mundo real, como nos dá exemplo a Política Nacional do Meio Ambiente [Lei 6.938, de 31 de agosto de 1981 – PNMA] em seu artigo 2º que define os seus objetivos de preservação, melhoria e recuperação da qualidade ambiental propícia à vida, visando assegurar, no País, condições ao desenvolvimento socioeconômico, aos interesses da segurança nacional e à proteção da dignidade da vida humana, atendida toda uma série de princípios que enumera.

5.4.1 Princípios constitucionais

A CRFB é formada por diversos princípios, sendo inaugurada pelo Título I – Dos Princípios Fundamentais. Ana Paula de Barcellos (2020) indica 14 princípios fundamentais de nossa ordem constitucional, a saber: (1) República, (2) Democracia, (3) Estado Democrático de Direito, (4) Dignidade humana, (5) Bem-estar social, (6) Soberania Nacional, (7) Livre-inciativa, (8) Valorização do trabalho humano, (9) Solidariedade, (10) Legalidade, (11) Isonomia, (12) Devido processo legal – limites ao poder sancionador, (13) Razoabilidade e proporcionalidade, (14) Segurança. Tais princípios são *fundamentais*, isto é, formam a essência da CRFB e, portanto, são impositivos para todos. Veja-se que o artigo 60, § 4º da CF proíbe até mesmo a deliberação de propostas de Emendas à Constituição "tendente a abolir" a (1) forma federativa de Estado; o (2) voto direto, secreto, universal e periódico; a (3) separação dos Poderes e os (4) direitos e garantias individuais. Entretanto, os princípios constitucionais não se limitam aos fundamentais, desdobrando-se em diversos outros, como fica claro do texto do § 2º do artigo 5º, ao afirmar que os direitos e garantias expressos no texto constitucional, "não excluem outros decorrentes do regime e dos princípios" por ele adotados, ou mesmo dos tratados internacionais em que o Brasil seja parte.

Luiz Alberto David Araújo e Vidal Serrano Nunes Jr (2018) informam que o Título I da CF diz respeito aos princípios fundamentais do Estado de Direito. Há 27 menções a princípios na Constituição Federal, sendo certo que eles envolvem matéria de direitos humanos, administração pública, relações internacionais, atividades econômicas, educação, família, cultura e muitas outras. Há uma constelação de princípios que, nem sempre, possuem o mesmo significado jurídico.

Os princípios constitucionais podem ser (1) explícitos ou (2) implícitos. Explícitos são os que estão escritos no próprio corpo da Constituição, como é o caso *do princípio da legalidade* previsto no *caput* do artigo 37 da CRFB, "[a]ssim, caso fosse deferido o pagamento do benefício pela edilidade antes da edição de norma específica, restaria violado o princípio da legalidade administrativa, posto a ausência de autorização municipal para tanto";[25] e/ou o princípio da prioridade absoluta no atendimento dos direitos e interesses da criança e do adolescente, "O princípio da prioridade absoluta no atendimento dos direitos e interesses da criança e do adolescente, em cujo rol se inscreve o direito à convivência familiar (art. 227 da CF), direciona, *in casu*, para solução que

---

25. TJ-CE – AC: 00300644420198060079 CE 0030064-44.2019.8.06.0079, Relator: Paulo Francisco Banhos Ponte, Julgamento: 27.07.2020, 1ª Câmara Direito Público, Publicação: 28.07.2020.

CAPÍTULO 6 • FONTES DO DIREITO   **117**

privilegie a permanência do genitor em território brasileiro, em harmonia, também, com a doutrina da proteção integral (art. 1º do ECA)".[26]

Por sua vez, os princípios implícitos são mais complexos, haja vista que não constam expressamente da letra da Constituição, devendo ser pesquisados pelos intérpretes, o que, por vezes, gera controvérsia. É o caso do *princípio da precaução* que não tem expressa previsão constitucional, muito embora seja amplamente reconhecido pelo Supremo Tribunal Federal,

> 1. Ação que tem por objeto a Portaria Interministerial 192, de 05 de outubro de 2015, do Ministério da Agricultura, Pecuária e Abastecimento e do Ministério do Meio Ambiente, que suspendeu, por 120 dias, com possibilidade de prorrogação, os períodos de defeso estabelecidos em dez atos normativos. 2. Ausência de estudos técnicos que comprovem a desnecessidade do defeso nas hipóteses em que foi suspenso pela Portaria. Não apresentação de indícios mínimos da alegada ocorrência de fraude, em proporção que justifique a interrupção do pagamento de seguro-defeso. 3. Inobservância do princípio ambiental da precaução. Risco ao meio ambiente equilibrado, à fauna brasileira, à segurança alimentar da população e à preservação de grupos vulneráveis, que se dedicam à pesca artesanal. Nesse sentido: ADPF 101, Rel. Min. Cármen Lúcia; RE 835.559, Rel. Min. Luiz Fux; RE 627.189, Rel. Min. Dias Toffoli; AI 781.547, Rel. Min. Luiz Fux. 4. Modulação de efeitos da decisão para preservar os atos praticados entre 07.01.2016 e 11.03.2016, período em que o defeso esteve suspenso com respaldo em cautelar deferida pelo Supremo Tribunal Federal e posteriormente revogada (art. 27 da Lei 9.868/1999).[27]

A identificação dos princípios implícitos não é trivial, pois é necessário que haja um determinado consenso entre os doutrinadores e os aplicadores do direito em relação ao conteúdo e, até mesmo, quanto a existência de tais princípios. Se não for assim, os princípios se limitam a exprimir ideias arbitrárias e não normas jurídicas reconhecidas.

É importante consignar, entretanto, que o caso tratado pela ADPF 389 poderia ter sido solucionado *sem o recurso ao princípio da precaução*, pois conforme consta da decisão, o defeso foi suspenso apesar da "[a]usência de estudos técnicos que comprovem a desnecessidade do defeso nas hipóteses em que foi suspenso pela Portaria." E mais, a fraude alegada pelo Executivo para a imposição da suspensão não foi caracterizada por "indícios mínimos". Ora, como se sabe, no direito administrativo vige a *teoria dos motivos determinantes*, mediante a qual a fundamentação dos atos administrativos deve ser coerente com a realidade e, sobretudo, verdadeira. Se inexistente o motivo alegado para a prática do ato administrativo, este é inapelavelmente nulo ou anulável, conforme o caso. "O motivo, um dos elementos do ato administrativo, contém os pressupostos de fato e de direito que fundamentam sua prática pela Administração. [...] Qualquer ato administrativo deve estar necessariamente assentado em motivos capazes de justificar a sua emanação, de modo que a sua falta ou falsidade conduzem à nulidade do ato".[28]

---

26. STJ – HC: 420022 SP 2017/0262538-2, Relator: Ministro Sérgio Kukina, Julgamento: 20.06.2018, S1 – 1ª Seção, Publicação: DJe 27.06.2018.
27. STF – ADPF: 389 DF 0043200-12.2016.1.00.0000, Relator: Roberto Barroso, Julgamento: 22.05.2020, Tribunal Pleno, Publicação: 24.09.2020.
28. STF. RMS 24.699, Rel. Min. Eros Grau, DJ 1º.07.2005.

O recurso aos princípios constitucionais, implícitos ou explícitos, é legítimo quando esgotadas as soluções legais para o caso. Na hipótese examinada acima, há ampla base legal para solucionar a questão e, portanto, não existe uma "lacuna" a ser preenchida. Com efeito, constitucionalmente, o inciso IX do artigo 93 estabelece que "todos os julgamentos dos órgãos do Poder Judiciário serão públicos, e fundamentadas todas as decisões, sob pena de nulidade", aqui a integração analógica poderia induzir à conclusão de que o mesmo ocorre em relação ao Executivo. Entretanto, antes mesmo do recurso à integração analógica, há norma expressa na Lei 9.784, de 29 de janeiro de 1999, artigo 50, I que dispõe que os "atos administrativos deverão ser motivados, com indicação dos fatos e dos fundamentos jurídicos, quando – neguem, limitem ou afetem direitos ou interesses". Em relação à forma da motivação o § 1º do artigo 50 determina que ela deve ser "explícita, clara e congruente". Logo, *o STF, poderia ter encontrado a mesma* solução para o caso, utilizando um caminho mais suave e menos sujeito às incertezas jurídicas decorrentes de uma utilização de princípios constitucionais implícitos tão generosa. Isto leva à construção de uma jurisprudência movediça, pouco apta e assegurar a produção de segurança jurídica que é um dos objetivos das cortes. Tem-se a sensação de que o STF está mais preocupado em "criar" direito do que em aplicar o direito.

Os princípios constitucionais podem ter outras classificações além das já expostas. Assim, por exemplo, eles podem ser (1) *sensíveis,* (2) *federais extensíveis* e (3) *constitucionais* estabelecidos (Moraes: 2020). Os *princípios sensíveis* são aqueles cuja inobservância pode ensejar intervenção federal nos Estado [art. 34, VII da CF]. Os princípios *federais extensíveis* são constituídos pelas normas centrais comuns à União, aos Estados e aos Municípios, logo de observância obrigatória por todos os entes federativos nas suas organizações. Os *princípios constitucionais estabelecidos*, são normas espalhadas por toda a Constituição que além de organizarem a Federação, são obrigatórias para a auto-organização dos Estados membros.

5.4.2   *Os princípios gerais de direito*

Há expressa previsão legal para recurso aos princípios gerais do direito em nosso ordenamento jurídico. O artigo 4º da LINDB determina que: "[q]uando a lei for omissa, o juiz decidirá o caso de acordo com a analogia, os costumes e os princípios gerais de direito." Por sua vez, o artigo 422 do CCB estabelece que "[o]s contratantes são obrigados a guardar, assim na conclusão do contrato, como em sua execução, os *princípios* de probidade e boa-fé". Também o CDC, em seu artigo 7º estabelece que os direitos nele previstos, "não excluem outros decorrentes de tratados ou convenções internacionais de que o Brasil seja signatário, da legislação interna ordinária, de regulamentos expedidos pelas autoridades administrativas competentes, bem como dos que derivem dos princípios gerais do direito, analogia, costumes e equidade".

Os PGD são utilizados de forma tópica, isto é, casuisticamente. Eles não se prestam às generalizações pois a sua atuação sobre as demais fontes do direito "como as regras de dedução atua sobre a construção dos teoremas matemáticos" (Ferraz Jr., 2019, p.

CAPÍTULO 6 • FONTES DO DIREITO **119**

204). Em geral, os PGD estão enunciados em brocardos latinos que são expressões do senso comum utilizadas em casos concretos, "a ninguém é dado o direito de invocar em seu proveito nulidade a que deu causa, situação não permitida pelo ordenamento jurídico diante do princípio *nemo auditur propriam turpitudinem allegans*, segundo o qual a parte não pode se beneficiar da sua própria torpeza".[29]

Há uma curiosa situação prevista no Decreto Federal 6.514, de 22 de julho de 2008 que cuida as sanções administrativas em matéria ambiental. O artigo 19 do Decreto 6514/2008 estabelece que a sanção de demolição de obra poderá ser aplicada pela autoridade ambiental, após o contraditório e ampla defesa, quando: (1) verificada a construção de obra em área ambientalmente protegida em desacordo com a legislação ambiental; ou (2) quando a obra ou construção realizada não atenda às condicionantes da legislação ambiental e não seja passível de regularização. Entretanto, o § 3º do mesmo artigo determina que a penalidade não será aplicada quando, "mediante laudo técnico, for comprovado que o desfazimento poderá trazer piores impactos ambientais que sua manutenção". Em tais hipóteses a autoridade ambiental, mediante decisão fundamenta-da, deverá, "sem prejuízo das demais sanções cabíveis, impor as medidas necessárias à cessação e mitigação do dano ambiental, observada a legislação em vigor. "Ao que parece, a legislação de proteção ao meio ambiente, no caso concreto, afastou o ilícito que deu origem à situação e privilegiou a estabilidade ambiental. Poderia o suposto infrator da legislação invocar o § 3º do artigo 19 do Decreto 6.514/2008 em sua defesa, tendo em vista o princípio jurídico mencionado? Veja-se que o laudo técnico é prova de que uma determinada situação fática não pode ser desconstituída, sob pena de agravamento das condições ambientais da área em disputa. Há, todavia, uma evidente contradição com o enunciado da súmula 513 da Jurisprudência do STJ, segundo a qual, "[n]ão se admite a aplicação da teoria do fato consumado em tema de Direito Ambiental".

Ronald Dworkin (2002), com razão, indica que nem sempre o princípio jurídico de que uma pessoa não possa se beneficiar de atos ilícitos que tenha praticado é observado. A usucapião é um excelente exemplo, pois assegura a prevalência do direito de posse "*ad usucapionem*" sobre o direito do proprietário.[30]

O direito é conhecimento complexo que se estrutura sobre bases múltiplas, não se confundindo com as normas positivadas, haja vista que a ordem jurídica é muito mais ampla do que a mera norma positiva, haja vista que incorpora costumes, métodos de aplicação, coletânea de decisões judiciais e tantas outras questões. A LINDB, por exemplo, determina que o magistrado, em caso de omissão legislativa, "decidirá o caso de acordo com a analogia, os costumes e os princípios gerais de direito" (art. 4º) e, ao aplicar a lei, deverá estar atento "aos fins sociais a que ela se dirige e às exigências do bem comum" (artigo 5º). *A nova redação dada ao Decreto-lei 4.657, de 4 de setembro de*

---

29. STJ – AgInt nos EDcl no AREsp: 1013829 RJ 2016/0295264-0, Relator: Ministro Marco Aurélio Bellizze, Jul-gamento: 07.08.2018, 3ª Turma, DJe 14.08.2018.
30. TJ-SP – AC: 10120260920198260564 SP 1012026-09.2019.8.26.0564, Relator: José Joaquim dos Santos, Julga-mento: 23.07.2020, 2ª Câmara de Direito Privado, Publicação: 23.07.2020.

1942 pela Lei 13.655/2018, certamente terá consequências para a aplicação do princípio da precaução em nossa ordem jurídica. Com efeito, o artigo 20 da LINDB determina que nas esferas administrativas, controladora e judicial "não se decidirá com base em valores jurídicos abstratos sem que sejam consideradas as consequências práticas da decisão". Isto significa que uma invocação genérica do princípio da precaução implica em violação direta ao direito escrito e, principalmente, à boa técnica de sua aplicação.

Nesse particular, conforme sustentado por Angel Latorre (1979), o direito reconhece como fontes a lei, o costume em caso de ausência de lei e, na falta deste, os princípios gerais do direito; isto é, a lei é a principal fonte do direito dos ordenamentos jurídicos que se inspiraram no modelo europeu. No caso específico do direito brasileiro, a LINDB determina que o magistrado deve se socorrer dos *princípios gerais de direito*, após o recurso à analogia e aos costumes. Como sabemos, tanto as normas quanto os princípios jurídicos possuem a característica da generalidade. As normas, entretanto, dirigem-se para um sem-número de atos ou de fatos e a eles são aplicáveis. Um princípio "pelo contrário, comporta uma série indefinida de aplicações. Pode dizer-se, assim, que as regras jurídicas são aplicações dos princípios, a não ser que estabeleçam exceções a eles". Logo, os princípios são fundamentos do ordenamento jurídico explicitados por meio de diferentes normas., por consequência, os próprios fundamentos do sistema jurídico, a partir dos quais se constrói o sistema normativo. O princípio jurídico faz parte do alicerce do sistema. E, como sabemos, a pesquisa sobre a higidez dos alicerces de uma construção só se faz quando ela se encontra em risco grave de ruir.

O sistema, e o papel dos princípios no seu interior, não é meramente formal, pois fundamentado em uma ética cada vez mais relevante, a qual todavia deve ser incorporada à norma, ainda que principiológica, buscando-se, na medida do possível, eliminar as contradições internas do sistema, sob pena de sua inoperância. Na velha lição de Hans Kelsen (1979, p. 285), "também se exprime na circunstância de uma ordem jurídica poder ser descrita em proposições jurídicas que se não contradizem." A propósito, François Ewald (1993) relembra que os princípios gerais do direito objetivam primariamente a estabilidade e a continuidade da ordem jurídica. São os princípios gerais do direito que nos remetem ao sentido de manutenção de uma sociedade, do ponto de vista jurídico.

A propósito, a relação entre o excesso de princípios e o sistema jurídico foi muito bem equacionada por Claus-Wilhelm Canaris (1996) ao afirmar que não é uma aberração que se entenda que a ideia de sistema jurídico encontra sua justificação no princípio da justiça e de seus desdobramentos no princípio da igualdade e na vocação para a generalização, o que encontra eco em outro "valor supremo" que é a segurança jurídica. A segurança jurídica permite que o direito seja previsível e determinável *a priori*. Isto implica na estabilidade e na continuidade da legislação e da jurisprudência e torna factível a aplicação prática do direito. Um direito cujo resultado da aplicação não se possa antecipar é, do ponto de vista social, inútil. Concretamente, os objetivos

CAPÍTULO 6 • FONTES DO DIREITO **121**

de estabilidade e segurança – bem assim como os da justiça – são alcançáveis mais facilmente com um direito ordenado e não por princípios esparsos e que gerem normas contraditórias, singulares e desconexas.

6. JURISPRUDÊNCIA

6.1 Introdução

A jurisprudência é uma palavra que ao longo da história sofreu várias transformações (Nader, 2021), tendo sua origem nas palavras latinas *juris* e *prudentia*. Assim como na Roma antiga, na língua inglesa a jurisprudência se cofunde com o próprio estudo do direito (Rizzatto Nunes, 2019). Tércio Sampaio Ferraz Jr. (2019) nos lembra que na antiguidade clássica, o direito (jus) era fenômeno de caráter sagrado. Por isso, a prática jurídica estava envolta em elevado conteúdo ético. A prudência era "virtude moral do equilíbrio e da ponderação nos atos de julgar". Foi sobretudo após a Revolução Francesa que a jurisprudência passou a ser vista com *desconfiança*, pois o poder revolucionário, do ponto de vista jurídico, estava alicerçado sobre a (1) lei que, na concepção vigente à época, era a expressão da vontade geral e sobre a (2) rígida separação de poderes. Aos juízes era proibido interpretar a lei, limitando-se sua tarefa a aplicá-la. Angel Latorre (1978), contudo, observa ser curioso que a interpretação do papel dos juízes feita por Montesquieu fosse originada da Inglaterra, "onde precisamente a jurisprudência era então, e continua a ser, fonte de direito".

No contexto do direito brasileiro, o sentido moderno do termo está ligado à reiteração de decisões judiciais em uma determinada direção. Assim, quando se fala a respeito da jurisprudência ambiental do STF, fala-se do conjunto de decisões proferidas por aquele tribunal em matéria de direito ambiental. A jurisprudência, quando bem assentada, permite que o cidadão saiba qual é a tendência das cortes em relação a um determinado assunto. A jurisprudência é eminentemente casuística, formando-se a partir do acúmulo de processos e de suas soluções. Neste particular, permanece a mesma característica já identificada entre os jurisconsultos romanos, para os quais a solução do caso concreto era a principal preocupação (Wolff, 1951).

A compreensão do papel da jurisprudência é fundamental, pois o direito ganha vida conforme a interpretação que lhe é dada pelos tribunais. O direito se completa quando efetivamente aplicado. Tal completude se faz por provocação das partes interessadas, pois "a inércia é, para o juiz, a garantia do equilíbrio, isto é: da imparcialidade. Agir significaria tomar partido" (Calamandrei: s/d, p. 50). A maior complexidade das sociedades modernas, a ampliação do número de tribunais e de juízos singulares fazem com que a quantidade de processos tramitando perante os diversos órgãos judiciais seja crescente e, portanto, igualmente crescentes as decisões contraditórias entre as cortes de justiça e no interior de cada uma delas. Logo, unificar o entendimento relativo ao direito aplicável aos casos concretos é tarefa fundamental da moderna jurisprudência, em especial, aquela produzida pelos Tribunais Superiores. Os mecanismos aptos a possibilitar a unificação da jurisprudência estão, basicamente, contemplados nos artigos 926 a 928 e 976 a 987, todos do CPC.

Uma das principais funções das Cortes de Justiça é dizer o direito com segurança e estabilidade. A reiteração de decisões judiciais em um mesmo sentido é fundamental para que a jurisprudência, como "sucessão harmônica de decisões" (Reale, 1974, p. 187) possa servir como antecipação da compreensão dos tribunais sobre um tema, assegurando a certeza do direito. Logo, mudanças de orientação dos tribunais não devem ocorrer repentinamente e sem motivos relevantes, pois precisam se sedimentar com o tempo. "Cavalos de pau" judiciários são ruins para a sociedade. É evidente que a jurisprudência muda e não permanece estática, sendo possível que mesmo a variação da jurisprudência sem que o texto da lei tenha sido alterado. É preciso observar que as leis são interpretadas conforme a época em que são aplicadas e não de acordo com o entendimento contemporâneo à sua elaboração. É lúcida a observação de Silvio Salvo Venosa (2019, p. 139) no sentido de que a jurisprudência é um direito vivo e um fenômeno "absolutamente dinâmico como a sociedade". Em função de seu caráter dinâmico, por exemplo, "a matéria de posse ou propriedade do início do século XX é totalmente diversa dos julgados do início do século XXI", tal realidade está baseada no fato de que "a compreensão e proteção a esses institutos e a legislação constitucional que o preserva modificaram-se basilarmente no correr de um século e continuam a se modificar".

As relações entre a lei e a jurisprudência são variadas e servem para classificar a jurisprudência que pode ser (1) *secundum legem*, (2) *praeter legem* e (3) *contra legem*. A jurisprudência *secundum legem* "se limita a interpretar determinadas regras definidas na ordem jurídica" (Nader, 2021, p. 172), ou seja, é a que decide um caso de forma a mais próxima possível do significado gramatical evidente da norma interpretada. A jurisprudência *praeter legem* é a que se desenvolve nos casos de omissão legislativa em relação ao tema a ser decidido pelo magistrado, se constitui no recurso à analogia ou aos princípios gerais do direito, conforme o caso demande. A jurisprudência *contra legem*, em tese, é uma contradição em termos, pois "se forma ao arrepio da lei, contra disposições desta". Em teoria, não é admitida pelo ordenamento jurídico; na prática pretoriana, é corriqueira. É um tipo de decisão que se desenvolve em função da existência de "leis anacrônicas ou injustas".

É relativamente comum que a jurisprudência *contra legem* se transforme em lei, em especial no direito de família. Muitas situações de flagrante injustiça legal foram resolvidas por decisões judiciais claramente contrárias aos textos legais, à época vigentes. Antes do advento do divórcio no Brasil, o STF, mediante a edição da Súmula 380 deu tratamento jurídico aos casais de fato que não podiam legalmente se casar, *in verbis*: "Comprovada a existência de sociedade de fato entre os concubinos, é cabível a sua dissolução judicial, com a partilha do patrimônio adquirido pelo esforço comum".

O CCB de 1916, classificava os filhos, conforme a condição jurídica dos pais. Era *legítimo* o filho havido na constância do casamento e *ilegítimo* o havido fora do matrimônio. Os filhos ilegítimos podiam ser (a) naturais e (b) espúrios (adulterinos e incestuosos). Na vigência do Código Civil de 1916 foram inúmeras as decisões judiciais que desafiaram a classificação legal. O artigo 358 do Código Civil (1916) estabelecia a proibição de reconhecimento dos filhos incestuosos e os adulterinos. Apesar do texto legal, o STF, por meio da Súmula 447 fixou o entendimento que "[é] válida a disposição testamentária em favor de filho adulterino do testador com sua concubina".

A jurisprudência *contra legem*, é, evidentemente, perigosa, pois de fato, cria direito novo e revoga o direito vigente. A sua admissão pelos tribunais é polêmica, pois é claramente uma invasão de competência legislativa e, portanto, atribui às cortes funções que elas não têm. É verdade que, no campo específico do direito de família, as realidades são muito fortes e sofrem mutações com grande velocidade, nem sempre sendo acompanhadas pelo legislador que se aferra aos preconceitos expressos na legislação. As diferenciações entre filhos previstas no Código Civil de 1916 são hoje inaceitáveis e não mais subsistem no Código Civil de 2002 que, em seu artigo 1596 estabelece que os filhos, havidos ou não da relação de casamento, ou por adoção, terão os mesmos direitos e qualificações, proibidas quaisquer designações discriminatórias relativas à filiação.

A jurisprudência é uma importante fonte de direito, pois expressa a aplicação concreta das normas jurídicas pelos tribunais. Ela é o resultado dos processos e dos litígios tal como decididos pelas cortes de justiça e, evidentemente, é fundamental para que se conheça o teor de uma determinada ordem jurídica. As conclusões jurisprudenciais e as direções que assumem são frutos da argumentação jurídica e de raciocínios lógicos e específicos. Lloyd L. Weinreb (2008), o padrão de raciocínio utilizado na aplicação do direito pelos tribunais é diferente dos empregados em outras partes do direito, tais como o processo legislativo, o executivo ou mesmo pelas agências reguladoras. O mesmo autor adverte, no entanto, que "os processos judiciais, nos quais preponderam os argumentos de advogados e as decisões justificadas de juízes, são o típico lugar onde a lei é aplicada concretamente". No passado, o valor da jurisprudência guardava relação com a família jurídica na qual um determinado ordenamento jurídico concreto estivesse vinculado. Segundo René David (2002, p. 149), no âmbito da família romano-germânica o papel da jurisprudência "apenas pode precisar-se em ligação com o da lei".

O moderno direito brasileiro adota o sistema de decisões vinculantes proferidas pelos Tribunais Superiores que, de certa forma, limitam o poder julgador dos juízes e tribunais ordinários. Os principais instrumentos para a unificação da jurisprudência são os seguintes: (1) Ação Direta de Inconstitucionalidade [ADI]. (2) Ação Declaratória de Constitucionalidade [ADC], (3) Ação de Descumprimento de Preceito Fundamental [ADPF], (4) Súmula Vinculante.

A jurisprudência não pode ser lotérica, nem variar ao sabor das conveniências e sentimentos pessoais e/ou políticos, pois passa a ser um elemento de desestabilização da ordem jurídica e, consequentemente, de insegurança para a sociedade. A evolução jurisprudencial do direito encontra limites, pois não pode resolver todos os problemas que lhe são postos pelas partes. Vale rever o comentário de Carlos Maximiliano (2011, p. 88) sobre a jurisprudência sentimental do bom Juiz Magnaud:

> Uma forma original do Direito Livre, anterior aliás, ao primeiro surto desta doutrina, encontra-se nos julgamentos do Tribunal de primeira instância, de Château-Thierry, presidido e dominado pelo bom juiz Magnaud (1889-1904). Imbuído de ideias humanitárias avançadas, o magistrado francês redigiu sentenças em estilo escorreito, lapidar, porém afastadas dos moldes comuns. Mostrava-se clemente e atencioso para com os fracos e humildes, enérgico e severo com opulentos e poderosos. Nas suas mãos a lei variava segundo a classe, mentalidade religiosa ou inclinações políticas das pessoas submetidas à sua jurisdição. Na esfera criminal e correcional, e em parte na civil, sobressaiu o Bom Juiz, com exculpar os pequenos furtos, amparar a mulher e os menores, profligar erros administrativos atacar privilégios, proteger o plebeu contra o potentado. Não jogava com a Hermenêutica, em que nem falava sequer. Tomava atitudes de tribuno; usava de linguagem de orador ou panfletário; empregava apenas argumentos humanos sociais, e concluía do alto, dando razão a este ou àquele sem se preocupar com os textos. Era um vidente, apóstolo, evangelizador temerário, deslocado no pretório. Achou depois o seu lugar – a Câmara dos Deputados; teve a natural corte de admiradores incondicionais – os teóricos da anarquia. Os socialistas não iam tão longe; seguiam-no a distância, com as necessárias reservas expressas. – O fenômeno Magnaud foi apenas "retumbante manifestação de ideologia pessoal"; atravessou o firmamento jurídico da Europa como um meteoro; da sua trajetória curta e brilhante não ficaram vestígios. Quando o magistrado se deixa guiar pelo sentimento, a lide degenera em loteria ninguém sabe como cumprir a lei a coberto de condenações forenses.

6.2   Judicialização e ativismo judicial

6.2.1   Judicialização

É ilusório achar que um ente do poder público dotado de competência legal para anular e rever atos de outros poderes do estado não seja político. Ao comentar o modelo judiciário norte-americano, Lêda Boechat Rodrigues (1991, p. 19) referindo-se à Suprema Corte afirmou que aquele tribunal deveria ser visto como parte componente do processo político americano e não apenas como um órgão composto de juristas "colocados acima e além da luta política". Em *O Federalista*, Hamilton (1840, p. 455, 456) afirmou que "[q]uem considerar com atenção os diferentes poderes, deve reconhecer que nos governos, em que eles estão separados, o poder judiciário, pela mesma natureza das suas funções, é o menos temível para a constituição, porque é o que menos meios tem para atacá-la." Isto, no entanto, vem mudando.

O papel progressista ou reacionário dos tribunais não é um dado. A história demonstra que os tribunais desempenham ambos, muito embora a tendência mais tradicional, seja a de cortes conservadoras. Richard Posner (2009, p. 156,157) aponta que a atividade do Judiciário da República de Weimar que, na verdade era formado pelos antigos juízes imperiais que foram mantidos nos cargos após a mudança do regime político. "Estes provaram ser uma força subversiva, adaptando e distorcendo as leis, de modo que esta recaiu com força total sobre os esquerdistas, enquanto deixava impunes direitistas muito mais perigosos". Adolf Hitler, por exemplo, foi punido com seis meses de prisão pela sua participação no Putsch de Munique (1923), muito embora a pena mínima fosse de cinco anos.

CAPÍTULO 6 • FONTES DO DIREITO **125**

A própria Suprema Corte dos Estados Unidos passa, frequentemente, por oscilações em suas orientações políticas e ideológicas. Não se esqueça que, na época da escravidão, a Corte sustentava a doutrina *"separate but equal"* [separado, mas igual], justificando a segregação racial e as chamadas leis Jim Crow.[31] A decisão no caso *Plessy v. Ferguson* (163 U.S. 537, 16 S.Ct. 1138, 41 L.Ed. 256. Plessy v. Ferguson n. 210., May 18, 1896)[32] é um marco na criação da doutrina de "separados, mas iguais", tendo sido firmada por uma maioria de 7-1, com a ausência de um dos juízes do tribunal. A questão teve início em 1892, quando Homer Plessy (7/8 branco e 1/8 afro-americano) adquiriu um bilhete de trem para viajar no interior da Louisiana e se recusou a sentar em um vagão reservado para passageiros brancos, a atitude redundou em sua prisão e na aplicação de uma multa por violação à lei de vagões separados da Louisiana.

O caso claramente desafiava a 14ª (seção 1) Emenda da Constituição dos Estados Unidos[33] que proíbe os estados membros de negar igual proteção legal para qualquer pessoa dentro de sua jurisdição. A Suprema Corte, conforme o voto condutor relatado pelo Juiz Henry Billings Brown, julgou constitucional a lei do estado da Louisiana sob o argumento de que, muito embora a 14ª Emenda buscasse estabelecer a igualdade absoluta entre raças, o tratamento separado das raças não implicava na inferioridade dos afro-americanos. A Suprema Corte julgou que não havia diferença substancial as entre os vagões para brancos e os vagões para negros, estabelecendo a doutrina "separados, mas iguais".

No Brasil, o Supremo Tribunal Federal negou ordem de Habeas Corpus impetrada em favor de Olga Benário, cidadã alemã que estava grávida da filha do líder comunista Luís Carlos Prestes. A corte entendeu que o Habeas Corpus era incabível, tendo em vista o artigo 2º do Decreto 702, de 21 de março de 1936 que determinara a suspensão da garantia constitucional do Habeas Corpus prevista no artigo 113, § 23 da Constituição de 1934. "Atendendo a que a mesma paciente é estrangeira e a sua permanência no país

---

31. Entre 1870 e 1960, as leis Jim Crow mantiveram uma hierarquia racial cruel nos estados do sul dos EUA, contornando as proteções que tinham sido implementadas depois do fim da Guerra Civil – como a 15ª Emenda, que há 150 anos já concedia aos negros o direito ao voto. As leis discriminatórias negavam os direitos aos negros, submetiam-nos à humilhação pública e perpetuavam a sua marginalização econômica e educacional. Qualquer um que desafiasse a ordem social enfrentava menosprezo, assédio e assassinato.
    O termo tem origem na década de 1820, quando o comediante branco Thomas Rice criou a personagem "Jim Crow". Esta personagem estereotipada tornou-se numa figura comum nos espetáculos teatrais de comédia – e um apelido amplamente usado para descrever pessoas de ascendência negra. Disponível em: https://www.natgeo.pt/historia/2020/02/leis-jim-crow-criaram-escravatura-com-outro-nome. Acesso em: 24 nov. 2020.
32. Disponível em: Plessy v. Ferguson. | Supreme Court | US law | LII / Legal Information Institute (CORNELL.edu). Acesso em: 24 nov. 2020.
33. Emenda XIV (1868)
    Seção 1 – Todas as pessoas nascidas ou naturalizadas nos Estados Unidos e sujeitas a sua jurisdição são cidadãos dos Estados Unidos e do Estado onde tiver residência, Nenhum Estado poderá fazer ou executar leis restringindo os privilégios ou as imunidades dos cidadãos dos Estados Unidos; nem poderá privar qualquer pessoa de sua vida, liberdade, ou bens sem processo legal, ou negar a qualquer pessoa sob sua jurisdição a igual proteção das leis. Disponível em: http://www.uel.br/pessoal/jneto/gradua/historia/recdida/ConstituicaoEUARecDidaPESSOALJNETO.pdf. Acesso em: 25 nov. 2020.

compromete a segurança nacional, conforme se depreende das informações prestadas pelo Exmo. Sr. Ministro da Justiça."

Como se pode ver, os tribunais nem sempre estão do lado "progressista", pois as suas concepções jurídicas, em determinado momento, são fortemente influenciadas pelo espírito do tempo e, certamente, por suas composições e convicções políticas dos juízes.

É importante considerar que, após a 2ª Guerra Mundial, a Declaração Universal dos Direitos Humanos, a influência dos horrores da guerra e a necessidade do estabelecimento de uma cultura de paz, propiciaram o renascimento de um direito humanista. A Constituição Federal de 1988, em função do grande número de matérias que engloba, tende a permitir uma ampla "judicialização" da vida nacional nos seus mais diferentes aspectos. Paulo Nader (2021, p. 176) define judicialização como "o fato de o Poder Judiciário tomar conhecimento e deliberar sobre assuntos não regulados em lei e, ao mesmo tempo, de relevância social". Não há dúvidas no sentido de que compete ao Judiciário, quando provocado, contribuir para e efetivação de direitos previstos na Constituição e que, por um motivo ou por outro, não tenham sido devidamente regulados pelos poderes competentes. É o caso típico do mandado de injunção [CF, art. 5º, LXXI].

A excessiva judicialização das questões nacionais indica problemas no sistema político e social, fazendo com que os cidadãos se socorram do Judiciário buscando a concretização de seus direitos, pois "ainda existem juízes em Berlim", como nos recorda o moleiro de *Sans-Souci* ao se dirigir ao Kaiser Frederico II.[34] Esta, no entanto, não é a melhor solução, pois desestabiliza o Judiciário, levando questões puramente políticas para o seu interior que, por isso, passa a ostentar déficit de credibilidade. Com efeito, as decisões judiciais têm suscitado forte polêmica, pois a tradição constitucional é no sentido de que as normas constitucionais não têm eficácia em si mesmas, necessitando de normas infraconstitucionais que as regulamentem. Este é um conceito superado, pois o que se busca é a aplicação, a mais plena possível, do Texto Constitucional.

Um outro fator que não deve ser desprezado na análise do fenômeno, é que a Constituição de 1988, ao ser promulgada, não alterou a composição do STF, da mesma forma como a Constituição de 1891, ao instituir o STF, aproveitou os juízes do Supremo Tribunal de Justiça imperial. Evidentemente que, a Constituição *nova* é interpretada de forma *velha*. Somente a gradual substituição dos juízes vai dando uma *interpretação nova* à *nova Constituição*. Se olharmos para o exemplo da Suprema Corte dos Estados Unidos, veremos que o mesmo tribunal que julgou *Plessy v. Ferguson*, julgou *Brown v Board of Eucation of Topeka*.[35] Brown foi a consolidação de diversos outros casos originados nos estados do Kansas, Carolina do Sul, Virginia, Delaware e Washington D.C, versando sobre segregação racial nas escolas. Nos casos, estudantes negros tinham suas matrículas nas escolas públicas, com base em leis estaduais segregacionistas. Os estudantes argumentavam que as medidas violavam a 14ª Emenda à Constituição do Estados

---

34. Disponível em: https://mundodapolitica.com/ainda-ha-juizes-em-berlim/. Acesso em: 25 nov. 2020.
35. Disponível em: https://www.oyez.org/cases/1940-1955/347us483. Acesso em: 26 nov. 2020.

CAPÍTULO 6 • FONTES DO DIREITO   **127**

Unidos. Nas cortes inferiores, as causas eram sistematicamente julgadas improcedentes, com base no precedente fixado por *Plessy v. Ferguson*, em que se sustentava que se as escolas para negros fossem iguais às escolas para brancos, não havia que se falar em ilegalidade ou inconstitucionalidade: "separados, mas iguais". Earl Warren, presidente da Suprema Corte (1953-1969), relatou a matéria, decidindo que "escolas para minorias raciais separadas, mas iguais, são inerentemente desiguais, violando a cláusula de igual proteção da décima-quarta Emenda". Leda Boechat Rodrigues (1991, p. 173,174) nos relembra que a decisão de *Brown v Board of Education* foi reafirmada diversas vezes,

> [o]s princípios legais aplicáveis são claros. A 14ª Emenda determina que nenhum Estado negará a qualquer pessoa dentro em sua (sic) jurisdição a igual proteção das leis....Assim, o direito constitucional das crianças não sofrerem discriminação nas escolas públicas por motivo de raça, ou cor, declarado por esta Corte no caso *Brown*, não pode ser anulado aberta diretamente pelos legisladores, autoridades executivos ou juízes estaduais, nem anulado indiretamente por planos evasivos de segregação.

Um importante caso de judicialização no Brasil é o da ADI 903/MG,[36] no qual o STF decidiu quanto a constitucionalidade da Lei 10.820/92 do Estado de Minas Gerais sobre a adaptação de veículos de transporte coletivo com a finalidade de assegurar seu acesso por pessoas com deficiência ou dificuldade de locomoção. O STF entendeu que a ordem constitucional brasileira, inaugurada em 1988, trouxe desde seus escritos originais a preocupação com a proteção das pessoas portadoras de necessidades especiais, construindo políticas e diretrizes de inserção nas diversas áreas sociais e econômicas da comunidade (trabalho privado, serviço público, previdência e assistência social). A Constituição, nos artigos 227, § 2º e 244, determinou fossem conferidos amplo acesso e plena mobilidade aos portadores de deficiência, seja nos logradouros públicos, seja nos transportes coletivos, ordenando ao legislador a edição de normas estabelecendo formas de construção e modificação desses espaços e desses meios de transporte. O Tribunal julgou improcedente a ADI acrescentado que:

> 2. Na mesma linha afirmativa, há poucos anos, incorporou-se ao ordenamento constitucional a Convenção Internacional sobre os Direitos das Pessoas com Deficiência, primeiro tratado internacional aprovado pelo rito legislativo previsto no art. 5º, § 3º, da Constituição Federal, o qual foi internalizado por meio do Decreto Presidencial 6.949/2009. O art. 9º da convenção veio justamente reforçar o arcabouço de proteção do direito de acessibilidade das pessoas com deficiência. 3. Muito embora a jurisprudência da Corte seja rígida em afirmar a amplitude do conceito de trânsito e transporte para fazer valer a competência privativa da União (art. 22, XI, CF), prevalece, no caso, a densidade do direito à acessibilidade física das pessoas com deficiência (art. 24, XIV, CF), em atendimento, inclusive, à determinação prevista nos arts. 227, § 2º, e 244 da Lei Fundamental, sem preterir a homogeneidade no tratamento legislativo a ser dispensado a esse tema. Nesse sentido, há que se enquadrar a situação legislativa no rol de competências concorrentes dos entes federados. Como, à época da edição da legislação ora questionada, não havia lei geral nacional sobre o tema, a teor do § 3º do art. 24 da Constituição Federal, era deferido aos estados-membros o exercício da competência legislativa plena, podendo suprir o espaço normativo com suas legislações locais. 4. A preocupação manifesta no julgamento cautelar sobre a ausência de legislação federal protetiva hoje se encontra superada, na medida em que a União editou a Lei 10.098/2000, a qual dispõe sobre normas gerais

---

36. STF – ADI: 903 MG, Relator: Min. Dias Toffoli, Julgamento: 22.05.2013, Pleno, DJe-026, divulgação: 06.02.2014, publicação: 07.02.2014.

e critérios básicos de promoção da acessibilidade das pessoas com deficiência. Por essa razão, diante da superveniência da lei federal, a legislação mineira, embora constitucional, perde a força normativa, na atualidade, naquilo que contrastar com a legislação geral de regência do tema (art. 24, § 4º, CF/88).

6.2.2 Ativismo judicial

O ativismo judicial *não se confunde* com a judicialização. A judicialização de uma questão é um direito das partes (CF, art. 5º, XXXV), pois no regime constitucional brasileiro, há ampla apreciação judicial de lesões ou ameaças a direitos, bem como o controle judicial dos atos administrativos. Paulo Nader (2021, p. 177), com felicidade, aponta que o ativismo judicial ocorre "quando o Judiciário, ao deliberar sobre os casos que lhe são submetidos, não se limita a interpretar o Direito, mas vai além, e inova no ordenamento, substituindo, destarte, o Legislador em sua tarefa de criar ou modificar a ordem jurídica". Segundo Nader, o ativismo judicial é "uma prática nociva ao valor da segurança jurídica", devendo ser rejeitado pelos tribunais.

A questão de delimitar o que é *ativismo* e o que não é, evidentemente, é complexa. A CF possui vários conceitos abertos e muitos princípios explícitos e implícitos, o que aumenta a discricionariedade do aplicador da lei, muito embora não se possa considerar que ela seja um cheque em branco para qualquer um dos poderes da república. A ampliação da atuação do judiciário é, modernamente, considerada uma "marca fundamental" das sociedades democráticas, tal como ocorre na Europa e nos Estados Unidos. O ativismo judiciário é mais típico dos países que adotam o sistema de common-law, em função do papel da jurisprudência na criação do direito. Entretanto, mesmo nos países de sistema continental, os textos constitucionais, ao incorporar, cada vez mais, princípios admitem um papel mais preponderante na sua interpretação judicial, especialmente pelas cortes constitucionais. Este fenômeno tem ocorrido no Brasil, favorecido pela Constituição de 1988, que, possui ampla relação de direitos e princípios fundamentais (Cittadino, 2004).

O ativismo judicial é uma *deturpação da judicialização*, pois o Judiciário passa a *criar* direito em lugar de interpretá-lo. O STF, por maioria (6-5), validou a aplicação do prazo de oito anos de inelegibilidade àqueles que foram condenados pela Justiça Eleitoral, por abuso do poder econômico ou político, anteriormente à edição da Lei Complementar (LC) 135/2010 (Lei da Ficha Limpa). Cuidou-se da decisão proferida nos autos do Recursos Extraordinário (RE)929670). Muito embora o mandato do recorrente tivesse expirado, os ministros, ainda que tendo votado pela prejudicialidade, decidiram, com base no artigo 998, parágrafo único, do Código de Processo Civil, prosseguiram o julgamento em relação à tese discutida, uma vez que a matéria teve repercussão geral reconhecida e atinge outros processos semelhantes.

O caso concreto dizia respeito a vereador do município de Nova Soure (BA) que fora condenado, nos autos de representação eleitoral, por abuso de poder econômico e compra de votos por fatos ocorridos em 2004, tendo sido condenado à inelegibilidade pelo período de três anos. Nas eleições de 2008, concorreu e foi eleito para mais um mandato na Câmara Municipal. Ocorre que, nas eleições de 2012, teve indeferido o seu registro, em função da entrada em vigor da Lei da Ficha Limpa que aumentar de três para oito anos o prazo de inelegibilidade previsto no artigo 1º, inciso I, alínea "d", da LC 64/1990. A questão, portanto, era a de saber as garantias constitucionais da coisa julgada e da irretroatividade da lei mais grave (artigo 5º, XXXVI, CF) nas hipóteses de aumento do prazo de três para oito anos da inelegibilidade prevista no artigo 22, inciso XIV, da LC 64/1990, em razão da condenação por abuso do poder político ou poder econômico por força do trânsito em julgado, foram violadas.

O STF entendeu que não houve aplicação retroativa da lei mais gravosa e não houve afronta à Constituição. Parece ser claro que, no caso concreto, o STF *criou* direito, pois a garantia de coisa julgada foi frontalmente violada, o recorrente havia sido condenado à pena de 3 (três) anos de inelegibilidade e, a lei nova, mais gravosa não poderia afetá--lo, pois foi uma majoração de pena. Embora saibamos que a honestidade e lisura dos representantes de povo seja um valor imenso, não se pode ampliar uma pena aplicada pelo Judiciário, transitada em julgado e cumprida. As boas intensões da Corte não são suficientes para que uma pena seja aplicada retroativamente, como foi o caso.

A parte mais sensível do chamado ativismo judicial é a construção de tipos penais pela via judicial. Veja-se que o STF, na Ação Direta de Inconstitucionalidade por Omissão 26[37] decidiu que

> [a]té que sobrevenha lei emanada do Congresso Nacional destinada a implementar os mandados de criminalização definidos nos incisos XLI e XLII do art. 5º da Constituição da República, as condutas homofóbicas e transfóbicas, reais ou supostas, que envolvem aversão odiosa à orientação sexual ou à identidade de gênero de alguém, por traduzirem expressões de racismo, compreendido este em sua dimensão social, ajustam-se, por identidade de razão e mediante adequação típica, aos preceitos primários de incriminação definidos na Lei 7.716, de 08.01.1989, constituindo, também, na hipótese de homicídio doloso, circunstância que o qualifica, por configurar motivo torpe (Código Penal, art. 121, § 2º, I, "in fine").

A decisão acima, certamente, suscita dúvidas em relação à sua compatibilidade com o artigo 1º do Código Penal e com o artigo 5º, XXXIX da CRFB e mesmo com decisões mais antigas do próprio STF sobre o princípio da legalidade e da anterioridade da lei penal.[38] Observe-se que a Lei 7.716, de 5 de janeiro de 1989, em seu artigo 1º estabelece que "[s]erão punidos, na forma desta Lei, os crimes resultantes de discriminação ou preconceito de raça, cor, etnia, religião ou procedência nacional. "A Constituição Federal, certamente, reprova severamente a discriminação em função de orientação sexual,

---

37. STF – ADO: 26 DF 9996923-64.2013.1.00.0000, Relator: Celso de Mello, Julgamento: 13.06.2019, Tribunal Pleno, Publicação: 06.10.2020.

38. Em matéria penal, prevalece o dogma da reserva constitucional de lei em sentido formal, pois a Constituição da República somente admite a lei interna como única fonte formal e direta de regras de direito penal, a significar, portanto, que as cláusulas de tipificação e de cominação penais, para efeito de repressão estatal, subsumem-se ao âmbito das normas domésticas de direito penal incriminador, regendo-se, em consequência, pelo postulado da reserva de Parlamento. (...) As convenções internacionais, como a Convenção de Palermo, não se qualificam, constitucionalmente, como fonte formal direta legitimadora da regulação normativa concernente à tipificação de crimes e à cominação de sanções penais. [RHC 121.835 AgR, rel. min. Celso de Mello, j. 13.10.2015, 2ª T, *DJE* de 23.11.2015].

conforme o disposto no artigo 3°, IV. Neste ponto, há julgados do STF que garantem a aplicação do preceito constitucional da não discriminação.[39]

É importante observar que a decisão da corte foi tomada em ação direta de inconstitucionalidade por omissão que é uma ação constitucional prevista no § 2° do artigo 102 da CF cuja função é suprir a omissão do legislador em relação à matéria tratadas na Constituição. A questão suscitada na ADO era a de saber se, com a finalidade de evitar a discriminação contra os homossexuais, há necessidade do estabelecimento de um tipo penal específico e próprio? Antes de enfrentar o tema, julga-se relevante relembrar o decidido no julgamento da ADI 1458 MC:[40]

> [o] desrespeito à Constituição tanto pode ocorrer mediante ação estatal quanto mediante inércia governamental. A situação de inconstitucionalidade pode derivar de um comportamento ativo do poder público, que age ou edita normas em desacordo com o que dispõe a Constituição, ofendendo-lhe, assim, os preceitos e os princípios que nela se acham consignados. Essa conduta estatal, que importa em um *facere* (atuação positiva), gera a inconstitucionalidade por ação. Se o Estado deixar de adotar as medidas necessárias à realização concreta dos preceitos da Constituição, em ordem a torná-los efetivos, operantes

---

39. Não se pode permitir que a lei faça uso de expressões pejorativas e discriminatórias, ante o reconhecimento do direito à liberdade de orientação sexual como liberdade existencial do indivíduo. Manifestação inadmissível de intolerância que atinge grupos tradicionalmente marginalizados [ADPF 291, rel. min. Roberto Barroso, j. 28.10.2015, P, *DJE* de 11.05.2016].

   Proibição de discriminação das pessoas em razão do sexo, seja no plano da dicotomia homem/mulher (gênero), seja no plano da orientação sexual de cada qual deles. A proibição do preconceito como capítulo do constitucionalismo fraternal. Homenagem ao pluralismo como valor sociopolítico-cultural. Liberdade para dispor da própria sexualidade, inserida na categoria dos direitos fundamentais do indivíduo, expressão que é da autonomia de vontade. Direito à intimidade e à vida privada. Cláusula pétrea. O sexo das pessoas, salvo disposição constitucional expressa ou implícita em sentido contrário, não se presta como fator de desigualação jurídica. Proibição de preconceito, à luz do inciso IV do art. 3° da CF, por colidir frontalmente com o objetivo constitucional de "promover o bem de todos". Silêncio normativo da Carta Magna a respeito do concreto uso do sexo dos indivíduos como saque da kelseniana "norma geral negativa", segundo a qual "o que não estiver juridicamente proibido, ou obrigado, está juridicamente permitido". Reconhecimento do direito à preferência sexual como direta emanação do princípio da "dignidade da pessoa humana": direito à autoestima no mais elevado ponto da consciência do indivíduo. Direito à busca da felicidade. Salto normativo da proibição do preconceito para a proclamação do direito à liberdade sexual. O concreto uso da sexualidade faz parte da autonomia da vontade das pessoas naturais. Empírico uso da sexualidade nos planos da intimidade e da privacidade constitucionalmente tuteladas. Autonomia da vontade. Cláusula pétrea. (...) Ante a possibilidade de interpretação em sentido preconceituoso ou discriminatório do art. 1.723 do CC/2002, não resolúvel à luz dele próprio, faz-se necessária a utilização da técnica de "interpretação conforme à Constituição". Isso para excluir do dispositivo em causa qualquer significado que impeça o reconhecimento da união contínua, pública e duradoura entre pessoas do mesmo sexo como família. Reconhecimento que é de ser feito segundo as mesmas regras e com as mesmas consequências da união estável heteroafetiva. [ADI 4.277 e ADPF 132, rel. min. Ayres Britto, j. 05.05.2011, P, *DJE* de 14.10.2011].

   O transgênero tem direito fundamental subjetivo à alteração de seu prenome e de sua classificação de gênero no registro civil, não se exigindo, para tanto, nada além da manifestação de vontade do indivíduo, o qual poderá exercer tal faculdade tanto pela via judicial como diretamente pela via administrativa. Essa alteração deve ser averbada à margem do assento de nascimento, vedada a inclusão do termo "transgênero". Nas certidões do registro não constará nenhuma observação sobre a origem do ato, vedada a expedição de certidão de inteiro teor, salvo a requerimento do próprio interessado ou por determinação judicial. (...) Qualquer tratamento jurídico discriminatório sem justificativa constitucional razoável e proporcional importa em limitação à liberdade do indivíduo e ao reconhecimento de seus direitos como ser humano e como cidadão. [RE 670.422, rel. min. Dias Toffoli, j. 15.08.2018, P, *Informativo* 911, RG, tema 761].

40. [ADI 1.458 MC, rel. min. Celso de Mello, j. 23.05.1996, P, *DJ* de 29.09.1996].

e exequíveis, abstendo-se, em consequência, de cumprir o dever de prestação que a Constituição lhe impôs, incidirá em violação negativa do texto constitucional. Desse *non facere* ou *non praestare*, resultará a inconstitucionalidade por omissão, que pode ser total, quando é nenhuma a providência adotada, ou parcial, quando é insuficiente a medida efetivada pelo poder público.

Em tais hipóteses o STF está constitucionalmente legitimado a tomar medidas para suprir a omissão e assegurar a plena efetividade da norma constitucional? A questão que se coloca é se, na aplicação do crime de racismo, o STF extrapolou os limites interpretativos da norma incriminadora? A matéria não é nova e, seguramente, comporta diferentes interpretações. Vejamos o caso do furto de sinal de TV a cabo, que é um bom exemplo.

O Código Penal, em seu artigo 155, define furto como a subtração, para si ou para outrem, de coisa alheia móvel, sendo certo que *o § 3º do artigo equipara energia elétrica à coisa móvel*. Todavia, a Lei 8.977, de 6 de janeiro de 1995 estabelece em seu artigo 35 que "[c]onstitui ilícito penal a interceptação ou a recepção não autorizada dos sinais de TV a Cabo.", muito embora não tenha atribuído uma pena a tal ilícito penal, o que é um paradoxo. Pois bem, a 2ª Turma do STF concedeu Habeas Corpus [HC 97261/RS] para declarar a atipicidade da conduta de condenado pela prática do crime descrito no art. 155, § 3º, *por efetuar ligação clandestina de sinal de TV a cabo*. A 2ª Turma entendeu que o objeto do crime não era a subtração de "energia" e, diante da impossibilidade de aplicação da analogia in *malam partem* em direito penal, a conduta não era penalmente típica. O STJ, no entanto, já decidiu em sentido contrário: "I. O sinal de televisão propaga-se através de ondas, o que na definição técnica se enquadra como energia radiante, que é uma forma de energia associada à radiação eletromagnética. II. Ampliação do rol do item 56 da Exposição de Motivos do Código Penal para abranger formas de energia ali não dispostas, considerando a revolução tecnológica a que o mundo vem sendo submetido nas últimas décadas. III. Tipicidade da conduta do furto de sinal de TV a cabo" (REsp 1.123.747/RS, DJe 16/12/2010). Em relação ao STJ,[41] veja-se, ainda, "1) O sinal de TV a cabo pode ser equiparado à energia elétrica para fins de aplicação do comando inserto no art. 155, § 3º, pois não se trata de analogia in malam partem, mas sim de interpretação analógica, ampliando-se o significado da letra escrita da lei. 2) A transferência e recepção de informações por TV a cabo se faz através de impulsos elétricos, transmudando-se em energia eletromagnética no ponto inicial da operação, sendo transmitido por meios físicos (cabo coaxial ou fibra ótica), até o destino final, onde novamente converte-se em energia visual. O agente está consumindo energia elétrica às custas da empresa e subtraindo outro tanto convertido nos sinais de TV desejados". Um dos fundamentos do STJ para decidir é a parte final do § 3º do artigo 155 que estipula ser objeto de furto a "energia elétrica ou qualquer outra que tenha valor econômico".

---

41. STJ – REsp: 1224885, Relator: Ministra Maria Thereza de Assis Moura, DJ 30.03.2011.

Com efeito, a decisão do STF, no caso concreto, parece ser mais acertada. Em decisão proferida no ARE: 1258603 MG,[42] Relator o Sr. Ministro Edson Fachin, foi decidido que

> no julgamento do HC 97.261, que, em caso semelhante ao presente, entendeu pela impossibilidade de enquadrar a conduta de interceptar sinal de TV a cabo no tipo penal do crime de furto: "(...) como já consignei, o art. 35 da Lei 8.977/95 (que dispõe especificamente sobre os serviços de TV a cabo), prevê a ilicitude da interceptação e da recepção não autorizada dos sinais de TV a cabo. Oportuno salientar, neste ponto, que a referida lei é uma norma especial e cronologicamente posterior ao furto previsto no art. 155, § 3º, do Código Penal, o que impõe a sua aplicação ao caso vertente. No entanto, o art. 35 da Lei 8.977/95 não apresenta o preceito secundário, ou seja, não estabelece a sanção penal a ser aplicada ao agente que incidir no aludido tipo penal. Desse modo, embora ilícita a pratica do desvio de sinal de TV a cabo – nos termos do art. 35 da Lei 8.977/95 – não há pena privativa de liberdade prevista na norma em apreço. Trata-se, portanto, de uma norma penal em branco inversa, cujo conteúdo incompleto (preceito secundário) deve ser complementado obrigatoriamente por outra lei, sob pena de violação ao princípio da reserva legal. No caso, não se admite o uso da analogia para preencher a lacuna decorrente da mencionada lei, e, assim, é inadmissível impor ao paciente a pena fixada em abstrato para o delito de furto. Do contrário, estaríamos adotando o recurso a analogia in malam partem, vedada no sistema penal. (...) Como se sabe, à luz do princípio da reserva legal ou da estrita legalidade, previsto expressamente tanto em nossa Constituição Federal (art. 5º, XXXIX) quanto no Código Penal (art. 1º), não há crime sem lei anterior que o defina, nem pena sem prévia cominação legal (*nullum crimen nulla poena sine lege praevia*)" (HC 97261, Relator (a): Joaquim Barbosa, Segunda Turma, julgado em 12/04/2011). Logo, ante a impossibilidade de enquadrar a conduta praticada no crime de furto, bem como a ausência de pena privativa de liberdade prevista para o delito do art. 35 da Lei 8.977/95, entendo que a absolvição do recorrente é medida que se impõe, nos termos do art. 386, III, do Código de Processo Penal. 3. Ante o exposto, não conheço do agravo, nos termos do art. 21, § 1º, RISTF. Contudo, com fulcro no art. 192 do RISTF, concedo a ordem de habeas corpus de ofício, para absolver o recorrente. Comunique-se, com urgência, ao Juiz da causa, a fim de que sejam tomadas as providências direcionadas ao implemento desta decisão, bem como ao TJMG (processo 1.0024.03.157291-0/001).

Como sabemos, a intervenção do Estado em sua função punitiva (penal) é uma das mais duras que ele faz na realidade social. Segundo Karl Engisch (1979, p. 64) é justamente por isso que os princípios do Estado de Direito e da legalidade, em tal domínio, possuem "particular relevância". Esta garantia está prevista no artigo 5º, XXXIX da CF: não há crime sem lei anterior que o defina, nem pena sem prévia cominação legal. Conforme Karl Engisch bem assinalou:

> Ninguém pode ser punido simplesmente por ser merecedor da pena de acordo com as nossa convicções morais ou mesmo segundo a "sã consciência do povo" porque praticou uma "ordinarice" ou um "facto repugnante", porque é um "canalha", ou um "patife" – mas só o pode ser quando tenha preenchido os requisitos daquela punição descritos no "tipo (hipótese) legal" de uma lei penal (1979, p. 65).

Karl Engisch cita o exemplo do furto de energia, quando o Tribunal do Reich não tipificou como furto o desvio não autorizado de energia elétrica através de uma "derivação sub-reptícia" de corrente a partir do cabo condutor. O Tribunal entendeu que não bastava que se estivesse diante de uma atitude reprovável, uma "improbidade" e que a punição correspondesse a um "sentimento ético-jurídico, a uma exigência, imposto pelo

---

42. STF – ARE: 1258603 MG 1572910-37.2003.8.13.0024, Relator: Edson Fachin, Julgamento: 30.09.2020, Publicação: 1º.10.2020.

tráfico, de tutela de bens jurídicos". O Tribunal considerou que não poderia subsumir a energia elétrica ao conceito jurídico de coisa. "Por isso, o legislador, em 1900, teve de promulgar uma lei especial com vista à punição do desvio de energia elétrica [hoje o § 248, c do Código Penal]"[43] (1979, p. 65-66). Todavia, a criação do tipo penal não foi suficiente, por exemplo, para impedir a utilização abusiva de telefones públicos ou outros serviços automáticos, pois tais atos não podiam ser enquadrados no tipo legal de fraude (burla), pois este dizia respeito à tentativa de enganar alguém com objetivos de obtenção de vantagem ilícita. Ocorre que a máquina não poderia ser "enganada". A solução foi a inclusão no Código Penal do § 265 a. que criminalizou a conduta.

O que a experiência, mais que centenária, alemã demonstra é que situações novas e que agridam a consciência ético-jurídica não são passíveis de soluções puramente jurisprudências, pois o princípio da legalidade e do estado de direito são mais fortes, seja do ponto de vista jurídico-constitucional, seja do ponto de vista social. A solução jurisprudencial de tais casos, evidentemente, está condicionada pela composição momentânea das cortes e seus conceitos políticos e ideológicos.

A criminalização da homofobia é matéria assemelhada à criminalização do feminicídio, merecendo a mesma solução jurídica, isto é, uma lei específica. Com efeito, a Lei 13.104, de 9 de março de 2015 alterou o artigo 121 do Código Penal para incluir o feminicídio como qualificadora do crime de homicídio, alternado ainda o art. 1º da Lei 8.072, de 25 de julho de 1990, para incluir o feminicídio na relação dos crimes hediondos. O feminicidio (artigo 121, § 2º VI e VII e § 2º A, I e II) é o homicídio cometido contra mulher, pelo simples fato de ser mulher.

6.2.2.1 O campo do direito de família

O sistema de justiça brasileiro, desde longa data, é ativista no campo do direito de família. Uma importante decisão proferida pelo STF foi a da Ação Direta de Inconstitucionalidade 4277/DF [ADI 4277]. Cuidou-se, na hipótese, da união homoafetiva e sua equiparação constitucional à união estável prevista § 3º do artigo 226 da Constituição Federal.

> O *caput* do art. 226 confere à família, base da sociedade, especial proteção do Estado. Ênfase constitucional à instituição da família. Família em seu coloquial ou proverbial significado de núcleo doméstico, pouco importando se formal ou informalmente constituída, ou se integrada por casais heteroafetivos ou por pares homoafetivos. A Constituição de 1988, ao utilizar-se da expressão "família", não limita sua formação a casais heteroafetivos nem a formalidade cartorária, celebração civil ou liturgia religiosa. Família como instituição privada que, voluntariamente constituída entre pessoas adultas, mantém com o Estado e a sociedade civil uma necessária relação tricotômica. Núcleo familiar que é o principal lócus institucional de concreção dos direitos fundamentais que a própria Constituição designa por "intimidade e vida privada" (inciso X do art. 5º). Isonomia entre casais heteroafetivos e pares homoafetivos que somente ganha plenitude de sentido se desembocar no igual direito subjetivo à formação de uma autonomizada família.

---

43. Disponível em: https://www.gesetze-im-internet.de/englisch_stgb/englisch_stgb.html. Acesso em: 22 nov. 2020.

Família como figura central ou continente, de que tudo o mais é conteúdo. Imperiosidade da interpretação não reducionista do conceito de família como instituição que também se forma por vias distintas do casamento civil. Avanço da CF de 1988 no plano dos costumes. Caminhada na direção do pluralismo como categoria sócio-político-cultural. Competência do STF para manter, interpretativamente, o Texto Magno na posse do seu fundamental atributo da coerência, o que passa pela eliminação de preconceito quanto à orientação sexual das pessoas. União estável. Normação constitucional referida a homem e mulher, mas apenas para especial proteção desta última. (...) A referência constitucional à dualidade básica homem/mulher, no § 3º do seu art. 226, deve-se ao centrado intuito de não se perder a menor oportunidade para favorecer relações jurídicas horizontais ou sem hierarquia no âmbito das sociedades domésticas. Reforço normativo a um mais eficiente combate à renitência patriarcal dos costumes brasileiros. Impossibilidade de uso da letra da Constituição para ressuscitar o art. 175 da Carta de 1967/1969. Não há como fazer rolar a cabeça do art. 226 no patíbulo do seu parágrafo terceiro. Dispositivo que, ao utilizar da terminologia "entidade familiar", não pretendeu diferenciá-la da "família". Inexistência de hierarquia ou diferença de qualidade jurídica entre as duas formas de constituição de um novo e autonomizado núcleo doméstico. Emprego do fraseado "entidade familiar" como sinônimo perfeito de família. A Constituição não interdita a formação de família por pessoas do mesmo sexo. Consagração do juízo de que não se proíbe nada a ninguém senão em face de um direito ou de proteção de um legítimo interesse de outrem, ou de toda a sociedade, o que não se dá na hipótese *sub judice*. Inexistência do direito dos indivíduos heteroafetivos à sua não equiparação jurídica com os indivíduos homoafetivos. Aplicabilidade do § 2º do art. 5º da CF, a evidenciar que outros direitos e garantias, não expressamente listados na Constituição, emergem "do regime e dos princípios por ela adotados" (...). (...) Ante a possibilidade de interpretação em sentido preconceituoso ou discriminatório do art. 1.723 do CC/2002, não resolúvel à luz dele próprio, faz-se necessária a utilização da técnica de "interpretação conforme à Constituição". Isso para excluir do dispositivo em causa qualquer significado que impeça o reconhecimento da união contínua, pública e duradoura entre pessoas do mesmo sexo como família. Reconhecimento que é de ser feito segundo as mesmas regras e com as mesmas consequências da união estável heteroafetiva [ADI 4.277 e ADPF 132, rel. min. Ayres Britto, j. 05.05.2011, P, *DJE* de 14.10.2011.]. RE 687.432 AgR, rel. min. Luiz Fux, j. 18.09.2012, 1ª T, *DJE* de 02.10.2012 Vide RE 646.721, rel. p/ o ac. min. Roberto Barroso, j. 10.05.2017, P, *DJE* de 11.09.2017, Tema 498].

No campo sucessório, o artigo 1.790 do CCB estabelece que [a] companheira ou o companheiro participará da sucessão do outro, quanto aos bens adquiridos onerosamente na vigência da união estável, nas condições seguintes: (1) se concorrer com filhos comuns, terá direito a uma quota equivalente à que por lei for atribuída ao filho; (2) se concorrer com descendentes só do autor da herança, tocar-lhe-á a metade do que couber a cada um daqueles; (3) se concorrer com outros parentes sucessíveis, terá direito a um terço da herança e (4) não havendo parentes sucessíveis, terá direito à totalidade da herança.

O STF ao examinar a matéria decidiu que a Constituição Federal reconhece diversas formas de família legítimas, não se limitando às formadas pelo casamento. "Nesse rol incluem-se as famílias formadas mediante união estável." Logo, não é jurídico que elas sejam tratadas desigualmente para fins sucessórios, os cônjuges e os companheiros, ou seja, a família formada pelo casamento e a formada por união estável. Tal hierarquização entre entidades familiares é incompatível com a Constituição de 1988. Assim sendo, o art. 1790 do Código Civil, ao revogar as Leis 8.971/1994 e 9.278/1996 e discriminar a companheira (ou o companheiro), dando-lhe direitos sucessórios bem inferiores aos conferidos à esposa (ou ao marido), entra em contraste com os princípios da igualdade, da dignidade humana, da proporcionalidade como vedação à proteção deficiente, e da vedação do retrocesso. Com a finalidade de preservar a segurança jurídica, o entendimento ora firmado é aplicável apenas aos inventários judiciais em que não tenha havido trânsito em julgado da sentença de partilha, e às partilhas extrajudiciais em que ainda não haja escritura pública. [RE 878.694, rel. min. Roberto Barroso, j. 10.05.2017, P, *DJE* de 06.02.2018, Tema 809.] Vide RE 646.721, rel. p/ o ac. min. Roberto Barroso, j. 10.05.2017, P, *DJE* de 11.09.2017, Tema 498.

6.3 SÚMULAS E TESES FIXADAS PELO SUPREMO TRIBUNAL FEDERAL E PELOS TRIBUNAIS SUPERIORES

A jurisprudência das cortes brasileiras e, em especial, a do Supremo Tribunal Federal, na atualidade, *ultrapassa a condição de mera orientação* para os tribunais e juízes nacionais. O STF tem uma ampla competência para o controle da constitucionalidade das leis, atos administrativos e, até mesmo, omissões do poder público em face de matéria constitucional. O artigo 102 da CF estabelece que compete ao STF, "precipuamente", a guarda da Constituição, cabendo-lhe, dentre outras competências, processar (1) e julgar originariamente a (a) a ação direta de inconstitucionalidade de lei ou ato normativo federal ou estadual e a ação declaratória de constitucionalidade de lei ou ato normativo federal, o (b) mandado de injunção, quando a elaboração da norma regulamentadora for atribuição do Presidente da República, do Congresso Nacional, da Câmara dos Deputados, do Senado Federal, das Mesas de uma dessas Casas Legislativas, do Tribunal de Contas da União, de um dos Tribunais Superiores, ou do próprio Supremo Tribunal Federal; Julgar (2), mediante recurso extraordinário, as causas decididas em única ou última instância, quando a decisão recorrida: (a) contrariar dispositivo da Constituição; (b) declarar a inconstitucionalidade de tratado ou lei federal; (c) julgar válida lei ou ato de governo local contestado em face da Constituição e (d) julgar válida lei local contestada em face de lei federal. O artigo 103-A da CF estabelece que o STF pode, de ofício ou por provocação, mediante decisão de dois terços dos seus membros, após reiteradas decisões sobre matéria constitucional, aprovar súmula que, a partir de sua publicação na imprensa oficial, terá efeito vinculante em relação aos demais órgãos do Poder Judiciário e à administração pública direta e indireta, nas esferas federal, estadual e municipal, bem como proceder à sua revisão ou cancelamento, na forma estabelecida em lei. As súmulas objetivam a validade, a interpretação e a eficácia de normas determinadas, acerca das quais haja controvérsia atual entre órgãos judiciários ou entre esses e a administração pública que acarrete grave insegurança jurídica e relevante multiplicação de processos sobre questão idêntica. O ato administrativo ou a decisão judicial que contrariar a súmula aplicável ou que indevidamente a aplicar, dá margem a *reclamação* perante o Supremo Tribunal Federal que, julgando-a procedente, anulará o ato administrativo ou cassará a decisão judicial reclamada, e determinará que outra seja proferida com ou sem a aplicação da súmula, conforme o caso.

Além da fixação de seu entendimento por meio das súmulas, o STF tem fixado *teses* que espelham a sua jurisprudência, mesmo nas hipóteses de controle concreto de constitucionalidade (Recurso Extraordinário, sobretudo). Com efeito, o STF vem fixando teses nas mais diferentes formas de controle de constitucionalidade e até mesmo em Habeas Corpus.

A Emenda Constitucional 45/2004 estabeleceu como requisito para a admissão de Recursos Extraordinários a existência de *repercussão geral* da matéria. A tese 15, fixada no RE 570.177, "Não viola a Constituição o estabelecimento de remuneração inferior ao salário mínimo para as praças prestadoras de serviço militar inicial", tem o mesmo conteúdo da *súmula vinculante* 6: "Não viola a Constituição o estabelecimento de remuneração inferior ao salário mínimo para as praças prestadoras de serviço militar inicial." Isto indica uma tendência do tribunal em dar tratamento equivalente às teses e às sumulas vinculantes. O mesmo procedimento da corte vem se expandindo em direção a outras modalidades de feitos que tramitam perante o STF. É o caso da fixação de tese no RHC 163.334: "O contribuinte que, de forma contumaz e com dolo de apropriação, deixa de recolher o ICMS cobrado do adquirente da mercadoria ou serviço incide no tipo penal do art. 2º, II, da Lei 8.137/1990".

As teses fixadas pelo STF são controversas, pois suscitam várias questões jurídicas. O CPC, nos §§ 2º e 4º do artigo 927 admite a tese jurídica adotada em "enunciado de súmula ou em julgamento de casos repetitivos" determinando que a "modificação de enunciado de súmula, de jurisprudência pacificada ou de tese adotada em julgamento de casos repetitivos observará a necessidade de fundamentação adequada e específica, considerando os princípios da segurança jurídica, da proteção da confiança e da iso-nomia." Também devem ser considerados os § 2º do artigo 279 e o artigo 988, III, IV e § 4º. Do contexto, pode se perceber que as decisões do STF passaram a gozar de um alto grau de vinculação para os tribunais e juízos ordinários, estabelecendo um modelo *sui generis* que comporta precedentes e direito legislado, como que um *meio caminho* entre o modelo anglo-saxônico e o continental europeu. Não há dúvida que tal situação decorre de uma Constituição que, por altamente detalhista, constitucionalizou uma quantidade enorme de aspectos da vida nacional, e, por consequência, gerou uma in-flação processual perante o STF, praticamente, inviabilizando o seu funcionamento. As teses, são mais uma das tentativas de racionalizar a atividade do STF que, no entanto, realçam o seu papel de "legislador".

O STJ, assim como o STF, também tem uniformizado a sua jurisprudência por meio da edição de súmulas e teses. Em matéria de proteção ao meio ambiente, tem emitido muitas decisões.[44]

---

44. (1) A responsabilidade por dano ambiental é objetiva, informada pela teoria do risco integral, sendo o nexo de causalidade o fator aglutinante que permite que o risco se integre na unidade do ato, sendo descabida a invocação, pela empresa responsável pelo dano ambiental, de excludentes de responsabilidade civil para afastar sua obrigação de indenizar. (Tese julgada sob o rito do art. 543-C do CPC/1973 – Tema 681 e 707, letra a) (2) Causa inequívoco dano ecológico quem desmata, ocupa, explora ou impede a regeneração de Área de Preservação Permanente – APP, fazendo emergir a obrigação propter rem de restaurar plenamente e de indenizar o meio ambiente degradado e terceiros afetados, sob o regime de responsabilidade civil objetiva. (3) O reconhecimento da responsabilidade objetiva por dano ambiental não dispensa a demonstração do nexo de causalidade entre a conduta e o resultado. (4) A alegação de culpa exclusiva de terceiro pelo acidente em causa, como excludente de responsabilidade, deve ser afastada, ante a incidência da teoria do risco integral e da responsabilidade objetiva ínsita ao dano ambiental (art. 225, §3º, da CF e art. 14, § 1º, da Lei 6.938/1981), responsabilizando o degradador em decorrência do princípio do poluidor-pagador. (Tese julgada sob o rito do art. 543-C do CPC/1973 – Tema 438). (5) É imprescritível a pretensão reparatória de danos ao meio ambiente. (6) O termo inicial da incidência dos juros moratórios é a data do evento danoso nas hipóteses de reparação de danos morais e materiais decorrentes de acidente ambiental. (7) A inversão do ônus da prova aplica-se às ações de degradação ambiental. (Súmula 618/STJ) (8) Não se admite a aplicação da teoria do fato consumado em

CAPÍTULO 6 • FONTES DO DIREITO **137**

A *arguição de descumprimento de preceito fundamental*, prevista no § 1º do artigo 102 da Constituição Federal foi regulamentada pela Lei 9.882, de 3 de dezembro de 1999, tem por objeto evitar ou reparar lesão a preceito fundamental, resultante de ato do Poder Público, sendo cabível quando for relevante o fundamento da controvérsia constitucional sobre lei ou ato normativo federal, estadual ou municipal, inclusive os anteriores à Constituição.

Uma vez julgada a ADPF, o STF comunica à autoridade ou órgão responsável pela prática dos atos impugnados, fixando as condições e o modo de interpretação e aplicação do preceito fundamental. Na hipótese em que seja declarada a inconstitucionalidade de lei ou ato normativo, no processo de arguição de descumprimento de preceito fundamental, e tendo em vista razões de segurança jurídica ou de excepcional interesse social, poderá o Supremo Tribunal Federal, por maioria de dois terços de seus membros, restringir os efeitos daquela declaração ou decidir que ela só tenha eficácia a partir de seu trânsito em julgado ou de outro momento que venha a ser fixado. A decisão que julgar procedente ou improcedente o pedido em arguição de descumprimento de preceito fundamental é irrecorrível, não podendo ser objeto de ação rescisória.

O STF, ao apreciar a ADPF 101, Relatora a Ministra Cármem Lúcia, ajuizada pelo Presidente da República, com base nos artigos 102, § 1º, e 103, da Constituição da República, e no artigo 2º, inc. I, da Lei 9.882, de [03.12.1999], a fim de evitar e reparar lesão a preceito fundamental resultante de ato do Poder Público, representado por decisões judiciais que violam o mandamento constitucional previsto no art. 225 da Constituição da República. As decisões judiciais, segundo o autor, foram proferidas em contrariedade a Portarias do Departamento de Operações de Comércio Exterior – Decex e da Secretaria de Comércio Exterior –Secex, Resoluções do Conselho Nacional do Meio Ambiente – Conama (CONAMA 258/99, com a redação determinada pela Resolução CONAMA 301/2002) e Decretos Federais que, expressamente, vedam a importação de bens de consumo usados, no caso concreto pneus usados.

O STF julgou parcialmente procedente a ADPF entendendo que a existência de diferentes decisões judiciais "nos diversos graus de jurisdição, nas quais se têm interpretações e decisões divergentes sobre a matéria", geram uma situação de insegurança jurídica que deve ser solucionada pelo STF. A corte decidiu que "[d]ecisões judiciais com trânsito em julgado, cujo conteúdo já tenha sido executado e exaurido o seu objeto não são desfeitas: efeitos acabados." No que diz respeito às decisões judiciais pretéritas, com indeterminação temporal quanto à autorização concedida para importação de

---

tema de Direito Ambiental. (Súmula 613/STJ) (9) Não há direito adquirido à manutenção de situação que gere prejuízo ao meio ambiente. (10) O pescador profissional é parte legítima para postular indenização por dano ambiental que acarretou a redução da pesca na área atingida, podendo utilizar-se do registro profissional, ainda que concedido posteriormente ao sinistro, e de outros meios de prova que sejam suficientes ao convencimento do juiz acerca do exercício dessa atividade. (12) É devida a indenização por dano moral patente o sofrimento intenso do pescador profissional artesanal, causado pela privação das condições de trabalho, em consequência do dano ambiental (Tese julgada sob o rito do art. 543-C do CPC/1973 – Tema 439).

pneus, determinou a cessação dos efeitos com a proibição da data do julgamento em diante "por submissão ao que decidido nesta arguição".

O § 2º do artigo 102 da CF determina que as decisões definitivas, com julgamento de mérito, do STF, nas ações diretas de inconstitucionalidade e nas ações declaratórias de constitucionalidade produzirão eficácia contra todos e efeito vinculante, relativamente aos demais órgãos do Poder Judiciário e à administração pública direta e indireta, nas esferas federal, estadual e municipal. Aqui, a jurisprudência da corte é de observância obrigatória pelo Poder Público. Todavia, é necessário que se chame a atenção para a questão da declaração de inconstitucionalidade ou constitucionalidade de leis estaduais, pois se o STF não guardar uma linha de coerência entre decisões sobre leis estaduais que sejam fundamentalmente semelhantes, corre-se o risco de que o próprio tribunal passe a ser um ponto gerador de insegurança jurídica, o que é uma contradição em seus próprios termos.

A ADI 4.615/CE foi ajuizada arguindo a inconstitucionalidade da Lei 14.882, de 27.01.2011, do Estado do Ceará, que estabeleceu procedimentos ambientais *simplificados* para implantação e operação de empreendimentos e/ou atividades de porte micro com potencial degradador baixo e adota outras providências. A ADI 4.615/CE foi julgada *improcedente*, aos 28/10/2019, tenho a Corte afirmado que:

> A Lei 6.938/1981, de âmbito nacional, ao instituir a Política Nacional do Meio Ambiente, elegeu o Conselho Nacional do Meio Ambiente – CONAMA como o órgão competente para estabelecer normas e critérios para o licenciamento de atividades efetiva ou potencialmente poluidoras a ser concedido pelos Estados e supervisionado pelo IBAMA. O CONAMA, diante de seu poder regulamentar, editou a Resolução 237/1997, que, em seu art. 12, § 1º, fixou que poderão ser estabelecidos procedimentos simplificados para as atividades e empreendimentos de pequeno potencial de impacto ambiental, que deverão ser aprovados pelos respectivos Conselhos de Meio Ambiente. A legislação federal, retirando sua força de validade diretamente da Constituição Federal, permitiu que os Estados-membros estabelecessem procedimentos simplificados para as atividades e empreendimentos de pequeno potencial de impacto ambiental [ADI 4.615, rel. min. Roberto Barroso, j. 20.09.2019, P, *DJE* de 28.10.2019].

Aos 20.04.2020, o STF julgou procedente a ADI 5.475/AP para declarar formal e materialmente inconstitucional o inc. IV e o § 7º do art. 12 da Lei Complementar 5/1994 do Amapá, alterada pela Lei Complementar estadual 70/2012 que instituía a Licença Ambiental Única, na verdade uma forma simplificada de licenciamento ambiental, tal como existente em outros estados da federação. É curioso que a argumentação que serviu de base para a procedência da ADI, bem como os procedentes invocados, está alicerçada na inexistência de estudos ambientais para a concessão das licenças ambientais (ADI 1.086, ADI 3.035). A Lei do estado do Amapá *não suspendeu* a exigência de licenciamento ambiental, limitando-se a estabelecer um conjunto de licenças, dentro do qual se encontrava a Licença Ambiental Única.

Logo, a decisão proferida na ADI 5.475/AP está em contradição com o decidido na ADI 4.615/CE e até mesmo com o decidido na ADI 5312/TO, proposta em face da Lei 2.713/2013 do Estado do Tocantins que dispensava de licenciamento ambiental as atividades agrosilvopastoris.

6.3.1 Modulação de efeitos

A ADI 2501 é bem interessante no sentido de mostrar a importância da realidade para as decisões judiciais. A Corte Suprema decidiu pela inconstitucionalidade de dispositivos da Constituição Estadual de Minas Gerais (inciso II do parágrafo 1º do artigo 82 do ADCT, bem como os parágrafos 4º, 5º e 6º do mesmo artigo). Tais dispositivos permitiam que o conselho estadual de educação de Minas Gerais autorizasse e credenciasse cursos de instituições privadas de ensino superior no Estado, usurpando, claramente, competência exclusiva da União. Com base no artigo, cerca de 39 instituições privadas de ensino superior, que gerenciavam cerca de 800 cursos de graduação, com mais de 120 mil alunos matriculados, que funcionavam há anos. Caso fosse declarada a inconstitucionalidade pelo STF e se o tribunal aplicasse plenamente o princípio da nulidade da lei inconstitucional, todos os cursos teriam que ser imediatamente fechados, além de que todos os ex-alunos das referidas instituições teriam seus diplomas anulados, posto que viciados de inconstitucionalidade. É óbvio que uma situação como essa geraria insegurança jurídica extrema, além de sérios prejuízos aos ex-alunos e a toda sociedade. No referido caso, afastando a teoria da nulidade da lei inconstitucional e aplicando a modulação de efeitos (efeitos *pro futuro*), o STF declarou a inconstitucionalidade dos dispositivos impugnados, mas determinou que ficariam mantidos os diplomas já expedidos pelas instituições, bem como os cursos que em andamento. Tal posicionamento da Corte Suprema preservou uma situação amparada por uma lei inconstitucional (algo impensável para a teoria da nulidade) em prol da segurança jurídica e da proporcionalidade.

6.4 Conclusão

O sistema constitucional brasileiro, claramente, atribui às cortes um papel preponderante na construção do direito, pois estabeleceu diversos mecanismos de decisões com efeitos vinculantes e, inclusive, possibilidades de preenchimento de lacunas legislativas. Mais uma vez, a lição de Karl Engisch sobre o papel da jurisprudência é fundamental para a compreensão da matéria:

> Até mesmo adeptos da Jurisprudência dos interesses, fiéis à lei, se não fecharam a esta teoria. No decursos de nossas investigações se tornou patente, em muitas passagens, que as leis apenas podem ser aplicadas, interpretadas e, em caso de necessidade, integradas e complementadas com base em valorações que pertencem ao cosmos mais amplo do Direito no qual as leis se inserem (1979, p. 320)

Assim, a jurisprudência é uma expressão viva do direito e cuja relevância é crescente nas sociedades democráticas, como é o caso do Brasil.

7. DOUTRINA

7.1 Introdução

A inclusão da doutrina dentre as fontes do direito é tema tormentoso e sobre o qual não há um consenso claro. Segundo António Manuel Hespanha (2014) a doutrina é um dos pontos nos quais existe grande divergência entre as teorias sociológica e dogmática do direito. A sociológica afirma e constata o "grande impacto" que a doutrina tem sobre as diferentes formas de produção do direito; já a segunda atribui-lhe caráter meramente interpretativo que se forma, basicamente, a partir dos chamados "argumentos de autoridade".

Por doutrina entende-se a opinião dos juristas expressas em seus escritos (Latorre, 1978). É evidente que tal critério é muito fluído e varia conforme as preferências pessoais de cada um dos aplicadores do direito no caso concreto que pode preferir a opinião deste ou daquele jurista em um determinado tema. No passado a opinião dos juristas era muito considerada, sendo certo que o direito romano possuía uma ordem de preferência entre as opiniões dos comentadores. A Lei das Citações (*Lex Citationum*) determinava que a opinião de alguns juristas fosse obrigatória. Assim, Gaio, Papiniano, Paulo, Ulpiano e Modestino tinham papel relevante na aplicação do direito. Havendo critérios diferentes, a opinião da maioria deles deveria ser seguida, mas, se nem todos houvessem se pronunciado sobre o assunto e havendo empate, a palavra de Papiniano deveria ser seguida. Não existindo opinião conhecida de Papiniano sobre a matéria, o magistrado estava livre para adotar a solução doutrinária que lhe parecesse mais adequada (PAUPÉRIO, 1989).

Na Idade Média a *communis opinio doctorum* (opinião comum dos doutores) foi uma importante fonte de unificação do direito, como foi o caso das obras críticas produzidas pelos glosadores e pós glosadores. Isto foi possível, pois havia uma unidade ideológica na sociedade medieval europeia e uma base comum constituída sobre o direito romano. A doutrina, até o século XVIII, foi "indubitavelmente" (Hespanha, 2014, p. 550) a principal fonte do direito (direito continental europeu). Fato é que, por mais de 2000 anos, juristas profissionais vêm interpretando as normas de direito e refletindo sobre o seu significado, assim como têm proposto novos modelos de direito, conforme as novas circunstâncias da vida em sociedade. Esta tradição tem origem nos *prudentes* romanos, donde jurisprudência, que comentavam o direito de sua época, buscando identificar as suas razões mais profundas, como esforço de compreensão das questões não resolvidas (Pasquier, 1979, p. 67), mediante a apresentação de respostas às consultas jurídicas que lhes eram formuladas pelas partes.

Atualmente, o Código Civil Suíço, em seu artigo 1 A, sobre a disposição legal aplicável ao caso concreto determina que o juiz se pronunciará segundo o direito costumeiro, à falta de um costume, segundo as regras que teria elaborado caso fosse o legislador, inspirando-se nas soluções consagradas pela *doutrina* e pela jurisprudência.[45]

7.2   A doutrina na contemporaneidade

No mundo contemporâneo a doutrina é uma categoria ambígua (Bergel, 2006), pois não é um corpo único, um pensamento único. Em uma sociedade plural, a doutrina

---

45. Disponível em: https://www.admin.ch/opc/fr/classified-compilation/19070042/index.html#a1. Acesso em: 13 dez. 2020.

jurídica é plural. Tal pluralidade abrange desde pensamentos da esquerda revolucionária até o conservadorismo reacionário, passando por diversos matizes de centro. Logicamente, o intérprete ao se socorrer da doutrina, o fará conforme as suas posições políticas mais amplas. O reconhecimento formal da doutrina como fonte primária de direito seria, certamente, uma enorme ampliação do campo da insegurança jurídica, pois a inexistência de unidade doutrinária implicaria na escolha arbitrária por parte do aplicador sobre qual jurisconsulto adotar como fonte credenciada para a decisão a ser tomada, na hipótese de lacuna legal a ser preenchida. Isto se comprova pelo crescente número de decisões judiciais que se socorrem da opinião de doutrinadores para sustentar suas razões de decidir.

Apesar das dificuldades legais e políticas para a aceitação da doutrina como uma *fonte imediata* de direito, não seria lícito ignorar o papel *mediato* que ela desempenha na produção do direito novo. Paulo Nader (2021) reconhece três papéis da doutrina, a saber: o (1) criador, o (2) prático e o (3) crítico.

O papel *criador* é parte da tradição jurídica iniciada com os romanos que, ao alicerçarem o seu direito em uma estrutura formada por juristas profissionais, permitiu que fosse construída toda uma metodologia de raciocínio lógico que era capaz de extrair regras e princípios das normas, adaptando-as às necessidades de cada momento:, pois é pela doutrina que são introduzidos os neologismos, os novos conceitos, as novas teorias e institutos no mundo do direito. O jurista, muitas vezes, atento à realidade, busca identificar novos institutos aptos a serem transformados em normas cogentes para regular aspectos da vida social. Um bom exemplo é a vasta produção doutrinária que vem sendo produzida no que pode ser designado como *direito dos animais*. Fernanda Luiza Fontoura Medeiros (2013) afirma ser chegada a hora do direito se colocar a serviço da solução de conflitos de deveres morais, entendendo ser de Justiça o reconhecimento de direitos aos animais. Há, aqui, um início de construção doutrinária de um novo direito que, poderá ou não, ser positivado em norma jurídica. Cuida-se de uma potencialização do conteúdo do artigo 225, § 1º, VII da CRFB que determina competir ao estado "proteger a fauna e a flora, *vedadas*, na forma da lei, *as práticas que* coloquem em risco sua função ecológica, provoquem a extinção de espécies ou *submetam os animais a crueldade*".

Há uma reação social que se reflete em uma crescente produção doutrinária que postula a revogação da posição jurídica dos animais como *res* (coisa), tal como consta do artigo 82 do CCB, veja-se que no direito alemão,[46] os animais gozam de uma classificação específica que os colocam em uma posição intermediária entre os seres humanos e as coisas.

A revogação da condição de *res* (coisa) ostentada pelos animais no direito brasileiro tem sido discutida no Parlamento Brasileiro há longa data. O projeto de Lei 6799/2013 de autoria do Deputado Federal Ricardo Izar acrescenta parágrafo único ao artigo 82 do

---

46. Para uma análise mais abrangente, ver: TOLEDO, Maria Izabel Vasco. A tutela jurídica dos animais no brasil e no direito comparado. *Revista Brasileira de Direito Animal*, Salvador, ano 7, v. 11, jul./dez. 2012, p. 197-223.

Código Civil para dispor sobre a natureza jurídica dos animais domésticos e silvestres com a seguinte redação: "Parágrafo único. O disposto no caput não se aplica aos animais domésticos e silvestres".[47] O projeto foi posteriormente aprovado com modificações pelo Senado Federal, tendo retornado à Câmara dos Deputados. Caso o PL 6799/2013 seja convertido em lei, os animais perderão a condição jurídica de coisa, passando a ostentar uma natureza jurídica *sui generis*.

O papel *prático* se demonstra na sistematização do direito positivo feita pelos juristas que, ao organizá-lo de forma coerente e sistemática permite uma compreensão mais aprofundada do setor do direito que se esteja examinando concretamente.

O papel *crítico* se caracteriza pela análise dos institutos jurídicos, das práticas jurídicas, da eficácia e aplicação do direito vigente, com vistas a apontar-lhe as falhas e sugerir medidas capazes de aprimorá-lo. A produção do direito, como se sabe, é fruto de um processo dialético mediante o qual teses são contrapostas, resultando sínteses em um processo constante e permanente.

8. AUTORREGULAMENTAÇÃO

A autorregulamentação é o estabelecimento de regras técnicas, de funcionamento e éticas para uma determinada atividade pelo próprio setor profissional ou econômico. No Brasil, um dos melhores exemplos de tal prática é a autorregulamentação da atividade publicitária realizada pelo Conselho Nacional de Autorregulamentação Publicitária – CONAR.[48] O CONAR foi fundado no final dos anos 70 do Século XX, com o objetivo de evitar a imposição de censura prévia sobre a publicidade.

Os profissionais da publicidade tiveram a ideia de criar um código que fosse capaz de definir diretrizes éticas para a publicidade. Em seguida foi criado o CONAR que seria a instituição privada encarregada de velar pelo respeito às diretrizes contidas no Código Brasileiro de Autorregulamentação Publicitária [CBAP]. São os próprios publicitários que atuam como "juízes" no CONAR e que, mediante representação ou de ofício, examinam peças publicitárias para conferir se elas estão atendendo aos padrões éticos definidos pela própria comunidade publicitária.

O CBAP estabelece que a ética publicitária se funda nos seguintes termos, dentre outros: (1) todo anúncio deve ser honesto e verdadeiro e respeitar as leis do país, (2) deve ser preparado com o devido senso de responsabilidade social, evitando acentuar diferenciações sociais,(3) deve ter presente a responsabilidade da cadeia de produção junto ao consumidor, (4) deve respeitar o princípio da leal concorrência e (5) deve

---

47. Disponível em: https://www.camara.leg.br/proposicoesWeb/prop_mostrarintegra;jsessionid=4203EEF8EBD0438B3AE4FD293981D62E.proposicoesWebExterno2?codteor=1198509&filename=PL+6054/2019+%28N%C2%BA+Anterior:+PL+6799/2013%29. Acesso em: 1º jun. 2020.
48. Disponível em: http://www.conar.org.br/. Acesso em: 11 nov. 2020.

CAPÍTULO 6 • FONTES DO DIREITO **143**

respeitar a atividade publicitária e não desmerecer a confiança do público nos serviços que a publicidade presta.

Em relação ao meio ambiente a "publicidade deverá refletir as preocupações de toda a humanidade com os problemas relacionados com a qualidade de vida e a proteção do meio ambiente; assim, serão vigorosamente combatidos os anúncios que, direta ou indiretamente, estimulem: (1) a poluição do ar, das águas, das matas e dos demais recursos naturais; (2) a poluição do meio ambiente urbano; (3) a depredação da fauna, da flora e dos demais recursos naturais; (4) a poluição visual dos campos e das cidades; (5) a poluição sonora; (6) o desperdício de recursos naturais".

A publicidade deverá levar em consideração a crescente utilização de informações e indicativos ambientais na publicidade institucional e de produtos e serviços, atendendo os princípios de (1) *veracidade* – as informações ambientais devem ser verdadeiras e passíveis de verificação e comprovação; (2) *exatidão* – as informações ambientais devem ser exatas e precisas, não cabendo informações genéricas e vagas; (3) *pertinência* – as informações ambientais veiculadas devem ter relação com os processos de produção e comercialização dos produtos e serviços anunciados e (6) *relevância* – o benefício ambiental salientado deverá ser significativo em termos do impacto total do produto e do serviço sobre o meio ambiente, em todo seu ciclo de vida, ou seja, na sua produção, uso e descarte.

Em matéria de responsabilidade social podemos citar a seguinte decisão do CONAR:

> Esta representação ética foi aberta pela direção do Conar a partir de ofício recebido do Ministério Público gaúcho, por meio da Promotoria de Justiça de Defesa do Consumidor de Porto Alegre, questionando haver em anúncio do McDonalds comparação enganosa e deseducativa entre lanches e um prato de "arroz, feijão e picadinho", informando que o lanche oferecido seria "mais magro". O anúncio em questão é um informe publicitário inserido em jornal. Em suas defesas, anunciante e agência negam enganosidade na comparação, juntando à representação demonstrações do número de calorias em um sanduíche e no prato mencionado. Para a defesa, o anúncio se limita a citar o valor calórico dos alimentos e não as suas propriedades nutricionais. A defesa demora-se em outras explicações sobre o contexto criativo do anúncio.
>
> O relator aceitou vários dos argumentos da defesa, inclusive a comparação mencionada, mas considerou que uma das chamadas da peça publicitária – "BigMac é saúde e educação" – pode confundir os consumidores, ao não esclarecer de forma mais explícita que se trata de divulgação de uma campanha social apoiada pela marca e não uma menção ao lanche do mesmo nome. Por isso, o relator propôs a alteração deste ponto. Seu voto foi aprovado por unanimidade e complementado, por maioria de votos, pela recomendação de advertência à Arcos Dourados e S2Publicom, para que tenham presente em futuras campanhas a responsabilidade em valorizar e encorajar a importância da alimentação saudável, variada e balanceada, a partir da disponibilização de informações completas sobre seus produtos.[49]

Não há dúvida que, no âmbito da atividade profissional da publicidade, as decisões tomadas pelo CONAR fazem verdadeiro direito costumeiro que é observado pelos seus membros. Aliás, os Tribunais Judiciais, cada vez mais, têm reconhecido valor jurídico às

---

49. É big, é big, é big mac. Representação 280/2018. Julgamento: Fevereiro de 2019. Disponível em: http://www. conar.org.br/. Acesso em: 11 nov. 2020.

decisões do CONAR no que se refere ao exercício da atividade publicitária. Em termos de "propaganda comparativa" o Tribunal de Justiça do Paraná entendeu que "simples comparação de preços" não configura "concorrência desleal", se a publicidade não é "vedada por nenhuma norma jurídica" basta que se observem "as regras estabelecidas pelo código brasileiro de autorregulamentação publicitária".[50] No mesmo sentido é o entendimento do STJ[51] que conceitua a publicidade comparativa "como método ou técnica de confronto empregado para enaltecer as qualidades ou o preço de produtos ou serviços anunciados em relação a produtos ou serviços de um ou mais concorrentes, explícita ou implicitamente, com o objetivo de diminuir o poder de atração da concorrência frente ao público consumidor" . Reconhece o STJ que, muito embora, não haja uma abordagem legal específica para o tema, a publicidade comparativa é aceita pelo ordenamento jurídico pátrio, desde que observadas determinadas regras e princípios do direito do consumidor, do direito marcário e do direito concorrencial, sendo vedada a veiculação de propaganda comercial enganosa ou abusiva, que abale a imagem da marca comparada, que configure concorrência desleal ou que cause confusão no consumidor.

9. BOAS PRÁTICAS

As boas práticas são um conjunto de medidas, atos e costumes adotados por um determinado setor econômico ou social, com vistas ao seu aprimoramento constante. As boas práticas têm recebido reconhecimento legal e podem ser consideradas como uma *fonte de direito*, pois tendem a ser obrigatórias, seja por força de lei, seja por força de obrigação contratual.

A Agência Nacional de Vigilância Sanitária [ANVISA], instituída pela Lei 9.782, de 26 de janeiro de 1999, tem entre as suas competências a de "conceder e cancelar o certificado de cumprimento de boas práticas de fabricação" de medicamentos, alimentos e outros produtos (artigo 7º, X). O Certificado de Boas Práticas de Fabricação (CBPF) é o documento emitido pela Anvisa atestando que determinado estabelecimento cumpre com as Boas Práticas de Fabricação.[52]

---

50. TJPR – 7ª C. Cível – AC – 1572363-2 – Curitiba – Rel.: Juíza Ana Paula Kaled Accioly Rodrigues da Costa – Unânime – J. 08.05.2018.
51. STJ – REsp: 1668550 RJ 2014/0106347-0, Relator: Ministra Nancy Andrighi, Julgamento: 23.05.2017, 3ª Turma, DJe 26.05.2017.
52. "É direito da empresa que atua na fabricação de produtos médicos obter a Certificação de Boas Práticas de Fabricação em tempo razoável, sob pena de se frustrar a legítima confiança que as pessoas depositam na Administração. 2. "A demora excessiva e injustificada da Administração para cumprir obrigação que a própria Constituição lhe impõe é omissão violadora do princípio da eficiência, na medida em que denuncia a incapacidade do Poder Público em desempenhar, num prazo razoável, as atribuições que lhe foram conferidas pelo ordenamento (nesse sentido, o comando do art. 5º, LXXVIII, da CF). Fere, também, a moralidade administrativa, por colocar em xeque a legítima confiança que o cidadão comum deposita, e deve depositar, na Administração. TRF-1 – REOMS: 00400587420144013400, Relator: Desembargador Federal João Batista Moreira, Data de Julgamento: 02.12.2019, 6ª Turma, Publicação: 12.12.2019.

As boas práticas ambientais na indústria do petróleo, por exemplo, são obrigatórias. A Lei 9.478, de 6 de agosto de 1997 estabelece que uma das atribuições da Agência Nacional do Petróleo, Gás Natural e Biocombustíves – ANP é "promover a regulação, a contratação e a fiscalização das atividades econômicas integrantes da indústria do petróleo, do gás natural e dos biocombustíveis" , com incumbência de "fazer cumprir as boas práticas de conservação e uso racional do petróleo, gás natural, seus derivados e biocombustíveis e de preservação do meio ambiente" (artigo 8º, IX).

Os contratos de concessão das atividades de exploração e produção de óleo e gás devem determinar a obrigação dos concessionários a "adotar, em todas as suas operações, as medidas necessárias para a conservação dos reservatórios e de outros recursos naturais, para a segurança das pessoas e dos equipamentos e para a proteção do meio ambiente" (art. 44, I da Lei 9.478/1997).

Capítulo 7
INTERPRETAÇÃO E APLICAÇÃO DO DIREITO

1. INTRODUÇÃO

O direito é conhecimento eminentemente prático, pois tem por função resolver controvérsias entre sujeitos de direito de forma pacífica. As normas jurídicas, positivadas ou consuetudinárias, contudo, não são compreendidas uniformemente por todos e, sobretudo, não são observadas igualmente por todos. Há, portanto, necessidade real de que os conflitos sejam dirimidos de forma justa e aceita por todas as partes. A interpretação e a aplicação do direito são os instrumentos privilegiados para que o direito se movimente e exerça o papel que dele se espera, ou seja, que solucione os litígios. Para que a interpretação e a aplicação do direito, conforme o entendimento do intérprete, sejam aceitas pelas partes em conflito, faz-se necessário que a (1) norma e o (2) intérprete sejam vistos pelos litigantes como neutros em relação à controvérsia e, portanto, confiáveis aos olhos de todos. Foi na Roma antiga que, primeiramente, surgiu uma classe de juristas professionais dedicada a interpretar e aplicar o direito, criando métodos hermenêuticos próprios e que, ainda hoje, são importantes, embora não sejam mais os únicos. Os romanos criaram uma estrutura racional e lógica para entender o direito e aplicá-lo conforme os casos concretos que eram submetidos aos jurisconsultos. A interpretação e aplicação do direito, em seus primórdios, era privada e, paulatinamente, foi se transferindo para o estado. A predominância da interpretação e aplicação estatais do direito, tem como uma de suas principais consequências a concepção monista do direito, identificando-o com o estado. Entretanto, não nos iludamos. Ao interpretar e aplicar o direito, o intérprete, em alguma medida, cria direito. Assim, o significado é o resultado da tarefa interpretativa. Logo, os textos legais, *em si* mesmos, nada nos dizem. A mensagem que eles nos enviam é o que os intérpretes dizem que eles são (Grau, 2009).

A sociedade pós-industrial do século XXI, vem mesclando a aplicação estatal com a aplicação privada do direito, como nos dão conta as soluções alternativas de conflitos, em especial a (1) mediação e a (2) arbitragem, cada vez mais presentes na vida quotidiana. A economia de mercado busca transformar todos os bens em bens disponíveis no mercado e a prestação jurisdicional, a interpretação e a aplicação do direito estão incluídas no pacote.

O direito é essencial e indispensável na economia de mercado, sem ele seria impossível pensar em tal modelo econômico, haja vista que são as categorias jurídicas que ativam a circulação de bens, possibilitando a igualdade das pessoas e dando suporte à realização dos contratos. A partir do ato contratual, os homens se reconhecem reciprocamente como iguais no mercado. A essencialidade do direito para a economia de mercado, contudo, não se exprime, apenas, na igualdade jurídica e no suporte jurídico para a celebração dos contratos etc. O direito é um primordial organizador social e modelador de hábitos e costumes, sendo o lado "negativo" da ação educadora do estado. As funções organizativas desempenhadas pelo direito são basicamente políticas, como de resto, são as normas e proposições jurídicas fundamentais. É o direito que faz a interface entre a infraestrutura econômica e a estrutura; obviamente, cuida-se de um processo complexo que não é imediato, mecânico ou voluntarista. A transformação das relações econômicas e outras relações sociais em relações jurídicas, ocorre por mediações sociais, pois a relações econômicas não podem por si mesmas produzir normas legais (Szabó, 1978).

A mediação social, na interpretação e aplicação do direito, ou mesmo na sua produção, pressupõe a possibilidade de que *interesses imediatos* dos grupos dominantes, ou de parcelas deles, possam ser pontualmente contrariados. É pela mediação social que a correlação de forças políticas se expressa no direito, em qualquer de seus aspectos. A expressão política dessas disputas é remetida para as leis, seja através de uma revolução que altera todo o ordenamento jurídico, seja através de uma legislação reformista, ou mesmo de uma legislação regressista.

A interpretação e aplicação do direito são evolutivas e para que uma determinada concepção se torne capilar na sociedade, é preciso tempo, pois não ocorre da noite para o dia, pois a permanência é muito mais forte que a mudança. Isto é, as transformações sociais profundas não acontecem pela simples mudança de poder político, muito menos pela troca de uma equipe de juízes. Estas são condições necessárias, mas não suficientes. Arno Mayer afirma que até 1914 as nobrezas agrárias e de serviços públicos continuavam a predominar entre as classes governantes da Europa. As notáveis exceções eram a Inglaterra e a França. A posição de tais classes era "sólida e terrível, não sendo precária ou anacrônica, isto devido ao fato que o seu imenso capital não se limitava ao cultural e simbólico, era econômico igualmente. Contudo, Mayer afirma que "sua base material antiga e saliente vinha se debilitando devido ao relativo declínio do setor agrário" (Mayer, 1987, p. 131).

É evidente que o ordenamento jurídico vigente, em um dado território e em um dado momento, não é apenas o conjunto de normas ou costumes, mas principalmente a atividade prática do todo, o que nos impõe levar em consideração a atividade desempenhada pelos *operadores* do direito, ou seja, do grupo de profissionais do direito. Cabe a esse pessoal realizar a mediação entre o que foi proposto pelo legislador e a demanda posta pela sociedade através de litígios judiciais e outras postulações. O Legislativo articula a legislação a partir de um determinado ponto de vista, com um objetivo, criando um sistema de roldanas no qual são estabelecidas conexões entre os diversos "ramos" do direito de forma que, quanto maior o número de roldanas, menor seja o esforço para que as finalidades do sistema posam ser alcançadas. Karl Engisch mostra uma profunda compreensão da questão ao afirmar que "o direito penal aparece como instrumento e

CAPÍTULO 7 • INTERPRETAÇÃO E APLICAÇÃO DO DIREITO

149

acessório do direito civil quando sanciona o regime jurídico privado da propriedade, através de preceitos penais dirigidos contra o furto, abuso de confiança, o roubo e o dano" (1979, p. 115). No caso específico do Brasil, é interessante observar legislação da Era Vargas que fez uma articulação entre a (1) criação da Carteira Profissional [Decreto 21.175, de 21 de março de 1932], a (2) Lei do Salário Mínimo [Lei 185, de 14 de janeiro de 1936], a (3) Lei de Contravenções Penais [Decreto-Lei 3.688, de 3 de outubro de 1941], em especial os artigos 59 e 60 que, concretamente, puniam o desemprego e a (4) Consolidação das Leis do Trabalho [Decreto-Lei 5.452, de 1º de maio de 1943]. Assim, ao mesmo tempo em que o estado estabelecia um controle registral dos empregados e um salário mínimo, pela criminalização do desemprego, rebaixava o custo da mão de obra. Note-se que o salário-mínimo desde a sua criação, não tem sido motivo de controvérsias relevantes entre o empresariado, conforme aponta Roberto Santos: "não se conhece, no Brasil, nenhuma reivindicação coletiva dos empresários no sentido de abolir o salário-mínimo. Mesmo depois da mudança política ocorrida em 1964, quando a classe empresarial poderia com mais desenvoltura pleitear a revogação pura e simples do salário mínimo, jamais o fez" (1973, p. 179).

A aplicação do direito é o momento em que a norma jurídica perde a sua abstração e generalidade, se transformando em concreta e individualizada. A passagem de um momento para outro é que é o cerne de toda a dificuldade da atividade judicial. A ética judicial é complexa pois, se ao juiz não é dado desprezar o texto legal – ao contrário, deve aplicá-lo – não pode, por outro lado, esquecer que a norma tem fins a serem atingidos, fins estes que se vinculam ao seu destinatário final que é o ser humano.

A margem de discricionariedade do magistrado na aplicação da lei é bastante larga. Fala-se em discricionariedade, pois ao magistrado impõe-se escolher entre soluções legais possíveis; tais soluções, todavia, serão fruto da concepção ética do magistrado, ou, no mínimo, tendem a delas se aproximar.

2. PODER JUDICIÁRIO E AUTONOMIA

A autonomia e independência do Poder Judiciário em relação aos demais poderes é decorrência da célebre tripartição do poder estatal imaginada por Montesquieu. No Brasil, o artigo 2º da CRFB estabelece que são poderes da União, independentes e harmônicos entre si, o Legislativo, o Executivo e o Judiciário, cada um com uma esfera de atribuição própria. Entretanto, é comum que um poder tente invadir o campo específico de outro. Em tal hipótese, compete ao Judiciário estabelecer os limites[1] e invalidar o ato.[2]

---

1. STF: Anotação Vinculada – art. 2º da Constituição Federal – "Compete ao Judiciário, no conflito de interesses, fazer valer a vontade concreta da lei (...). Para isso, há de interpretar a lei ou a Constituição, sem que isso implique ofensa ao princípio da independência e harmonia dos Poderes. [AI 410.096 AgR, rel. min. Roberto Barroso, j. 14.04.2015, 1ª T, DJE de 06.05.2015]".
2. STF: Anotação Vinculada – art. 2º da Constituição Federal – "Condicionar a aprovação de licenciamento ambiental à prévia autorização da Assembleia Legislativa implica indevida interferência do Poder Legislativo

A moderna configuração do Poder Judiciário é obra da Constituição dos Estados Unidos que, em seu artigo III[3] delineou-lhe os contornos de forma que, até os dias presentes, serve de inspiração para diversos países, inclusive o Brasil. Contudo, a questão relativa à autonomia do Judiciário é matéria que tem suscitado grandes debates nos mais diferentes sistemas políticos. Às vésperas da extinção da União Soviética, o movimento da perestroika reconhecia o que era óbvio, a falta de independência do judiciário soviético (PCUS, 1988), cujo principal marco de submissão ao poder foram os chamados *processos de Moscou*.[4] Na Inglaterra, onde se tem reconhecido muita independência do Judiciário, a questão também está colocada de forma candente. (O'Hagan, 1984).

Sem dúvida, a divisão de poderes é uma forma de divisão de trabalho entre os diversos órgãos do Estado. Contudo, é preciso considerar que a independência formal é uma pré-condição para a independência concreta. Hoje, cada vez mais a autonomia política e decisória do Judiciário é um fato que tem se afirmado. Por outro lado, a aplicação do direito pelo Judiciário vem se estreitando, pois é apenas um aspecto da aplicação concreta e diária do direito. É evidente que a aplicação extrajudicial do direito amplia a sua importância a cada momento, o que desloca o Poder Judiciário e faz com que este assuma uma posição, não se diga secundária, mas com tendência a um grau menor de centralidade na vida do direito e em sua aplicação, em especial nas questões privadas. O princípio da inércia da jurisdição tem algo a ver com a noção de autonomia do Judiciário. Por este princípio, não basta que haja a violação do direito para que o órgão judicial seja convocado a intervir no sentido do restabelecimento da ordem jurídica. Em verdade, para que se dê a intervenção do Judiciário em um caso são necessárias, no mínimo, duas condições: a (1) violação do direito e o (2) inconformismo daquele que julga o seu direito violado.

---

na atuação do Poder Executivo, não autorizada pelo art. 2º da Constituição. [ADI 3.252 MC, rel. min. Gilmar Mendes, j. 06.04.2005, P, DJE de 24.10.2008]".

3. Disponível em: http://www.direitoshumanos.usp.br/index.php/Documentos-anteriores-%C3%A0-cria%-C3%A7%C3%A3o-da-Sociedade-das-Na%C3%A7%C3%B5es-at%C3%A9-1919/constituicao-dos-estados--unidos-da-america-1787.html. Acesso em: 08 mar. 2021.

4. Grigóri Zinoviev, Lev Kamenev e outros 14 dirigentes bolcheviques são condenados sem provas e executados em Moscou, capital da União Soviética, sob a acusação de assassinar o dirigente soviético Sergei Kirov e planejar a morte de Josef Stálin – secretário-geral do Partido Comunista.

   O espetáculo foi a primeira farsa jurídica de várias outras, sempre com o mesmo padrão: os réus, em sua maioria militantes do Partido Comunista da União Soviética (PCUS), eram submetidos a torturas, ameaças e maus-tratos, e acabavam confessando crimes que não cometeram – como espionagem, envenenamento e sabotagem.

   Centenas de milhares de membros do Partido Comunista e do Exército Vermelho, socialistas, anarquistas e opositores de Stálin seriam perseguidos pela polícia, presos e, se não eram executados, seguiam para campos de concentração.

   Essa série de julgamentos públicos dos opositores de Stálin, ocorridos na União Soviética de 1936 a 1938, ficou conhecida como Processos de Moscou. Velhos líderes bolcheviques, que dirigiram a Revolução Russa, foram assim banidos, consolidando o poder absoluto de Stálin.

   Disponível em: http://memorialdademocracia.com.br/card/uniao-sovietica-em-choque. Acesso em: 08 mar. 2021.

CAPÍTULO 7 • INTERPRETAÇÃO E APLICAÇÃO DO DIREITO | 151

Para compreender a aplicação do direito e as possibilidades de inovação neste campo específico da vida jurídica, faz-se necessário partir de um verdadeiro dogma, que é o papel social do juiz e a maneira pela qual ele se vê diante do mundo e como entende o seu papel. Hugh Collins foi feliz ao escrever que os tribunais e os juízes se apresentam como agentes de toda a sociedade responsáveis por impor vontade geral, tal como ela como ela é articulada na lei (1984). A observação não discrepa da realidade brasileira, guardadas as devidas proporções. Com efeito, F. A de Miranda Rosa e Odília D. de Alarcão Cândido afirmam que:

> [u]m outro lado se apresenta, com especial significação. É a composição humana do aparelho judicial, mas precisamente, dos magistrados que, monocraticamente, ou em colegiados, proferem decisões judiciais. São "os instrumentos humanos da realização da justiça", pois esta é feita pela palavra e pela ação dos homens...
>
> Sobre quem são esses agentes humanos da Justiça no Brasil, já foi afirmado serem eles homens (e mulheres, em número crescente) geralmente provindos da classe média, a chamada pequena burguesia. Sua proveniência social, dessa maneira, é aquela que mais aproximadamente representa o consenso médio da sociedade. É lugar comum afirmar que a classe média é o principal definidor dos parâmetros dominantes, aquele que mais reflete suas tensões e transformações, o que no Brasil tem sido particularmente verdadeiro (1988, p. 177).

Para o julgador, portanto, trata-se de explicar aquilo que o conjunto da sociedade estatuiu em relação a determinados assuntos e que foi transformado em direito. A atividade do juiz como intérprete da vontade social, entretanto está delimitada por esta própria vontade expressa na lei. Assim, é com instrumentos jurídicos que o juiz deve dar soluções a problemas jurídicos. Também pode ser observado que os artigos 4º e 5º da LINDB, segundo os quais, "quando a lei for omissa, o juiz decidirá o caso de acordo com a analogia, os costumes e os princípios gerais de direito."(artigo 4º) e que "[n]a aplicação da lei, o juiz atenderá aos fins sociais a que ela se dirige e às exigências do bem comum" (artigo 5º). Assim, o legislador definiu os limites da atuação do magistrado e fixou a extensão do seu poder interpretativo. Vale lembrar que, e.g., em matéria tributária, o espaço do julgador é muito reduzido, sendo-lhe imposto que, em certas ocasiões, se utilize de um determinado método interpretativo do direito, como é o caso da suspensão e exclusão do crédito tributário, outorga de isenção, dispensa de cumprimento de obrigações acessórias, que no caso é a interpretação literal [Código Tributário Nacional, artigo 111].

A aplicação judicial do direito é momento de tensão entre a realidade e a ordem jurídica. O direito é apresentado pelo positivismo como garantidor da "paz social", da "segurança" e do "equilíbrio". A sua aplicação, portanto, deve ser a concretização de tais objetivos. Por isso, há a necessidade objetiva de um mecanismo "socialmente neutro" para a interpretação e aplicação da lei, conforme se percebe da seguinte passagem do jurista italiano Francesco Ferrara:

> A finalidade da interpretação é determinar o sentido objetivo da lei, a *vis ac potestas legis*. A lei é expressão da vontade do Estado, e tal vontade persiste de modo autônomo, destacada do complexo dos pensamentos e das tendências que animaram as pessoas que contribuíram para a sua emanação (1978, p. 134).

Aqui, sem dúvida, e sem mais dificuldades, pode ser constatado que o conceito rousseauniano de lei como expressão de vontade geral foi inteiramente descartado e abandonado. A vontade não é mais geral, popular, agora é a vontade do Estado, pública, impessoal. Portanto, a "ciência do direito" surge como resposta às necessidades teóricas e práticas de "racionalizar" o afastamento entre a lei e a soberania popular. Pasukanis já demonstrara que a elaboração "científica" do direito, a compatibilização de suas normas, não é apenas ideologia, mas necessidade concreta e objetiva de mecanismos mais precisos e harmônicos entre si que, nos conflitos, guardem independência entre as partes, mesmo porque as demandas entre os grandes grupos econômicos necessitam um árbitro neutro.

O controle de constitucionalidade e legalidade exercido pelos tribunais superiores é claramente controle político. Esta é uma tradição que vem desde quando Napoleão organizou a Corte de Cassação [*Cour de Cassation*] com o objetivo de unificar a interpretação do direito (Latorre, 1978, p. 110).

3. A INTERPRETAÇÃO DO DIREITO COMO ELEMENTO FUNDAMENTAL DA ORDEM JURÍDICA

O direito precisa ser aplicado para que produza resultados e seja efetivo, é a aplicação que define o conteúdo de uma norma jurídica. Isto se faz pela interpretação do direito, pelo entendimento que os múltiplos aplicadores do direito têm nas circunstâncias reais de suas intervenções. Conforme nos relembra Angel Latorre (1978), a interpretação é um tema antigo e extremamente debatido na doutrina, sendo justamente merecedora de tanta atenção, pois é certo que ela é fundamental, com enormes implicações práticas e teóricas. A interpretação do direito, não se limita a pensar *de novo* aquilo que já foi pensado, pelo contrário, é um saber pensar até o fim aquilo que já começou a ser pensado por outro (Radbruch: 1979). A interpretação tem por objetivo atualizar a norma, uma vez que a posição dogmática, aferrada à letra da lei, em diversas oportunidades, é impeditiva de soluções jurídicas adequadas ao tempo presente; por sua vez, a interpretação "revolucionária" cria a possibilidade da "ditadura togada", isto é o abuso "do poder jurisdicional, criando o juiz o direito sob o manto da legalidade" (Gusmão, 2018 p. 243).

A matéria é importante, tanto mais que o Poder Judiciário, através de seus diversos órgãos, cria um direito concreto e objetivo que, ao se tornar definitivo, por intermédio da coisa julgada, vale como norma jurídica particular. Aliás, não se pode duvidar que, por diversos fatores, que variam desde o acerto das decisões até a simples comodidade, a jurisprudência [acórdãos, súmulas, enunciados, temas, precedentes] cada vez mais ganha relevância como fonte efetiva de direito. É ultrapassada a ideia de que a jurisdição [dizer o direito] é ato meramente declaratório do direito aplicável ao caso concreto. Por força da hierarquia das normas, é dado ao órgão judicial o poder e a obrigação de produzir normas [de hierarquia inferior, individualizada], para dar solução a casos concretos. A aplicação do direito é simultaneamente interpretação e produção do direito (Kelsen, 1979), como já foi afirmado diversas vezes.

A interpretação, na tradição jurídica aceita por grande parte da doutrina se divide em: (1) literal [gramatical, linguística, verbal]. (2) lógica ou racional, (3) teleológica, (4) extensiva, (5) restritiva, (6) histórica, (7) autêntica, (8) abrangente etc. (Ferrara, 1978; Lukic, 1974; Perelman, 1979; Legaz y Lacambra, 1979; Maximiliano, 2011).

Os diferentes métodos, no entanto, não são estanques, sendo puramente didática a divisão. No mundo prático, o intérprete se utiliza, simultaneamente, dos diversos métodos. O que se interpreta é o direito como um todo e não porções dele, o Ministro Eros Roberto Grau, na ADPF 101, afirmou: "Não se interpreta o direito em tiras; não se interpreta textos normativos isoladamente, mas sim o direito, no seu todo – marcado, na dicção de Ascarelli, pelas suas premissas implícitas".[5] No mesmo sentido Karl Larenz afirma que "a conexão de significado das leis é indispensável enquanto "contexto" para compreender o significado específico de um termo ou de uma frase..." (1980, p. 342). Radomir Lukic, juntamente com E. Grau, leva às últimas consequências o posicionamento ao afirmar que "ao se interpretar uma norma qualquer que seja, se interpreta na realidade o sistema de direito em geral do qual ela é um elemento" (1974, p. 483).

3.1   Diferentes interpretações para o mesmo fato

Blaise Pascal era cético em relação à Justiça, ou mais precisamente, em relação ao direito. É conhecida a sua afirmação sobre a Justiça, no sentido de que o homem a ignora, pois se a conhecesse, não teria estabelecido a máxima geral de que cada um deveria seguir os costumes de seu país. Para ele, o brilho da verdadeira equidade [justiça] teria sujeitado todos os povos e governantes não teriam adotado como modelo as fantasias e caprichos dos persas e alemães. O justo ou o injusto não mudariam conforme a mudança do clima, pois três graus de elevação do polo são suficientes para mudar a jurisprudência. "Um meridiano decide a verdade; em poucos anos de posse, as leis fundamentais mudam; o direito tem suas épocas. A entrada de Saturno em Leão marca-nos a origem de um crime. Divertida justiça que um rio limita! Verdade aquém dos Pirineus, erro além" (1979, 111).

Um bom exemplo da "divertida justiça" da qual falara o célebre autor de *Pensées* é o seguinte: No início do século XX, o artigo 242 do Código Penal alemão tipificava como furto o ato de alguém subtrair, com finalidade de se apropriar ilicitamente, objeto móvel pertencente a outrem. O Tribunal do Reich, por duas vezes [*Reichsgericht* V 29, p. 111 e V 32 p 165], se recusou a considerar a subtração de energia elétrica como ação típica enquadrável no artigo 242. Isto ocorreu porque o Tribunal do Reich entendeu que a energia elétrica não estava contemplada no conceito de objeto ou coisa. Para solucionar o problema, o Parlamento alemão, em 1900, se viu diante da contingência de votar um novo artigo [n. 248], a ser inserido no Código Penal, a fim de que o ato de subtrair energia elétrica pudesse ser considerado típico e, portanto, punível.

---

5. Disponível em: http://www.stf.jus.br/arquivo/cms/noticiaNoticiaStf/anexo/ADPF101ER.pdf. Acesso em: 30 jan. 2021.

Entretanto, e em sentido contrário, a Alta Corte dos Países Baixos (*Hoge Raad*), entendeu que a subtração de energia elétrica podia ser subsumida no tipo penal do artigo 310 do Código Penal holandês que trata da subtração de um bem (*goed*). A referida Corte compreendeu que a energia elétrica era um bem, se baseando no fato de que quando da promulgação do Código Penal, o legislador não tinha condições objetivas de prever tal modalidade de furto, por força de fatores tecnológicos, não podendo destarte, fazer uma previsão legal expressa [Acórdão de 23 de maio de 1921, W 10798, W.J. 1921 568] (Perelman, 1979, p. 60).

Os casos acima nos indicam que, em direito, não existe solução "certa", mas decisão possível e isto tem sido ponto de perplexidade para diversos aplicadores do direito. A possibilidade de uma decisão judicial é, certamente, a margem de discricionariedade dentro da qual o aplicador do direito pode se movimentar. Há, entretanto, soluções impossíveis, pois claramente em contradição com as possibilidades interpretativas do texto legal.

3.1.1 *Interpretação literal*

A chamada interpretação literal [ou gramatical[6]] é a primeira e mais simples das formas de interpretação do direito, por seu intermédio, o intérprete identifica o significado da lei, o seu conteúdo, através de uma apropriação direta do próprio texto. Os antigos romanos entendiam que a evidente clareza de um texto legal impedia qualquer interpretação que não se limitasse ao próprio texto legal [*in claris cessat interpretativo*]. A interpretação literal se baseia na ideia de que o texto foi moldado exatamente como o pensamento do legislador e que este empregou fórmulas que permitem a sua compreensão imediata e indiscutível (Pasquier, 1979). A interpretação literal, conforme já foi observado por Carlos Maximiliano (2011), tem menos importância para o direito moderno do que tinha para o direito arcaico.

A linguagem a ser utilizada pelo intérprete é a viva. Não tem sentido interpretar uma lei com os olhos voltados para o passado. A lei é interpretada para solucionar problemas presentes e não para servir viagem em uma improvável máquina do tempo em direção ao passado. Logo, a linguagem que serve ao direito não é a morta, mas a prática, atual, contemporânea. É certo que o direito possui uma linguagem [jargão] própria e específica, com dificuldades complexos para sua correta interpretação. Os termos jurí-

---

6. I "(...) A exegese do art. 3º da Lei 7.347/85 ("A ação civil poderá ter por objeto a condenação em dinheiro ou o cumprimento de obrigação de fazer ou não fazer"), a conjunção "ou" deve ser considerada com o sentido de adição (permitindo, com a cumulação dos pedidos, a tutela integral do meio ambiente) e não o de alternativa excludente (o que tornaria a ação civil público instrumento inadequado a seus fins)". (STJ, REsp 625249/PR, 1ª Turma, Relator Ministro Luiz Fux, DJ 31.08.2006). II A MMª. Juíza não enfrentou as impugnações contundentes feitas pela SANEPAR nas alegações finais e agora reproduzidas nas razões de apelo, as quais colocam em dúvida a credibilidade da prova pericial produzida e tornam incerto o convencimento acerca da efetiva existência do dano ambiental. III Assim, deve-se reabrir a fase de instrução probatória, a fim de examinar as indagações da SANEPAR e analisar os sérios vícios do laudo do perito apontados (TJ-PR 8224182 PR 822418-2 (Acórdão), Relator: Abraham Lincoln Calixto, Julgamento: 10.04.2012, 4ª Câmara Cível).

dicos possuem conteúdos normativos [jurídicos] que, nem sempre, correspondem aos sentidos comuns e rotineiros das palavras. Dentro do próprio universo jurídico não é raro que se encontrem termos polissêmicos, *por exemplo*, posse que tem significados diferentes no direito civil, no de família e no administrativo. Ninguém seria capaz de se imaginar imitido na posse de um filho, como se estivesse na posse de um imóvel. É muito comum que a indignação popular, em casos de poluição ambiental, exclame: "isto é um crime ambiental!". A palavra crime, no contexto, não significa necessariamente uma "conduta típica e punível" que é a definição jurídica de crime, pois a situação denunciada pode não ser típica.

A polissemia gera uma tensão entre duas tendências, a (1) que privilegia o significado popular do vocábulo e a (2) que prestigia a prevalência do sentido técnico-jurídico (Engisch, 1979). Neste aspecto, é necessário deixar registrado que, em não poucas vezes, o tecnicismo jurídico funciona como uma cabala que afasta o cidadão da ordem jurídica e cria em torno do direito um ar de misticismo, como se ele fosse uma *res sacra* [coisa sagrada], incompreensível para o homem comum; de forma que é uma grande injustiça que o conhecimento do direito em vigor seja acessível apenas às pessoas com instrução especial (Hegel, 1979).

Há, ainda, que se considerar que as palavras mudam de sentido com o passar do tempo. Aqui surge um novo complicador: qual a época e qual o significado que o intérprete deve adotar? A questão se torna, ainda, mais complexa quando se cuidar de conceitos jurídicos indeterminados ou daqueles vocábulos que não possuem conceitos normativos, *v.g*, boa-fé e tantos outros. O Código Penal de 1940, em sua redação original, por três vezes se utilizou da expressão "mulher honesta",[7] cujo significado atualmente é inteiramente diverso do que era aceitável socialmente ao tempo da elaboração do Código Penal [1940] quando o preconceito contra as mulheres era ainda mais intenso que nos dias atuais.

> Consabido que a interpretação literal ou gramatical consubstancia tão somente o primeiro contato do hermeneuta com o texto – aproximação essa sem a qual não se faz possível extrair qualquer significado do comando normativo -, tenho presente que a interpretação jamais se esgota na literalidade do texto, mesmo nas raríssimas hipóteses em que a máxima in claris cessat interpretatio se mostra "aparentemente" adequada à realização do preceito normativo. Basta notar que a linguagem é um fenômeno dinâmico, razão pela qual palavras e expressões, por mais simples e evidentes (claras) que aparentem ser em determinado tempo e lugar, não somente comportam uma plêiade de significados, como também receberão significados diversos no porvir. Rápido passar de olhos em um dicionário espanca de dúvidas tal constatação, assim como o Direito e a jurisprudência se encontram repletos de bons exemplos, v.g., família, casamento, mulher honesta [STF. 1ª Turma. HC 137.888/MS, Relatora Ministra Rosa Weber].

Não se esqueça daqueles termos cujos significados são contraditórios e imprecisos. Karl Larenz (1980) nos ensina que, em relação aos vocábulos, há que ser levado em consi-

---

7. Art. 215 – Ter conjunção carnal com *mulher honesta*, mediante fraude: Art. 216 – Induzir *mulher honesta*, mediante fraude, a praticar ou permitir que com ela se pratique ato libidinoso diverso da conjunção carnal: Art. 219 – Raptar mulher honesta, mediante violência, grave ameaça ou fraude, para fim libidinoso.

deração aquele aceito na época em que a lei foi editada. Isto não significa que o intérprete deve permanecer agarrado ao significado de antanho, mas, isto sim, identificar se ele ainda faz sentido. Logo, é razoável que o aplicador da lei tenha como limite de sua tarefa o próprio texto legal, sabendo vinculá-lo com todo o sistema e, fundamentalmente, com a Constituição, haja vista que a lei é "interpretação da Constituição e a ela deve se ater" (Legaz y Lacambra, 1979, p. 554). Resulta, portanto, que a maior ou menor elasticidade interpretativa de um preceito legal está intimamente relacionada ao grau de democracia presente no texto constitucional, conforme já foi cabalmente demonstrado por Karl Engisch, ao afirmar que "é sem dúvida, verdade que a situação constitucional geral tem incidência sobre o entendimento hermenêutico da lei" (1979, p. 149).

Há, portanto, um caminho seguro para que o aplicador da lei desenvolva a sua função social, pois como é solar, todos os atos estatais devem estar embasados em uma *lei formal*, que é a prevalência natural e lógica do princípio constitucional da legalidade [CF, artigo 37].[8] A decisão judicial baseada em certos preceitos formais, com os temperos necessários às realidades concretas, é a fórmula apta a evitar o reino do subjetivismo judicial e a onipotência de um grupo social [magistratura] sobre a sociedade. É através da adequada mediação entre o texto legal [e a sua inserção constitucional] e a cambiante realidade sócio-política que os juristas poderão lançar à condição de *res derelicta* [coisa abandonada] a trágica tradição do "biblicismo" que é "uma interpretação racional da lei, como é geralmente a da advocacia, que só atende ao que se acha na própria lei, [e que] pode considerar-se parente muito próximo do *biblicismo* da velha teologia protestante", como afirmou Gustav Radbruch. Acrescenta o jurista, "[e]sta não se atrevia a fundamentar doutrina alguma sem a Sagrada Escritura. Já Lutero sublinhava este paralelismo ao dizer: "É vergonhoso que um jurista fale sem o texto, mais vergonhoso é ainda que o teólogo o faça" (1979, p. 235).

3.1.2 Interpretação lógica

A interpretação lógica[9] gozou de muito prestígio ao longo do tempo, por ela o que se busca é a coerência interna da norma jurídica e a sua compatibilidade com o sistema como um todo. É um método formal. A interpretação lógica remonta à tradição escolástica que fazia uma distinção entre lógica menor e lógica maior. A lógica menor

---

8. Supremo Tribunal Federal: Princípio da moralidade. Ética da legalidade e moralidade. Confinamento do princípio da moralidade ao âmbito da ética da legalidade, que não pode ser ultrapassada, sob pena de dissolução do próprio sistema [ADI 3.026, rel. min. Eros Grau, j. 08.06.2006, P, *DJ* de 29.09.2006].

9. [...] 2. A ausência de cotejo analítico, bem como de similitude das circunstâncias fáticas e do direito aplicado nos acórdãos recorrido e paradigmas, impede o conhecimento do recurso especial pela hipótese da alínea c do permissivo constitucional. 3. O STJ alberga o entendimento de que o pedido não deve ser extraído apenas do capítulo da petição especificamente reservado aos requerimentos, mas da *interpretação lógico-sistemática* das questões apresentadas pela parte ao longo da petição. 4. De acordo com o princípio do poluidor pagador, fazendo-se necessária determinada medida à recuperação do meio ambiente, é lícito ao julgador determiná-la mesmo sem que tenha sido instado a tanto. [...] STJ – REsp: 967375 RJ 2007/0155607-3, Relator: Ministra Eliana Calmon, Julgamento: 02.09.2010, 2ª Turma, DJe 20.09.2010.

era o instrumento para cognição da verdade, utilizando de uma operação mental tripartida em (1) apreensão [*aprehensio*], (2) juízo [*judicium*] e (3) proposição, raciocínio [*ratiocinium*]. Ela estabelece as condições para a conformidade do pensamento com si próprio. A lógica menor consiste, portanto, na exposição [*in exponendo*]. A lógica maior consiste em indagar e resolver [inquirindo et solvendo]. A lógica maior é a apreensão da natureza e existência dos universais; no julgamento da verdade e na natureza, existência e fundamento da certeza; no silogismo demonstrativo, probabilístico, sofistico, na ciência e no método. Portanto, ela corresponde à gnosiologia, à ontologia e à epistemologia. (Batalha, 1981).

Pela utilização de mecanismos de adequação de umas premissas às outras, busca-se enquadrar certo fato a um determinado preceito normativo [subsunção]. É o método pelo qual são estabelecidas imputações que levam a erros e verdades absolutas. É a lógica formal que, segundo Henri Lefèbvre, é a lógica da abstração que precisa ser substituída por uma lógica concreta, uma lógica de conteúdo, da qual a lógica formal é apenas um dos elementos, "um esboço válido em seu plano formal, mas aproximativo e incompleto" (1983, p. 83).

A lógica formal é necessária para o conhecimento, mas insuficiente para atingi-lo. A interpretação lógica, para Luiz Legaz y Lacambra (1979) não se distingue totalmente da interpretação literal ou gramatical, haja vista a impossibilidade de interpretar palavras sem indagar sobre os pensamentos nelas expressos. Não basta dizer as palavras, é preciso ter o que dizer.

3.1.3 Interpretação sistemática e histórica

A interpretação sistemática é fundamental no moderno sistema de aplicação do direito, pois é por seu intermédio que o intérprete busca compreender adequadamente o posicionamento da norma no interior da ordem jurídica. Ela é importante na medida em que não analisa um preceito ou norma isoladamente, mas como parte de um contexto maior. Assim, como nas demais modalidades de interpretação, a Constituição é o alicerce fundamental sobre o qual se sustenta.[10]

O intérprete para usar a interpretação sistemática, deve ter bem nítidas as finalidades do sistema jurídico como um todo, sem desconhecer as categorias jurídicas básicas.

---

10. 1. O direito ao meio ambiente sadio é intergeracional, não podendo sofrer intervenções que não sejam absolutamente seguras, daí os princípios clássicos da prevenção e da precaução. 2. Existente a dúvida acerca dos impactos nocivos do empreendimento de extração mineral em bairro residencial, bem como em área de reflorestamento, deve ser prestigiados todos os meios para que seja ela dirimida e se garanta a proteção ao meio ambiente, antes do início da atividade. 3. Brecha em plano diretor não pode servir de escusa para que não se execute o estudo de impacto de vizinhança, a uma porque alegada lacuna é discutível diante da previsão de tal estudo em intervenções muito menos danosas; a duas porque a defesa da interpretação literal não tem lugar na hipótese, pois o bem tutelado aconselha análise sistemática, teleológica e constitucional do Plano Diretor do Município. 4. Recurso ao qual se dá provimento. TJ-RJ – AI: 00382933920208190000, Relator: Des(a). Fernando Foch de Lemos Arigony Da Silva, Julgamento: 31.08.2020, 3ª Câmara Cível, Publicação: 08.09.2020.

As normas ou textos em exame são analisadas como integrantes de um complexo mais amplo que, em tese, deve ser harmonicamente ajustado, coerente.

A interpretação histórica[11] tem origem na Escola Histórica alemã, que foi capitaneada por juristas como Hugo, Puchta e Savigny. Ela busca compreender a lei em sua gênese, a partir dos motivos que levaram à sua elaboração. Com efeito, nenhuma norma jurídica pode ser compreendida perfeitamente se não conhecemos a sua história (Lukic, 1974, p. 532). Afastar a lei de suas circunstâncias históricas é tratar a lei como um ente místico e atemporal. O recurso a textos preparatórios, anteprojetos, exposições de motivos etc. é importante, mas não é decisiva para a interpretação da lei. Com efeito, a lei, assim que ganha existência no mundo real, passa a integrar um campo de forças sociais "do qual, de agora em diante, ela vai retirar a nova configuração" (Engisch, 1979, p. 143).

A interpretação histórica tem importância na medida em que dá a lei o sentido de movimento, isto é, permite que esta seja analisada em sua plenitude. É relevante observar que a própria lei sofre transformações em seu conteúdo que, nem sempre, são perceptíveis em sua forma extrínseca, mas que se manifestam intrinsecamente.

A simples aplicação da norma ao caso concreto a modifica. A decisão judicial é, pois, norma particular que, *in concreto*, representa a norma geral.

3.1.4 Interpretação teleológica

Chama-se teleológica a interpretação do direto que tem por escopo apurar a finalidade da lei. Francesco Ferrara constata que:

> A interpretação jurídica não é semelhante à interpretação histórica ou filológica que se aplica aos documentos e que esgota a sua missão quando acha um dado sentido histórico, sem curar depois se é exato

---

11. (...) 2. Verifica-se uma aparente antinomia normativa surgida à época da promulgação da Lei 6.880/80, ocasião em que ainda vigia a redação original da Lei 3.765/60. Isso porque, em que pese a nova consideração da condição de dependente aos filhos estudantes, menores de 24 (vinte e quatro) anos, desde que não recebesse remuneração, a Lei 3.765/60 continuava a prever que não era devida a pensão por morte aos filhos do sexo masculino, após a maioridade. 3. A Colenda Segunda Turma deste Superior Tribunal de Justiça, nos paradigmas, assentaram que "[...] se o óbito ocorreu na vigência da Lei 3.765/60, a pensão somente é devida ao filho maior do sexo masculino até os 21 anos, não sendo possível sua extensão até os 24 anos, ainda que universitário, previsão que somente passou a viger com a edição da Medida Provisória 2.131/01. [...]". Assim entendeu com base em dois fundamentos: 1) o princípio do *tempus regit actum*; 2) o princípio da especialidade na resolução das antinomias. 4. Uma interpretação histórica e sistemática do tema e do ordenamento não permite aplicação do princípio da especialidade, para, simplesmente, desconsiderar o que está disposto, desde 1980, no Estatuto dos Militares, o qual conferiu a condição de dependente aos filhos estudantes, menores de 24 (vinte e quatro) anos, desde que não recebesse remuneração. 5. Nesse sentido, cai, também, por terra a aplicação do princípio do *tempus regit actum* como fundamento para negar o direito à pensão quando o óbito ocorreu após a vigência da Lei 6.880/80. Isso porque, desde a edição da mencionada Lei (e não só com a edição da Medida Provisória 2215-10, de 31.08.2001), deve-se considerar o direito à pensão por morte dos filhos até vinte e quatro anos de idade, se estudantes universitários. 6. A edição da Medida Provisória 2215-10/2001 apenas buscou adequar, textualmente, o que, através de uma interpretação sistemática se extraía do ordenamento: a condição de dependente dos filhos estudantes, menores de 24 (vinte e quatro) anos e, por consequência, seu direito à pensão por morte do genitor militar. (...) . STJ – EREsp: 1181974 MG 2010/0030191-2, Relator: Ministro Og Fernandes, Julgamento: 16/09/2015, CE – Corte Especial, Publicação: DJe 16.10.2015 IP v. 95 p. 185 RIP v. 95 p. 185.

ou não, harmônico ou contraditório, completo ou deficiente. Mirando à aplicação prática do direito, a interpretação jurídica é de sua natureza essencialmente *teleológica*.

O jurista há de ter sempre diante dos olhos o fim da lei o resultado que quer alcançar na sua atuação prática. A lei é um ordenamento de proteção que entende satisfazer certas necessidades e deve interpretar-se no sentido que melhor responda a essa finalidade e, portanto, em toda a plenitude que assegure tal tutela (1978, p. 130).

A interpretação teleológica se prende, principalmente, à análise dos objetivos constitucionais e aos objetivos específicos da norma. No ordenamento constitucional e legal brasileiro, o magistrado e o administrador, ao aplicarem as leis, devem observar os fins sociais aos quais elas se destinam. Veja-se que a Lei 6.938, de 31 de agosto de 1981, em seu artigo 2º dispõe que "a Política Nacional do Meio Ambiente tem por objetivo a preservação, melhoria e recuperação da qualidade ambiental propícia à vida, visando assegurar, no País, condições ao desenvolvimento socioeconômico, aos interesses da segurança nacional e à proteção da dignidade da vida humana". Logo, a aplicação da lei deverá levar em conta tais objetivos, sob pena de ser uma aplicação distante do desejável. O mesmo ocorre com o parágrafo único da Lei 12.651, de 25 de maio de 2012 que estabelece que o objetivo da norma é o desenvolvimento sustentável. Em termos de direito ambiental, dado o seu caráter prospectivo e formador de comportamentos, esta característica é cada vez mais saliente.

3.1.5 *Interpretação autêntica*

Interpretação autêntica é a realizada por uma lei. Não é propriamente uma interpretação, mas *lei nova*, cuida-se de simples estabelecimento de lei nova dotada de efeito retroativo. Não pode ser confundida com regulamentação de texto legal. O decreto especifica como a lei será aplicada; por sua vez, a interpretação autêntica, tem por objetivo "sanar" obscuridades e contradições na lei interpretada. A interpretação autêntica só tem lugar entre normas de mesma hierarquia.

4. "Menor tutelado" é categoria jurídica definida pelo próprio legislador, em verdadeira interpretação autêntica, que, por isso, possui força obrigatória. Por outro lado, não há qualquer dispositivo previdenciário que respalde a figura do "menor tutelado de fato", sendo certo que a interpretação extensiva não se harmoniza com normas que impõem despesas ou reduzem receita ao Erário (CTN, art. 111). TRF-2 – AC: 01325430220174025101 RJ 0132543-02.2017.4.02.5101, Relator: Guilherme Calmon Nogueira da Gama, Data de Julgamento: 05.04.2019, vice-presidência.

3.1.6 *Interpretação subjetiva e objetiva*

Esta é uma tradicional dicotomia no mundo jurídico em matéria de interpretação do direito que visa a definir se há de prevalecer a "vontade da lei" ou a "vontade do legislador". Indaga-se se aquilo que o legislador pensou sobre uma norma jurídica é o que deve ser tido como válido, ou se a lei em *concreto* é que deve prevalecer, independentemente de suas origens. Como se sabe, é praticamente impossível definir a "vontade" do legislador ou mesmo identificar esta misteriosa figura, pois "o legislador é um termo cômodo para designar realidades muito complexas, mas não nos podemos deixar enganar por essas personificações simplificadoras "(Latorre, 1978, p. 105).

É verdade que, embora não se possa determinar a vontade do legislador em sentido abstrato, não há dúvida de que a lei tem entre as suas partes constitutivas uma parcela razoável de subjetivismo, pois ela é um produto de humanos e não de condicionamentos automáticos. Para a criação de uma lei várias *vontades políticas* se chocam, até o surgimento da *síntese possível* dessas vontades, que se refletem no texto.

A lei, por sua vez, sofre a crítica social e o seu conteúdo concreto não pode ser dissociado da menor ou maior validade /quantidade dessas críticas, da influência real que elas exercem sobre o texto e, em especial, sobre a sua interpretação. É o problema de *eficácia social da lei*. Ora, se focarmos o nosso interesse na aplicação e não na elaboração da lei, o dilema entre subjetivismo e objetivismo desaparece.

A interpretação subjetiva é, a partir desse ponto de vista, extrair da norma interpretação dissociada do momento social e da inserção concreta da norma na realidade. Em sentido contrário, a interpretação objetiva, visa a perceber, *na prática*, o significado que a sociedade atribui a cada preceito, o que implica em perquirir o seu *quantum* de eficácia.

3.1.7 *Interpretação extensiva e restritiva*

Interpretação extensiva ou restritiva são duas modalidades interpretativas que se contrapõem e dizem respeito à abrangência da norma interpretada. A própria denominação de ambas demonstra que, por meio delas, os direitos podem ser ampliados ou restringidos. A extensão ou restrição de direitos obtida pela atuação do órgão judicial é de suma importância, uma vez que, como já foi anotado por Perelman, "o direito tal como é determinado nos textos legais... não reflete necessariamente a realidade jurídica" (1979, p. 139).

Ora, pelo que foi exposto, não há dúvida de que a realidade jurídica é todo um conjunto de práticas efetivas do mundo do direito. Para interpretar o direito, extensiva ou restritivamente, o magistrado deve ser socorrer de uma série de argumentos que serão de enorme utilidade prática e metodológica. Na medida em que vários preceitos mutuamente se completem, a limitação ou extensão de um dos preceitos pode ser, inversamente, um alargamento ou restrição de outros preceitos. É igualmente relativa, como já se notou, a relação entre regra é exceção... E também, o conceito de liberdade é ele mesmo muitas vezes relativo: com efeito: num conflito entre funcionário da polícia e um cidadão, que conduza a um ato de "resistência contra a autoridade", não está em jogo somente a liberdade do cidadão, mas, também, a liberdade de atuação do agente policial" (Engisch, 1979, p. 161-162).

CAPÍTULO 8
A RELAÇÃO JURÍDICA E SEUS ELEMENTOS

1. INTRODUÇÃO

A relação jurídica é uma relação de direito estabelecida entre pessoas. É, no fundo, uma relação social mediada pelo direito. As relações jurídicas são vínculos de direito entre sujeitos de direito, mediante os quais são estabelecidos direitos e obrigações entre as partes vinculadas, exigíveis reciprocamente. Evidentemente, nem todas as relações sociais são relações jurídicas, muito embora todas as relações jurídicas sejam entre pessoas de direito [naturais ou jurídicas] e, portanto, relações sociais. Dentre as diversas pessoas de direito, a CF erigiu a pessoa humana como centro da ordem jurídica brasileira, com destaque para a sua dignidade própria. A dignidade da pessoa humana, entretanto, não é um conceito pacífico, pois como tantos outros conceitos sociais, admite visões contraditórias, controvertidas e, não raras vezes, incompatíveis. A dignidade da pessoa humana é um valor que "precede a Constituição de 1988 e esta não poderia ter sido contrariada, em seu art. 1º, III, anteriormente a sua vigência".[1] Há, portanto, necessidade de que tal valor seja conceituado como um valor universal e, *em si*, independentemente de quem seja o seu destinatário no caso concreto, pois

> [a] dignidade não tem preço, vale para todos quantos participam do humano. Estamos, todavia, em perigo quando alguém se arroga o direito de tomar o que pertence à dignidade da pessoa humana como um seu valor (valor de quem se arrogue a tanto). É que, então, o valor do humano assume forma na substância e medida de quem o afirme e o pretende impor na qualidade e quantidade em que o mensure. Então o valor da dignidade da pessoa humana já não será mais valor do humano, de todos quantos pertencem à humanidade, porém de quem o proclame conforme o seu critério particular.[2]

O artigo 5º da CF estabelece a lista dos direitos e garantias fundamentais, definindo a igualdade de todos perante a lei, "sem distinção de qualquer natureza, garantindo-se aos brasileiros e aos estrangeiros residentes no País a inviolabilidade do direito à vida, à liberdade, à igualdade, à segurança e à propriedade". No inciso I do artigo 5º, a Constituição trata da igualdade entre homens e mulheres. O inciso, aparentemente, uma obviedade, indica uma relevante sinalização da necessidade de modificação ad legislação ordinária brasileira promovida pela Constituição Brasileira. Conforme decisão do STF, ao analisar questão de critérios diferentes para a admissão de homens e mulheres no serviço público determinou que "a regra direciona no sentido da inconsti-

---

1. STF: [ADPF 153, voto do rel. min. Eros Grau, j. 29.04.2010, P, *DJE* de 06.08.2010].
2. *STF*: [ADPF 153, voto do rel. min. Eros Grau, j. 29.04.2010, P, *DJE* de 06.08.2010].

tucionalidade da diferença de critério de admissão considerado o sexo – art. 5º, I, e § 2º do art. 39 da Carta Federal. A exceção corre à conta das hipóteses aceitáveis, tendo em vista a ordem socioconstitucional. [RE 120.305, rel. min. Marco Aurélio, j. 08.09.1994, 2ª T, *DJ* de 09.06.1995]=RE 528.684, rel. min. Gilmar Mendes, j. 03.09.2013, 2ª T, *DJE* de 26.11.2013].

A pessoa, o sujeito e a personalidade são temas centrais do direito, girando a ordem jurídica em torno deles. Entretanto, é importante observar que, quando falamos em pessoa, sujeito e personalidade, há uma tendência quase que "natural" para a adoção de conceitos que estão alicerçados no pensamento jurídico liberal. É quase que imediata a correlação entre as categorias citadas e as de liberdade, igualdade e dignidade humana, tal como foram concebidos pelo pensamento jurídico liberal. A vinculação ideologicamente construída destes conceitos obscurece o sentido da historicidade dos conceitos jurídicos. Pretende-se que seja esquecido que, em boa parte da história da sociedade ocidental, nem todos os seres humanos eram considerados pessoas em sua acepção jurídica, ao contrário, a maioria era tida como *res* (coisa).

O conceito de dignidade da pessoa humana é encontrado entre os gregos, com ênfase para a Trilogia Tebana de Sófocles, em especial Antígona. Como sabemos, Polinice, irmão de Antígona, foi considerado traidor de Tebas por Creonte, rei da cidade-estado e, portanto, teve o seu sepultamento proibido, sendo lançado à execração pública.

> Creonte – Cidadãos! Os deuses, depois que esta cidade foi rudemente abalada por um vendaval, deram-nos a segurança e a calma! Fostes aqui reunidos por meus arautos, porque sempre venerastes o trono de Laio, bem assim durante o reinado de Édipo, e, mesmo após sua morte, conservastes constante fidelidade a seus filhos. Visto que esses filhos, por um duplo destino, pereceram no mesmo dia, ferindo e feridos ambos por suas próprias mãos criminosas, cabe-me ocupar o trono, e exercer o poder dos que já não vivem, pelo direito que me advém do parentesco que a eles me ligava. Ora, é impossível conhecer a alma, o sentir e o pensar de quem quer que seja, se não o vimos agir, com autoridade, aplicando as leis. Em minha opinião, aquele que, como soberano de um Estado, não se inclina para as melhores decisões, e se abstém de falar, cedendo a qualquer temor, é um miserável! Quem preza a um amigo mais do que à própria Pátria, esse merece desprezo! Que Júpiter, que tudo vê, saiba que não me calarei se vir a ruína, e não o bem-estar de nosso povo; e jamais considerarei meu amigo quem for um inimigo de meu país! Obedecendo a estes princípios é que desejo promover a felicidade de Tebas. E, com esse mesmo espírito ordenei fosse tornado público o meu decreto concernente aos filhos de Édipo: Etéocles, que, lutando em prol da cidade, morreu com inigualável bravura, seja, por minha ordem expressa, devidamente sepultado; e que se lhe consagrem todas as oferendas que se depositam sob a terra, para os mortos mais ilustres! Quanto a seu irmão, – quero dizer: Polinice, – que só retornou do exílio com o propósito de destruir totalmente, pelo fogo, o país natal, e os deuses de sua família, ansioso por derramar o sangue dos seus, e reduzi-los à escravidão, declaro que fica terminantemente proibido honrá-lo com um túmulo, ou de lamentar sua morte; que seu corpo fique insepulto, para que seja devorado por aves e cães, e se transforme em objeto de horror. Eis aí como penso; jamais os criminosos obterão de mim qualquer honraria. Ao contrário, quem prestar benefícios a Tebas terá de mim, enquanto eu viver, e depois de minha morte, todas as honras possíveis!

Antígona, indignada com a determinação de Creonte, afirma que a proibição era infame e não correspondia à ordem divina, sendo uma ordem civil em contradição com a justiça.

CAPÍTULO 8 • A RELAÇÃO JURÍDICA E SEUS ELEMENTOS

Antígone – Sim, porque não foi Júpiter que a promulgou; e a Justiça, a deusa que habita com as divindades subterrâneas, jamais estabeleceu tal decreto entre os humanos; nem eu creio que teu édito tenha força bastante para conferir a um mortal o poder de infringir as leis divinas, que nunca foram escritas, mas são irrevogáveis; não existem a partir de ontem, ou de hoje; são eternas, sim! E ninguém sabe desde quando vigoram! – Tais decretos, eu, que não temo o poder de homem algum, posso violar sem que por isso me venham a punir os deuses! Que vou morrer, eu bem sei: é inevitável; e morreria mesmo sem a tua proclamação. E, se morrer antes do meu tempo, isso será, para mim, uma vantagem, devo dizê-lo! Quem vive, como eu, no meio de tão lutuosas desgraças, que perde com a morte? Assim, a sorte que me reservas é um mal que não se deve levar em conta; muito mais grave teria sido admitir que o filho de minha mãe jazesse sem sepultura; tudo o mais me é indiferente! Se te parece que cometi um ato de demência, talvez mais louco seja quem me acusa de loucura!

O coro, por sua vez, exclama:

Coro – Numerosas são as maravilhas da natureza, mas de todas a maior é o Homem!

É importante observar que no século IV a.C., o coro desempenhava um papel fundamental na dramaturgia, sendo que uma de suas funções mais importantes era a de narrador. Era um narrador onisciente, que demonstrava saber mais do que o comum dos espectadores, pelos indícios que frequentemente ia fornecendo, sob a forma de antecipações dos acontecimentos. Normalmente, o Coro reinterpretava a mensagem veiculada pela peça "conferindo-lhe um estatuto universal – objetivo último que os poetas perseguiam" (Castiajo, 2012, p. 109). Logo, no contexto grego, o Ser Humano era o centro da sua filosofia. O cristianismo elevou a condição dos humanos, aos considerá-los como filhos de Deus e iguais em dignidade.

Muito embora o conceito de dignidade da pessoa humana, como foi visto, seja milenar, pessoa humana não se confunde com realidade biológica, pois nem toda pessoa biológica estava legitimada a gozar das prerrogativas decorrentes da sua dignidade. A polêmica relativa ao sepultamento de Polinice se dá, fundamentalmente, devido ao fato de que a seu irmão, Etéocles, foram assegurados os direitos a honrarias e sepultamento conforme à sua dignidade. Logo, houve uma discriminação de natureza política [traidor de Tebas], isto *em si*, se constituiu na violação de dignidade. Isto fica evidente quando Antígona faz uma distinção entre escravos e livres: "O que morreu também não era seu escravo, mas seu irmão!" Não seria exagero afirmar que, desde 2.500 anos, a grande questão da humanidade tem sido a de aproximar o conceito de pessoa biológica, ao de pessoa política, assegurando a dignidade para todos os indivíduos.

A partir da segunda metade do século XX tem início um movimento no sentido de atribuir direitos e personalidade jurídica a bens naturais [flora, fauna, recursos naturais etc.] (Stone, 2010). Esta discussão ganhou dimensão internacional devido ao caso Sierra Club v. Morton, 405 U.S. 727 (1972)[3] julgado pela Suprem Corte dos Estados Unidos. No caso, a associação ambientalista Sierra Club propusera uma medida judicial visando impedir a construção de um resort no vale Mineral King, nas montanhas Sierra Nevada.

---

3. Disponível em: https://www.oyez.org/cases/1971/70-34. Acesso em: 26 fev. 2021.

A medida foi julgada improcedente, sem exame de mérito, sob a alegação de que o Sierra Club não era parte legítima para propor a demanda, pois não havia comprovado o seu interesse legítimo no caso. O projeto era grandioso. Em 1965, o Serviço Florestal dos Estados Unidos iniciou a busca de investidores para empreendimentos recreativos na região. No ano de 1969, foi aceita a proposta de The Walt Disney Company, consistente em um resort de esqui, com valor aproximado de US$ 35 milhões, com capacidade para receber cerca de 1,7 milhão de visitantes anualmente. O governo deveria construir uma rodovia de 32 quilômetros e uma linha de transmissão [66.000 volts] passando pelo interior do Parque Nacional da Sequoia e, ainda, um grande prédio de estacionamento com nove andares e um teleférico. O empreendimento nunca foi à frente, em parte por razões econômicas, em parte devido à pressão social. O mais importante do caso foi o voto divergente proferido por William Orville Douglas [Wild Bill], então juiz da Suprema Corte sugerindo que, em resposta às preocupações ambientais, deveria ser atribuída capacidade e legitimidade processual à natureza. O Juiz, como se sabe, foi um importante defensor do meio ambiente, tendo escrito vários livros relevantes sobre a matéria.

2. IGUALDADE E DESIGUALDADE ENTRE OS INDIVÍDUOS

A atribuição de direitos iguais a todos os seres humanos é uma história longa ainda não terminada. Partamos da Grécia antiga, considerada o berço da sociedade ocidental. Cuidava-se de uma sociedade escravocrata, na qual o escravo não era um indivíduo, mas simples coisa e, assim, não possuía qualquer direito. Para Aristóteles, a escravidão *era um dado* da natureza; segundo ele, a necessidade de conservação da natureza fez com que ela criasse duas classes de seres: (1) alguns para mandar e (2) outros para obedecer. A natureza estabeleceu que o ser dotado de razão e de previsão deveria mandar como *dono*, da mesma forma que o ser capaz, por suas capacidades corporais, de executar ordens devia obedecer como *escravo*. Logo, os interesses do senhor e os do escravo se confundiam. A natureza fixara, igualmente, a condição especial da mulher.[4] De acordo com Aristóteles, entre os bárbaros, a mulher e os escravos estão em uma mesma linha e a razão é muito clara: a natureza criou um ser destinado a mandar: o senhor. Se o grego tem o direito de mandar no bárbaro, isto é, porque o escravo e o bárbaro são a mesma coisa (Aristóteles, 2009).

Em Roma, todas as pessoas físicas eram homens, no entanto, nem todo homem era pessoa física (Alves, 1997). Dois elementos eram necessários para que pessoa física e homem coincidissem, a saber: que (1) o homem existisse para a ordem jurídica e (2) que ele tivesse *personalidade jurídica*. A *personalidade jurídica* era a *aptidão para adquirir direitos e contrair obrigações*. Ela A sofria as limitações impostas pela *capacidade jurídica*. A personalidade jurídica era um atributo dos que tivessem (1) nascidos

---

4. Ismênia – Convém não esquecer ainda que somos mulheres, e, como tais, não podemos lutar contra homens; e, também, que estamos submetidas a outros, mais poderosos, e que nos é forçoso obedecer a suas ordens, por muito dolorosas que nos sejam (Sófocles).

CAPÍTULO 8 • A RELAÇÃO JURÍDICA E SEUS ELEMENTOS **165**

livres e que (2) fossem cidadãos romanos. A *capacidade jurídica plena* era um atributo do *pater famílias* (pai de família). Devido ao elevado nível de relações internacionais mantidas por Roma e o crescente número povos estrangeiros que foram incorporados ao império romano, paulatinamente, a condição de ser cidadão romano foi deixando de ser essencial para a aquisição de personalidade jurídica. Desta forma, o estrangeiro que tivesse direitos reconhecidos por Roma era dotado de personalidade jurídica, muitas vezes com limitações em sua capacidade jurídica que era inferior à do cidadão romano.

A escravidão, em Roma, se dividia em dois grandes grupos. A (1) originada no *ius gentium* e a (2) com origem no *ius civile*. No *ius gentium* havia duas causas de escravidão, a saber: a (1) captura pelo inimigo e o (2) nascimento. Em relação à escravidão com base no *jus civile*, ela variou segundo a fase do direito romano, sendo diferente no direito romano pré-clássico, no clássico e no pós-clássico, a condição jurídica do escravo e Roma era como a dos animais, sendo considerados coisas [res].

O cristianismo foi importante contribuição para o fim da escravidão, tal qual tratada acima, pois partia do pressuposto da igualdade básica entre os indivíduos na condição de filhos de Deus. Essa concepção contribuiu para que, na Idade Média, a escravidão fosse sendo substituída por outros regimes jurídicos de trabalho, ainda que não tenha sido extinta integralmente na Europa. O feudalismo não reconhecia a existência de humanos juridicamente classificados como *coisas*. Os diferentes ordenamentos feudais, em regra, reconheciam a igualdade entre os indivíduos, muito embora isto *não* implicasse na atribuição de *direitos iguais* a eles, pois titulares de *status* diferentes e submetidos a regimes jurídicos distintos. Todos os indivíduos eram iguais *como* seres humanos. Esta mudança de concepção se deve não só à mudança na base econômica da sociedade europeia, mas, também, à renovação intelectual e moral advinda do Cristianismo. A sociedade feudal era rigidamente estruturada em ordens que possuíam estatutos jurídicos próprios, aplicáveis apenas aos membros de cada grupo. Havia, portanto, um *pluralismo jurídico sobre um mesmo território*. A diferença existente entre os diversos "direitos" era mais qualitativa do que quantitativa, não obstante as profundas diferenças materiais entre os membros da sociedade. Existiam os *privilégios* atribuídos a cada um dos diferentes grupos e não propriamente direitos, tal como entendemos a palavra modernamente. A igualdade era reconhecida, apenas, no âmbito de cada ordem (Pasukanis, 1976).

Juridicamente, o feudalismo [ou feudalismos] era estruturado segundo um sistema de obrigações, deveres, vassalagem e senhorio que estabelecia vínculos pessoais entre os diversos membros da sociedade feudal. Ele era fortemente dominado pela doação de terras e a retribuição, seja sob forma de trabalho, seja sob a forma de serviços militares, de proteção etc. Acresce que esta organização social estava envolvida em uma pletora de taxas e impostos, cobrados *às pessoas*. O acesso à terra era permitido apenas à nobreza e ao clero, surgindo daí o seu poder político e econômico. Os servos eram "presos" à terra, sendo *livres* e devendo obrigações ao senhor das terras que deviam respeitar os direitos dos servos e protegê-los de guerras, invasões etc.

Os feudos eram autarquias (produziam para consumo próprio), sendo o comércio uma atividade marginal, exercida em grande parte pelos habitantes das cidades (burgueses). A própria existência de uma grande fragmentação política, a diversidade de taxas e impostos eram um entrave concreto ao desenvolvimento do comércio e das cidades.

A sociedade feudal não era baseada na "igualdade jurídica", pois o desenvolvimento da economia mercantil era incipiente. O desenvolvimento de uma economia comercial, centrada nas cidades [burgos], foi entravado por diversas ordens jurídicas sobre um mesmo território, por diferentes *status* dos indivíduos. Na medida em que a economia mercantil se desenvolveu, surgiu a necessidade de uma categoria abstrata, generalizante, que simbolizasse a igualdade entre os homens, compreendida como igualdade de direitos e deveres. Isto favorecia a maior velocidade na circulação da mercadoria. O "ordenamento medieval" admitia, explicitamente, a desigualdade jurídica entre os homens. Conforme demonstra Marc Bloch (1979), o indivíduo, independentemente das dificuldades de aplicação concreta da lei, estava sujeito às regras jurídicas que regiam a vida de seus antepassados. Evidentemente que tal pluralidade jurídica, em várias medidas, era um inconveniente em sociedades nas quais "a fusão dos elementos étnicos estava praticamente consumada". As dificuldades para a aplicação do direito eram de tal ordem que foi introduzida a prática de cada pessoa "especificar, no momento em que tomava parte num ato oficial, a lei à qual se achava sujeita, que, por vezes, variava segundo a vontade do contratante e conforme a natureza do negócio".

O desenvolvimento político e social da burguesia afetou o sistema legal do antigo regime, em especial de seu modelo de posse e propriedade. A "propriedade" não era muito importante sob o feudalismo; a posse, sim; era o grande instituto que defina a apropriação de bens móveis e imóveis. É relevante ressaltar que existiam diversas formas de posse e um vasto complexo de relações jurídicas que as regulamentavam. "O defeito da propriedade feudal para os burgueses não é a sua forma de aquisição, mas sua imobilidade, sua incapacidade de tornar-se uma garantia recíproca, passando de mão em mão pela alienação e aquisição" (Pasukanis, 1976, p. 112).

2.1 A igualdade jurídica na economia de mercado

Do ponto de vista jurídico, o capitalismo [economia de mercado] se caracteriza pela igualdade entre todos os indivíduos, como vendedores e compradores. Este processo de compra e venda somente se viabiliza se a compra e venda for feita de forma simples, rápida e direta, sem maiores entraves burocráticos. O sistema legal deve permitir a rápida circulação das mercadorias, aqui entendida como qualquer coisa que possa ser vendida e/ou comprada no mercado. Karl Polanyi (2012) afirma que até a época moderna os mercados eram meros acessórios da vida econômica. Acrescentando que, de forma geral, o sistema econômico era absorvido pelo sistema social e, qualquer que fosse o padrão econômico, o mercado era compatível com tal sistema. Por outro lado, as trocas não revelavam qualquer tendência ou aptidão a expandirem-se às custas do sistema como um todo. A própria expansão do sistema mercantil, na opinião de Polanyi, teve que se enfrentar com regulamentações que favoreciam a economia autárquica, seja no ambiente doméstico da agricultura e do campesinato, quanto em relação à vida nacional. Os chamados mercados autorreguláveis eram desconhecidos. Para Polanyi estes fatos são essenciais para a compreensão da economia de mercado. Karl Renner (1949), na mesma linha de Polanyi afirma que no mundo medieval, tanto os bens, como o trabalho eram submetidos à regulação, o que não ocorre na sociedade burguesa. Segundo Renner, a sociedade, uma construção consciente da humanidade, é, aos olhos da lei, uma negação de sua própria consciência. Ela prefere a cegueira ao reconhecimento da distribuição dos bens; finge ser surda para não ouvir as queixas dos despossuídos; ela abdica, como entidade legal, do bem comum em favor da vontade individual.

Essa lei objetiva da economia de mercado, geradora de circulação acelerada de bens, deve ser ideologicamente sustentada como sequência natural de atos praticados segundo a livre disposição da vontade dos sujeitos de direito. A categoria sujeito de direito não assume as diferenças concretas entre os indivíduos, quando socialmente consideradas, ao contrário, as obscurecem. A igualdade da livre distribuição da vontade é o fetiche jurídico que encobre a desigualdade material. A igualdade no nível da circulação de bens, compra e venda, encobre uma desigualdade concreta ao nível da apropriação. O ato contratual é a materialização da igualdade jurídica na economia de mercado.

Ora, é da essência do contrato que aquele que obriga, obriga alguém a alguma coisa, firmando-se assim, um conjunto de relações recíprocas. Assim é construída uma figura jurídica, cujo conteúdo é a conduta humana; essa unidade de direitos e deveres, dá-se o nome de pessoa de direito que pode ser (1) natural ou (2) jurídica. Dessa forma constrói-se o indivíduo, do ponto de vista jurídico, nas sociedades regidas por economia de mercado.

A liberdade de contratar, de comprar e vender em igualdade de condições, qualquer que seja a mercadoria, acarreta a liberdade de compra e venda de uma mercadoria especial: *a força de trabalho*. O escravismo, devido à total subordinação do escravo ao senhor, desconhece a necessidade da igualdade jurídica. No regime do salariado, o trabalhador se apresenta ao mercado como proprietário de sua força de trabalho, como vendedor, daí um contrato de compra e venda particular: o contrato de trabalho,[5] contrato imprescindível ao sistema de economia de mercado. A igualdade de direito é, destarte, uma igualdade de direitos potenciais (Miaille, 1976). A centralidade da igualdade jurídica entre os indivíduos pode ser constatada em diferentes documentos liberais,[6] como se pode ver no preâmbulo da constituição francesa revolucionária de 1791:

---

5. Contrato de trabalho, no contexto, não se confunde com a definição contida na Consolidação das Leis do Trabalho. Aqui devem ser incluídas as modernas formas de trabalho tais como uberização e outras modalidades de prestação de serviço.

6. A Constituição Imperial [1824] entendeu o fim dos privilégios proclamados pela revolução francesa de forma muito particular: "Art. 179. A inviolabilidade dos Direitos Civis, e Políticos dos Cidadãos Brasileiros, que tem por base a liberdade, a segurança individual, e a propriedade, é garantida pela Constituição do Império, pela

A Assembleia Nacional, desejando estabelecer a Constituição francesa sobre a base dos princípios que ela acaba de reconhecer e declarar, abole irrevogavelmente as instituições que ferem a liberdade e a igualdade dos direitos. Não há mais nobreza, nem pariato, nem distinções hereditárias, nem distinções de ordens, nem regime feudal, nem justiças patrimoniais, nem qualquer dos títulos, denominações e prerrogativas que deles derivavam, nem qualquer ordem de cavalaria, de corporações ou condecorações para as quais se exigiram provas de nobreza, ou que supunham distinções de nascença, nem qualquer outra superioridade senão aquela de funcionários públicos no exercício de suas funções. Não há mais venalidades nem hereditariedade para qualquer cargo público. Não existe mais, para qualquer parte da Nação, nem para qualquer indivíduo, privilégio algum, nem exceção ao direito comum de todos os franceses. Não há mais corporações profissionais, de artes e ofícios. A lei não reconhece os votos religiosos, nem qualquer outro compromisso que seja contrário aos direitos naturais, ou à Constituição.[7]

Estas são, em breves linhas, as principais questões relativas à construção jurídica da pessoa, do sujeito de direito e da personalidade.

3. PESSOA, PERSONALIDADE E SUJEITO DE DIREITO

A *pessoa* é um conceito fundamental da ordem jurídica que circula ao redor dele. Pessoa é uma palavra cuja origem provável está na linguagem teatral; persona era o nome da máscara com a qual o ator cobria o rosto para representar o seu papel no drama grego. A máscara, tinha por objeto fazer ressoar (personare) a voz e, além disto, não era individual, porém típica do papel que o ator desempenhava na obra. De modo que a mesma máscara servia sempre para caracterizar o mesmo papel; a palavra veio a servir depois para designar o ator mascarado, isto é, o "personagem". Do teatro passou a palavra à linguagem comum e foi empregada, com sentido análogo, para referir à *função e a qualidade* que caracterizavam cada indivíduo em sua existência (Lima, 1996). Logicamente, a explicação etimológica não é suficiente para dar conta da realidade jurídica que ela envolve. A pessoa, do ponto de vista jurídico, é um complexo de direitos e de relações jurídicas. A *pessoa* não se confunde com o ser humano, pois embora o ser humano seja uma pessoa para o direito, a ordem jurídica reconhece, também, a condição de pessoas para entidades ou ficções. Assim, podemos falar em duas categorias de pessoas, a saber: as (1) pessoas naturais[8] e as (2) pessoas jurídicas; estas últimas são de (1) direito público, interno ou externo, e de (2) direito privado [CCB, artigo 40].

A pessoa física [natural] que interessa ao ordenamento jurídico *não é o ser biológico*, mas um complexo de direitos subjetivos e deveres jurídicos. Portanto, "[n]ão é uma realidade natural, mas uma construção jurídica, criada pela ciência do direito, um conceito auxiliar na descrição de fatos juridicamente relevantes. Neste sentido, a chamada pessoa física é uma pessoa jurídica" (Kelsen, 1979, p. 244). Também Gustav Radbruch

---

maneira seguinte ... XVI. Ficam abolidos todos os Privilégios, que não forem essenciais, e inteiramente ligados aos Cargos, por utilidade pública".

7. Disponível em: https://www.fafich.ufmg.br/~luarnaut/const91.pdf. Acesso em: 13 jan. 2021.
8. A legislação tributária criou a expressão pessoa física que tem sido largamente utilizada no Brasil.

CAPÍTULO 8 • A RELAÇÃO JURÍDICA E SEUS ELEMENTOS

sustenta pensamento semelhante, pois "ser pessoa é apenas um ato de personificação que só a ordem jurídica pode praticar" (Radbruch, 1979, p. 262).

A pessoa natural, como sujeito de direito, atua no mundo através da *personalidade* que é o potencial para exercer *concretamente* os direitos que lhe são atribuídos pela ordem jurídica. O sujeito de direito, na feliz expressão de Paulo Dourado de Gusmão "é o ente que, para o direito, pode ser titular de direitos e obrigações" (2018, p. 285). Para o direito moderno, a palavra ente pode significar a pessoa natural [física] ou a pessoa jurídica [sociedade civil, sociedade comercial, fundação].

3.1   Personalidade

O revogado Código Civil Brasileiro de 1916 [Lei 3.071, de 1º de janeiro de 1916], em seu artigo 1º estabelecia o seu campo de incidência que era a regulação dos "direitos e obrigações, de ordem privada concernentes às pessoas, aos bens e às suas relações". Isto foi mantido pela Lei 10.406, de 10 de janeiro de 2002 [Código Civil Brasileiro – CCB]. Entre os dois códigos muita coisa mudou na sociedade e no direito brasileiros. O Brasil, em 1916 era uma sociedade basicamente agrária e pouco urbanizada, com população de cerca de 30 milhões de habitantes.[9] O CCB encontrou um país inteiramente modificado, com população de mais de 160 milhões de habitantes, com problemas urbanos gravíssimos, com estruturas familiares profundamente modificadas, necessidade de alteração do regime de propriedade urbana e rural etc. O CCB, no entanto, não trouxe as modificações de base que se faziam necessárias.

Toda *pessoa*[10] é capaz de direitos e obrigações na ordem civil. A personalidade é adquirida pelo nascimento com vida, resguardados, desde a concepção os direitos do nascituro [CCB, artigo 2º]. O tema é mais complexo do que aparenta ser, pois há enorme discussão em torno do momento em que começa a vida. O nascimento é um assunto jurídico polêmico desde longa data. Para os juristas romanos, o feto era apenas parte das vísceras da mulher, não podendo ser considerado homem antes de ter sido dado à luz (Alves, 1997, p. 92). Além do mais, para os romanos, não bastava que o feto tivesse vindo à luz, era necessária a vida extrauterina.

Em relação às pessoas jurídicas, as suas existências legais variam conforme elas sejam de direito privado ou de direito público. Caso sejam de (1) *direito privado*, a existência legal começa com a inscrição do ato constitutivo no respectivo registro, precedida, quando necessário, de autorização ou aprovação do Poder Executivo, averbando-se no registro todas as alterações por que passar o ato constitutivo [CCB, artigo 45]. As de direito público, com a lei de sua criação.

---

9. Disponível em: https://brasil500anos.ibge.gov.br/estatisticas-do-povoamento/evolucao-da-populacao-brasileira.html. Acesso em: 13 jan. 2021.

10. O revogado Código Civil de 1916 dispunha que "[t]odo homem é capaz de direitos e obrigações na ordem civil" (artigo 2º).

3.1.1 A personificação [humanização] dos animais

A discussão sobre a natureza jurídica dos animais é tema cada vez mais relevante no direito, embora não seja novidade. Há três vertentes básicas na proteção jurídica dos animais, a saber: a (1) *proteção dos animais silvestres*; a (2) *proteção dos animais domésticos* e a (3) *regulamentação da utilização dos animais destinados à pesquisa científica*. A longa convivência dos humanos com os animais, inclusive com a presença de vários deles nos ambientes domésticos, fez com que determinados animais desfrutassem de *status* particulares e, paulatinamente, fossem sendo "humanizados" (Baud, 2001). Os animais, no fim do século XX e começo de século XXI foram elevados à condição de celebridades (Pastoureau, 2015) Isso não quer dizer que certos animais mereçam mais ou menos proteção do que outros, simplesmente, se observa que os animais, frequentemente, estão envolvidos em diferentes aspectos da sociedade humana que opera com complexos legislativos próprios. A vivissecção e a experimentação científica, todavia colocam em xeque a tradicional relação entre o Ser Humano e os animais e, na visão de muitos, são manifestações de "especicismo" ou seja, de uma concepção que atribui valor maior à vida humana do que à vida animal. O bom caminho é o do equilíbrio e da justa valoração da vida animal, sem se esquecer das necessidades humanas:

> Não pode ser autêntico um sentimento de união íntima com os outros seres da natureza, se ao mesmo tempo não houver no coração ternura, compaixão e preocupação pelos seres humanos. É evidente a incoerência de quem luta contra o tráfico de animais em risco de extinção, mas fica completamente indiferente perante o tráfico de pessoas, desinteressa-se dos pobres ou procura destruir outro ser humano de que não gosta.[11]

A proteção jurídica dos animais depende do *status* legal que eles ostentem, nesse sentido, um importante documento em nível internacional é a Declaração Universal dos Direitos dos Animais aprovada pela UNESCO em 1978, com uma clara inspiração na Declaração Universal dos Direitos do Homem. No âmbito do direito brasileiro, o núcleo da proteção jurídica dos animais está centrado no inciso VII do § 1º do artigo 225 de nossa Constituição que além de vedar as práticas que coloquem em risco a fauna, na forma da lei, expressamente proíbe a crueldade contra os animais. Todavia, há que se registrar a inclusão do parágrafo 7º no artigo 225, por força da Emenda Constitucional 96, de 2017, mediante o qual "[p]ara fins do disposto na parte final do inciso VII do § 1º deste artigo, não se consideram cruéis as práticas desportivas que utilizem animais, desde que sejam manifestações culturais, conforme o § 1º do art. 215 desta Constituição Federal, registradas como bem de natureza imaterial integrante do patrimônio cultural brasileiro, devendo ser regulamentadas por lei específica que assegure o bem-estar dos animais envolvidos".

A proteção dos animais deve ser harmonizada com o princípio constitucional da dignidade humana, o qual aponta claramente que o constituinte, muito embora tenha

---

11. Carta Encíclica laudato si' do Santo Padre Francisco sobre o cuidado da casa comum. Disponível em: http:// w2.vatican.va/content/dam/francesco/pdf/encyclicals/documents/papa-francesco_20150524_enciclica-laudato-si_po.pdf. Acesso em: 20 jan. 2021.

CAPÍTULO 8 • A RELAÇÃO JURÍDICA E SEUS ELEMENTOS **171**

dotado os animais de um elevadíssimo nível de proteção, não os igualou aos humanos. Todavia, registre-se que, dentre as inúmeras novidades trazidas pelo artigo 225 da CF, *não se encontra a defesa dos animais que, em nosso direito, já existe desde longa data.* Fato é que o Decreto 4.645, de 10 de junho de 1934 já estipulava diversas normas de proteção aos animais, com a importante e esquecida inovação de atribuir ao Ministério Público a defesa dos animais, uma proteção dos interesses difusos *avant la lettre.*[12] Atualmente, os maus tratos aos animais são coibidos pelo artigo 32 da Lei 9.605/1998. Por sua vez, o CCB *atribui aos animais a condição jurídica de bem móvel.* A legislação Brasileia, no particular, é ambígua, pois permite uma proteção penal do *bem móvel*, mesmo contra o proprietário; diante da possível punição por maus-tratos, oponível a qualquer um. Assim, o animal integra uma categoria jurídica *sui generis*, pois embora possa ser objeto do direito de propriedade, é dotado de prerrogativas legais que limitam o próprio direito do proprietário, sendo protegido por leis específicas, inclusive contra crueldade e maus tratos.

No Direito Alemão (Toledo, 2012) os animais gozam de uma classificação específica que os colocam em uma posição intermediária entre os seres humanos e as coisas, conforme a Seção 90 A do Código Civil: "Animais não são coisas. Eles são protegidos por legislação especial. Eles são regidos pelas disposições que se aplicam às coisas, com as necessárias adaptações, exceto disposição em contrário".

É interessante observar que, na Alemanha, foi proibida a tatuagem de um pônei,[13] sob o argumento de que:

Mesmo tendo em conta que são permitidas as tatuagens sem recurso a anestesia nos seres humanos, isso não significa que seja autorizado esse tipo de intervenções na pele dos animais", justificou o tribunal, acrescentando que teve em conta "as características próprias do medo no animal e a sua incapacidade para compreender a dor e avaliar a sua duração.

O Código Civil Suíço, em seu artigo 641a, II estabelece que os animais não são coisas, todavia, determina que, salvo determinação em contrário, as disposições aplicáveis às coisas, são igualmente aplicáveis aos animais.[14] Em França, o artigo 515-14 do Código Civil estabelece que os animais são seres vivos dotados de sensibilidade e sob a reserva das leis que os protegem, os animais são submetidos ao regime dos bens.[15] Na Áustria, o § 285a do Código Civil estabelece que os animais não são coisas e que eles são

---

12. Art. 2º Aquele que, em lugar público ou privado, aplicar ou fizer aplicar maus tratos aos animais, incorrerá em multa de Cr$ 20,00 a Cr$ 500,00 e na pena de prisão celular de 2 a 15 dias, quer o delinquente seja ou não o respectivo proprietário, sem prejuízo da ação civil que possa caber ... § 3º Os animais serão assistidos em juízo pelos representantes do Ministério Público, seus substitutos legais e pelos membros das sociedades protetoras de animais.

13. Disponível em: http://www.anda.jor.br/19/11/2010/tribunal-alemao-proibe-tatuagem-em-ponei. Acesso em: 20 jan. 2021.

14. Disponível em: https://www.droit-bilingue.ch/rs/lex/1907/00/19070042-a641a-fr-it.html. Acesso em: 27 fev. 2021.

15. Disponível em: https://univ-droit.fr/la-gazette-juridique/18288-un-statut-de-l-animal-dans-le-code-civil. Acesso em: 27 fev. 2021.

protegidos por leis especiais e mais que as normas legais relativas às coisas se aplicam aos animais apenas se não existirem normas em sentido contrário.[16]

Seria aconselhável que o CCB adotasse, em relação aos animais, disposições assemelhadas ao Código Civil Alemão e congêneres. A revogação da condição de res (coisa) ostentada pelos animais no direito brasileiro tem sido discutida no Parlamento Brasileiro há longa data. O projeto de Lei 6.799/2013 de autoria do Deputado Federal Ricardo Izar acrescenta parágrafo único ao artigo 82 do Código Civil para dispor sobre a natureza jurídica dos animais domésticos e silvestres com a seguinte redação: "Parágrafo único. O disposto no *caput* não se aplica aos animais domésticos e silvestres". O projeto foi posteriormente aprovado com modificações pelo Senado Federal, tendo retornado à Câmara dos Deputados. Caso o PL 6.799/2013 seja convertido em lei, os animais perderão a condição jurídica de coisa, passando a ostentar uma natureza jurídica *sui generis*.

3.1.1.1 Animais domésticos

Os animais domésticos são foco de grande atenção, pois a vida prática tem demonstrado que eles estão presentes em todas as sociedades humanas, sendo motivo de grande afeto pela amizade que são capazes de destinar aos Humanos, bem como pela grande utilidade que tem para todos. A domesticação dos animais tem cerca de 10.000 anos, confundindo-se com a própria história da humanidade. É em relação aos animais domésticos que se faz mais presente o fenômeno da "humanização" dos animais que, por diversos motivos, passam a ser vistos como efetivos membros de famílias humanas, dado o elevado grau de integração com contextos familiares. e, com frequência cada vez maior, os animais são objeto de disputas familiares em casos de divórcio e dissolução de uniões estáveis.

3.2 Pessoas jurídicas

A *pessoa jurídica* é uma *construção legal* que permite que uma criação humana consistente na obra de um indivíduo ou de um grupo de pessoas, com propósitos comerciais ou não [científicos, esportivos, beneficentes ou outros], possa se revestir de forma de direito para atingir um determinado propósito. A pessoa jurídica não se confunde com o(s) seu(s) criador(es). A sua principal característica é a aptidão para ser titular de direitos e contrair obrigações. As pessoas jurídicas também são conhecidas como *pessoas morais* ou *pessoas civis* (Pasquier, 1979).

As pessoas jurídicas têm sido objeto de diversas teorias para explicar-lhes a existência. As teorias explicativas da natureza da pessoa jurídica, na atualidade, possuem valor histórico e cultural, tendo pouca importância na vida prática da aplicação do direito. Repita-se que, tal qual a pessoa natural, a pessoa jurídica é uma construção de

---

16. Disponível em: https://www.globalanimallaw.org/database/national/austria/. Acesso em: 27 fev. 2021.

CAPÍTULO 8 • A RELAÇÃO JURÍDICA E SEUS ELEMENTOS

e do direito (Kelsen, 1979). A primeira teoria explicativa pessoa jurídica é a da *ficção*, segundo a qual a pessoa jurídica é uma ficção necessária para o exercício das atividades econômicas, sendo dotada de algumas prerrogativas do homem [Savigny]. A teoria que se contrapõe à da ficção é a da *realidade*, pois o ente jurídico seria dotada de autonomia em relação aos seus membros ou destinatários e possui finalidade e organização próprias para atingir os seus fins específicos. Há, ainda, a chamada teoria da *instituição* que considera a pessoa jurídica como uma organização social destinada à obtenção de um fim determinado (Lopes, 1996).

A pessoa jurídica é uma criação legal apta a adquirir direitos e contrair obrigações, assim como as pessoas naturais. Logo, uma pessoa jurídica é, também, sujeito de direito. Todavia, a *capacidade* das pessoas jurídicas é *menor* do que a das pessoas naturais, pois não podem, por exemplo, ser sujeitos de direito de família. No passado, admitia-se que a pessoa jurídica não podia delinquir [praticar crimes], isto foi superado dogmaticamente, haja vista que a CF expressamente admite a possibilidade de responsabilização criminal das pessoas jurídicas (CF artigo 173, § 5º) que foi concretizada pela Lei 9.605, de 12 de fevereiro de 1998 [Lei de crimes ambientais]. É interessante observar que a jurisprudência está se encaminhando no sentido de admitir a imputação criminal à pessoa jurídica sem que, necessariamente, os seus integrantes sejam denunciados criminalmente.[17]

3.2.1 *A desconsideração da personalidade jurídica [pessoa jurídica]*

A desconsideração da personalidade jurídica [pessoa jurídica] é tema relativamente novo no direito brasileiro, pelo menos na condição de uma regra jurídica positivada aplicável sempre que a pessoa jurídica for utilizada de forma fraudulenta, muito embora seja tema mais do que centenário em países de Common Law.

Curiosamente, após a necessidade de construção do conceito de pessoa jurídica e da sua estruturação legal, com a separação da pessoa dos sócios; a realidade criou necessidade exatamente oposta: a *desconsideração da pessoa jurídica*. Como já foi visto, a construção das pessoas tem por finalidade permitir que certos objetivos sejam alcançados, independentemente das pessoas naturais que tenham instituído o ente jurídico. Entretanto, em diversas ocasiões, a pessoa jurídica é utilizada como forma de, ilegitimamente, proteger os seus titulares em função de atos ilícitos que tenham praticado, *abusando da pessoa jurídica* em prejuízo de terceiros.

Na Inglaterra, o caso *Salomon v. Salomon and Co. Ltd. (1897) A.C 22* estabeleceu que, juridicamente, a empesa é uma entidade distinta de seus proprietários ou membros.

---

17. Processual penal. Crime ambiental. Dupla imputação. Prescindibilidade. 1. A Primeira Turma do Supremo Tribunal Federal, no julgamento do RE 548.181/PR, de relatoria da em. Ministra Rosa Weber, decidiu que o art. 225, § 3º, da Constituição Federal não condiciona a responsabilização penal da pessoa jurídica por crimes ambientais à simultânea persecução penal da pessoa física em tese responsável no âmbito da empresa. 2. Agravo regimental desprovido (STJ – AgRg no RMS: 48379 SP 2015/0117590-5, Relator: Ministro Gurgel de Faria, Julgamento: 27.10.2015, 5ª Turma, DJe 12.11.2015).

Esta separação é devida ao véu da incorporação [*veil of incorporation*]. No entanto, em diversas circunstâncias é possível que os tribunais levantem o véu corporativo [*lifting* ou *piercing the veil*] atrás do qual está a verdadeira face da empresa. Estas circunstâncias podem ser legais ou casuísticas (jurisprudenciais). Nos Estados Unidos, o caso *United States v. Milwaukee Refrigerator Transit Co.*, 145 F. 1007 (1906)[18] estabeleceu que, como regra geral uma empresa deve ser considerada como uma pessoa jurídica [*legal entity*], mas quando a pessoa jurídica e utilizada para burlar a conveniência pública, justificar o erro, proteger a fraude ou defender o crime, a lei considerará a empresa como uma associação de pessoas. Na Alemanha, disposiçõe legais semelhantes existem desde 1920.[19]

3.2.1.1 A desconsideração da personalidade jurídica [pessoa jurídica] no Brasil

O artigo 49-A do CCB estabelece que pessoa jurídica não se confunde com os seus sócios, associados, instituidores ou administradores. Logo, a autonomia patrimonial das pessoas jurídicas é um instrumento lícito de alocação e segregação de riscos, estabelecido pela lei com a finalidade de estimular empreendimentos, para a geração de empregos, tributos, renda e inovação em benefício de todos. Isto, entretanto, não tem o status de uma regra absoluta. O artigo 50 do CCB estabelece que em caso de abuso da personalidade jurídica, que é caracterizado pelo *desvio de finalidade* ou pela *confusão patrimonial*, pode o juiz, a requerimento da parte, ou do Ministério Público quando lhe couber intervir no processo, desconsiderá-la para que os efeitos de certas e determinadas obrigações sejam estendidos aos bens particulares dos administradores ou dos sócios da pessoa jurídica que tenham sido beneficiados, direta ou indiretamente, pelo abuso praticado. Desvio de finalidade, para os efeitos da desconsideração civil da personalidade jurídica, é a utilização da pessoa jurídica com o propósito de lesar credores e para a prática de atos ilícitos de qualquer natureza. Já a *confusão patrimonial* é a ausência de separação de fato entre os patrimônios, que se caracteriza pelo (1) cumprimento repetitivo pela sociedade de obrigações do sócio ou do administrador ou vice-versa; pela (2) transferência de ativos ou de passivos sem efetivas contraprestações, exceto os de valor proporcionalmente insignificante; e (3) por outros atos de descumprimento da autonomia patrimonial.

A desconsideração da personalidade jurídica deve ser vista como uma medida excepcional a ser aplicada de forma minimalista, sob pena de estimular a informalidade nas atividades econômicas, pois é legitimo que os empresários busquem separar o seu patrimônio individual dos das empresas. Logo, a mera existência de grupo econômico, sem a presença dos requisitos de que trata o *caput* do artigo 50 do CCB *não autoriza a desconsideração* da personalidade da pessoa jurídica. Da mesma forma, não é desvio de finalidade a mera expansão ou a alteração da finalidade original da atividade econômica específica da pessoa jurídica.

---

18. Disponível em: https://cite.case.law/f/145/1007/. Acesso em: 18 jan. 2021.
19. Disponível em: https://en.wikipedia.org/wiki/Piercing_the_corporate_veil. Acesso em: 18 jan. 2021.

O Código de Proteção e Defesa do Consumidor [Lei 8.078, de 11 de setembro de 1990 – CDC] possui uma seção inteiramente voltada para a desconsideração da personalidade jurídica [artigo 28]. Nas causas que envolvam a aplicação do CDC, o juiz *poderá* desconsiderar a personalidade jurídica da sociedade quando, em detrimento do consumidor, houver abuso de direito, excesso de poder, infração da lei, fato ou ato ilícito ou violação dos estatutos ou contrato social. A desconsideração também será efetivada quando houver falência, estado de insolvência, encerramento ou inatividade da pessoa jurídica provocados por má administração. Outra hipótese de desconsideração da personalidade jurídica é a do § 5º do artigo 28 do CDC que ocorre sempre que sua ela for, de alguma forma, obstáculo ao ressarcimento de prejuízos causados aos consumidores.

A desconsideração da personalidade jurídica, desde o Código de Processo Civil de 2015 [Lei 13.105, de 16 de março de 2015 – CPC] é um procedimento próprio que deve seguir o rito processual estabelecido pelo CPC. A Lei 9.605, de 12 de fevereiro de 1998 [Lei de crimes ambientais] também admite a possibilidade de desconsideração da personalidade jurídica sempre que ela for "obstáculo ao ressarcimento de prejuízos causados à qualidade do meio ambiente" [artigo 4º].

Os direitos trabalhista e tributário, no Brasil, foram pioneiros na aplicação da desconsideração da pessoa jurídica em casos de abusos em detrimento de direitos de terceiros. O Código Tributário Nacional [Lei 5.172, de 25 de outubro de 1966 – CTN], em seu artigo 135, III estabelece que "[s]ão pessoalmente responsáveis pelos créditos correspondentes a obrigações tributárias resultantes de atos praticados com excesso de poderes ou infração de lei, contrato social ou estatutos" ... "os diretores, gerentes ou representantes de pessoas jurídicas de direito privado".[20]

No direito do trabalho, o artigo 10-A da Consolidação das Leis do Trabalho [Decreto-Lei 5.452, de 1º de maio de 1943 – CLT] estabelece que o sócio retirante responde subsidiariamente pelas obrigações trabalhistas da sociedade relativas ao período em que figurou como sócio, somente em ações ajuizadas até dois anos depois de averbada a modificação do contrato, observada a seguinte ordem de preferência: a (1) empresa devedora; os (2) sócios atuais; e os (3) sócios retirantes. Caso seja comprovada a fraude na alteração societária decorrente da modificação do contrato, o sócio retirante responderá solidariamente com os demais. Por sua vez, o artigo 855-A estabelece que é aplicável ao processo do trabalho o incidente de desconsideração da personalidade jurídica previsto nos artigos 133 a 137 do Código de Processo Civil.

A Lei 9.605, de 12 de fevereiro de 1998 [Lei de crimes ambientais], em seu artigo 4º estabelece que a pessoa jurídica poderá ser desconsiderada, "sempre que sua personalidade for obstáculo ao ressarcimento de prejuízos causados à qualidade do meio

---

20. Superior Tribunal de Justiça: Súmula 435 – Presume-se dissolvida irregularmente a empresa que deixar de funcionar no seu domicílio fiscal, sem comunicação aos órgãos competentes, legitimando o redirecionamento da execução fiscal para o sócio-gerente (Súmula 435, Primeira Seção, julgado em 14.04.2010, DJe 13.05.2010).

ambiente". Tal artigo tem sido interpretado de forma equivocada, pois tem sido confundido com a mera insolvência da empresa, conforme demonstra a seguinte decisão:

> 5. Não custa lembrar que o Direito Ambiental adota, amplamente, a teoria da desconsideração da personalidade jurídica (*in casu*, v.g., os arts. 4º da Lei 9.605/1998 e 81 e 82 da Lei 11.101/2005). Sua incidência, assim, na Ação Civil Pública, vem a se impor, em certas situações, com absoluto rigor. O intuito é viabilizar a plena satisfação de obrigações derivadas de responsabilidade ambiental, notadamente em casos de insolvência da empresa degradadora. No que tange à aplicação do art. 4º da Lei 9.605/1998 (= lei especial), basta tão somente que a personalidade da pessoa jurídica seja "obstáculo ao ressarcimento de prejuízos causados à qualidade do meio ambiente", dispensado, por força do princípio da reparação *in integrum* e do princípio poluidor-pagador, o requisito do "abuso", caracterizado tanto pelo "desvio de finalidade", como pela "confusão patrimonial", ambos próprios do regime comum do art. 50 do Código Civil (= lei geral).[21]

A desconsideração da personalidade jurídica não é aplicável apenas porque a empresa esteja insolvente, mas somente se ela for um obstáculo para a reparação do dano. A responsabilidade dos sócios, conforme o caso concreto, é aplicável em função do artigo 2º da Lei 9.605/1998, "na medida da sua culpabilidade" e que "sabendo da conduta criminosa de outrem, deixar de impedir a sua prática, quando podia agir para evitá-la." Além disso, a lei de recuperação judicial, extrajudicial e falimentar estabelece que é vedada a extensão da falência ou de seus efeitos, no todo ou em parte, aos sócios de responsabilidade limitada, aos controladores e aos administradores da sociedade falida, admitida, contudo, a desconsideração da personalidade jurídica [artigo 82-A]. Sendo certo que a desconsideração da personalidade jurídica da sociedade falida, para fins de responsabilização de terceiros, grupo, sócio ou administrador por obrigação desta, somente pode ser decretada pelo juízo falimentar com a observância do art. 50 do CCB e dos artigos 133, 134, 135, 136 e 137 do CPC, não aplicada a suspensão de que trata o § 3º do art. 134 do CPC. Veja-se que houve necessidade de alteração da Lei 11.101, de 9 de fevereiro de 2005, tendo em vista o abuso na desconsideração da personalidade jurídica, como é o caso da decisão transcrita acima. E mais: conforme a própria norma citada no acórdão, artigo 82 da Lei 11.101/2005, "a responsabilidade pessoal dos sócios de responsabilidade limitada, dos controladores e dos administradores da sociedade falida, estabelecida nas respectivas leis, será apurada no próprio juízo da falência, independentemente da realização do ativo e da prova da sua insuficiência para cobrir o passivo, observado o procedimento ordinário previsto no Código de Processo Civil." Logo, não pode uma ação civil pública ambiental subtrair a competência do juízo universal da recuperação [judicial, extrajudicial] ou da falência para decretar responsabilidade pessoal do sócio.

3.2.2 Pessoas jurídicas de direito público e de direito privado

As *pessoas jurídicas de direito público interno* são, a saber: a (1) União; os (2) Estados, o Distrito Federal e os Territórios; os (3) Municípios; as (4) autarquias, inclusive as associações públicas; e (5) as demais entidades de caráter público criadas por lei. [CCB,

---

21. STJ – REsp: 1339046 SC 2012/0172370-8, Relator: Ministro Herman Benjamin, Data de Julgamento: 05.03.2013, 2ª Turma, DJe 07.11.2016.

artigo 41]. As pessoas jurídicas de direito público interno são civilmente responsáveis por atos dos seus agentes que nessa qualidade causem danos a terceiros, ressalvado o direito de regresso contra os causadores do dano, se houver, por parte destes, culpa ou dolo. [Constituição Federal, artigo 37, § 6º, combinado com o artigo 43 do CCB]. As pessoas jurídicas de direito público externo são os Estados estrangeiros e todas as pessoas que forem regidas pelo direito internacional público [CCB, artigo 42].

São pessoas jurídicas de direito privado as seguintes: as (1) associações; as (2) sociedades; as (3) fundações; as (4) organizações religiosas; os (5) partidos políticos e as (6) empresas individuais de responsabilidade limitada.

As pessoas jurídicas de direito privado começam a ter existência legal com a inscrição do ato constitutivo no respectivo registro, precedida, quando necessário, de autorização ou aprovação do Poder Executivo, averbando-se no registro todas as alterações por que passar o ato constitutivo. No registro devem constar as seguintes informações: a (1) denominação, os fins, a sede, o tempo de duração e o fundo social, quando houver; o (2) nome e a individualização dos fundadores ou instituidores, e dos diretores; o (3) modo por que se administra e representa, ativa e passivamente, judicial e extrajudicialmente; se (4) o ato constitutivo é reformável no tocante à administração, e de que modo; se (5) os membros respondem, ou não, subsidiariamente, pelas obrigações sociais; se (6) condições de extinção da pessoa jurídica e o destino do seu patrimônio, nesse caso.

As pessoas jurídicas se obrigam pelos atos dos seus administradores, exercidos nos limites de seus poderes definidos no ato constitutivo. Caso a administração seja coletiva, as decisões se tomarão pela maioria de votos dos presentes, salvo se o ato constitutivo dispuser de modo diverso [CCB, artigo 48].

Em caso de dissolução da pessoa jurídica ou de cassação de sua autorização para seu funcionamento, ela subsistirá para os fins de liquidação, até que esta se conclua. Por fim, é digno de nota que a proteção dos direitos da personalidade são aplicáveis às pessoas jurídicas, no que couber.

O *término da existência* das pessoas jurídicas ocorre pela (1) sua dissolução, deliberada entre os seus membros, salvo o direito da minoria e de terceiros; pela (2) sua dissolução, quando a lei determine; pela (3) sua dissolução em virtude de ato do Governo, cessando-lhe este a autorização de funcionar, quando a pessoa jurídica incorra em atos opostos aos seus fins ou nocivos ao bem público. Uma vez extinta a uma associação sem finalidades econômicas, cujos estatutos não disponham quanto ao destino ulterior dos seus bens, e não tendo os sócios adotado a tal respeito deliberação eficaz, devolver-se-á o patrimônio social a um estabelecimento municipal, estadual ou federal, de fins idênticos, ou semelhantes. Caso, não haja, no Município, no Estado, ou no Distrito Federal, estabelecimento em tais condições, será devolvido o patrimônio à Fazenda estadual, ou à nacional.

Na hipótese de extinção de uma sociedade com fins econômicos, o remanescente do patrimônio social compartir-se-á entre os sócios ou seus herdeiros.

3.3 Capacidade

A *capacidade* é a medida do exercício da personalidade. Conforme o artigo 3º do CCB, os menores de 16 (dezesseis) anos são *absolutamente* incapazes de exercer pessoalmente os atos da vida civil. A *incapacidade relativa* a certos atos ou à maneira de seu exercício, está disciplinada no artigo 4º do CCB, e abrange os (1) os maiores de dezesseis e menores de dezoito anos; os (2) ébrios habituais e os viciados em tóxico; aqueles (3) que, por causa transitória ou permanente, não puderem exprimir sua vontade; e os (4) pródigos. Os indígenas, considerados relativamente incapazes pelo revogado Código Civil de 1916 [artigo 6º, III], na legislação ora vigente são regulados por lei especial, no caso a Lei 6.001, de 19 de dezembro de 1973 [Estatuto do Índio] que estabelece um regime tutelar para os índios e as comunidades indígenas ainda não integrados à comunhão nacional. [artigo 7º]. Em relação aos indígenas, não nos esqueçamos que o artigo 231 da Constituição Federal outorga ampla autonomia aos indígenas e suas comunidades, sendo fundada a dúvida sobre a vigência da Lei 6.001/1973 sob a nova ordem constitucional.[22]

A menoridade cessa aos 18 anos completos, com a habilitação da pessoa à prática de todos os atos da vida civil [artigo 5º do CCB]. O menor de 18 anos, todavia, poderá ter a sua incapacidade cessada pela (1) concessão dos pais, ou de um deles na falta do outro, mediante instrumento público, independentemente de homologação judicial, ou por sentença do juiz, ouvido o tutor, se o menor tiver dezesseis anos completos; pelo (2) casamento; pelo (3) exercício de emprego público efetivo; pela (4) colação de grau em curso de ensino superior; e (5) pelo estabelecimento civil ou comercial, ou pela existência de relação de emprego, desde que, em função deles, o menor com dezesseis anos completos tenha economia própria.

A pessoa natural se extingue com a morte, cessando obviamente a capacidade e a personalidade. O código estatui, ainda, a ficção de morte para os ausentes e para os simultaneamente da morte, se dois ou mais indivíduos falecem na mesma ocasião e for impossível estabelecer quem faleceu primeiro (artigo 8º do CCB).

3.4 Nome

O nome é uma das diversas associações involuntárias (Waltzer: 2008) nas quais todos os indivíduos estão vinculados, pois indica a família a qual pertence a pessoa. Todas as pessoas possuem um nome. Na realidade, o *nome,* nele compreendidos o prenome e o sobrenome, é um direito da personalidade, conforme disposto no artigo

---

22. A Constituição não fala em tutela ou em órgão indigenista, mas mantém a responsabilidade da União de proteger e fazer respeitar os direitos indígenas. Apesar de não tratar de maneira expressa da capacidade civil, a Constituição reconheceu no seu Artigo 232, a capacidade processual ao dizer que "os índios, suas comunidades e organizações, são partes legítimas para ingressar em juízo, em defesa dos seus direitos e interesses". Significa que os índios podem, inclusive, entrar em juízo contra o próprio Estado, o seu suposto tutor. Disponível em: https://pib.socioambiental.org/pt/Estatuto_do_%C3%8Dndio. Acesso em: 27 fev. 2021.

16 do CCB. A disposição do CCB já se encontrava incorporada ao direito brasileiro pelo Decreto 678, de 6 de novembro de 1992 que promulgou a Convenção Americana sobre Direitos Humanos (Pacto de São José da Costa Rica), de 22 de novembro de 1969 que, em seu artigo 18 dispõe que "toda pessoa tem direito a um prenome e aos nomes de seus pais ou ao de um destes. A lei deve regular a forma de assegurar a todos esses direitos, mediante nomes fictícios, se for necessário. "A respeito do direito ao nome, o Parecer Consultivo 24/2017 [OC 24/2017] proferido pela Corte Interamericana de Direitos Humanos [CIDH],[23] assentou que:

> O nome como um atributo da personalidade, constitui uma expressão da individualidade e visa afirmar a identidade de uma pessoa perante a sociedade e as ações contra o Estado. Com ele, procura-se conseguir que cada pessoa tenha um sinal distintivo e singular frente às demais, com o qual pode ser identificado e reconhecido. É um direito fundamental inerente a todas as pessoas pelo simples fato de sua existência. Além disso, este Tribunal indicou que o direito ao nome (reconhecido no art. 18 da Convenção e também em vários instrumentos internacionais) constitui um elemento básico e indispensável da identidade de cada pessoa, sem o qual ela não pode ser reconhecida pela sociedade nem registrada perante o Estado. (...)

No sistema legal brasileiro, o nome é regulamentado pelas leis do país em que for domiciliado a pessoa [artigo 7º da LINDB]. Ora, todo *nome* só possui validade jurídica se estiver convenientemente registrado no *registro público* oficial de forma a torná-lo público e, presumivelmente, do conhecimento de todos. O nome integra os chamados direitos da personalidade e, portanto, não pode ser "empregado por outrem em publicações ou representações que a exponham ao desprezo público, ainda quando não haja intenção difamatória" [CCB, artigo 17]. Da mesma forma, a utilização do nome alheio em propaganda comercial sem a devida autorização, não é lícita. A proteção conferida ao nome é extensível ao pseudônimo, quando adotado para atividades lícitas.

Muito embora o nome seja, em *princípio*, imutável, questões relativas à identidade de gênero têm admitido alterações. O STF entende que o transgênero tem direito fundamental subjetivo à alteração de seu prenome e de sua classificação de gênero no registro civil, não se exigindo, para tanto, nada além da manifestação de vontade do indivíduo, o qual poderá exercer tal faculdade pela via judicial ou pela via administrativa. A alteração procedida deverá ser averbada à margem do registro de nascimento, vedada a inclusão do termo "transgênero". Nas certidões do registro que forem expedidas não constará nenhuma observação sobre a origem do ato, vedada a expedição de certidão de inteiro teor, salvo a requerimento do próprio interessado ou por determinação judicial. Caso o procedimento seja feito pela via judicial, caberá ao magistrado determinar de ofício ou a requerimento do interessado a expedição de mandados específicos para a alteração dos demais registros nos órgãos públicos ou privados pertinentes, os quais deverão preservar o sigilo sobre a origem dos atos. [STF. Tese definida no RE 670.422, rel. min. Dias Toffoli, P, j. 15.08.2018, Tema 7611]. No mesmo sentido: STF. ADI 4.275, rel. min. Marco Aurélio, red. p/ o ac. min. Edson Fachin, P, j. 1º.03.2018, Informativo 892].

---

23. Disponível em: https://www.corteidh.or.cr/docs/opiniones/seriea_24_por.pdf. Acesso em: 18 jan. 2020.

Além do nome, não se pode esquecer que, gradativamente, vem se ampliando a utilização do chamado *nome social* que pode ser definido como a "adequação/adoção do senso de identificação do sujeito referenciando o nome que o representa, evitando a exposição desnecessária do indivíduo, o constrangimento de ser tratado de uma forma que não condiz com sua condição humana, psicológica, moral, intelectual, emocional e que não o representa".[24] No âmbito federal, a matéria está regulada pelo Decreto 8.727, de 28 de abril de 2016 que estabelece o conceito normativo de *nome social*, como a "designação pela qual a pessoa travesti ou transexual se identifica e é socialmente reconhecida" e de *identidade de gênero* que é a "dimensão da identidade de uma pessoa que diz respeito à forma como se relaciona com as representações de masculinidade e feminilidade e como isso se traduz em sua prática social, sem guardar relação necessária com o sexo atribuído no nascimento". Estabelece o Decreto 8.727/ 2016 que os órgãos e as entidades da administração pública federal direta, autárquica e fundacional, em seus atos e procedimentos, deverão adotar o nome social da pessoa travesti ou transexual, de acordo com seu requerimento e com o disposto no próprio Decreto [artigo 2º].

Jurídicas ou naturais, as pessoas começam a sua existência em um determinado momento. Pois é precisamente este momento que deve ser registrado, de forma que assegure a existência legal de um ponto efetivo de individualização da pessoa. As *pessoas naturais* terão, obrigatoriamente, o seu nascimento registrado no registro público, no prazo de 15 dias, oportunidade na qual receberão um nome [artigo 9º do CCB combinado com os artigos 29 e 50 da Lei 6.015, de 31 de dezembro de 1973 – Lei de Registros Públicos].

As pessoas jurídicas terão a sua existência legal iniciada com a inscrição de seu contrato social, atos constitutivos, estatutos ou compromissos no seu registro peculiar, que lei especial regulamenta, ou com a provação ou autorização do governo, quando for o caso. Destes estatutos contará necessariamente a *denominação* da associação, além da sede e da finalidade a que esta se destina e outras especificações (artigo 18 e 19 do CCB). Sobretudo para as pessoas jurídicas, o nome possui valor inestimável, no sentido da demarcação do *status* de uma empresa e fixação de sua imagem pública. O nome para a empresa, especialmente, se constitui em propriedade, com as marcas registradas e de uso exclusivo.

Para as pessoas naturais, principalmente, naquilo que tange à propriedade literária, científica e artística, o nome possui grande significação, pois é ele que vai definir exatamente a quem pertencem os frutos de um trabalho intelectual. Por outro lado, o próprio nome é uma propriedade, v.g., o pseudônimo, que é um nome suposto, pertence a uma única pessoa e só ela pode utilizá-lo, bem como perceber os frutos. O artigo 667 do CCB, caracteriza fortemente o nome como propriedade, com valor econômico concreto.

---

24. Disponível em: https://prceu.usp.br/uspdiversidade/nome-social-2/. Acesso em: 19 jan. 2021.

3.5 Domicílio

O domicílio é o centro das relações econômicas das pessoas, o espaço real no qual as pessoas exercem as suas atividades econômicas. Logo, a pessoa natural terá o seu domicílio no local onde estabelecer sua residência com ânimo definitivo; não possuindo residência habitual, *nem ponto central de negócio*, o domicílio será qualquer lugar no qual a pessoa for encontrada. Em termos legais, é possível que a pessoa tenha mais de um *domicílio* que, nem sempre, será regido pela lei civil. O domicílio (1) civil é regido pelos artigos 70/78 do CCB, há ainda o domicílio (2) tributário que é definido pelo artigo 127 do Código Tributário Nacional [Lei 5.172, de 25 de outubro de 1966 – CTN] e, também, o domicílio (3) eleitoral que é definido pelo artigo 42 do Código Eleitoral [Lei 4.737, de 15 de julho de 1965].

O *domicílio civil* da *pessoa natural* é caracterizado de diversas maneiras. Primeiramente, é o lugar onde ela estabelece a sua residência com ânimo definitivo. Entretanto, caso a pessoa natural tenha diversas residências, o domicílio será qualquer uma delas. Em relação às atividades profissionais, o domicílio da pessoa natural será onde exerce a profissão; havendo mais de um local de exercício da profissão, cada um deles será o domicílio para as relações que lhe correspondam. Na hipótese de que a pessoa natural não tenha residência habitual, o seu domicílio será onde for encontrada. A mudança de domicílio se faz pela transferência da residência, com a "intenção manifesta de o mudar".

O *domicílio civil* das *pessoas jurídicas*, conforme o artigo 75 do CCB é o da (1) União, o Distrito Federal; dos (2) Estados e Territórios, as respectivas capitais; do (3) Município, o lugar onde funcione a administração municipal; das (4) demais pessoas jurídicas, o lugar onde funcionarem as respectivas diretorias e administrações, ou onde elegerem domicílio especial nos seus estatutos ou atos constitutivos. Nas hipóteses em que a pessoa jurídica tenha diversos estabelecimentos em lugares diferentes, cada um deles será considerado domicílio para os atos nele praticados. Nos casos em que a administração, ou diretoria, tiver a sede no estrangeiro, o domicílio da pessoa jurídica, no tocante às obrigações contraídas por cada uma das suas agências, será o lugar do estabelecimento, localizado no Brasil, a que ela corresponder. Os contratos escritos poderão especificar domicílio onde se exerçam e cumpram os direitos e obrigações deles resultantes [CCB, artigo 78].

O CCB estabelece o *domicílio necessário* para o (1) incapaz, o (2) servidor público, o (3) militar, o (4) marítimo e o (5) preso. O domicílio do *incapaz* é o do seu representante ou assistente; o do *servidor público*, o lugar em que exercer permanentemente suas funções; o do *militar*, onde servir, e, sendo da Marinha ou da Aeronáutica, a sede do comando a que se encontrar imediatamente subordinado; o do *marítimo*, onde o navio estiver matriculado; e o do *preso*, o lugar em que cumprir a sentença [CCB, artigo 76].

O *domicílio tributário*, na falta de eleição por parte do contribuinte ou responsável tributário, será quanto (1) às pessoas naturais, a sua residência habitual, ou, sendo esta incerta ou desconhecida, o centro habitual de sua atividade; quanto (2) às pessoas jurídicas de direito privado ou às firmas individuais, o lugar da sua sede, ou, em relação aos atos ou fatos que derem origem à obrigação, o de cada estabelecimento; quanto (3) às pessoas jurídicas de direito público, qualquer de suas repartições no território da entidade tributante [CTN, artigo 127].

O Código Eleitoral determina em seu artigo 42, parágrafo único que, "[p]ara o efeito da inscrição, é domicílio eleitoral o lugar de residência ou moradia do requerente, e, verificado ter o alistando mais de uma, considerar-se-á domicílio qualquer delas".

O domicílio é, portanto, um dos elementos capazes de qualificar uma pessoa, isto é, individualizá-la como centro de relações jurídicas, conforme a natureza da relação jurídica concreta a ser examinada.

3.6   Estado civil

É um dos diversos elementos individualizadores do sujeito de direito. É por meio do estado civil podemos saber se os bens de uma pessoa estão integralmente em sua propriedade ou posse, ou se estão, total ou parcialmente, vinculados ao patrimônio de outrem. O estado civil indica a situação familiar do indivíduo. A Constituição Federal de 1988 trouxe importantes modificações no que se refere ao estado civil dos indivíduos e, em especial, à condição familiar.

A indicação de um estado civil depende diretamente da legislação relativa à família. Em breves linhas pode-se dizer que o estado civil de (1) *solteiro* é ostentado por aquele que nunca esteve ligado a outra pessoa pelo vínculo do matrimônio; a condição de solteiro também se aplica aquele cuja sociedade conjugal foi anulada, conforme estabelecido pelo artigo 1.571, II do CCB; em relação àquela que se encontra ligada pelo vínculo do casamento a outra, diz-se que ostenta a condição de (2) *casada* [CCB, artigo 1.511 e seguintes c/c artigo 70 e seguintes da Lei de Registros Públicos]; a pessoa (3) *separada* é aquela que rompeu o vínculo matrimonial por uma separação judicial ou separação consensual por meio de escritura pública [CCB, artigo 1.571, III c/c o artigo 733 do Código de Processo Civil]; é (4) *divorciada* a pessoa cujo vínculo matrimonial foi rompido pelo divórcio [CCB artigo 1.571, IV]; é (5) viúva a pessoa cujo vínculo matrimonial foi rompido pelo falecimento do cônjuge [CCB, artigo 1571, I]. Há um outro estado civil que, por força do § 3º do artigo 226 da Constituição Federal, deve ser reconhecido que e o de *convivente* ou *companheiro*(a), haja vista que a *união estável* é reconhecida como *entidade familiar*.

É importante ressaltar que, em relação ao artigo 226 da Constituição Federal, o STF, em importante decisão, equiparou os chamados casais homoafetivos às entidades familiares para fins de proteção legal [ADI 4.277 e ADPF 132, rel. min. Ayres Britto, j.

05.05.2011, P, DJE de 14.10.2011.]= RE 687.432 AgR, rel. min. Luiz Fux, j. 18.09.2012, 1ª T, DJE de 02.10.2012. Vide RE 646.721, rel. p/ o ac. min. Roberto Barroso, j. 10.05.2017, P, DJE de 11.09.2017, Tema 498.

A caracterização do estado civil é fundamental para a proteção patrimonial, previdenciária e para tantos outros aspectos da vida em comunidade.

3.7 Patrimônio

Patrimônio é o conjunto das relações econômicas que estão relacionadas a uma determinada pessoa, podendo ser positivo ou negativo. Todo individuo possui patrimônio, a diferença entre os indivíduos se dá, do ponto de vista econômico, no tamanho do respectivo patrimônio. A doutrina tem desenvolvido a *teoria do patrimônio mínimo* que sustenta que, em face do princípio constitucional da dignidade da pessoa humana. Patrimônio, contudo, é palavra polissêmica e, nem sempre, significa valor econômico.

A Constituição Federal, em diversas oportunidades utiliza a palavra patrimônio, em muitos casos com sentido econômico. Entretanto, há outras utilizações de forma inovadora, com o sentido de valor imaterial, moral, cultural, ecológico e espiritual da nacionalidade. Ao Estado brasileiro, por intermédio dos diferentes entes federativos, compete proteger o *patrimônio* histórico-cultural da nacionalidade que deverá ser valorizado [Constituição Federal, artigo 235, § 1º, I]. O patrimônio cultural brasileiro é composto por "bens de natureza material e imaterial, tomados individualmente ou em conjunto, portadores de referência à identidade, à ação, à memória dos diferentes grupos formadores da sociedade brasileira" [CF, artigo 216,[25] *caput*] , nele incluindo-se as (1) formas de expressão; os (2) modos de criar, fazer e viver; as (3) criações científicas, artísticas e tecnológicas; as (4) obras, objetos, documentos, edificações e demais espaços destinados às manifestações artístico-culturais; os (5) conjuntos urbanos e sítios de valor histórico, paisagístico, artístico, arqueológico, paleontológico, ecológico e científico. Com vistas a dar cumprimento à determinação constitucional, o Poder Público dispõe de instrumentos jurídicos tais como os inventários, os registros, a vigilância, o tombamento e a desapropriação, além de e outras formas de acautelamento e preservação.

---

25. STF: A proteção jurídica do patrimônio cultural brasileiro, enquanto direito fundamental de terceira geração, é matéria expressamente prevista no Texto Constitucional (art. 216 da CRFB/1988). A ordem constitucional vigente recepcionou o DL 25/1937, que, ao organizar a proteção do patrimônio histórico e artístico nacional, estabeleceu disciplina própria e específica ao instituto do tombamento, como meio de proteção de diversas dimensões do patrimônio cultural brasileiro [ACO 1.966 AgR, rel. min. Luiz Fux, j. 17.11.2017, P, *DJE* de 27.11.2017].

O parágrafo 4º do artigo 225 da Constituição Federal estabelece que a Floresta Amazônica brasileira,[26] a Mata Atlântica, a Serra do Mar,[27] o Pantanal Mato-Grossense[28] e a Zona Costeira são *patrimônio* nacional, e sua utilização far-se-á, na forma da lei, dentro de condições que assegurem a preservação do meio ambiente, inclusive quanto ao uso dos recursos naturais. À toda evidência, no caso concreto, *patrimônio* tem o sentido de valor não imediatamente econômico, mas de um valor imaterial de propriedade de toda a nação brasileira, símbolos da pátria.

O mesmo artigo 225, em seu parágrafo 1º, II menciona o *patrimônio genético* que, nos termos do inciso I do artigo 2º da Lei 13.123, de 20 de maio de 2015 é a "informação de origem genética de espécies vegetais, animais, microbianas ou espécies de outra natureza, incluindo substâncias oriundas do metabolismo destes seres vivos." É também no artigo 225 que consta o polêmico § 7º, incluído pela Emenda Constitucional 96/2017 que tem por finalidade a exclusão da incidência da parte final do inciso VII do § 1º do artigo 225 relativas às práticas desportivas que utilizem animais, desde que sejam manifestações culturais, conforme o § 1º do art. 215 da Constituição Federal, registradas como bem de natureza imaterial integrante do patrimônio cultural brasileiro, que deverão ser regulamentadas por lei específica que assegure o bem-estar dos animais envolvidos.

---

26. STF: Embora válido o argumento de que medida provisória não pode tratar de matéria submetida pela CF a lei complementar, é de se considerar que, no caso, a CF não exige lei complementar para alterações no Código Florestal, ao menos as concernentes à floresta Amazônica. (...) A lei, a que se refere o parágrafo, é a ordinária, já que não exige lei complementar. E matéria de lei ordinária pode ser tratada em medida provisória, em face do que estabelece o art. 52 da CF. Embora não desprezíveis as alegações da inicial, concernentes à possível violação do direito de propriedade, sem prévia e justa indenização, é de se objetar, por outro lado, que a Constituição deu tratamento especial à floresta Amazônica, ao integrá-la no patrimônio nacional, aduzindo que sua utilização se fará, na forma da lei, dentro de condições que assegurem a preservação do meio ambiente, inclusive quanto ao uso dos recursos naturais [ADI 1.516 MC, rel. min. Sydney Sanches, j. 06.03.1997, P, *DJ* de 13.08.1999].
27. Reserva Florestal Serra do Mar: indenização. É da jurisprudência do Supremo Tribunal que é devida indenização pela desapropriação de área pertencente à Reserva Florestal Serra do Mar, independentemente das limitações administrativas impostas para proteção ambiental dessa propriedade.
    [RE 471.110 AgR, rel. min. Sepúlveda Pertence, j. 14.11.2006, 1ª T, *DJ* de 07.12.2006].
28. STF: Pantanal Mato-Grossense (CF, art. 225, § 4º). Possibilidade jurídica de expropriação de imóveis rurais nele situados, para fins de reforma agrária. A norma inscrita no art. 225, § 4º, da Constituição não atua, em tese, como impedimento jurídico à efetivação, pela União Federal, de atividade expropriatória destinada a promover e a executar projetos de reforma agrária nas áreas referidas nesse preceito constitucional, notadamente nos imóveis rurais situados no Pantanal Mato-Grossense. A própria Constituição da República, ao impor ao poder público o dever de fazer respeitar a integridade do patrimônio ambiental, não o inibe, quando necessária a intervenção estatal na esfera dominial privada, de promover a desapropriação de imóveis rurais para fins de reforma agrária, especialmente porque um dos instrumentos de realização da função social da propriedade consiste, precisamente, na submissão do domínio à necessidade de o seu titular utilizar adequadamente os recursos naturais disponíveis e de fazer preservar o equilíbrio do meio ambiente (CF, art. 186, II), sob pena de, em descumprindo esses encargos, expor-se à desapropriação-sanção a que se refere o art. 184 da Lei Fundamental [MS 22.164, rel. min. Celso de Mello, j. 30.10.1995, P, *DJ* de 17.11.1995].

Capítulo 9
FATO, ATO E NEGÓCIO JURÍDICO

1. INTRODUÇÃO

O direito se manifesta, age e é aplicado a partir de fatos. É a realidade concreta que dará base à aplicação da norma jurídica, seja a norma legal ou consuetudinária, seja a norma contratual. A lei atribui aos elementos geradores de efeitos jurídicos o nome de fatos jurídicos que poderão ser lícitos ou ilícitos. Assim, os fatos jurídicos são os acontecimentos do mundo em virtude dos quais as relações de direito [jurídicas] nascem e se extinguem (Vieira, 1986).

A poluição, por exemplo, é um fato jurídico, pois a sua existência tem repercussão no mundo do direito. É interessante observar, por exemplo, no que tange ao crime de poluição [artigo 54 da Lei 9.605/1998], "causar poluição de qualquer natureza em níveis tais que resultem ou possam resultar em danos à saúde humana, ou que provoquem a mortandade de animais ou a destruição significativa da flora", o Tribunal de Justiça do Estado do Rio Grande do Sul entendeu que a chamada poluição sonora não é fato típico, portanto, não gera consequência jurídica, sendo indiferente ao direito. "A poluição sonora não se presta à conformação típica do art. 54, da Lei 9.605/98, por não alcançar o bem jurídico nela tutelado, ou seja, os sons, os ruídos ou as vibrações, ainda que em níveis excessivos, porque não são capazes de causar alterações substanciais no meio ambiente".[1] A decisão, evidentemente, é equivocada, pois o fato ruído excessivo, acima dos padrões toleráveis, se constitui é ilícito administrativo, civil e penal ambiental, pois capaz de causar danos à saúde humana, como exige o tipo penal.

2. FATO JURÍDICO

Os fatos jurídicos podem ser considerados em (1) *sentido lato* ou em (2) *sentido estrito*. Em sua *dimensão lata* é o elemento que dá origem aos direitos subjetivos, propiciando a base para a criação da relação jurídica, dando concretude às normas jurídicas de natureza legal. Em sua dimensão *estrita*, os fatos jurídicos podem ser agrupados em dois grandes blocos: os (1) que dependem e os que (2) independem da manifestação de vontade humana. Aqueles que dependem da volição humana se classificam em (1)

---

1. Habeas Corpus 70056708431, Quarta Câmara Criminal, Tribunal de Justiça do RS, Relator: Rogerio Gesta Leal, Julgado em 17.10.2013.

atos e (2) negócios jurídicos. As chuvas que atingiram à região serrana do Rio de Janeiro em janeiro de 2011, causando desabamentos de encostas e centenas de vítimas fatais foi um fato jurídico, pois produziram consequências jurídicas independentemente da manifestação de vontade humana.

O *fato jurídico* se opõe ao fato incapaz de gerar feitos jurídicos. Aos fatos que não geram repercussões no mundo do direito se atribui o nome de fato *material, simples* ou *neutro*. Os fatos jurídicos que independem de vontade humana são os *ordinários* (morte, nascimento) ou os *extraordinários* (caso fortuito, força maior).

Há uma questão importante a ser examinada, em termos de proteção ao meio ambiente, que é a seguinte: figure-se a hipótese na qual, em uma determinada bacia hidrográfica, inúmeras atividades são realizadas dentro dos padrões legais de lançamento de efluentes, muito embora, em seu conjunto, resultem em poluição do corpo hídrico, *quid juris*? [qual é o direito?]. A situação mostra a dificuldade de classificar os fatos com repercussão ambiental de forma isolada e sem considerar o conjunto do ambiente a ser tutelado. A incongruência da situação leva ao que Martine Rèmond-Gouilloud denominou, criticamente, *direito de destruir* (1989). Com efeito, não há responsabilidade por ato lícito, ou seja, não se pode punir a ação conforme os parâmetros legalmente aplicáveis. Entretanto, no caso hipotético, não se pode deixar de exigir a reparação do dano.

3. ATO JURÍDICO

Os atos jurídicos podem ser conformes ou contrários ao direito; portanto, lícitos ou ilícitos. Tradicionalmente, os atos ilícitos são divididos em (1) ilícito civil e (2) ilícito penal. Todavia, a crescente divisão do direito em diferentes ramos fez surgir ilícitos de outras naturezas, tais como os ilícitos, ambiental, administrativo, tributário, trabalhista, processual etc.

O artigo 186 do CCB estabelece que "[a]quele que, por ação ou omissão voluntária, negligência ou imprudência, violar direito e causar dano a outrem, ainda que exclusivamente moral, comete ato ilícito." A prática do ato ilícito, causador de dano, gera a responsabilidade, conforme disposto no artigo 927 do CCB, isto é, "fica obrigado a repará-lo". No exemplo apresentado em [2], *in fine*, não houve ato ilícito, mas dano causado pela prática de um ato lícito. A obrigação de reparar o dano no Brasil se fundamenta na (1) culpa como regra nos casos ordinários e (2) é objetiva nas hipóteses "especificados em lei, ou quando a atividade normalmente desenvolvida pelo autor do dano implicar, por sua natureza, risco para os direitos de outrem" [CCB, artigo 927, parágrafo único].

A existência de dano sem fundamento em ato ilícito está contemplada no artigo 188, I do CCB, sempre que os atos tenham sido praticados em "legítima defesa ou no exercício regular de um direito reconhecido." No nosso exemplo, o lançamento de efluentes no ambiente em conformidade com os padrões legais. "Em que pese a *inocorrência de conduta ilícita* por parte do condutor do veículo da parte ré/apelada, tal fato não tem o condão de eximir a empresa demandada de suas responsabilidades, porquanto o ato em

CAPÍTULO 9 • FATO, ATO E NEGÓCIO JURÍDICO   **187**

estado de necessidade, *embora lícito (art. 160, II do CC/16 correspondente ao art.188, II, CC/02), obriga a indenizar (art. 1.519 do CC/16 correspondente ao art. 929, CC/02)".*[2]

No ilícito civil diz-se que o dever jurídico violado foi imposto pela ordem jurídica no interesse do ofendido. No ilícito penal, o dever jurídico violado é tutelado em favor da sociedade. Nas sociedades modernas, a separação entre os interesses privados e os interesses públicos não é tão rígida como nas sociedades antigas, pois muitas matérias que tradicionalmente seriam de direito privado estão constitucionalizadas. É importante registrar que os ilícitos praticados contra a ordem pública e a sociedade não se resumem aos ilícitos penais. Os ilícitos ambientais, por exemplo, são praticados contra a ordem pública do meio ambiente.

O certo é que, como afirma Karl Larenz, a ordem jurídica demanda de todos os indivíduos que tenham comportamento "conveniente" (1985) e que ajam no interesse de todos, no interesse de uma vida em coletividade que se faça segundo as regras de direito. Não há, assim, regras feitas, única e exclusivamente, no interesse dos particulares. Em uma economia de mercado, o pressuposto é que a soma dos interesses privados resulte em maior benefício para a coletividade. O *Código Civil de 1916* [revogado], em seu artigo 81 definia normativamente *ato jurídico* como "[t]odo o ato licito, que tenha por fim imediato adquirir, resguardar, transferir, modificar ou extinguir direitos...". O Código Civil Brasileiro [2002] vigente não possui definição normativa de fato jurídico, mencionando o termo apenas 1 vez, no artigo 212, relativamente à sua prova que pode ser feita mediante (1) confissão, (2) documento, (3) testemunha, (4) presunção ou (5) perícia.

Dos ramos especializados do direito, decorrem atos jurídicos especializados.

O *ato administrativo* foi definido por Marcello Caetano (1984, 1977) como a "conduta voluntária de um órgão da administração que, no exercício de um poder público e para a persecução de interesses postos por lei a seu cargo, produza efeitos em um caso concreto". Marcelo Caetano aponta os seguintes elementos essenciais ao ato administrativo: (1) tem de consistir na conduta de um órgão da administração no exercício de um poder público; (2) a conduta deve ser voluntária; (3) deve visar a produção de efeitos jurídicos em um caso concreto; (4) deve ter por finalidade o atendimento ao interesse público posto por lei a cargo do órgão que se tenha manifestado.

Os atos administrativos podem, ou não, gerar direitos para terceiros. Um simples parecer opinativo não é capaz de gerar direitos para os particulares, muito embora seja um ato administrativo. Os atos administrativos podem ser (1) *válidos*, (2) *nulos*, (3) *anuláveis* ou (4) *inexistentes*. O ato *válido* é aquele que reúne todas as condições formais determinadas pela lei para a sua realização. O ato *inexistente* é aquele que apenas possui aparência de ato administrativo, faltando-lhe um requisito essencial [*e.g.*, não ter sido produzido por servidor público]. O *ato nulo* é o que se afastou da lei; é um ato desviante

---

2. TJ-BA – APL: 00002322320108050171, Relator: Marcia Borges Faria, 5ª Câmara Cível, Publicação: 03.09.2014.

do interesse público. A nulidade pode se dar por incompetência, vício de forma, ilegalidade do objeto, inexistência dos motivos, desvio de finalidade e imoralidade. Muitas vezes, a decretação da nulidade do ato administrativo pode acarretar danos maiores do que a sua manutenção, v.g.

> A interrupção do funcionamento do aterro sanitário em questão, sem a devida observação das consequências a serem suportadas pela população do município, pode acarretar imensurável lesão à saúde e até mesmo à economia pública, haja vista a ausência de local apropriado para o depósito do lixo da cidade, ponto que deve ser desenvolvido e decidido no bojo da ação principal, a fim de evitar maiores prejuízos ao município.[3]

A decisão está em harmonia com as disposições legais contidas na LINDB, em especial nos artigos 21 e 22.

A Administração pública pode, e deve, anular os seus atos quando eivados de ilegalidade, conforme determinado pela Lei 9.784, de 29 de janeiro de 1999, artigo 53 "A Administração deve anular seus próprios atos, quando eivados de vício de legalidade, e pode revogá-los por motivo de conveniência ou oportunidade, respeitados os direitos adquiridos." No mesmo sentido a Súmula 473 do Supremo Tribunal Federal "A administração pode anular seus próprios atos, quando eivados de vícios que os tornam ilegais, porque deles não se originam direitos; ou revogá-los, por motivo de conveniência ou oportunidade, respeitados os direitos adquiridos, e ressalvada, em todos os casos, a apreciação judicial".

As licenças ambientais, conforme o disposto no artigo 19 da Resolução 237, de 19 de dezembro de 1997, podem ter as suas condicionantes modificadas, bem como as suas medidas de controle e adequação, assim como serem suspensas, por decisão motivada do órgão ambiental, nas hipóteses de (1) violação ou inadequação de quaisquer condicionantes ou normas legais; (2) omissão ou falsa descrição de informações relevantes que subsidiaram a expedição da licença. (3) superveniência de graves riscos ambientais e de saúde. Tais medidas devem ser precedidas da ampla defesa e do contraditório.

> O INEA cancelou unilateralmente a licença de operação do Impetrante, que se encontrava ainda válida (agosto de 2011), sem jamais lhe comunicar, ferindo, assim, os princípios constitucionais do contraditório e da ampla defesa, corolários do devido processo legal, previstos no ordenamento jurídico brasileiro... 5 – Impõe-se a anulação do ato de cassação da licença de operação da Impetrante, bem como o cancelamento das medidas de interdição e desinstalação oriundas do ICMBIO. TRF-2 – APELREEX: 00082518620104025101 RJ 0008251-86.2010.4.02.5101, Relator: Carmen Silvia Lima de Arruda, Julgamento: 15.08.2012, 6ª Turma Especializada, Publicação: 18.09.2012).

Atos de comércio. Os atos de comércio são os "atos praticados pelos comerciantes no exercício de sua profissão, e como tais, ficam sujeitos à lei comercial" (Martins, 1981, p. 87). O Código Civil de 2002 e o Código de Defesa do Consumidor [CDC] trouxeram muitas inovações para a matéria. O CDC criou a figura jurídica da relação de consumo

---

3. TJ-GO – AI: 05740136920188090000, Relator: Fausto Moreira Diniz, Julgamento: 02.10.2019, 6ª Câmara Cível, Publicação: DJ de 02.10.2019.

que não se confunde com a relação comercial, pois nela intervêm o *fornecedor* e o *consumidor*. *Fornecedor* é qualquer pessoa física [natural] ou jurídica, pública ou privada, nacional ou estrangeira, e os entes despersonalizados, que desenvolvam atividade de produção, montagem, criação, construção, transformação, importação, exportação, distribuição ou comercialização de produtos ou prestação de serviços [artigo 3º do CDC]. Por sua vez, o *consumidor* é pessoa física ou jurídica que adquire ou utiliza produto ou serviço como destinatário final [artigo 2º do CDC].

Assim, a compra e venda de mercadoria, ou a prestação de serviço para um destinatário final não é mais classificada como relação comercial, mas de consumo.

O Código Civil, por seu artigo 2.045, revogou a primeira parte do Código Comercial [Lei 556, de 25 de junho de 1850] buscando unificar o direito privado. Atualmente, o foco legislativo e interpretativo deixou de ser o ato praticado pelo comerciante ou empresário, passando a se dirigir para a empresa, a atividade econômica efetivamente realizada. O empresário é uma classificação maior do que a de comerciante, pois a atividade empresarial não se restringe ao comércio.

Ato processual. O ato processual é o praticado no interior de um processo administrativo, arbitral ou judicial e que tenha por objetivo constituir, conservar, desenvolver, modificar ou extinguir a relação jurídica processual.

Para Moacyr Amaral Santos (1981) as características dos atos processuais são: não (1) se apresentam isoladamente; (2) ligam-se pela unidade de escopo e são (3) interdependentes. São, portanto, atos que se sucedem em sequência, com o objetivo de solucionar um litígio arbitral, administrativo ou judicial.

A forma dos atos processuais, muito embora de grande relevância, tende a perder seu caráter de fetiche que ostentou no passado. A Lei de Processo Administrativo Federal [Lei 9.784, de 29 de janeiro de 1999], em seu artigo 22 determina que os atos do processo administrativo "não dependem de forma determinada senão quando a lei expressamente a exigir." Disposição no mesmo sentido está prevista no artigo 188 do Código de Processo Civil [Lei 13.105, de 16 de março de 2015] que dispõe que os atos e os termos processuais "independem de forma determinada, salvo quando a lei expressamente a exigir, considerando-se válidos os que, realizados de outro modo, lhe preencham a finalidade essencial". É necessário observar, entretanto, que a concepção mais tradicional do processo, como a de Moacyr Amaral Santos classifica o direito processual como um direito formal, pois "as formas correspondem a uma necessidade de ordem, de certeza, de eficiência prática e a sua regular observação representa uma garantia de regular e real desenvolvimento do processo e a garantia do direito das partes" (Santos, 1981, p. 241). A forma processual não é um valor em si mesmo, mas um instrumento para observar os princípios, tais como o da (1) liberdade das formas e o da (2) instrumentalidade das formas. A forma processual, portanto, não é um fim em si mesmo, mas um instrumento para que o processo possa atingir a sua finalidade, que é a prestação da justiça ou a entrega do objeto da vida àquele que, efetivamente, tenha direito. Não se esqueça, também, do princípio da documentação que determina que os atos processuais sejam devidamente documentados, podendo ser utilizados os meios à disposição para o registro dos atos processuais. Da mesma forma, há que se observar o princípio da publicidade, mediante o qual os processos, *em princípio*, são públicos. Por fim, há o princípio da duração razoável do processo expressamente previsto na Constituição Federal [artigo 5º, LXXVIII].[4]

4. NEGÓCIO JURÍDICO

O negócio jurídico é um ato ou uma pluralidade de atos praticados com a finalidade de produzir consequências jurídicas. Karl Larenz (1978, p. 422) sustenta que o negócio jurídico é o meio pelo qual se manifesta a autonomia da vontade. Os negócios jurídicos podem ser classificados de diferentes maneiras, tais como: (1) quanto às vantagens: onerosos e gratuitos. As vantagens conferidas podem exigir (onerosos) ou não (gratuitos) contraprestação; (2) quanto às formalidades: solenes e não solenes. Hipótese em que demandam (ou não) uma forma especial (solenidade); (3) quanto ao conteúdo: patrimoniais e não patrimoniais (pessoais). Se dizem respeito a valores economicamente mensuráveis. Os negócios patrimoniais podem ser reais ou obrigacionais. Nos negócios reais, vige o princípio do *numerus clausus* (número fechado), mediante o qual não se pode impor restrições à propriedade privada que não estejam previstas em lei. Em relação aos negócios obrigacionais, vigora o princípio da autonomia da vontade, com a liberdade contratual (4) quanto à manifestação de vontade: unilaterais e bilaterais. Unilaterais são os negócios jurídicos nos quais a manifestação de vontade de um ou mais sujeitos se realiza no mesmo sentido; bilaterais são aqueles em que as manifestações de vontades dos sujeitos se dão em sentidos diferentes. (5) quanto aos efeitos: constitutivos e declaratórios. Os atos constitutivos são aqueles cuja eficácia se produz *ex-nunc*, isto é, a partir do momento de sua produção. Os negócios jurídicos declaratórios são aqueles cuja eficácia se produz *ex tunc*, ou seja, a partir do momento em que se completou o fato a que se vincule a manifestação de vontade. (6) quanto ao tempo em que produzem efeitos: *intervivos* e *mortis causa*; os negócios jurídicos *intervivos* são aqueles que dispõem sobre as relações jurídicas dos pactuantes em vida. *Mortis causa* são aqueles que dispõem sobre as relações jurídicas após a morte dos pactuantes. (7) quanto à existência: principais e acessórios; principais são os negócios

---

4. STF – (...) o excesso de prazo não resulta de simples operação aritmética. Complexidade do processo, retardamento justificado, atos procrastinatórios da defesa e número de réus envolvidos são fatores que, analisados em conjunto ou separadamente, indicam ser, ou não, razoável o prazo para o encerramento da instrução criminal. [HC 97.461, rel. min. Eros Grau, j. 12.05.2009, 2ª T, *DJE* de 1º.07.2009].

    TJSC – A justificativa de mera incapacidade do órgão público em dar vazão a diversos processos que estão sob sua responsabilidade, não pode dar azo aos prejuízos enfrentados pela impetrante em razão da demora na análise do pedido de concessão da licença pleiteada, de modo que tal desídia, caracteriza ato ofensivo ao direito líquido e certo da requerente em obter resposta do órgão competente em tempo adequado. AC: 03261367120188240038 Joinville 0326136-71.2018.8.24.0038, Relator: Júlio César Knoll, Julgamento: 05.05.2020, Terceira Câmara de Direito Público.

CAPÍTULO 9 • FATO, ATO E NEGÓCIO JURÍDICO

jurídicos que têm existência por si próprios; acessórios são os negócios jurídicos que dependem da existência de outro negócio jurídico. (8) quanto ao exercício dos direitos: de disposição e de múltipla disposição. Se estão relacionados à utilização de todos os direitos sobre determinados bens, ou se apenas estão relacionados à utilização de parcela desses direitos.

4.1 Interpretação dos negócios jurídicos

A interpretação dos negócios jurídicos é matéria de relevância prática, pois nem sempre as disposições acordadas entre as partes são de simples interpretação. E mais, nem sempre as negociações são feitas com estrita observância das normas legais.

Ela deve ser feita conforma a conforme a boa-fé e os usos do lugar de sua celebração [CCB, artigo 113] e deve lhes atribuir o sentido que (1) for confirmado pelo comportamento das partes posterior à celebração do negócio; que (2) corresponda aos usos, costumes e práticas do mercado relativas ao tipo de negócio; que (3) corresponda à boa-fé; que (4) seja mais benéfico à parte que não redigiu o dispositivo, se identificável; e (5) que corresponda a qual seria a razoável negociação das partes sobre a questão discutida, inferida das demais disposições do negócio e da racionalidade econômica das partes, consideradas as informações disponíveis no momento de sua celebração. Em relação aos negócios jurídicos benéficos e à renúncia, a interpretação deve ser estrita.

> Por ser um negócio jurídico benéfico, este só aceita interpretação restritiva, conforme bem estatui o artigo 114 do Código Civil... Assim, tem-se como inexigível referida promessa, visto que a própria doação necessita da forma escrita para a sua validade (quando o objeto da doação não se tratar de bem móvel e de pequeno valor), justamente por ser um contrato jurídico benéfico, o qual só permite interpretação restritiva, conforme bem estatui o artigo 114 do Código Civil.[5]

A boa-fé é um elemento fundamental que deve ser levado em conta em todas as circunstâncias. O Tribunal Regional Federa da 4ª Região, ao analisar questão relativa à aquisição em hasta pública de imóvel rural, decidiu que

> 1. O Código florestal de 2012, tal como seu predecessor de 1965, preveem a natureza propter rem das obrigações decorrentes de danos ambientais, indicando que "as obrigações previstas nesta Lei têm natureza real e são transmitidas ao sucessor, de qualquer natureza, no caso de transferência de domínio ou posse do imóvel rural", sem fazer distinção da forma de transmissão do bem. 2. O direito fundamental ao meio ambiente equilibrado é oponível às relações privadas e a natureza *propter rem* das obrigações ambientais, somadas, indicam que a aquisição de imóvel em hasta pública não elide o adquirente do dever de reparar o dano, *mesmo que adquirido de boa-fé* (TRF-4 - AG: 50204318820184040000 5020431-88.2018.4.04.0000, Relator: Vânia Hack de Almeida, Julgamento: 29.01.2019, 3ª Turma).

A decisão é equivocada e não corresponde à melhor aplicação do direito. Com efeito, o artigo 886 do CPC determina que os leilões serão precedidos por editais dos quais deverão constar, dentre outras coisas, a (1) a descrição do bem penhorado, com

---

5. TJ-DF 20150610106525 DF 0010505-41.2015.8.07.0006, Relator: Romulo de Araujo Mendes, Data de Julgamento: 17.08.2017, 4ª turma cível, DJE : 24.08.2017. Pág.: 245-256.

INTRODUÇÃO AO ESTUDO DO DIREITO • Paulo de Bessa Antunes

suas características, e, tratando-se de imóvel, sua situação e suas divisas, com remissão à matrícula e aos registros e (2) a menção da existência de ônus, recurso ou processo pendente sobre os bens a serem leiloados. Por sua vez a Lei 12.651/2012 no § 2º do seu artigo 2º estabelece que "[a]s obrigações previstas nesta Lei têm natureza real e são transmitidas ao sucessor, de qualquer natureza, no caso de transferência de domínio ou posse do imóvel rural". A Lei de Registros Públicos [Lei 6.015, de 31 de dezembro de 1973], estabelece em seu artigo 167 que será feito o (1) registro do contrato de pagamento por serviços ambientais, quando este estipular obrigações de natureza *propter rem* [por causa da coisa] e a (2) averbação (a) da reserva legal e (b) da servidão ambiental. A obrigação real [propter rem] é da coisa e não do proprietário que dela somente poderá se desonerar alienando a coisa. A proteção ambiental e o direito ao meio ambiente, evidentemente, não podem negar vigência às leis brasileiras. É óbvio que ao adquirir imóvel em hasta pública, o adquirente, salvo se o edital expressamente fizer a ressalva, adquire o bem livre de quaisquer ônus, em especial se não houver a necessária anotação no registro de imóveis. A decisão acima mencionada, fere fundo a credibilidade das hastas públicas, impactando o princípio da confiança legítima.

O Ministro Herman Benjamim, em matéria de hasta pública tem entendimento no sentido de que:

> 1. O acórdão recorrido está em sintonia com o entendimento do STJ de que, no caso de arrematação, por força do artigo 130, parágrafo único, do CTN, o arrematante adquire o bem imóvel livre dos ônus fiscais anteriores, pois "os créditos tributários relativos a impostos cujo fato gerador seja a propriedade, o domínio útil ou a posse de bens imóveis se sub-rogam no preço objeto da arrematação em hasta pública" (REsp 1.689.969/SP, Rel. Ministro Herman Benjamin, Segunda Turma, DJe 19.12.2017).

Logo, não faz sentido que, em direito ambiental, a matéria seja tratada de forma diversa.

4.2 Elementos do negócio jurídico

Os elementos dos negócios jurídicos são as suas partes constitutivas. Eles podem ser (1) essenciais, (2) naturais ou (3) acidentais. Os elementos *essenciais* são: a (1) capacidade do agente;[6] o (2) objeto lícito e possível, determinado ou determinável;[7] o (3) consentimento; as (4) formas e as solenidades previstas ou não defesas em lei.

---

6. 2. Afasta-se a alegação de invalidade da escritura pública de doação de bem imóvel quando os relatórios médicos permitem concluir que a falecida, à época da celebração do negócio jurídico, encontrava-se plenamente capaz de exercer pessoalmente o ato em questão, nos termos do que preconiza o artigo 104, I, do Código Civil. 3. Demonstrado pelo acervo probatório, em especial pela prova oral, que a doação do imóvel ao filho de criação foi motivada por um sentimento de justiça, tendo em vista o constante apoio material que já dedicava ao filho adotivo registrado como legítimo, não há que se falar em anulação do negócio jurídico por vício de consentimento, porquanto ausente quaisquer dos vícios descritos no artigo 171, II, da Lei Civil. 4. Recurso conhecido e não provido. TJ-DF – APC: 20130110574453, Relator: Simone Lucindo, Julgamento: 11.05.2016, 1ª Turma Cível. DJE : 24.05.2016. Pág.: 213.

7. A boa-fé objetiva é princípio elementar do ordenamento jurídico e imputa às partes que ajam, umas em relação às outras, com transparência, lealdade e respeito, justificando a confiança reciprocamente depositada

CAPÍTULO 9 • FATO, ATO E NEGÓCIO JURÍDICO   **193**

A capacidade do agente diz respeito ao estado subjetivo das partes do negócio jurídico. Só o agente capaz pode realizar negócios jurídicos válidos. A incapacidade relativa de uma das partes não pode ser invocada pela outra parte em benefício próprio, nem aproveita aos cointeressados capazes, salvo se, neste caso, for indivisível o objeto do direito ou da obrigação comum.

A impossibilidade inicial do objeto não invalida o negócio se for relativa, ou caso cesse antes da realização da condição a que ele estiver subordinado.

A manifestação de vontade [consentimento] não depende de forma especial, salvo quando houver expressa determinação legal. As escrituras públicas, salvo quando existir disposição legal em sentido contrário, são essenciais à validade dos negócios jurídicos que visem à constituição, transferência, modificação ou renúncia de direitos reais sobre imóveis de valor superior a trinta vezes o maior salário mínimo vigente no País. Havendo no negócio jurídico cláusula de não valer sem instrumento público, este é da substância do ato. Nas hipóteses em que a manifestação de vontade tenha sido feita com reserva mental de não querer o que manifestou, ela persiste, salvo se dela o destinatário tinha conhecimento.

O silêncio de uma parte importa anuência, quando as circunstâncias ou os usos o autorizarem, e não for necessária a declaração de vontade expressa.

4.2.1   *Elementos acidentais dos negócios jurídicos*

Os elementos acidentais dos negócios jurídicos são os que se lhes acrescentam visando a modificação dos efeitos que seriam obtidos originalmente. Diz-se que tais elementos são acidentais, pois a sua inexistência não redundaria na inexistência do próprio negócio. Tais elementos são: a (1) condição, o (2) termo e o (3) encargo.

A *condição* do negócio jurídico é a cláusula que o subordina a *acontecimento futuro e incerto*. A *condição* é, também, a cláusula que, derivando exclusivamente da vontade das partes, subordina o efeito do negócio jurídico a evento futuro e incerto. Como

---

– O negócio jurídico, para ser considerado válido, seja celebrado entre agentes capazes, obedecendo à forma prescrita ou não defesa em lei, tendo objeto lícito, possível, determinado ou determinável (art. 104, do CC). No presente caso, verifica-se que todos os elementos essenciais do negócio jurídico estão presentes, vez que a apelante manifestou livremente a vontade de contratar, exprimindo seu consentimento. O objeto do contrato é lícito, possível e determinado, tendo sido firmado por agentes capazes, encontrando-se, assim, dentro dos parâmetros legais - Vigora no direito civil pátrio o princípio do pacta sunt servanda, segundo o qual o contrato faz lei entre as partes, devendo prevalecer, via de regra, a manifestação de vontade das partes no momento da pactuação (exceto quando se comprove a existência de abusividade, fraude, coação etc.). – Nos contratos firmados livremente entre as partes, presume-se (até que haja prova em sentido contrário), que é do pleno conhecimento de ambas as partes os termos constantes do referido acordo. Desse modo, para que se admita a revisão de cláusulas contratuais em juízo, diante do reconhecimento de elementos que maculem a validade do contrato, se faz necessário que o pedido revisional esteja fundado na aparência do bom direito, pautando-se em provas, o que não se observa na hipótese dos autos - Não há nos autos uma única prova que lastreia a tese defendida pela apelante, devendo ser mantida a validade do contrato de compra e venda firmado entre as partes. TJ-PE – APL: 5072577 PE, Relator: Antônio Fernando de Araújo Martins, Julgamento: 11.09.2018, 6ª Câmara Cível. Publicação: 08.10.2018).

regar geral, são lícitas todas as condições não contrariem à lei, à ordem pública ou aos bons costumes; entre as condições defesas se incluem as que privarem de todo efeito o negócio jurídico, ou o sujeitarem ao puro arbítrio de uma das partes. Os Termos de Ajustamento de Conduta [TAC] são negócios jurídicos previstos na Lei 7.347/1985 [artigo 5º, § 6º], com a finalidade de tomar "dos interessados compromisso de ajustamento de sua conduta às exigências legais, mediante cominações, que terá eficácia de título executivo extrajudicial." Na condição de negócio jurídico, o TAC está submetido, também, às normas aplicáveis aos negócios jurídicos em geral:

> 1. Não obstante a eficácia executiva conferida ao termo de ajustamento de conduta pelo § 6º do art. 5º da Lei 7.347/85, ao verificar que nele se estipulou condição suspensiva para aplicação da multa cominatória – qual seja, prévia notificação do compromissário –, a ausência do implemento desta torna inexigível o documento para amparar execução por quantia certa, nos termos do art. 572 do CPC. TJ-MG – AC: 10567140023142001 MG, Relator: Ângela de Lourdes Rodrigues, Julgamento: 11.06.2015, Câmaras Cíveis / 8ª Câmara Cível, Publicação: 03.08.2015.

São causas de invalidade dos negócios jurídicos as condições que sejam (1) físicas ou juridicamente impossíveis, quando suspensivas; as (2) condições ilícitas, ou de fazer coisa ilícita; ou, ainda, as (3) condições incompreensíveis ou contraditórias.

As cláusulas resolutivas que imponham obrigações de fazer ou de não fazer coisas impossíveis, são tidas por inexistentes.[8] Sempre que a eficácia do negócio jurídico estiver subordinada à condição suspensiva, enquanto esta não se verificar, não se terá adquirido o direito por ela visado.[9]

Caso a condição seja resolutiva, enquanto esta não se realizar, vigorará o negócio jurídico, podendo exercer-se desde a conclusão deste o direito por ele estabelecido. Quando a condição resolutiva se cumpre, extingue-se, para todos os efeitos, o direito a que ela se opõe; mas, se aposta a um negócio de execução continuada ou periódica, a sua realização, salvo disposição em contrário, não tem eficácia quanto aos atos já praticados, desde que compatíveis com a natureza da condição pendente e conforme aos ditames de boa-fé. A lei tem como verificada, quanto aos efeitos jurídicos, a condição cujo implemento for maliciosamente obstado pela parte a quem desfavorecer, consi-

---

8. 2 – Não é possível rescindir contrato de obrigação de fazer, quando a condição resolutiva imposta aos réus é o trânsito em julgado de uma ação de usucapião ainda a ser proposta, tudo no prazo de 90 dias, por se revelar impossível de ser cumprida, pois além de não depender dele, contratado, a tramitação normal, sem percalços, até a sentença, dura em média 24 meses, quiçá com eventuais recursos. 3 – Para que não haja prejuízo ao cumprimento do contrato, é necessário a modulação da cláusula impossível de ser cumprida para que a obrigação dos Réus seja tão somente a de propor a referida ação de usucapião, no prazo de 90 (noventa) dias. TJ-PE – AC: 5056315 PE, Relator: Agenor Ferreira de Lima Filho, Julgamento: 30.10.2019, 5ª Câmara Cível, Publicação: 11.11.2019).

9. Não detém direito adquirido o sócio que ao ingressar como associado possuía a expectativa de direito de, após 35 anos de contribuição, se tornar sócio remido. Não pode alegar direito adquirido aquele que não alcançou o lapso temporal para ser sócio remido na vigência da lei anterior, mormente quando o clube reduziu, proporcionalmente, o valor da contribuição mensal. TJ-SC – AC: 4119 SC 2007.000411-9, Relator: Monteiro Rocha, Julgamento: 13.01.2010, 4ª Câmara de Direito Civil.

CAPÍTULO 9 • FATO, ATO E NEGÓCIO JURÍDICO **195**

derando-se, ao contrário, não verificada a condição maliciosamente levada a efeito por aquele a quem aproveita o seu implemento.

O *termo é* o dia em que se inicia ou se extingue a eficácia do negócio jurídico. O termo inicial suspende o exercício, mas não a aquisição do direito. Os prazos, salvo expressa disposição legal ou convencional, são computados da seguinte forma: o dia do começo é excluído e incluído o do vencimento. Caso o dia do vencimento caia em feriado, considerar-se-á prorrogado o prazo até o seguinte dia útil. O "meado" do mês, em qualquer mês, é o seu décimo quinto dia. Os prazos contados em meses e anos expiraram no dia de igual número do de início, ou no imediato, se faltar exata correspondência. Já os prazos fixados por hora são contados de minuto a minuto.

O prazo nos testamentos é presumido em favor do herdeiro; já nos contratos, a presunção é em favor do devedor, salvo, quanto a esses, se do teor do instrumento, ou das circunstâncias, resultar que se estabeleceu a benefício do credor, ou de ambos os contratantes. Nos negócios jurídicos intervivos, nos quais não haja fixação de prazos, eles são exequíveis, desde logo, salvo se a execução tiver de ser feita em lugar diverso ou depender de tempo. Ao termo inicial e ao final aplicam-se, no que couber, as disposições relativas à condição suspensiva e resolutiva.

O *modo* ou *encargo* é a cláusula acessória aos atos de liberalidade. Normalmente é constituído por uma prestação em favor do praticante da liberalidade ou de um terceiro. O encargo *não* suspende a aquisição nem o exercício do direito, salvo quando expressamente imposto no negócio jurídico, pelo disponente, como condição suspensiva. Os encargos ilícitos são tidos por não escritos, o mesmo ocorrendo com os encargos impossíveis; entretanto, caso o encargo ilícito ou impossível seja o motivo determinante da liberalidade o negócio jurídico é invalidado.

4.2.2 Defeitos dos negócios jurídicos

O negócio jurídico pode ser defeituoso em função de manifestação de vontade que não corresponda ao desejo do manifestante. O primeiro dos defeitos dos atos jurídicos é o (1) *erro* [ou ignorância] *que* é a noção inexata sobre alguma coisa, objeto ou pessoa que tenha força suficiente para influir na formação da vontade. O erro é capaz de tornar anuláveis os negócios jurídicos quando as declarações de vontade forem expressas com "erro substancial que poderia ser percebido por pessoa de diligência normal, em face das circunstâncias do negócio" [CCB, artigo 138].

O erro para viciar o negócio jurídico e torná-lo anulável deve ser substancial, claro, palpável, capaz de gerar prejuízo.

Compromisso de venda e compra tendo por objeto imóvel destinado à moradia, mas com sérios vícios de construção, que impedem a sua ocupação – Desacolhimento do pedido em Primeiro Grau, sob alegação de que o erro dos adquirentes não foi escusável - Novo Código Civil que em seu art. 138 não erige a escusabilidade como requisito do erro, bastando que a distorção do consentimento seja reconhecível pelo destinatário da declaração – Alienantes do imóvel, que nele moravam há muitos anos, que conheciam

INTRODUÇÃO AO ESTUDO DO DIREITO • Paulo de Bessa Antunes

perfeitamente os vícios e que a construção se encontrava comprometida – Anulação do negócio, com retorno das partes ao estado anterior.[10]

O *erro é* (a) *substancial* quando (1) interessa à natureza do negócio, ao objeto principal da declaração, ou a alguma das qualidades a ele essenciais; (2) concerne à identidade ou à qualidade essencial da pessoa a quem se refira a declaração de vontade, desde que tenha influído nesta de modo relevante; (3) sendo de direito e não implicando recusa à aplicação da lei, for o motivo único ou principal do negócio jurídico. Observe-se que os motivos falsos para a celebração do negócio jurídico só viciam a declaração de vontade "quando expresso(s) como razão(ões) determinante(s)" [CCB, artigo 140].

O *erro substancial* também é conhecido como *erro de fato*, pois diz respeito a matérias de fato e não jurídicas (de direito).

O *erro acidental* é o que recai sobre características acessórias ou secundárias das pessoas ou do objeto. Não acarreta a anulação do negócio jurídico por não macular a manifestação de vontade. A esse respeito, o Tribunal de Justiça de Mato Grosso do Sul[11] decidiu que "o erro, para anular o negócio jurídico, deve ser substancial, ou seja, deve recair sobre o objeto principal da declaração e decorrer da compreensão psíquica errônea da realidade, da incorreta interpretação de um fato." Em termos de proteção ambiental e respeito ao regime específico de propriedade, há interessante decisão do Tribunal de Justiça do estado do Tocantins

A Constituição Federal impõe a todos o dever de proteger o meio ambiente (art. 225, *caput*), ao passo que a ninguém é dado o desconhecimento da lei. 2. No sistema normativo, o múnus perante as reservas legais e áreas de preservação permanente não constitui mera limitação administrativa ou restrição ao exercício do direito de propriedade privada, mas sim verdadeiro elemento conformador da propriedade destinada a tutelar o meio ambiente, que deve ser defendido e preservado. 3. Não se pode admitir o desmembramento/desvinculação ou até mesmo destinação econômica distinta e inferior de parte da área que integra o imóvel rural como área de preservação permanente, sob pena de se admitir o uso nocivo do imóvel e o exercício antissocial da propriedade favorecendo o descumprimento da função social do imóvel, pois seus recursos naturais seriam utilizados inadequadamente, em prejuízo da preservação ambiental. 4. O artigo 178 do Código Civil dispõe que é de quatro anos o prazo de decadência para pleitear a anulação do negócio jurídico no caso de erro contado do dia em que realizou o negócio jurídico. Em vista disso, tenho que a via é imprópria e o direito para declarar suposto defeito no negócio jurídico está decaído. TJ-TO – APL: 00008847520188270000, Relator: Etelvina Maria Sampaio Felipe.

O (2) *dolo* é a utilização de um artifício com a finalidade de ludibriar, prejudicar a outra parte, induzindo-a a praticar ato contrário aos seus próprios interesses. É importante observar que sem o comportamento doloso o negócio não se realizaria. O dolo pode ser: (a) *dolus bonus* que se caracteriza em um comportamento lícito ou tolerado,

---

10. TJ-SP – APL: 994092924805 SP, Relator: Francisco Loureiro, Julgamento: 25.02.2010, 4ª Câmara de Direito Privado, Publicação: 17.03.2010.
11. TJ-MS – AC: 00293821620098120001 MS 0029382-16.2009.8.12.0001, Relator: Des. Dorival Renato Pavan, Julgamento: 05.11.2012, 4ª Câmara Cível, Publicação: 11.11.2012.

não acarretando a anulação do negócio, pois não tem a finalidade de prejudicar;[12] já o *dolus malus* é ilegal, pois é fruto da intenção de prejudicar, acarretando, portanto, a nulidade do ato. Existem ainda outras modalidades de dolo, tais como, *v.g.*, o dolo acidental que é o que leva à realização do negócio em condições mais onerosas.

> 6. A despeito de não maculado pelo defeito atinente ao vício de consentimento, o negócio jurídico de cessão de direitos que tivera como objeto imóvel rural que, de conformidade com o apurado, impactara desmedida vantagem ao cessionário, inclusive porque, à guisa de pagamento, oferecera direitos pertinentes a imóvel fisicamente inexistente, induz que fora celebrado com dolo acidental, que, conquanto não conduza à invalidação da transação, pois de qualquer modo seria consumada, legitima que a parte afetada seja indenizada como forma inclusive, de ser obstado o locupletamento ilícito do parceiro negocial que lograra a induzi-lo a consumar o negócio sob bases desconformes com a realidade (CC, art. 146). 7. Conquanto evidenciada a conduta ardil dos cessionários, que, se aproveitando da condição desfavorável e inexperiência do cedente, acabaram por induzi-lo a manifestar vontade contrária a seus interesses financeiros, o havido, não tendo sido suficiente a macular o livre consentimento do cedente e sua intenção genuína de dispor bem de sua propriedade, se subsume à hipótese de dolo acidental, posto que, mesmo ausente o dolo, o negócio de qualquer modo se realizaria, porém sob bases financeiras diversas, ensejando que a desvantagem aferida seja composta sob a forma de perdas e danos (CC, art. 146).[13]

Quando o dolo for a causa do negócio jurídico, este é anulável. O dolo *acidental*, isto é, aquele que não impede a realização do negócio jurídico, só dá margem à satisfação das perdas e danos. Há *omissão dolosa*, quando uma das partes silencia intencionalmente sobre fato ou qualidade que a outra parte haja ignorado, desde que se prove que sem ela o negócio não teria sido celebrado. Também é anulável o negócio jurídico por *dolo de terceiro*, se a parte a quem aproveite dele tivesse ou devesse ter conhecimento; em caso contrário, ainda que subsista o negócio jurídico, o terceiro responderá por todas as perdas e danos da parte a quem ludibriou. Nos casos de dolo de ambas as partes, nenhuma delas poderá anular o negócio jurídico, ou reclamar indenização, com base no dolo da outra.

A (3) *coação* é a pressão ou violência física ou moral sobre uma pessoa, visando a compeli-la à prática de determinado ato. Conforme o estipulado pelo artigo 151 do

---

12. I – Tendo o recorrente demonstrado suficientemente os fundamentos de fato e de direito de seu inconformismo, atacando as razões da decisão proferida, deve-se afastar a alegação de violação à dialeticidade. II – O princípio da boa-fé, positivado no mencionado dispositivo legal, fundamenta-se na confiança que envolve os sujeitos da relação jurídica, sendo uma regra de conduta, balizadora da sociedade, construída com base nos padrões de honestidade e lisura. III – Se a sentença conclui pela ausência de impugnação de determinada matéria unicamente em sentença, a apelação é o momento oportuno para impugnação da decisão, não havendo que se falar em preclusão consumativa. IV – O sucesso ou não das vendas jamais fez parte, sequer implicitamente, do contrato de locação de espaço para uso comercial em Shopping Center, mesmo porque o locador não pode garantir a impossibilidade de fracasso da mercancia alheia. V – Se houve certo exagero na oferta por parte do empreendedor, tal circunstância decorre do que a doutrina costuma denominar de *dolus bonus*, que é tolerado, porque sua verificação não exige senão uma prudência ordinária e prática comum de negócios para ser evitado. VI – Se a parte autora não conseguiu provar que o insucesso da empreitada comercial foi causado por culpa do réu, a pretensão inicial merece ser julgada improcedente. Sentença reformada. TJ-MS – APL: 08262478420148120001 MS 0826247-84.2014.8.12.0001, Relator: Des. Marco André Nogueira Hanson, Julgamento: 07.06.2019, 2ª Câmara Cível, Publicação: 11.06.2019.

13. (TJ-DF 20170310001704 DF 0012626-05.2016.8.07.0007, Relator: Teófilo Caetano, Julgamento: 13.02.2019, 1ª Turma Cível, DJE 20.02.2019. Pág.: 270-277).

CCB, para que ela possa viciar a declaração de vontade, deve ser de tal intensidade que "incuta ao paciente fundado temor de dano iminente e considerável à sua pessoa, à sua família, ou aos seus bens". Caso a coação diga respeito a pessoa que não seja parente do paciente caberá ao juiz, com base nas circunstâncias, decidir se houve a coação. O magistrado, ao apreciar a coação deve levar em consideração o sexo, a idade, a condição, a saúde, o temperamento do paciente e todas as demais circunstâncias que possam influir na sua gravidade.

Evidentemente que a "ameaça" de exercício regular de direito não se constitui em coação, assim como o simples temor reverencial não é coação.

> Autor não logrou sucesso em comprovar se houve coação à realização de negócio jurídico. Por outro lado, a mera exortação, ainda que fundada em temor reverencial, não caracteriza coação *ex vi* art. 153 do CC. 4. Autor ainda se manteve na propriedade dos veículos que alega ter sido coagido a adquirir, razão que não afasta o débito contraído, sob pena de se chancelar o locupletamento.[14]

A coação física é conhecida como *vis absoluta*. É um impedimento real à manifestação de vontade ou uma pressão para que o consentimento seja dado neste ou naquele sentido. A coação moral ou *vis compulsiva* é uma forma de pressão pela qual a vítima "concorda" com a prática de determinado ato.

O (4) *estado de perigo* é caracterizado quando alguém, premido da necessidade de salvar-se, ou a pessoa de sua família, de grave dano conhecido pela outra parte, assume obrigação excessivamente onerosa.

> Contrato de prestação de serviços hospitalares. Vício de vontade. Estado de perigo. Na forma do art. 156 do Código Civil, configura-se o estado de perigo quando alguém, premido da necessidade de salvar-se, ou a pessoa de sua família, de grave dano conhecido pela outra parte, assume obrigação excessivamente onerosa. Segundo a jurisprudência do STF: atividades empresariais voltadas especificamente para o atendimento de pessoas em condição de perigo iminente, como se dá com as emergências de hospitais particulares, não podem ser obrigadas a suportar o ônus financeiro do tratamento de todos que lá aportam em situação de risco à integridade física, ou mesmo à vida, pois esse é o público-alvo desses locais, e a atividade que desenvolvem com fins lucrativos é legítima (REsp 1578474 / SP, Relatora Ministra Nancy Andrighi. No caso em exame não há indicação de que os valores cobrados pela prestação de serviços se destoam da normalidade em situações de internação em UTI, e, de outra parte, a hipossuficiência econômica do contraente não constitui um dos requisitos exigidos para caracterizar o estado de perigo, além do que o hospital não podia saber que o autor não poderia cumprir o avençado, de modo que a alegação de ausência de condições financeiras não se mostra bastante para anular o negócio jurídico firmado. Pretensão de nulidade do contrato que se rejeita.[15]

A (5) *lesão* ocorre quando uma pessoa, sob premente necessidade, ou por inexperiência, se obriga a prestação manifestamente desproporcional ao valor da prestação oposta. A desproporção das prestações deve ser verificada a partir da análise dos valores de mercado vigentes à época do negócio. Havendo o oferecimento do suplemento

---

14. TJ-RJ – APL: 0006282020038190210 Rio de Janeiro Leopoldina Regional 1 Vara Cível, Relator: Sidney Hartung Buarque, Julgamento: 17.07.2007, 4ª Câmara Cível, Publicação: 20.07.2007.

15. (TJ-DF 0722107502018807016 DF 0722107-50.2018.8.07.0016, Relator: Aiston Henrique de Sousa, Julgamento: 06.09.2019, 1ª Turma Recursal, DJE : 24.09.2019).

devido ou se a parte favorecida concordar com a redução do proveito, a anulação do negócio não será decretada.

> Insurgência da filha da vendedora, já falecida, em face da sentença de improcedência. Reforma. Lesão verificada. Vendedora que padecia de enfermidades há anos. O comprador, irmão da vendedora, aproveitou-se da premente necessidade dela, para convencê-la à transferência do imóvel por preço vil. Valor do negócio bastante inferior ao valor venal e sem qualquer demonstração de pagamento.[16]

> Lesão. Cessão onerosa de direitos hereditários relativos a 12,24 alqueires de terra. Negócio válido. Ausência de desproporção manifesta entre as prestações de contrato bilateral e oneroso. Análise pericial a indicar a adequação do preço à média de mercado. Estimativas apresentadas pelo assistente litisconsorcial que não levam em conta tratar-se de imóvel objeto de inventário, a ser regularizado, com valor de mercado depreciado. Adimplemento de apenas parte do valor.[17]

A (6) *fraude contra credores* é o ato atentatório contra o patrimônio do devedor (a) praticado (a) por ele (a) próprio (a). Se o devedor insolvente praticar negócios de transmissão gratuita de bens ou remissão de dívida ou caso seja reduzido à insolvência em razão de tais atos; o credor quirografário poderá anulá-los como lesivos dos seus direitos.

A (7) *simulação* é uma declaração de vontade diversa da vontade verdadeira, com consentimento de ambas as partes e que tem por objetivo fugir de obrigações legais e causar danos a terceiros. Os negócios jurídicos simulados são nulos. As simulações podem ser (1) absolutas, (2) relativa, (3) inocente e (4) maliciosa. A simulação se diferencia do dolo, pois o dolo envolve apenas uma das partes do negócio jurídico; na simulação o que se busca é causar prejuízos a terceiros.

> 1. A simulação no Código Civil de 1916 era causa de anulabilidade do ato jurídico, conforme previsão do seu art. 147, II. O atual Código Civil de 2002, considera a simulação como fator determinante de nulidade do negócio jurídico, dada a sua gravidade. 2. Os arts. 168, parágrafo único, e 169 do Código Civil, consubstanciam a chamada teoria das nulidades, proclamam que o negócio jurídico nulo é insuscetível de confirmação, não sendo permitido nem mesmo ao Juiz suprimir a nulidade, ainda que haja expresso requerimento das partes. 3. O entendimento atual do Superior Tribunal de Justiça é de que a nulidade absoluta é insanável, podendo assim ser declarada de ofício. 4. Logo, se o Juiz deve conhecer de ofício a nulidade absoluta, sendo a simulação causa de nulidade do negócio jurídico, sua alegação prescinde de Ação própria. 5. Diante do exposto, dá-se provimento ao Recurso Especial da Fazenda Nacional para determinar o retorno dos autos à origem a fim de que seja analisada a alegada Simulação. STJ – REsp: 1582388 PE 2016/0022870-6, Relator: Ministro Napoleão Nunes Maia Filho, Julgamento: 03.12.2019, 1ª Turma, Publicação: DJe 09.12.2019.

4.3   Prescrição e decadência

O tempo desempenha papel relevante no direito, sendo responsável pela criação, extinção, incidência ou transferência de direitos e obrigações. Em geral, o tempo no

---

16. (TJ-SP – AC: 10204935620178260625 SP 1020493-56.2017.8.26.0625, Relator: Carlos Alberto de Salles, Julgamento: 07.05.2019, 3ª Câmara de Direito Privado, Publicação: 07.05.2019).

17. (TJ-SP – AC: 40007464720138260322 SP 4000746-47.2013.8.26.0322, Relator: Francisco Loureiro, Data de Julgamento: 05.05.2020, 1ª Câmara de Direito Privado, Data de Publicação: 05.05.2020).

direito dispõe sobre situações futuras, mas não só. Isto, em alguma medida, é o reconhecimento pela ordem jurídica de que não se pode modificar o passado. A aplicação retroativa [em relação ao passado, *ex tunc*] é exceção não se presumindo e, portanto, necessitando de menção expressa.

A prescrição e a decadência são institutos jurídicos assemelhados que, no entanto, não devem ser confundidos. A *prescrição* pode ter efeito positivo ou negativo sobre os direitos e, portanto, pode ser (1) aquisitiva ou (2) extintiva. A prescrição aquisitiva é a que gera direitos para o agente. O exemplo tradicional é a usucapião que é forma originária de aquisição de propriedade pela passagem do tempo, conjugada com a inércia do titular do bem usucapido. A prescrição extintiva é a perda do direito sobre um bem pela omissão em exercê-lo em determinado lapso de tempo.

O CCB estabelece as normas gerais aplicáveis à prescrição [artigos 205 e 206], pois há diferente normas que cuidam da prescrição, espalhadas por diferentes textos legais. O regime prescricional geral é estabelecido pelo artigo 205 do CCB que fixou a termo máximo em 10 (dez) anos, "quando a lei não lhe haja fixado prazo menor". O artigo 206 define os prazos prescricionais para diferentes situações da vida prática. Os prazos prescricionais para matéria administrativa, consumerista, tributária, penal e outras são definidos por leis próprias. Neste ponto, é importante observar que *os demais prazos previstos no CCB são decadenciais.*

A prescrição começa a correr com a violação do direito ou a ciência da violação do direito, pois nem sempre é possível saber o exato momento em que um determinado direito começou a ser violado [CCB, artigo 180]. É o caso, por exemplo, de contaminações químicas que, em muitos casos, somente serão conhecidas pelas vítimas anos depois dos fatos que lhes deram origem. É o que se chama de princípio da *actio nata.*

O exame da consumação do prazo prescricional exige indagar sobre a existência de uma ação exercitável. Por meio do princípio da *actio nata* a prescrição somente pode começar a correr a partir do dia em que nasce a ação ajuizável ou o exercício da pretensão. Situação diferenciada que demanda análise diversa quando o dano prolonga-se no tempo, configurando dano continuado. TJ-RS – AC: 70050846054 RS, Relator: Leonel Pires Ohlweiler, Julgamento: 24.10.2012, Nona Câmara Cível, Diário da Justiça 26.10.2012.

I. Segundo entendimento da Corte Superior, em questões envolvendo dano ambiental individual, a data inicial do período prescritivo é a data da efetiva ciência do dano ambiental sofrido pelo particular. II. No caso, embora a pretensão indenizatória tenha o prazo prescricional de três anos (art. 206, § 3º, V, CC) e a ação tenha sido ajuizada somente em 2018, entendo que a pretensão do autor não está prescrita, tendo em vista este só teve ciência inequívoca do ato ilícito e do fato lesivo em 2016, quando na Ação Civil Pública n. 0003954-98.2011.8.12.0021, promovida pelo Ministério Público Estadual em face da Companhia Energética de São Paulo – CESP foi realizada uma perícia em que se constataram os reais danos ambientais. III. Na pendência da ação coletiva, não flui o prazo prescricional para a pretensão individual, ficando a pretensão do autor interrompida, aguardando o desfecho desta ação. IV. Recurso provido. TJ-MS – AC: 08020773120188120026 MS 0802077-31.2018.8.12.0026, Relator: Des. Divoncir Schreiner Maran, Julgamento: 21.09.2020, 1ª Câmara Cível, Publicação: 23.09.2020).

A jurisprudência tem se inclinado no sentido de que, quando se tratar de danos causados por instalação de usinas hidrelétricas, o prazo prescricional para o ressarcimento de danos começa a correr na data de enchimento do próprio reservatório

> 1. Em demandas que envolvam pretensão indenizatória em razão da instalação de usina hidrelétrica, o prazo prescricional inicia-se com o enchimento do reservatório. Precedente do STJ. 2. Não obstante se reconheça a imprescritibilidade das ações coletivas que versem sobre tutela do meio ambiente, o caso debatido envolve demanda indenizatória visando reparação de dano de cunho individual e patrimonial, motivo pelo qual entende-se pela aplicação do interregno de 03 (três) anos, previsto no art. 206, § 3º, do Código Civil. – TJ-MA – AC: 00016298620168100036 MA 0511132017, Relator: Ricardo Tadeu Bugarin Duailibe, Julgamento: 29.01.2018, Quinta Câmara Cível, Publicação: 02.02.2018.

A prescrição está sujeita à interrupção e à suspensão; as causas de suspensão são estabelecidas em lei e impedem o início ou o curso da prescrição, tendo em vista uma impossibilidade de o titular exercer o direito. A prescrição é matéria de defesa da parte. A *interrupção da prescrição* ocorre quando o titular do direito passa a efetivamente exercê-lo. A Lei 9.873, de 23 de novembro de 1999 em seu artigo 2º estabelece as hipóteses de interrupção de prescrição da ação punitiva da administração pública: a (1) notificação ou citação do indiciado ou acusado, inclusive por meio de edital; o (2) ato inequívoco, que importe apuração do fato; a (3) decisão condenatória recorrível, ou qualquer (4) ato inequívoco que importe em manifestação expressa de tentativa de solução conciliatória no âmbito interno da administração pública federal. As hipóteses tratadas pela Lei 9.873/1999, em função da forma federativa do Estado brasileiro, não se aplicam aos estados-membros da federação. "Na ausência de norma estadual que regule a prescrição intercorrente em processos administrativos, não se pode aplicar por analogia a Lei Federal 9.873/99 e o Decreto 6.514/08, conforme entendimento deste Tribunal".[18] No âmbito da legislação federal de proteção ao meio ambiente, pode ser citado como exemplo, o Decreto 6.514, de 22 de julho de 2008 que em seu artigo 22 estabelece como causas de interrupção da prescrição as seguintes: o (1) recebimento do auto de infração ou pela cientificação do infrator por qualquer outro meio, inclusive por edital; o (2) ato inequívoco da administração que importe apuração do fato; e pela (3) pela decisão condenatória recorrível. O ato inequívoco é aquele que tenha por objetivo instruir o processo.

A suspensão e a interrupção da prescrição produzem efeitos jurídicos distintos. Interrupção anula o tempo transcorrido, fazendo com que ele não produza consequências de direito, recomeçando a sua contagem desde o início caso o titular reincida na inércia. Já a suspensão tem o efeito de paralisar a contagem do prazo no estágio em que ela se encontra, retomando a contagem tão logo os motivos para a suspensão cessem.

A prescrição *não* ocorre (1) entre os cônjuges, na constância da sociedade conjugal; (2) entre ascendentes e descendentes, durante o poder familiar; (3) entre tutelados

---

18. TJ-MG – AI: 10000190334250001 MG, Relator: Alberto Vilas Boas, Julgamento: 06.08.2019, 1ª Câmara Cível, Publicação: 20.08.2019.

ou curatelados e seus tutores ou curadores, durante a tutela ou curatela; (4) contra os incapazes; (5) contra os ausentes do País em serviço público da União, dos Estados ou dos Municípios; (6) contra os que se acharem servindo nas Forças Armadas, em tempo de guerra.

A prescrição, também, não corre quando (1) pendente condição suspensiva; (2) não estando vencido o prazo e quando (3) pendente ação de evicção.

A *decadência* é a perda do direito potestativo em função da inércia de seu titular. O direito potestativo é o que interfere na esfera de terceiros, sem contraprestação; isto é, a parte contrária se submete à vontade do titular do direito potestativo. À decadência, na forma do artigo 207 do CCB, não se aplicam "as normas que impedem, suspendem ou interrompem a prescrição", a exceção é para o caso de absolutamente incapazes [CCB, artigo 208].

4.3.1 *Ordem jurídica e segurança: o tempo como elemento da formação do Direito*

A ordem jurídica tende à estabilidade e à previsibilidade. As suas mudanças se fazem ao longo do tempo, em um processo de constantes acomodações entre o passado, o presente e, em alguma medida, como o que se deseja como futuro. As incertezas são uma característica da vida humana e, portanto, o direito, na medida do possível, deve buscar minimizá-las. Quem imaginaria a pandemia de COVID 19? A *segurança jurídica*, entendida como a certeza de que se pode contar com regras de direito, com a sua aplicação igual e, em determinadas circunstâncias criadas ou qualificadas pelo direito, com os direitos adquiridos e protegidos por um tribunal (Larenz, 1985), é um elemento fundamental para a vida em sociedade e a prescrição é um dos seus principais alicerces.

A prescrição é uma das consequências do tempo sobre o direito. Conforme nos lembra Serpa Lopes (1996) ela possui significação jurídica, assim como as manifestações de vontade e os demais atos aquisitivos de direitos. O tempo é um elemento que se soma aos requisitos formadores de um direito, haja vista que após determinadas situações de fato, impõe-se o transcurso de um lapso de tempo, consolidando-se uma realidade jurídica e jurígena.

Francisco Clementino San Tiago Dantas (1979) leciona que a influência do tempo no direito, causada pela inércia do titular, serve a vários propósitos, inclusive o que considera uma das finalidades supremas da ordem jurídica, que é estabelecer a segurança das relações sociais. Acrescenta que a passagem do tempo sem que se modifique o estado atual das coisas, não se tem por justo a continuidade da exposição das pessoas à insegurança que o direito de reclamar mantém sobre todos. Para San Tiago Dantas, a prescrição tem uma de suas raízes numa das razões de ser da ordem jurídica, isto é, distribuir a justiça, acrescentando, isto permite fazer com que o homem possa saber

CAPÍTULO 9 • FATO, ATO E NEGÓCIO JURÍDICO

com o que conta e com o que não conta. Ou seja, é o reconhecimento cabal dos fatos consumados na produção da estabilidade social e jurídica.[19]

Parece claro, portanto, que a passagem do tempo é um dos maiores desafios na capacidade instituinte do direito (Ost, 2005).

4.3.1.1 Meio ambiente e prescrição

O tema de prescrição tem sido suscitado com muita ênfase quando se cuida da proteção ambiental. O STF reconheceu a Repercussão Geral no Recurso Extraordinário [RE] 654833, cuja questão de fundo diz respeito a uma ação civil pública movida em face de supostos desmatadores em área indígena localizada no Estado do Acre, tendo fixado, por maioria, o tema 999 de Repercussão Geral, com a seguinte tese: "É imprescritível a pretensão de reparação civil de dano ambiental". A decisão merece crítica.

4.3.1.1.1 Imprescritibilidade é exceção

A CF estabeleceu algumas hipóteses de imprescritibilidade (ações eternas) de direitos ou mesmo de ações. Assim, o artigo 5º, incisos XLII e XLIV estabelece que a prática do "racismo constitui crime inafiançável e imprescritível, sujeito à pena de reclusão, nos termos da lei" e que "constitui crime inafiançável e imprescritível a ação de grupos armados, civis ou militares, contra a ordem constitucional e o Estado Democrático". Considerando que a *prescrição* é matéria de mérito, na verdade a imprescritibilidade das ações é uma concepção superada, pois o direito de ação é abstrato e não se confunde com o mérito. A ação poderá ser proposta a qualquer momento, sendo julgada improcedente, no mérito, caso o lapso de tempo tenha ocorrido [CPC, artigo 487, II].

Em relação aos cofres públicos, a CF, artigo 37, § 5º estabelece como imprescritível a ação de ressarcimento, muito embora admita a prescrição dos atos ilícitos praticados "por qualquer agente, servidor ou não, que causem prejuízos ao erário".[20]

Os bens públicos, por força da CRFB, são imprescritíveis, não podendo ser adquiridos por usucapião. Em relação ao tema, o STF editou a súmula 340 cujo teor é o seguinte: "Desde a vigência do Código Civil, os bens dominicais, como os demais bens

---

19. Supremo Tribunal Federal. A inconstitucionalidade da lei estadual que viole dispositivo constitucional e contrarie pacífica jurisprudência do Supremo Tribunal Federal deve ser também considerada à luz da excepcionalidade proveniente da situação fática e da omissão do legislador federal em regulamentar o dispositivo constitucional por meio de lei complementar. A decisão do Supremo Tribunal Federal deve levar em conta a *força normativa dos fatos* e ponderar entre o princípio da nulidade da lei inconstitucional e o princípio da segurança jurídica. Dessa forma, a lei pode ser julgada inconstitucional, sem declaração de nulidade por certo período de tempo, até que o legislador emende a legislação de acordo com as exigências constitucionais, conforme regulamentadas em lei complementar a ser editada em nível federal. Ação Direta de Inconstitucionalidade 2.240 – *Diário da Justiça* – 3/8/2007. Disponível em: http://www2.stf.jus. br/portalStfInternacional/cms/verConteudo.php?sigla=portalStfJurisprudencia_pt_br&idConteudo=184812. Acesso em: 17 mar. 2020.

20. Supremo Tribunal Federal. RE 852475 ED / SP. Relator: Ministro Edson Fachin. Julgamento: 25.10.2019. Pleno. DJe-245, publicação 11.11.2019.

públicos, não podem ser adquiridos por usucapião." Entretanto, a matéria é um pouco mais complicada, pois em relação à imprescritibilidade de bens públicos, há que se reconhecer que a Lei 13.465, de 11 de julho de 2017, artigo 26 estabelece que "sem prejuízo dos direitos decorrentes do exercício da posse mansa e pacífica no tempo, aquele em cujo favor for expedido título de legitimação de posse, decorrido o prazo de cinco anos de seu registro, terá a conversão automática dele em título de propriedade, desde que atendidos os termos e as condições do art. 183 da Constituição Federal, independentemente de prévia provocação ou prática de ato registral". E, em seu § 1º determina que "nos casos não contemplados pelo *art. 183 da Constituição Federal, o título de legitimação de posse poderá ser convertido em título de propriedade*, desde que satisfeitos os requisitos de *usucapião* estabelecidos na legislação em vigor, a requerimento do interessado, perante o registro de imóveis competente".

Matérias relevantes como o meio ambiente e a energia nuclear, entretanto, não mereceram consideração especial do Constituinte no que se refere à prescrição. Conforme a sistemática constitucional tem-se que as hipóteses de imprescritibilidade devem ser expressas, até mesmo porque exceção não se presume em Direito.

O Recurso Extraordinário [RE] 654833 teve por origem o Resp. 1120117/AC,[21] de cuja ementa destaca-se: "O direito ao pedido de reparação de danos ambientais, dentro da logicidade hermenêutica, está protegido pelo manto da imprescritibilidade, por se tratar de direito inerente à vida, fundamental e essencial à afirmação dos povos, *independentemente de não estar expresso em texto legal*". E mais: "O dano ambiental inclui-se dentre os direitos indisponíveis e, como tal, está dentre os poucos acobertados pelo manto da imprescritibilidade a ação que visa reparar o dano ambiental." Desnecessário ressaltar que a própria decisão reconhece a inexistência de norma sobre a matéria, causando perplexidade. E mais: dano ambiental não é direito indisponível; a sua reparação talvez seja.

A questão foi mal colocada. A discussão havida nos autos do processo não dizia respeito a danos ambientais abstratamente considerados, mas, a *danos ambientais causados em terras indígenas*, devido à extração ilegal de madeira. Neste ponto, vale a pena reproduzir o item *2.4 imprescritibilidade do dano ambiental*, contido no voto da ilustre Ministra Eliana Calmon:

2.4. Imprescritibilidade do dano ambiental[22]

Diante desse arcabouço jurídico, resta definirmos qual o prazo prescricional aplicável aos casos em que se busca a reparação do dano ambiental. Sabemos que a regra é a prescrição, e que o seu afastamento deve apoiar-se em previsão legal. É o caso da imprescritibilidade de ações de reparação dos danos causados ao patrimônio público, regra prevista na Constituição Federal de 1988, no art. 37, § 5º. Entretanto, o direito

---

21. Reconhecida a Repercussão Geral pelo Supremo Tribunal Federal. Disponível em: http://portal.stf.jus.br/processos/detalhe.asp?incidente=4130104. Acesso em: 18 mar. 2020.
22. Disponível em: https://ww2.stj.jus.br/websecstj/cgi/revista/REJ.cgi/ITA?seq=927512&tipo=0&nreg=200900740337&SeqCgrmaSessao=&CodOrgaoJgdr=&dt=20091119&formato=PDF&salvar=false. Acesso em: 17 mar. 2020.

CAPÍTULO 9 • FATO, ATO E NEGÓCIO JURÍDICO **205**

ao pedido de reparação de danos ambientais, dentro da logicidade hermenêutica, também está protegido pelo manto da imprescritibilidade, por se tratar de direito inerente à vida, fundamental e essencial a afirmação dos povos, independentemente de estar expresso ou não em texto legal.

Não é difícil perceber que toda a argumentação acima *não tem por base uma única norma jurídica*. A imprescritibilidade, no caso, não está amparada por um suposto direito à vida, como criativamente, o voto trata a questão. Por se cuidar de danos ambientais em terras indígenas, a resposta jurídica para a questão é muito mais simples: O § 4º do artigo 231 da Constituição Federal estabelece a imprescritibilidade dos direitos sobre as terras indígenas. Cuida-se, evidentemente, de *um regime jurídico especial que não se confunde com o regime geral aplicável aos danos ambientais fora de terras indígenas*. A argumentação da decisão, no entanto, se afasta do caso concreto. Salvo engano, o § 4º do artigo 231 da CF não é citado uma única vez. Sustenta-se uma imprescritibilidade genérica dos danos ambientais com base em que os danos são futuros, atingem direitos fundamentais, o que não possui substrato jurídico relevante.

Capítulo 10
A FAMÍLIA

1. INTRODUÇÃO

O tema família, muito embora seja importante no direito, tem um tratamento ambíguo nas obras de IED, não estando presente em muito trabalhos relevantes. A família é o mais importante espaço de socialização do indivíduo, sendo uma instituição presente em todas as sociedades humanas. Assim como ocorre com as demais instituições, a sua forma varia conforme a época e o lugar. Em função do relevante papel desempenhado pela família na sociedade, em não raras vezes, a família atual, ou a família idealizada, é tomada como se fosse um modelo único e eterno. A ligação fundamental entre os membros de uma família se faz por meio de laços de amor que, dependendo da época e do lugar, podem ou não se transformar em laços jurídicos.

As relações familiares têm consequências patrimoniais importantes com reflexos principalmente no direito das sucessões.

Família é uma palavra de origem latina no vocábulo *famulus*, que era o escravo doméstico. O poder exercido pelo *pater familia* na família romana era semelhante ao poder dos senhores de escravos, pois inclusive se estendia ao direito de vida e de morte sobre os familiares.

2. FAMÍLIA NAS CONSTITUIÇÕES BRASILEIRAS

As Constituições brasileiras, desde a de 1824 cuidaram da família, demonstrando como em cada período histórico ela foi vista pelo mundo político, nem sempre correspondendo às realidades sociais. A família imperial, na Carta de 1824, ocupava os artigos 105-110. Pela Carta Imperial, cabia à Nação cuidar "nas aquisições, e construções, que julgar convenientes para a decência, e recreio do Imperador, e sua Família." As demais famílias não foram tratadas pela Constituição, sendo regidas até o ano de 1916 pelas Ordenações Filipinas. O casamento reconhecido oficialmente era o realizado sob o ordenamento da Igreja Católica, sendo o regime aplicável aos bens a comunhão parcial. Caso não houvesse o casamento religioso, o casal poderia fazer prova da união [casamento clandestino] e ter os direitos patrimoniais assegurados, mas não o reconhecimento do casamento, haja vista que não existia o casamento civil, mas só o religioso.

Os casamentos eram celebrados segundo os ditames do chamado Decreto Tametsi e realizados na presença do pároco e de duas ou três testemunhas.[1] O Decreto 463, de 2 de setembro de 1847 estendeu aos filhos naturais dos nobres os mesmos direitos hereditários que, pela Ordenação Livro quatro, Título noventa e dois, competiam aos filhos naturais dos plebeus. Pelo Decreto 1.144, de 11 de setembro de 1861, os efeitos civis dos casamentos celebrados segundo as leis do império foram estendidos aos das pessoas que professarem religião diferente da oficial. O tema foi regulamentado pelo Decreto 3.069, de 17 de abril de 1863. O casamento civil, no entanto, somente foi regulamentado pela República, mediante o Decreto 181, de 24 de janeiro de 1890.

A Constituição republicana de 1891, artigo 72, § 4º, afirmava que a república só reconhecia o casamento civil, cuja celebração era gratuita. A Constituição de 1934, em seus artigos 144/147 estabelecia um rol de disposições sobre a família, inclusive com determinação de que os nubentes apresentassem "prova de sanidade física e mental" como condição para a habilitação para o casamento que era o elemento constitutivo da família [artigo 144].

A Carta de 1937 teve como menção especial no que tange à família, a facilitação do reconhecimento dos "filhos naturais" (artigo 126), com os mesmos direitos que os "filhos legítimos". A Constituição de 1946 estabelecia em seu artigo 163 que a família era "constituída pelo casamento de vínculo indissolúvel e terá direito à proteção especial do Estado." As Cartas de 1967 e 1969, em seus artigos 167 e 175, mantinham o essencial das disposições da CF de 1946, estabelecendo que a formação da família se fazia pelo casamento indissolúvel.

O divórcio foi instituído no Brasil em função de mudanças constitucionais conhecidas como "pacote de abril",[2] tais mudanças foram feitas mediante a utilização do Ato Institucional 5 e o fechamento do Congresso Nacional por 14 dias. O pacote reduziu de 2/3 para maioria simples o quórum para reformas constitucionais, o que permitiu a Emenda Constitucional 9 de 28 de junho de 1977 [Emenda Nélson Carneiro] que admitiu o divórcio, posteriormente regulamentado pela Lei 6.515, de 26 de dezembro de 1977.

A Constituição de 1988 deu tratamento inteiramente diverso à família, trazendo alterações profundas na matéria.

3. BREVE EVOLUÇÃO DA INSTITUIÇÃO FAMILIAR

A família passou por várias transformações ao longo da história humana e, nas diversas sociedades, apresenta forma diferente, ainda que seja uma instituição presente

---

1. O santo Concílio declara completamente inábeis para contrair matrimonio os que tentarem fazê-lo de outro modo que não na presença do pároco (ou de outro sacerdote delegado pelo pároco ou pelo Ordinário) e duas ou três testemunhas. Tais contratos ou são írritos e nulos, como com efeito os os invalida e anula por este decreto. Disponível em: http://www.montfort.org.br/bra/documentos/concilios/trento/. Acesso em: 08 fev. 2021.
2. Disponível em: https://cpdoc.fgv.br/producao/dossies/FatosImagens/PacoteAbril. Acesso em: 10 fev. 2021.

em todas as comunidades humanas. Engels (1982) em seu estudo clássico sobre a família ressaltou esses dois pontos. Muitas vezes, como é o que ocorre na época presente, as transformações familiares geram perplexidade e reações adversas, buscando o retorno a modelos familiares que não mais correspondem à realidade, ou que não sejam mais os únicos existentes. Infelizmente, o Brasil é o quarto país no mundo com o maior número de casamentos de crianças e adolescentes – são mais de 1,3 milhão de mulheres até 18 anos casadas –, atrás apenas de Índia, Bangladesh e Nigéria.[3] O casamento precoce, como as estatísticas demonstram, é uma realidade que indica problemas educacionais, econômicos, psicológicos e muitos outros, merecendo atenção por parte da sociedade. Entretanto, é tema pouco enfrentado. Acresce que é no interior da família que a imensa maioria dos atos de violência e abuso contra crianças são cometidos. Dados relativos a 2019 demonstram que o governo federal registrou 4,7 mil novas denúncias, das quais mais de 70% dos casos de abuso e exploração sexual de crianças e adolescentes são praticados por pais, mães, padrastos ou outros parentes das vítimas. Em mais de 70% dos registros, a violência foi cometida na casa do abusador ou da vítima.[4]

O *status* dos membros da família se modifica com o tempo. Quem é e quem não é membro de uma família é uma questão histórica, variando a extensão dos vínculos de sangue, conforme o tempo. Exemplificativamente, Engels ao analisar a experiência passada por Morgan, afirmou que o pesquisador, que vivera maior parte da vida entre os iroqueses, encontrou um sistema de consanguinidade que entrava em contradição com os reais vínculos familiares. Entre os iroqueses reinava uma espécie de matrimônio facilmente dissolúvel por ambas as partes, que era chamado por Mogan como família "indianística". A descendência do casal era clara e observável por todos; não havia qualquer dúvida quanto às pessoas a quem se aplicavam os nomes de pai, mãe, filho, filha, irmão, irmã. Mas o uso atual desses nomes, segundo ele, constituía uma contradição. O iroquês não somente chama de filhos e filhas os seus próprios, mas também os de seus irmãos, os quais, por sua vez, o chamam de pai. Os filhos de sua irmã, pelo contrário, são chamados de sobrinhos e sobrinhas, sendo chamado de tio por eles. Inversamente, a iroquesa chama filho e filhas os de suas irmãs, assim como os próprios, e aqueles, como estes, a chamam de mãe. Todavia, ela chama de sobrinhos e sobrinhas os filhos e filhas de seus irmãos, os quais a chamam de tia. Da mesma forma, os filhos do irmão, se tratam mutuamente, de irmãos e irmãs, e o mesmo sucede com os filhos de irmãs. Os filhos de uma mulher e os de seus irmãos chamam-se, reciprocamente, primos e primas (1982).

Eduardo Viveiros de Castro (2017) demonstra a existência de uma grande variedade de estruturas familiares na Amazônia.

A moderna antropologia tem encontrado falhas e obscuridades nos trabalhos de Morgan e Engels que, atualmente, já não possuem mais a mesma importância que tive-

---

3. Disponível em: https://observatorio3setor.org.br/noticias/brasil-e-o-4-pais-no-mundo-em-casos-de-casamento-infantil/. Acesso em: 16 mar. 2021.
4. Disponível em: https://agenciabrasil.ebc.com.br/direitos-humanos/noticia/2019-05/mais-de-70-da-violencia-sexual-contra-criancas-ocorre-dentro-de. Acesso em: 02 mar. 2021.

ram no passado. Entretanto, não se deve esquecer que foram trabalhos pioneiros e que em tal condição permitiram novos olhares sobre as formações familiares. A evolução do *poder parental* [poder familiar] demonstra que os homens, em geral, são os que detém o poder de mando e controle. Elizabeth Badinter (1985) aponta algumas possíveis origens para tal realidade que tem marcado a família ocidental. Em boa medida, tal fato pode ter como origem remota a Índia e os textos sagrados dos Vedas, que consideravam a família como uma espécie de grupo religioso chefiado pelo pai, a quem correspondia a função de velar pela ordem familiar, exercendo funções educativas e punitivas.

Há várias classificações para as formas de família, tais como: a (1) família *consanguínea que corresponde a uma primeira etapa do desenvolvimento familiar. Nela, os grupos são classificados por gerações: os avôs e as avós são marido e mulher* entre si. Assim ocorre com os pais e mães e filhos e filhas. É unilinear. As relações sexuais e as obrigações decorrentes do casamento só são excluídas entre as gerações.

É possível afirmar que dentre as faixas geracionais há um "casamento" entre todos. José Carlos de Matos Peixoto (1960) sustenta que esse estágio impõe maiores restrições às práticas sexuais do que o seu precedente, a chamada família australiana na qual a comunhão sexual se dá entre todos os homens e todas as mulheres, ou seja, entre o grupo masculino e o feminino. Matos Peixoto dividia a evolução das estruturas familiares em (1) família grupal que se dividia em (a) australiana, (b) consanguínea e (c) punaluana; e (2) família individual que se repartia em família (a) sindiásmica, (b) natural, (c) patriarcal e (d) congratícia.

Família punaluana é a organização familiar na qual os irmãos são excluídos das relações sexuais recíprocas. Esta exclusão resulta em *proibição* de casamento entre irmãos. O primeiro impedimento matrimonial foi entre irmãos uterinos, isto é, irmãos gerados pela mesma mãe. *Punalua* significa companheiro íntimo. Nesta forma familiar, o parentesco se faz de maneira mais precisa e clara. A proibição de casamento entre irmãos, assim como a proibição de casamento entre pais e filhos está a base de um dos mais graves problemas morais que é o incesto.

Família sindiásmica. Mesmo que o matrimônio entre grupos permaneça como elemento chave, a família sindiásmica tem uma diferença fundamental com os modelos já apresentados, pois nela surgem as diferenças entre grupos. Os casais, ainda que não tendo a fidelidade como um elemento importante na sua vida em comum, tais características começam a surgir com a formação de casais, pois tanto o homem como a mulher começam a ter esposos e esposas principais.

Família monogâmica. É o desenvolvimento da família sindiásmica, sendo constituída por casais com deveres de fidelidade para a mulher. A família monogâmica, tem sido dominada pelo homem, caracterizando-se na maior parte de sua existência como patriarcado. A família monogâmica tem laços conjugais mais sólidos do que na família sindiásmica, pois já não podem ser rompidos por vontade de qualquer uma das partes. A regra é que só o homem pode rompê-los e repudiar a mulher (Engels, 1982).

CAPÍTULO 10 • A FAMÍLIA **211**

Na sociedade ocidental, a família monogâmica é o modelo predominante. Entretanto, nas sociedades não ocidentais, há diferentes tipos de casamentos poligâmicos perfeitamente legais. Cerca de 50 países admitem que o homem possa ter legitimamente várias esposas. Há diversos países nos quais os casamentos costumeiros poligâmicos são aceitos, como é o caso da África do Sul,[5] cujo ex-presidente Jacobit Zuma era casado com 3 mulheres. O Instituto Brasileiro de Direito de Família[6] apresenta uma pequena relação de países nos quais é admitida a poligamia. Nos Estados Unidos, no estado de Utah, há forte movimento no sentido de descriminalizar a poligamia, em função da expressiva presença de fiéis da religião mórmon.[7] No Nepal admite-se a poliandria fraterna, ou seja, a mulher casada com mais de um irmão,[8] prática que vem diminuindo.

3.1   O papel masculino na família

Na Roma antiga, o chefe de família exercia autoridade incontestável sobre os familiares. O pai era tido como um magistrado no interior do seu lar. Rudolf von Ihering (1943, p. 135) afirma que "o lar romano, graças ao poder do chefe de família, chega a ser um domínio independente, isolado do mundo exterior". Ao conjunto de poderes e atribuições do chefe da família se dava o nome de *patrio potestas* [pátrio poder]. A realidade do poder marital e todo o conjunto de realidades que ele acarreta vinculada a toda uma série de fatores tais como os econômicos, sociais, políticos, morais etc.

O cristianismo mitigou a supremacia masculina, pois Cristo, ao pregar o amor ao próximo, colocava limitações à autoridade, qualquer que fosse a sua origem. Havia um reforço ao companheirismo e, em consequência, a uma maior igualdade entre os esposos, tornando o casamento um sacramento divino. "Assim, punha fim a um poder exorbitante do marido, o poder de repúdio e à poligamia" (Badinter, 1983, p. 50).

A autoridade masculina na antiguidade era considerada "normal". Aristóteles (2009) afirmava que o homem livre ordenava ao escravo de forma diversa do marido à mulher ou do pai ao filho. Os elementos da alma, para o estagirita, estavam presentes em cada um desses seres, porém em graus diferentes. O escravo seria inteiramente privado da capacidade de querer; a mulher a tem fraca; e no filho, tal capacidade é incompleta.

O Cristianismo, no entanto, não foi capaz de encerrar completamente o modelo de submissão feminina e filial aos poderes paternos. Há que se observar que a religião cristã trouxe um enfoque inteiramente diferente à função do pai. O *patrio potestas* passou a ser encarado como um *dever* do pai em relação a seus filhos e não puramente como um poder de mando. Os próprios filhos deixaram de ser uma mera extensão do

---

5. Disponível em: https://www.gov.za/services/services-residents/relationships/getting-married. Acesso em: 10 fev. 2021.
6. Disponível em: https://ibdfam.org.br/noticias/na-midia/1998/Pa%C3%ADses+onde+a+poligAmia+(legal+ou+n%C3%A3o)+%C39+com%20um. Acesso em: 11 fev. 2021.
7. Disponível em: https://www.bbc.com/portuguese/internacional-51564587. Acesso em: 11 fev. 2021.
8. Disponível em: https://sol.sapo.pt/artigo/18121/poliandria-e-outras-modernices-. Acesso em: 11 fev. 2021.

pai, propriedades deste. O pai passa a ter o dever de educar o filho para ser um bom cristão, pois ambos são criaturas de Deus.

Uma lenta evolução das concepções relativa às relações entre pais e filhos pode ser constatada na história da doutrina cristã. O cristianismo condenou o direito de vida e de morte do pai sobre os filhos, o aborto e o infanticídio.

3.2 O papel feminino na família

O *status* desempenhado pela mulher na sociedade conjugal, historicamente, tem sido de subalternidade. Esta realidade tem estreita vinculação com o papel econômico desempenhado pelo homem e pela mulher na vida em sociedade. Ao homem, em boa parte das sociedades, coube as atividades agrícolas, pesqueiras e caçadoras. A predominância econômica do homem acarretou a predominância política, social e até mesmo psicológica sobre as mulheres. Os que estudaram a família de forma puramente descritiva, tais como Morgan, Engels, Marx e Durkheim, assinalaram as sucessivas mudanças relativas aos direitos das mulheres nas sociedades arcaicas. Entretanto, desse ponto de vista, "o reconhecimento da paternidade é irreversível, na medida em que trouxe vantagens para a coletividade, ou seja, para os donos do poder" (Prado, 1979, p. 30).

É preciso anotar que o papel subalterno e inferior da mulher, ao longo dos tempos, tem sido considerado absolutamente normal, mesmo entre os grandes pensadores e intelectuais masculinos. É curiosa a observação feita por Alan MacFarlane (1980, p. 18) sobre um escrito do eminente cientista Charles Darwin, no qual este especula sobre as vantagens e desvantagens do casamento. Os argumentos a favor do casamento eram, basicamente, que dele poderiam advir filhos e a companhia da esposa. Uma esposa serviria para aplacar a solidão, em especial na velhice. A esposa seria um "animal de estimação superior" ... "melhor do que um cão". Além do mais, a vida não seria inteiramente desperdiçada, pois a "propagação da espécie também produziria algo mais do que a abelha-operária é capaz".

De fato, a discriminação contra as mulheres é um fato que se manifesta no interior das famílias, nos mercados de trabalho e nas diferentes relações sociais. Não se deve esquecer, todavia, que é cada vez mais forte a conscientização feminina em relação à situação de desigualdade e importantes vitórias vêm sendo obtidas por elas.

4. O ORDENAMENTO LEGAL DA FAMÍLIA CONTEMPORÂNEA

A Lei Fundamental elevou a família ao *status* jurídico de "base da sociedade", dispensando-lhe especial proteção. A constitucionalização do grupo social familiar não é nova em nosso direito constitucional. O elemento fundamental para a composição de uma família em nosso direito é o vínculo afetivo entre os seus membros. A partir dessa constatação, diversos são os modelos familiares reconhecidos pelo Estado brasileiro, tais como: a (1) família constituída pelo casamento; a (2) união estável entre homem e

CAPÍTULO 10 • A FAMÍLIA **213**

mulher; a (3) comunidade formada por qualquer um dos pais e seus descendentes, denominada família natural pelo artigo 25 da Lei 8.069/1990 e a (4) família homoafetiva.[9] Especificando o artigo 5º, I da CF, o artigo 226, § 5º dispõe taxativamente que "os direitos e deveres referentes à sociedade conjugal são exercidos pelo homem e pela mulher".[10] O

---

9. STF. O *caput* do art. 226 confere à família, base da sociedade, especial proteção do Estado. Ênfase constitucional à instituição da família. Família em seu coloquial ou proverbial significado de núcleo doméstico, pouco importando se formal ou informalmente constituída, ou se integrada por casais heteroafetivos ou por pares homoafetivos. A Constituição de 1988, ao utilizar-se da expressão "família", não limita sua formação a casais heteroafetivos nem a formalidade cartorária, celebração civil ou liturgia religiosa. Família como instituição privada que, voluntariamente constituída entre pessoas adultas, mantém com o Estado e a sociedade civil uma necessária relação tricotômica. Núcleo familiar que é o principal lócus institucional de concreção dos direitos fundamentais que a própria Constituição designa por "intimidade e vida privada" (inciso X do art. 5º). Isonomia entre casais heteroafetivos e pares homoafetivos que somente ganha plenitude de sentido se desembocar no igual direito subjetivo à formação de uma autonomizada família. Família como figura central ou continente, de que tudo o mais é conteúdo. Imperiosidade da interpretação não reducionista do conceito de família como instituição que também se forma por vias distintas do casamento civil. Avanço da CF de 1988 no plano dos costumes. Caminhada na direção do pluralismo como categoria sócio-político-cultural. Competência do STF para manter, interpretativamente, o Texto Magno na posse do seu fundamental atributo da coerência, o que passa pela eliminação de preconceito quanto à orientação sexual das pessoas. União estável. Normação constitucional referida a homem e mulher, mas apenas para especial proteção desta última. (...) A referência constitucional à dualidade básica homem/mulher, no § 3º do seu art. 226, deve-se ao centrado intuito de não se perder a menor oportunidade para favorecer relações jurídicas horizontais ou sem hierarquia no âmbito das sociedades domésticas. Reforço normativo a um mais eficiente combate à renitência patriarcal dos costumes brasileiros. Impossibilidade de uso da letra da Constituição para ressuscitar o art. 175 da Carta de 1967/1969. Não há como fazer rolar a cabeça do art. 226 no patíbulo do seu parágrafo terceiro. Dispositivo que, ao utilizar da terminologia "entidade familiar", não pretendeu diferenciá-la da "família". Inexistência de hierarquia ou diferença de qualidade jurídica entre as duas formas de constituição de um novo e autonomizado núcleo doméstico. Emprego do fraseado "entidade familiar" como sinônimo perfeito de família. A Constituição não interdita a formação de família por pessoas do mesmo sexo. Consagração do juízo de que não se proíbe nada a ninguém senão em face de um direito ou de proteção de um legítimo interesse de outrem, ou de toda a sociedade, o que não se dá na hipótese *sub judice*. Inexistência do direito dos indivíduos heteroafetivos à sua não equiparação jurídica com os indivíduos homoafetivos. Aplicabilidade do § 2º do art. 5º da CF, a evidenciar que outros direitos e garantias, não expressamente listados na Constituição, emergem "do regime e dos princípios por ela adotados" (...). (...) Ante a possibilidade de interpretação em sentido preconceituoso ou discriminatório do art. 1.723 do CC/2002, não resolúvel à luz dele próprio, faz-se necessária a utilização da técnica de "interpretação conforme à Constituição". Isso para excluir do dispositivo em causa qualquer significado que impeça o reconhecimento da união contínua, pública e duradoura entre pessoas do mesmo sexo como família. Reconhecimento que é de ser feito segundo as mesmas regras e com as mesmas consequências da união estável heteroafetiva.[ADI 4.277 e ADPF 132, rel. min. Ayres Britto, j. 05.05.2011, P, *DJE* de 14.10.2011.] = RE 687.432 AgR, rel. min. Luiz Fux, j. 18.09.2012, 1ª T, *DJE* de 02.10.2012. Vide RE 646.721, rel. p/ o ac. min. Roberto Barroso, j. 10.05.2017, P, *DJE* de 11.09.2017, Tema 498.

10. O que pretende o recorrente, ora agravante, em substância, é que se reconheça haver o § 5º do art. 226 modificado o CC/1916, na parte em que este trata de alimentos devidos por um cônjuge ao outro. Como acentuou a decisão agravada, "não procede a alegação de ofensa ao § 5º do art. 226 da CF, segundo o qual, 'os direitos e deveres referentes à sociedade conjugal são exercidos igualmente pelo homem e pela mulher'. Tal norma constitucional não implicou revogação das do CC/1916, pelas quais os cônjuges têm o dever de assistência recíproca e aquele que necessitar de alimentos pode exigi-los do outro, desde que este os possa prestar". E assim é porque não pode ser reconhecida situação de igualdade entre os cônjuges, se um precisa de alimentos prestados pelo outro, e se este não precisa de alimentos, pode prestá-los àquele e lhos recusa. Com efeito, a igualdade de direitos pressupõe a igualdade de situações. E, na instância de origem, bem ou mal, com base na prova dos autos, ficou entendido que a ora agravada está em situação de precisão de alimentos e que o ora agravante está em condições de prestá-los.
[RE 218.461 AgR, rel. min. Sydney Sanches, j. 04.08.1998, 1ª T, *DJ* de 05.03.1999].

artigo 1.511 do Código Civil de 2012 estabelece que "o casamento estabelece comunhão plena de vida, com base na igualdade de direitos e deveres dos cônjuges". Tal igualdade atinge o poder familiar que é repartido entre pai e mãe, conforme disposto pelo artigo 1.631 do CCB: "Durante o casamento e a união estável, compete o poder familiar aos pais; na falta ou impedimento de um deles, o outro o exercerá com exclusividade".

O conceito de família adotado pela CF é, portanto, social e afetivo, incluindo os conceitos biológicos, mas a eles não se limita. Juridicamente não é lícita qualquer distinção entre as famílias constitucionalmente reconhecidas, assim como não é legal a discriminação entre os seus integrantes, pouco importando a forma como o indivíduo se integrou a uma determinada família.

4.1   Os animais domésticos e direito de família

O conceito de família tem sofrido enormes transformações no direito brasileiro e dentre tais transformações está a, cada vez maior, inserção dos animais domésticos como "membros" especiais das unidades familiares. As disputas familiares, com frequência, demonstram o peculiar papel adquirido pelos *pets*. A jurisprudência do STJ e dos Tribunais de Justiça dos estados tem registrado tal circunstância, com crescente número de decisões sobre a questão. Temas como guarda compartilhada são cada vez mais utilizados na jurisprudência.[11] O Superior Tribunal de Justiça tem entendido que:

> [O]s animais de companhia possuem valor subjetivo único e peculiar, aflorando sentimentos bastante íntimos em seus donos, totalmente diversos de qualquer outro tipo de propriedade privada. Dessarte, o regramento jurídico dos bens não se vem mostrando suficiente para resolver, de forma satisfatória, a disputa familiar envolvendo os pets, visto que não se trata de simples discussão atinente à posse e à propriedade. 4. Por sua vez, a guarda propriamente dita – inerente ao poder familiar – instituto, por essência, de direito de família, não pode ser simples e fielmente subvertida para definir o direito dos consortes, por meio do enquadramento de seus animais de estimação, notadamente porque é um *munus* exercido no interesse tanto dos pais quanto do filho. Não se trata de uma faculdade, e sim de um direito, em que se impõe aos pais a observância dos deveres inerentes ao poder familiar. 5. A ordem jurídica não pode, simplesmente, desprezar o relevo da relação do homem com seu animal de estimação, sobretudo nos tempos atuais. Deve-se ter como norte o fato, cultural e da pós-modernidade, de que há uma disputa dentro da entidade familiar em que prepondera o afeto de ambos os cônjuges pelo animal. Portanto, a solução deve perpassar pela preservação e garantia dos direitos à pessoa humana, mais precisamente, o âmago de sua dignidade. 6. Os animais de companhia são seres que, inevitavelmente, possuem natureza especial e, como ser sen-

---

11.   1. A tutela de urgência está disciplinada nos artigos 300 e seguintes do Código de Processo Civil, cujos pilares são a probabilidade do direito e o perigo de dano ou o risco ao resultado útil do processo. 2. Inexiste plausibilidade jurídica no pedido de aplicação do instituto de família, mais especificamente a guarda compartilhada, aos animais de estimação, quando os consortes não têm consenso a quem caberá a posse dos bichos. Tratando-se de semoventes, são tratados como coisas pelo Código Civil e como tal devem ser compartilhados, caso reste configurado que foram adquiridos com esforço comum e no curso do casamento ou da entidade familiar (artigo 1.725, CC). 3. *In casu*, ausente o prévio reconhecimento da união estável, deve-se aguardar a devida instrução e formação do conjunto probatório, para se decidir sobre os bens a partilhar. Ademais, é vedado ao magistrado proferir decisão de natureza diversa da pedida, em observância ao princípio da adstrição ou congruência, nos termos do artigo 492 do Código de Processo Civil.(...) (TJ-DF 20160020474570 0050135-88.2016.8.07.0000, Relator: Luís Gustavo B. de Oliveira, Julgamento: 04.05.2017, 8ª Turma Cível, DJE : 12.05.2017 . Pág.: 491-501).

ciente – dotados de sensibilidade, sentindo as mesmas dores e necessidades biopsicológicas dos animais racionais –, também devem ter o seu bem-estar considerado. 7. Assim, na dissolução da entidade familiar em que haja algum conflito em relação ao animal de estimação, independentemente da qualificação jurídica a ser adotada, a resolução deverá buscar atender, sempre a depender do caso em concreto, aos fins sociais, atentando para a própria evolução da sociedade, com a proteção do ser humano e do seu vínculo afetivo com o animal.[12]

Assim, pelo que foi exposto, o conceito de família não é único, pois tem variado ao longo da história e a Constituição brasileira dá uma ampla abertura para o acolhimento dos diversos tipos de família.

---

12. STJ – REsp: 1713167 SP 2017/0239804-9, Relator: Ministro Luis Felipe Salomão, Julgamento: 19.06.2018, 4ª Turma, DJe 09.10.2018.

Capítulo 11
O DIREITO DE PROPRIEDADE

1. INTRODUÇÃO

A propriedade é sagrada. Esta afirmação feita pelo Presidente Jair Bolsonaro, em comentário às propostas de expropriação de terras de desmatadores ilegais em discussão no Conselho da Amazônia,[1] demonstra como o tema é politicamente sensível e, também, como as disposições constitucionais relativas à propriedade, em especial à propriedade fundiária, são desconhecidas ou desprezadas no Brasil. Propriedade e política são temas que caminham juntos há muito tempo. No século XXI, o tema propriedade é cada vez mais importante, devido às enormes transformações pelas quais ele tem passado e devido ao seu papel na solução de inúmeros problemas globais, regionais e locais. A pandemia da COVID 19, por exemplo, colocou no centro do debate internacional a questão referente ao licenciamento compulsório das vacinas.[2] Este procedimento, em relação ao HIV/AIDS foi liderado pelo Brasil, tendo obtido muito sucesso na baixa global do preço dos remédios necessários para o combate de tão grave moléstia, tendo obtido reconhecimento internacional (Green, 2009). Aqui a discussão é sobre uma das mais importantes formas de propriedade que é a propriedade intelectual [industrial].

Da mesma forma, as questões relativas à proteção do meio ambiente, em especial as mudanças climáticas globais, lançam discussões sobre os bens públicos globais [Kaul, Grunberg e Stern, 2012].

> Os bens públicos são reconhecidos como trazendo benefícios dificilmente restringíveis a um único "comprador" (ou grupo de "compradores"). Contudo, uma vez estes fornecidos, muitos usufruem dele gratuitamente. Os nomes das ruas são um exemplo. Um meio ambiente despoluído é outro (p. 20).

A propriedade e, em particular, a propriedade privada são dos temas mais fundamentais do direito. A ordem jurídica do capitalismo é, em última instância, a ordem jurídica da propriedade privada. O liberalismo econômico teve como uma das suas principais bandeiras a liberação da propriedade dos diferentes entraves que ela sofria no regime feudal, isto se expressa de forma muito clara, por exemplo, no artigo 1231 do CCB que estabelece a presunção de que a propriedade é plena e exclusiva, até prova

---

1. Disponível em: https://oglobo.globo.com/sociedade/a-propriedade-privada-sagrada-diz-bolsonaro-reagin-do-proposta-de-expropriar-terra-de-quem-desmata-24741931. Acesso em: 06 mar. 2021.
2. EUA rejeitam decisão da OMS que abre caminho para quebra de patentes de vacinas e remédios contra a Covid-19. Disponível em: https://oglobo.globo.com/mundo/eua-rejeitam-decisao-da-oms-que-abre-cami-nho-para-quebra-de-patentes-de-vacinas-remedios-contra-covid-19-24434268. Acesso em: 06 mar. 2021.

em contrário. Todavia, um olhar mais atento sobre os diferentes regimes de propriedade existentes no Brasil, demonstra que o CCB não pode mais ser concebido como o padrão geral aplicável à propriedade. Hoje, há diferentes formas de propriedade que não se limitam às arroladas no CCB.

O "ser proprietário" é o momento de consagração do próprio indivíduo, da personalidade. "O direito real é o direito da personalidade como tal" (Hegel, 1979, p. 87).

O direito de propriedade é um direito que, como os demais, possui uma história. Conhecê-la é fundamental para que possamos compreender o seu significado atual. Como já foi visto neste livro, as sociedades primitivas, como regra, desconheciam as diferenças sociais entre os diversos indivíduos. Ou, admitindo-se que elas existissem, não tinham tanto significado como têm atualmente. O fato incontroverso é que a propriedade é um fator relevante na construção das diferenças sociais entre os indivíduos. Segundo Jean-Jacques Rousseau, "o verdadeiro fundador da sociedade civil foi o primeiro que, tendo cercado um terreno, lembrou-se de dizer, *isto é meu* e encontrou pessoas suficientemente simples para acreditá-lo".

Para Rousseau, a propriedade era o elemento básico para o estabelecimento das "duas desigualdades", ou seja, a (1) desigualdade natural ou física e a desigualdade (2) moral ou política.

> Sendo quase nula a desigualdade no estado da natureza, deve sua força e seu desenvolvimento a nossas faculdades e aos progressos do espírito humano, tornando-se, afinal, estável e legítima graças ao estabelecimento da propriedade e das leis. Conclui-se, ainda, que a desigualdade, moral, autorizada unicamente pelo direito positivo, é contrária ao direito natural, sempre que não ocorre juntamente e na mesma proporção, com a desigualdade física...pois é manifestamente contra a lei da natureza, seja qual for a maneira porque a definamos, uma criança mandar num velho, um imbecil conduzir um sábio, ou um punhado de pessoas regurgitar superficialidades, enquanto à multidão falta o necessário (Rousseau, 1983, p. 282).

É fácil constatar a vinculação que Rousseau faz entre a *desigualdade moral* e o surgimento da propriedade privada. Além da crítica de JJ Rousseau, a crítica de Proudhon também merece nota:

> o] direito romano definiu a *propriedade jus utendi fruendo et abutendi re sua quatenus juris ratio patitur*, como o direito de usar e abusar dos bens contanto que a razão e o direito o permita. Tentou-se justificar a palavra *abusar*, dizendo que ela exprime o domínio absoluto e não o abuso insensato e imoral. Distinção inútil, imaginada para a santificação da propriedade e sem efeito contra os delírios do gozo, que não prevê nem reprime. O proprietário é senhor de deixar apodrecer os frutos, semear sal no campo, usar as vacas em trabalhos na areia, transformar uma vinha em deserto e converter uma horta num parque: tudo isto é, si ou não, abuso? Em matéria de propriedade o uso e o abuso confundem-se necessariamente (Proudhon: 1975, p. 35).

Enquanto Rousseau criticava a propriedade privada desde o ponto de vista da quebra da igualdade natural dos indivíduos, Proudhon fez as suas críticas a partir da insensibilidade social e do desperdício. O fato é que a propriedade privada nunca foi aceita tranquilamente pela sociedade, havendo mesmo forte desconfiança quanto aos seus benefícios sociais.

2. O REGIME CONSTITUCIONAL DA PROPRIEDADE

2.1 Antecedentes

A propriedade é um conceito jurídico tão importante que tem sido constitucionalizado desde as primeiras constituições liberais. A 5ª Emenda V à Constituição dos Estados Unidos [taking clause – cláusula de tomada] estabelece que "nem ser privado da vida, liberdade, ou bens, sem processo legal; nem a propriedade privada poderá ser expropriada para uso público, sem justa indenização".[3] A interpretação moderna de tal cláusula constitucional, em matéria de proteção ambiental, indica que em conformidade com a cláusula de tomada, o governo não precisa indenizar os proprietários privados quando determinar que eles tomem medidas razoáveis para evitar a poluição ou descargas e lançamentos nocivos que prejudiquem a propriedade privado ou o meio ambiente, sempre que uma ordem judicial puder ser obtida por um particular para impedir a prática dos atos nocivos.[4]

A Constituição Francesa de 1791 assegurava a inviolabilidade da propriedade ou a justa e prévia indenização nos casos em que a *necessidade pública*, legalmente estabelecida, requeresse o sacrifício. – Os bens destinados às despesas do culto e para todos os serviços de utilidade pública pertencem à Nação e estão sempre à sua disposição.[5] A Constituição Imperial Brasileira de 1824, em seu artigo 179, *caput* e incisos XXII e XXVI, estabelecia a inviolabilidade dos direitos civis e políticos dos cidadãos brasileiros, que tinham por base a liberdade, a segurança individual e a propriedade. Havia também a garantia do direito de propriedade em toda a sua plenitude e, ainda, se o bem público legalmente verificado exigisse o uso e emprego da propriedade do cidadão, haveria a indenização prévia do valor. Era assegurado também o direito de propriedade dos inventores sobre suas descobertas. A Constituição Republicana de 1891 manteve dispositivos semelhantes.

A conclusão possível, após uma leitura jurídica dos textos constitucionais mencionados é que, mesmo no auge do liberalismo como ideologia política e econômica, a propriedade nunca foi sagrada, pois era *exercida conforme o determinado pela lei*, podendo ser expropriada em caso de interesse público, condicionada à indenização prévia. Entretanto, as disposições claras não impediram que se criasse a visão ideológica de que a propriedade privada era uma instituição que não poderia ser tocada, pois dotada de perenidade e sacralidade. É importante observar que as Constituições dos

---

3. Disponível em: http://www.direitoshumanos.usp.br/index.php/Documentos-anteriores-%C3%A0-cria%-C3%A7%C3%A3o-da-Sociedade-das-Na%C3%A7%C3%B5es-at%C3%A9-1919/constituicao-dos-estados--unidos-da-america-1787.html. Acesso em: 06 mar. 2021.

4. EPSTEIN, Richard A; PEÑALVER, Eduardo M. The Fifth Amendment Takings Clause. Disponível em: https://constitutioncenter.org/interactive-constitution/interpretation/amendment-v/clauses/634. Acesso em: 06 mar. 2021.

5. Disponível em: https://www.conseil-constitutionnel.fr/les-constitutions-dans-l-histoire/constitution-de-1791. Acesso em: 06 mar. 2021.

Estados Unidos, da França de 1791 e do Brasil imperial admitiam a propriedade de seres humanos escravizados, ainda que não tratassem da matéria diretamente.

2.2 A função social da propriedade

A propriedade privada, em seu modelo tradicional, confere ao proprietário o direito de usar, gozar e dispor de um determinado bem. O artigo 524 do CCB de 1916 definia, em seu artigo 524, a propriedade assim: "A lei assegura ao proprietário o direito de usar, gozar e dispor de seus bens, e de reavê-los do poder de quem quer que injustamente os possua".

O CCB de 2012, em seu artigo 1.228, estabelece que "[o] proprietário tem a faculdade de usar, gozar e dispor da coisa, e o direito de reavê-la do poder de quem quer que injustamente a possua ou detenha." Além disso, de forma clara, determina em seu § 1º que o direito de propriedade deve ser exercido em consonância com "as suas finalidades econômicas e sociais e de modo que sejam preservados, de conformidade com o estabelecido em lei especial, a flora, a fauna, as belezas naturais, o equilíbrio ecológico e o patrimônio histórico e artístico, bem como evitada a poluição do ar e das águas". Estas disposições são compatíveis com o artigo 186, II da Constituição Federal.[6]

Mesmo no CCB de 1916 não se poderia dizer que a propriedade fosse um direito absoluto. O conceito de caráter absoluto do direito de propriedade foi solapado definitivamente no início do século XX por dois grandes movimentos sociais; a (1) revolução mexicana e a (2) revolução russa. A revolução russa levou ao poder, pela primeira vez na história, um partido político que se batia pela implantação de um regime socialista baseado no "socialismo científico" criado por Karl Marx e Friederich Engles. Em relação à natureza "científica" do marxismo, não se esqueça da severa crítica de Jacob Gorender, para quem

[u]ma vez que não poderia advir da religião, a certeza teria de ser buscada no terreno da ciência. O racionalismo iluminista deu à ciência o prestígio ideológico de categoria suprema do pensamento. Se este prestígio era indiscutível no âmbito das ciências naturais e exatas, já estava no ar a ideia da viabilidade de uma ciência social, tão respeitável quanto as ciências naturais. Marx, sem dúvida, foi caudatário deste ambiente intelectual que encontrou ao iniciar o seu próprio projeto. Como homem do século XIX, imbuiu-se de confiança ilimitada na ciência e considerou perfeitamente exequível a tarefa de fundar uma ciência social, desde que ancorada na economia polí-

---

6. STF. Anotação Vinculada – art. 186, inc. II da Constituição Federal – "A própria Constituição da República, ao impor ao poder público o dever de fazer respeitar a integridade do patrimônio ambiental, não o inibe, quando necessária a intervenção estatal na esfera dominial privada, de promover a desapropriação de imóveis rurais para fins de reforma agrária, especialmente porque um dos instrumentos de realização da função social da propriedade consiste, precisamente, na submissão do domínio à necessidade de o seu titular utilizar adequadamente os recursos naturais disponíveis e de fazer preservar o equilíbrio do meio ambiente (CF, art. 186, II), sob pena de, em descumprindo esses encargos, expor-se a desapropriação-sanção a que se refere o art. 184 da Lei Fundamental [MS 22.164, rel. min. Celso de Mello, j. 30.10.1995, P, DJ de 17.11.1995]".

tica, cuja plenitude como ciência da anatomia da sociedade seria adquirida assim que se despojasse da estreiteza da orientação ideológica burguesa (Gorender: 1999, p. 8).

A fundação do estado soviético exerceu grande influência junto aos operários de todo o mundo. A revolução russa, no entanto, foi um "acidente" de percurso, pois aconteceu em um país atrasado, ou seja, inteiramente fora do contexto das previsões "científicas" antecipadas por Marx e Engels. A primeira guerra mundial, conjugada com a revolução russa, serviu de marco decisivo para a história do movimento operário internacional, que se cindiu ante o conflito, tendo sido adotadas duas atitudes distintas pelos partidos social-democratas: a primeira foi a de apoio aos governos nacionais em guerra e a segunda foi a condenação da guerra.

As grandes linhas reformistas adotadas pela maioria dos partidos social-democratas fizeram com que o regime de propriedade fosse, paulatinamente, modificado com a inclusão do conceito de "função social" que, se por um lado não era a abolição da propriedade privada dos meios de produção, por outro, impunha limites legais ao regime de propriedade.

O estado deveria abandonar a sua posição de abstenção ou de claro apoio às forças empresariais e passar a ter uma posição de árbitro e mediador nos conflitos sociais, de forma a humanizá-las e colocar limites à atuação do capital. O estado, desde então, passou a desempenhar papel ativo na economia e não, puramente, a tradicional passividade.

Com o término da I Guerra Mundial, as economias capitalistas estavam passando por graves dificuldades, à exceção dos Estados Unidos que saíram da guerra como credores. A crise econômica agravava-se, cada vez mais, o desemprego era uma constante. John Maynard Keynes, economista, percebeu os principais pontos da crise e apresentou formas eficientes para a sua superação, dentro do sistema de economia de mercado. Keynes compreendeu que o Estado, possuindo visão ampla da economia, poderia atuar visando ultrapassar a defasagem da relação poupança/investimento, recolhendo a poupança excedente e realizando investimentos de utilidade social, sem aumentar a capacidade produtiva da economia, assegurando a capacidade de investimentos futuros.

Já de longa data, vem a Igreja Católica se manifestando sobre a questão da propriedade. Desde Santo Tomás de Aquino, os doutores da Igreja emitem opiniões sobre a matéria. Para o Doutor Angélico, a propriedade é um direito natural primário e secundário. Primário porque o homem pode se servir de tudo que há no mundo e secundário porque, para que esta divisão se realize, há que se seguir a regra de divisão que é a do direito positivo.

A Encíclica *Rerum Novarum* [sobre a condição dos operários],[7] 15 de maio de 1891, do Papa Leão XIII, dispõe que a propriedade privada, inclusive dos meios de produção, é um direito natural de todos, que o Estado não pode absolutamente suprimir.

---

7. Disponível em: http://www.vatican.va/content/leo-xiii/pt/encyclicals/documents/hf_l-xiii_enc_15051891_rerum-novarum.html. Acesso em: 15 fev. 2021.

Mas, e isto parece ainda mais grave, o remédio proposto está em oposição flagrante com a justiça, porque a propriedade particular e pessoal é, para o homem, de direito natural. Há, efetivamente, sob este ponto de vista, uma grandíssima diferença entre o homem e os animais destituídos de razão. Estes não se governam a si mesmos; são dirigidos e governados pela natureza, mediante um duplo instinto, que, por um lado, conserva a sua atividade sempre viva e lhes desenvolve as forças; por outro, provoca e circunscreve ao mesmo tempo cada um dos seus movimentos. O primeiro instinto leva-os à conservação e à defesa da sua própria vida; o segundo, à propagação da espécie; e este duplo resultado obtêm-no facilmente pelo uso das coisas presentes e postas ao seu alcance. Por outro lado, seriam incapazes de transpor esses limites, porque apenas são movidos pelos sentidos e por cada objeto particular que os sentidos percebem. Muito diferente é a natureza humana. Primeiramente, no homem reside, em sua perfeição, toda a virtude da natureza sensitiva, e desde logo lhe pertence, não menos que a esta, gozar dos objetos físicos e corpóreos. Mas a vida sensitiva mesmo que possuída em toda a sua plenitude, não só não abraça toda a natureza humana, mas é-lhe muito inferior e própria para lhe obedecer e ser-lhe sujeita. O que em nós se avantaja, o que nos faz homens, nos distingue essencialmente do animal, é a razão ou a inteligência, e em virtude desta prerrogativa deve reconhecer-se ao homem não só a faculdade geral de usar das coisas exteriores, mas ainda o direito estável e perpétuo de as possuir, tanto as que se consomem pelo uso, como as que permanecem depois de nos terem servido.

As Encíclicas *Quadragesimo Anno* [Papa Pio XI, 15 de maio de 1931][8] e *Mater et Magistra* [Papa João XXIII, 15 de maio de 1961][9] reafirmaram a Carta de Leão XIII. O

---

8. E a fim de pôr termo às controvérsias, que acerca do domínio e deveres a ele inerentes começaram a agitar-se, note-se em primeiro lugar o fundamento assente por Leão XIII, de que o direito de propriedade é distinto do seu uso. Com efeito, a chamada justiça comutativa obriga a conservar inviolável a divisão dos bens e a não invadir o direito alheio excedendo os limites do próprio domínio; que porém os proprietários não usem do que é seu, senão honestamente, é da alçada não da justiça, mas de outras virtudes, cujo cumprimento "não pode urgir-se por vias jurídicas". Pelo que sem razão afirmam alguns, que o domínio e o seu honesto uso são uma e a mesma coisa; e muito mais ainda é alheio à verdade dizer, que se extingue ou se perde o direito de propriedade com o não uso ou abuso dele.

   Prestam, portanto, grande serviço à boa causa e são dignos de todo o elogio os que, salva a concórdia dos ânimos e a integridade da doutrina tradicional da Igreja, se empenham em definir a natureza íntima destas obrigações e os limites, com que as necessidades do convívio social circunscrevem tanto o direito de propriedade, como o uso ou exercício do domínio. Pelo contrário muito se enganam e erram aqueles, que tentam reduzir o domínio individual a ponto de o abolirem praticamente. Disponível em: http://www.vatican.va/content/pius-xi/pt/encyclicals/documents/hf_p-xi_enc_19310515_quadragesimo-anno.html. Acesso em: 15 fev. 2021.

9. 118. Outro ponto de doutrina, proposto constantemente pelos nossos predecessores, é que o direito de propriedade privada sobre os bens, possui intrinsecamente uma função social. No plano da criação, os bens da terra são primordialmente destinados à subsistência digna de todos os seres humanos, como ensina sabiamente o nosso predecessor Leão XIII na encíclica *Rerum Novarum*: "Quem recebeu da liberalidade divina maior abundância de bens, ou externos e corporais ou espirituais, recebeu-os para os fazer servir ao aperfeiçoamento próprio, e simultaneamente, como ministro da Divina Providência, à utilidade dos outros: 'quem tiver talento, trate de não o esconder; quem tiver abundância de riquezas, não seja avaro no exercício da misericórdia; quem souber um ofício para viver, faça participar o seu próximo da utilidade e proveito do mesmo'".

   119. Hoje, tanto o Estado como as entidades de direito público vão estendendo continuamente o campo da sua presença e iniciativa. Mas nem por isso desapareceu, como alguns erroneamente tendem a pensar, a função social da propriedade privada: esta deriva da natureza mesma do direito de propriedade. Há sempre numerosas situações dolorosas e indigências delicadas e agudas, que a assistência pública não pode contemplar nem remediar. Por isso, continua sempre aberto um vasto campo à sensibilidade humana e à caridade cristã dos indivíduos. Observe-se por último que, para desenvolver os valores espirituais, são muitas vezes mais fecundas as múltiplas iniciativas dos particulares ou dos grupos, que a ação dos poderes públicos.

   120. Apraz-nos aqui recordar como o Evangelho considera legítimo o direito de propriedade privada. Ao mesmo tempo, porém, o Divino Mestre dirige frequentemente convites instantes aos ricos para que transformem os seus bens materiais em bens espirituais, repartindo-os com os necessitados: bens que o ladrão não rouba,

CAPÍTULO 11 • O DIREITO DE PROPRIEDADE

Papa Paulo VI, em sua Carta Encíclica *Populorum Progressio* [26 de março de 1967],[10] sustenta não constituir a propriedade um direito incondicional e absoluto. Paulo VI faz críticas à reserva de uso exclusivo de bens supérfluos enquanto outros padecem necessidade do mínimo indispensável, concluindo pela condenação do uso do direito de propriedade em contradição com o bem comum.

23. "Se alguém, gozando dos bens deste mundo, vir o seu irmão em necessidade e lhe fechar as entranhas, como permanece nele a caridade de Deus?". Sabe-se com que insistência os Padres da Igreja determinaram qual deve ser a atitude daqueles que possuem em relação aos que estão em necessidade: "não dás da tua fortuna, assim afirma Santo Ambrósio, ao seres generoso para com o pobre, tu dás daquilo que lhe pertence. Porque aquilo que te atribuis a ti, foi dado em comum para uso de todos. A terra foi dada a todos e não apenas aos ricos". Quer dizer que a propriedade privada não constitui para ninguém um direito incondicional e absoluto. Ninguém tem direito de reservar para seu uso exclusivo aquilo que é supérfluo, quando a outros falta o necessário. Numa palavra, "o direito de propriedade nunca deve exercer-se em detrimento do bem comum, segundo a doutrina tradicional dos Padres da Igreja e dos grandes teólogos". Surgindo algum conflito "entre os direitos privados e adquiridos e as exigências comunitárias primordiais", é ao poder público que pertence "resolvê-lo, com a participação ativa das pessoas e dos grupos sociais".

Por fim, o Papa Francisco, em sua Encíclica *Fratelli Tutti* [Sobre a fraternidade e a amizade social, 3 de outubro de 2020][11] afirmou que:

118. O mundo existe para todos, porque todos nós, seres humanos, nascemos nesta terra com a mesma dignidade. As diferenças de cor, religião, capacidade, local de nascimento, lugar de residência e muitas outras não podem antepor-se nem ser usadas para justificar privilégios de alguns em detrimento dos direitos de todos. Por conseguinte, como comunidade, temos o dever de garantir que cada pessoa viva com dignidade e disponha de adequadas oportunidades para o seu desenvolvimento integral.

119. Nos primeiros séculos da fé cristã, vários sábios desenvolveram um sentido universal na sua reflexão sobre o destino comum dos bens criados. Isto levou a pensar que, se alguém não tem o necessário para viver com dignidade, é porque outrem se está a apropriar do que lhe é devido. São João Crisóstomo resume isso, dizendo que, «não fazer os pobres participar dos próprios bens, é roubar e tirar-lhes a vida; não são nossos, mas deles, os bens que aferrolhamos». E São Gregório Magno di-lo assim: "Quando damos aos indigentes o que lhes é necessário, não oferecemos o que é nosso; limitamo-nos a restituir o que lhes pertence".

120. Faço minhas e volto a propor a todos algumas palavras de São João Paulo II, cuja veemência talvez tenha passado despercebida: "Deus deu a terra a todo gênero humano, para que ela sustente todos os seus membros, sem excluir nem privilegiar ninguém". Nesta linha, lembro que "a tradição cristã nunca reconheceu como absoluto ou intocável o direito à propriedade privada, e salientou a função social de qualquer forma de propriedade privada". O princípio do uso comum dos bens criados para todos é o "primeiro princípio de toda a ordem ético-social", é um direito natural, primordial e prioritário. Todos os outros direitos sobre

---

nem a traça ou a ferrugem destroem, e que se encontrarão aumentados nos celeiros eternos do Pai do Céu: "Não ajunteis para vós tesouros na terra, onde a traça e o caruncho os corroem e onde os ladrões arrombam e roubam, mas ajuntai para vós tesouros nos céus, onde nem a traça, nem o caruncho corroem, e onde os ladrões não arrombam nem roubam" (Mt 6,19-20). E o Senhor considerará dada ou negada a si mesmo a esmola dada ou negada aos indigentes: "Todas as vezes que fizestes (estas coisas) a um desses meus irmãos mais pequeninos, a mim as fizestes" (Mt 25,40). Disponível em: http://www.vatican.va/content/john-xxiii/pt/encyclicals/documents/hf_j-xxiii_enc_15051961_mater.html. Acesso em: 15 fev. 2020.

10. Disponível em: http://www.vatican.va/content/paul-vi/pt/encyclicals/documents/hf_p-vi_enc_26031967_populorum.html. Acesso em: 15 fev. 2021.

11. Disponível em: http://www.vatican.va/content/francesco/pt/encyclicals/documents/papa-francesco_20201003_enciclica-fratelli-tutti.html. Acesso em: 15 fev. 2021.

os bens necessários para a realização integral das pessoas, quaisquer que sejam eles incluindo o da propriedade privada, "não devem – como afirmava São Paulo VI – impedir, mas, pelo contrário, facilitar a sua realização». O direito à propriedade privada só pode ser considerado como um direito natural secundário e derivado do princípio do destino universal dos bens criados, e isto tem consequências muito concretas que se devem refletir no funcionamento da sociedade. Mas acontece muitas vezes que os direitos secundários se sobrepõem aos prioritários e primordiais, deixando-os sem relevância prática.

A modificação na interpretação jurídica do conceito de propriedade foi tão marcante no século XX que a função social ganhou *status* constitucional. O primeiro país a inserir tal princípio em sua constituição foi o México na carta de 1917, que em seu artigo 27[12] dispõe que compete à Nação impor à propriedade privada as normas que contemplem o interesse público, bem como regulá-la conforme o benefício social. Na Europa, o exemplo veio da Constituição de Weimar, artigo 153[13] que assegurava que a propriedade era protegida pela Constituição, sendo o seu conteúdo e limitações definidos pela lei. O artigo também estabelecia que a propriedade implicava obrigações e que o seu uso deveria ser, ao mesmo tempo, de utilidade pública.

O constitucionalismo brasileiro moderno dá à propriedade uma função social e ambiental. Entretanto, nem sempre foi assim. A Constituição de 25 de março de 1824 não cuidava do tema que, à época, era inexistente. A primeira Carta republicana, também, quedou-se silente. A primeira Constituição brasileira a tratar do tema foi a de 1934 [16 de julho] que, em seu artigo 113, n. 17 estipulava o seguinte:

Art 113 – A Constituição assegura a brasileiros e a estrangeiros residentes no País a inviolabilidade dos direitos concernentes à liberdade, à subsistência, à segurança individual e à propriedade, nos termos seguintes: (...)

17) É garantido o direito de propriedade, que não poderá ser exercido contra o interesse social ou coletivo, na forma que a lei determinar. A desapropriação por necessidade ou utilidade pública far-se-á nos termos da lei, mediante prévia e justa indenização. Em caso de perigo iminente, como guerra ou comoção intestina, poderão as autoridades competentes usar da propriedade particular até onde o bem público o exija, ressalvado o direito à indenização ulterior.

Embora, não fosse explicitamente mencionada, a função social da propriedade estava presente no contexto constitucional de 1934. Omitida na Carta de 1937, a partir

---

12. Texto atualmente vigente: Artículo 27. [...] La nación tendrá en todo tiempo el derecho de imponer a la propiedad privada las modalidades que dicte el interés público, así como el de regular, en beneficio social, el aprovechamiento de los elementos naturales susceptibles de apropiación, con objeto de hacer una distribución equitativa de la riqueza pública, cuidar de su conservación, lograr el desarrollo equilibrado del país y el mejoramiento de las condiciones de vida de la población rural y urbana. Disponível em: http://www.diputados. gob.mx/LeyesBiblio/pdf_mov/Constitucion_Politica.pdf. Acesso em: 15 fev. 2021.

13. Article 153 – Property is guaranteed by the Constitution. Its content and its limitations shall bedefined by the statutes. Expropriation can be had only for the common welfare and upon statutory grounds.It is had with adequate compensation, in so far as an Imperial statute does not otherwise provide. In case of dispute about the amount of the compensation the ordinary courts are to be open for relief, in so far as Imperial statutes do no totherwise provide. Expropriation by the Empire as against Lands, Communes and associations serving the public can be had only with compensation. Property obligates. Its use is to be at the same time service for the best good of the public. Disponível em: https://www.constituteproject.org/constitution/Germany_1919. pdf?lang=en. Acesso em: 15 fev. 2021.

CAPÍTULO 11 • O DIREITO DE PROPRIEDADE **225**

de 1946 a função social não foi mais deslocada do Texto Constitucional. Na Constituição de 1988, o inciso XXIII do artigo 5º é explícito: "a propriedade atenderá a sua função social".[14]

2.3 A PROPRIEDADE NA CONSTITUIÇÃO DE 1988

2.3.1 A propriedade privada

A Constituição Federal de 1988 utiliza a palavra propriedade em diferentes contextos. Inicialmente, há uma menção no *caput* do artigo 5º [direitos e deveres individuais e coletivos], assim como nas Constituições anteriores, à inviolabilidade da propriedade. Nos incisos XXII – XXVI e XXIX há uma ampla proteção ao direito de propriedade que foi garantido, atendida a sua função social e com a possibilidade de desapropriação por necessidade ou utilidade pública, ou por interesse social, mediante justa e prévia indenização em dinheiro, ressalvados os casos previstos na própria Constituição. A Constituição admite a requisição administrativa da propriedade,[15] no caso de iminen-

---

14. STF. O direito de propriedade não se reveste de caráter absoluto, eis que, sobre ele, pesa grave hipoteca social, a significar que, descumprida a função social que lhe é inerente (CF, art. 5º, XXIII), legitimar-se-á a intervenção estatal na esfera dominial privada, observados, contudo, para esse efeito, os limites, as formas e os procedimentos fixados na própria Constituição da República. O acesso à terra, a solução dos conflitos sociais, o aproveitamento racional e adequado do imóvel rural, a utilização apropriada dos recursos naturais disponíveis e a preservação do meio ambiente constituem elementos de realização da função social da propriedade [ADI 2.213 MC, rel. min. Celso de Mello, j. 04.04.2002, P, *DJ* de 23.04.2004.] = MS 25.284, rel. min. Marco Aurélio, j. 17.06.2010, P, *DJE* de 13.08.2010.

15. III – O federalismo cooperativo, adotado entre nós, exige que a União e as unidades federadas se apoiem mutuamente no enfrentamento da grave crise sanitária e econômica decorrente da pandemia desencadeada pelo novo coronavírus. IV – O Plenário do STF já assentou que a competência específica da União para legislar sobre vigilância epidemiológica, da qual resultou a Lei 13.979/2020, não inibe a competência dos demais entes da federação no tocante à prestação de serviços da saúde (ADI 6.341-MC-Ref/DF, redator para o acórdão Ministro Edson Fachin). V – Dentre as medidas de combate à pandemia, a Lei 13.979/2020 estabelece que qualquer ente federado poderá lançar mão da "requisição de bens e serviços de pessoas naturais e jurídicas, hipótese em que será garantido o pagamento posterior de indenização justa" (art. 3º, VII). VI – Tais requisições independem do prévio consentimento do Ministério da Saúde, sob pena de invasão, pela União, das competências comuns atribuídas aos Estados, Distrito Federal e Municípios, os quais, todavia, precisam levar em consideração evidências científicas e análises sobre as informações estratégicas antes de efetivá-las (art. 3º, § 1º). VII – Como todas as ações estatais, as requisições administrativas precisam balizar-se pelos critérios da razoabilidade e da proporcionalidade, só podendo ser levadas a cabo após a constatação de que inexistem outras alternativas menos gravosas. VIII – Essa fundamentação haverá de estar devidamente explicitada na exposição de motivos dos atos que venham a impor as requisições, de maneira a permitir o crivo judicial. IX – Ao Judiciário, contudo, é vedado substituir-se ao Executivo ou ao Legislativo na definição de políticas públicas, especialmente aquelas que encontrem previsão em lei, considerado o princípio da separação dos poderes. X – A requisição administrativa configura ato discricionário, que não sofre qualquer condicionamento, tendo em conta o seu caráter unilateral e autoexecutório, bastando que fique configurada a necessidade inadiável da utilização de um bem ou serviço pertencente a particular numa situação de perigo público iminente, sendo por isso inexigível a aquiescência da pessoa natural ou jurídica atingida ou a prévia intervenção do Judiciário. XI – A criação de novos requisitos para as requisições administrativas por meio da técnica de interpretação conforme à Constituição (art. 3º, *caput*, VII, da CF e § 7º, III, da Lei 13.979/2020), não se aplica à espécie, dada a clareza e univocidade da disposição legal impugnada. XII – Ação direta de inconstitucionalidade julgada improcedente. STF – ADI: 6362 DF 0089429-88.2020.1.00.0000, Relator: Ricardo Lewandowski, Julgamento: 02.09.2020, Tribunal Pleno, Publicação: 09.12.2020.

te perigo público, assegurada ao proprietário indenização ulterior, se houver dano. A pequena propriedade rural, assim definida em lei, desde que trabalhada pela família, não será objeto de penhora para pagamento de débitos decorrentes de sua atividade produtiva, dispondo a lei sobre os meios de financiar o seu desenvolvimento. Há uma exceção relativa à necessidade de prévia indenização em dinheiro para fins de desapropriação, estabelecida pelo artigo 243 que se aplica "as propriedades rurais e urbanas de qualquer região do País onde forem localizadas culturas ilegais de plantas psicotrópicas ou a exploração de trabalho escravo na forma da lei serão expropriadas e destinadas à reforma agrária e a programas de habitação popular, sem qualquer indenização ao proprietário e sem prejuízo de outras sanções previstas em lei, observado, no que couber, o disposto no art. 5o".[16]

E, finalmente, a CF determinou que a lei assegure aos autores de inventos industriais privilégio temporário para sua utilização, bem como proteção às criações industriais, à propriedade das marcas, aos nomes de empresas e a outros signos distintivos, tendo em vista o interesse social e o desenvolvimento tecnológico e econômico do País. O artigo 153 da CF, ao definir os impostos de competência da União, em seu inciso VI determinou ser da competência federal o imposto sobre a propriedade territorial rural, que será progressivo e terá suas alíquotas fixadas de forma a desestimular a manutenção de propriedades improdutivas; não incidindo sobre pequenas glebas rurais, definidas em lei, quando as explore o proprietário que não possua outro imóvel.[17] Ainda no campo tributário, a Constituição atribui aos municípios a competência para instituir o imposto sobre a propriedade territorial urbana [art. 156, I], o qual poderá ser progressivo em

---

16. STF: Anotação Vinculada – art. 243 da Constituição Federal – "A expropriação prevista no art. 243 da CF pode ser afastada, desde que o proprietário comprove que não incorreu em culpa, ainda que in vigilando ou in eligendo" [RE 635.336, rel. min. Gilmar Mendes, j. 14.12.2016, P, DJE de 15.09.2017, Tema 399]".

17. Anotação Vinculada – art. 153, § 4o da Constituição Federal – "Mostra-se alinhada com a redação originária do § 4o do art. 153 da Constituição Federal a progressividade das alíquotas do ITR a qual se refere à Lei 9.393/96, progressividade essa que leva em conta, de maneira conjugada, o grau de utilização (GU) e a área do imóvel [RE 1.038.357-AgR, rel. min. Dias Toffoli, j. 06.02.2018, 2ª T, DJE de 26.02.2018]".

    STF: IPTU. Progressividade. Função social da propriedade. EC 29/2000. Lei posterior. Surge legítima, sob o ângulo constitucional, lei a prever alíquotas diversas, presentes imóveis residenciais e comerciais, uma vez editada após a EC 29/2000 [RE 586.693, rel. min. Marco Aurélio, j. 25.05.2011, P, DJE de 22.06.2011, Tema 94].

    IPTU. Não se admite a progressividade fiscal decorrente da capacidade econômica do contribuinte, dada a natureza real do imposto. A progressividade da alíquota do IPTU, com base no valor venal do imóvel, só é admissível para o fim extrafiscal de assegurar o cumprimento da função social da propriedade urbana (art. 156, I, § 1o, e art. 182, § 4o, II, CF) [AI 468.801 AgR, rel. min. Eros Grau, j. 21.09.2004, 1ª T, DJ de 15.10.2004].

    Esta Corte, em diversos precedentes de ambas as Turmas, manifestou-se pela possibilidade da instituição de alíquotas diferenciadas de IPTU com base na destinação e situação do imóvel (residencial ou comercial, edificado ou não edificado), em período anterior à edição da Emenda Constitucional 29/2000. Entendeu-se que tal prática não se confunde com o estabelecimento de alíquotas progressivas, cuja constitucionalidade, em momento anterior à emenda constitucional, foi reconhecida apenas para assegurar o cumprimento da função social da propriedade. (...) São constitucionais as leis municipais anteriores à Emenda Constitucional 29/2000, que instituíram alíquotas diferenciadas de IPTU para imóveis edificados e não edificados, residenciais e não residenciais [RE 666.156, rel. min. Roberto Barroso, j. 11.05.2020, P, DJE de 16.06.2020, Tema 523].

CAPÍTULO 11 • O DIREITO DE PROPRIEDADE

razão do valor do imóvel e ter alíquotas diferentes de acordo com a localização e o uso do imóvel.[18]

Ao tratar dos princípios da atividade econômica, a CF estabeleceu no artigo 170 que a propriedade privada e a função social da propriedade são dois de seus princípios basilares.

No que tange à política urbana, a CRFB em seu artigo 182, § 2º estabeleceu que a *propriedade urbana* cumpre sua função social quando atende às exigências fundamentais de ordenação da cidade expressas no plano diretor. Assim, como nos demais casos, a desapropriação de imóvel urbano será feita com prévia e justa indenização em dinheiro. A CF autoriza ao poder público municipal, mediante lei específica para área incluída no plano diretor, exigir, nos termos da lei federal, do proprietário do solo urbano não edificado, subutilizado ou não utilizado, que promova seu adequado aproveitamento, sob pena, sucessivamente, de: (1) parcelamento ou edificação compulsórios; (2) imposto sobre a propriedade predial e territorial urbana progressivo no tempo; (3) desapropriação com pagamento mediante títulos da dívida pública de emissão previamente aprovada pelo Senado Federal, com prazo de resgate de até dez anos, em parcelas anuais, iguais e sucessivas, assegurados o valor real da indenização e os juros legais.

A Constituição Federal admite, em matéria de propriedade urbana, a usucapião para aquele que possuir como sua área urbana de até duzentos e cinquenta metros quadrados, por cinco anos, ininterruptamente e sem oposição, utilizando-a para sua moradia ou de sua família, adquirir-lhe-á o domínio, desde que não seja proprietário de outro imóvel urbano ou rural.

Quanto à propriedade rural, a CF estabelece imunidade em relação a desapropriação para a reforma agrária [art. 185],[19] para a (1) pequena e média propriedade rural, assim definida em lei, desde que seu proprietário não possua outra; e para (2) a propriedade produtiva. A função social da propriedade rural [CF, art. 187][20] é cumprida

---

18. Art. 156. Compete aos Municípios instituir impostos sobre:

    I – propriedade predial e territorial urbana;

    § 1º Sem prejuízo da progressividade no tempo a que se refere o art. 182, § 4º, inciso II, o imposto previsto no inciso I poderá: (Redação dada pela Emenda Constitucional nº 29, de 2000)

    I – ser progressivo em razão do valor do imóvel; e (Incluído pela Emenda Constitucional nº 29, de 2000)

    II – ter alíquotas diferentes de acordo com a localização e o uso do imóvel. (Incluído pela Emenda Constitucional nº 29, de 2000)

    III – ter sua base de cálculo atualizada pelo Poder Executivo, conforme critérios estabelecidos em lei municipal. (Incluído pela Emenda Constitucional nº 132, de 2023)

19. STF – Anotação Vinculada – art. 185, inc. I da Constituição Federal – "A divisão de imóvel rural, em frações que configurem médias propriedades rurais, decorridos mais de seis meses da data da comunicação para levantamento de dados e informações, mas antes da edição do decreto presidencial, impede a desapropriação para fins de reforma agrária. Não incidência, na espécie, do que dispõe o § 4º do art. 2º da Lei 8.629/1993 [MS 24.890, rel. min. Ellen Gracie, j. 27.11.2008, P, DJE de 13.02.2009] = MS 24.171, rel. min. Sepúlveda Pertence, j. 20.08.2003, P, DJ de 12.09.2003".

20. STF: Anotação Vinculada – art. 186 da Constituição Federal – "Esta Corte já decidiu que o art. 6º da Lei 8.629/1993, ao definir o imóvel produtivo, a pequena e a média propriedade rural e a função social da proprie-

quando ela atende, simultaneamente, segundo critérios e graus de exigência estabelecidos em lei, aos seguintes requisitos: (1) aproveitamento racional e adequado; (2) utilização adequada dos recursos naturais disponíveis e preservação do meio ambiente; (3) observância das disposições que regulam as relações de trabalho; (4) exploração que favoreça o bem-estar dos proprietários e dos trabalhadores. A CF, artigo 190, mantém o entendimento de que a propriedade rural é, ainda, uma questão de soberania nacional ao determinar que a "lei regulará e limitará a aquisição ou o arrendamento de propriedade rural por pessoa física ou jurídica estrangeira e estabelecerá os casos que dependerão de autorização do Congresso Nacional", ao mesmo tempo em que demonstra a força dos proprietários rurais que se protegem contra a "desnacionalização" da propriedade fundiária. A prescrição aquisitiva [usucapião] de propriedade rural é possível para "aquele que, não sendo proprietário de imóvel rural ou urbano, possua como seu, por cinco anos ininterruptos, sem oposição, área de terra, em zona rural, não superior a cinquenta hectares, tornando-a produtiva por seu trabalho ou de sua família, tendo nela sua moradia, adquirir-lhe-á a propriedade" [art. 191].

Há uma reserva de mercado quanto à propriedade de empresa jornalística e de radiodifusão sonora e de sons e imagens, sendo privativa de brasileiros natos ou naturalizados há mais de dez anos, ou de pessoas jurídicas constituídas sob as leis brasileiras e que tenham sede no País.

2.3.2 *Propriedade pública*

O estado brasileiro, em qualquer de suas esferas político-administrativas, é detentor de muitas propriedades. O artigo 20 da CRFB contempla uma longa lista de bens de propriedade da União, sendo certo que grande parte deles pode ser incluída no conceito lato de meio ambiente. Assim, integram o patrimônio da União os bens que atualmente lhe pertencem[21] e os que lhe vierem a ser atribuídos e, ainda, as (1) terras devolutas indispensáveis à defesa das fronteiras, das fortificações e construções militares, das vias federais de comunicação e à preservação ambiental,[22] definidas em lei; os (2) lagos, rios e quaisquer correntes de água em terrenos de seu domínio, ou que banhem mais de um Estado, sirvam de limites com outros países, ou se estendam a território estrangeiro ou dele provenham, bem como os terrenos marginais e as praias fluviais; as (3) ilhas fluviais e lacustres nas zonas limítrofes com outros países; as praias marítimas; as ilhas oceânicas e as costeiras, excluídas, destas, as que contenham a sede de Municípios,[23] exceto aquelas áreas afetadas ao serviço público e a unidade ambiental federal, e as re-

---

dade, não extrapola os critérios estabelecidos no art. 186 da CF; antes, confere-lhe eficácia total (MS 22.478/PR, Maurício Corrêa, DJ de 26.09.1997). MS 23.312, rel. min. Maurício Corrêa, j. 16.12.1999, P, DJ de 25.02.2000".

21. STF: Anotação Vinculada – art. 20, inc. I da Constituição Federal – "Os incisos I e XI do art. 20 da CF não alcançam terras de aldeamentos extintos, ainda que ocupadas por indígenas em passado remoto. [Súmula 650]".

22. STF: Anotação Vinculada – art. 20, inc. III da Constituição Federal – "As margens dos rios navegáveis são de domínio público, insuscetíveis de expropriação e, por isso mesmo, excluídas de indenização. [Súmula 479]".

23. STF: Anotação Vinculada – art. 20, inc. VIII da Constituição Federal – "Na forma do art. 20, § 1º, da CF, a reparação dos prejuízos decorrentes do alagamento de áreas para a construção de hidrelétricas deve ser feita

CAPÍTULO 11 • O DIREITO DE PROPRIEDADE **229**

feridas no art. 26, II da CF; os (4) recursos naturais da plataforma continental e da zona econômica exclusiva; o (5) mar territorial; os (6) terrenos de marinha e seus acrescidos; os (7) potenciais de energia hidráulica; os (8) recursos minerais, inclusive os do subsolo; as (9) cavidades naturais subterrâneas e os sítios arqueológicos e pré-históricos; as (10) terras tradicionalmente ocupadas pelos índios.[24]

Os danos ambientais causados a bens de propriedade da União atraem a competência federal, ainda que tenham atingido outros bens que não pertençam à União e, até mesmo, danos pessoais.[25]

O artigo 26 da CF arrola entre os bens dos estados, os seguintes: as (1) águas superficiais ou subterrâneas, fluentes, emergentes e em depósito, ressalvadas, neste caso, na forma da lei, as decorrentes de obras da União; as (2) áreas, nas ilhas oceânicas e costeiras, que estiverem no seu domínio, excluídas aquelas sob domínio da União, Municípios ou terceiros; as (3) ilhas fluviais e lacustres não pertencentes à União; e, as (4) terras devolutas[26] não compreendidas entre as da União.

---

mediante participação ou compensação financeira [RE 253.906, rel. min. Ellen Gracie, j. 23.09.2004, P, DJ de 18.02.2005]".

24. STF: Anotação Vinculada – art. 20, inc. VIII da Constituição Federal – "Todas as 'terras indígenas' são um bem público federal (inciso XI do art. 20 da CF), o que não significa dizer que o ato em si da demarcação extinga ou amesquinhe qualquer unidade federada. Primeiro, porque as unidades federadas pós-Constituição de 1988 já nascem com seu território jungido ao regime constitucional de preexistência dos direitos originários dos índios sobre as terras por eles 'tradicionalmente ocupadas'. Segundo, porque a titularidade de bens não se confunde com o senhorio de um território político. Nenhuma terra indígena se eleva ao patamar de território político, assim como nenhuma etnia ou comunidade indígena se constitui em unidade federada. Cuida-se, cada etnia indígena, de realidade sociocultural, e não de natureza político-territorial. (...) A vontade objetiva da Constituição obriga a efetiva presença de todas as pessoas federadas em terras indígenas, desde que em sintonia com o modelo de ocupação por ela concebido, que é de centralidade da União. Modelo de ocupação que tanto preserva a identidade de cada etnia quanto sua abertura para um relacionamento de mútuo proveito com outras etnias indígenas e grupamentos de não índios. A atuação complementar de Estados e Municípios em terras já demarcadas como indígenas há de se fazer, contudo, em regime de concerto com a União e sob a liderança desta. Papel de centralidade institucional desempenhado pela União, que não pode deixar de ser imediatamente coadjuvado pelos próprios índios, suas comunidades e organizações, além da protagonização de tutela e fiscalização do Ministério Público (inciso V do art. 129 e art. 232, ambos da CF).[Pet 3.388, rel. min. Ayres Britto, j. 19.03.2009, P, DJE de 1º.07.2010]".

25. STF: Anotação Vinculada – art. 20, inc. III da Constituição Federal – "Vê-se que veio a ser potencializado o interesse da população local em detrimento do fato de a poluição alcançar bem público federal. Pouco importa que se tenha chegado também ao comprometimento de açude, córregos e riacho. Prevalece a circunstância de o dano apontado haver ocorrido em rio que, pelo teor do inciso III do art. 20 da CF, consubstancia bem da União (...). Esse preceito e a premissa fática constante do acórdão impugnado mediante o extraordinário atraem a incidência do inciso IV do art. 109 da Carta da República (...). [RE 454.740, voto do rel. min. Marco Aurélio, j. 28.04.2009, 1ª T, DJE de 07.08.2009]".

26. STF: Anotação Vinculada – art. 26, inc. II da Constituição Federal – "A jurisprudência do STF, por diversas vezes, reconheceu que as terras dos aldeamentos indígenas que se extinguiram antes da Constituição de 1891, por haverem perdido o caráter de bens destinados a uso especial, passaram à categoria terras devolutas. Uma vez reconhecidos como terras devolutas, por força do art. 64 da Constituição de 1891, os aldeamentos extintos transferiram-se ao domínio dos Estados. Ação direta de inconstitucionalidade julgada procedente em parte, para conferir interpretação conforme à Constituição ao dispositivo impugnado, a fim de que a sua aplicação fique adstrita aos aldeamentos indígenas extintos antes da edição da primeira Constituição republicana. [ADI 255, rel. p/ o ac. min. Ricardo Lewandowski, j. 16.03.2011, P, DJE de 24.05.2011]= RE 212.251, rel. min. Ilmar Galvão, j. 23.06.1998, 1ª T, DJ de 16.10.1998".

Os recursos minerais e os potenciais de energia hidráulica, conforme o disposto no artigo 176 da CF, constituem propriedade distinta da do solo, para efeito de exploração ou aproveitamento, e pertencem à União, garantida ao concessionário a propriedade do produto da lavra.[27]

2.3.2.1 Patrimônio público

A Constituição Federal incorporou a noção de patrimônio público que pode ser (1) material e (2) imaterial. O patrimônio material não apresenta maior dificuldade para o intérprete, pois pode ser definido como o conjunto de relações econômicas, positivas e negativas, atribuíveis à União. Já o patrimônio imaterial é mais complexo, pois representa um conjunto de valores abstratos que são caros à nacionalidade, por refletirem valores de estimação muito elevados para o País. O artigo 225, em duas oportunidades se utiliza da palavra patrimônio. A primeira é a referência[28] ao patrimônio genético (art. 225, §1º, II) que nos termos da lei é a "informação de origem genética de espécies vegetais, animais, microbianas ou espécies de outra natureza, incluindo substâncias oriundas do metabolismo destes seres vivos" [Lei 13.123, de 20 de maio de 2015]. A segunda menção é a contida no § 4º do artigo 225[29] que declara a Floresta Amazônica

---

27. STF: Anotação Vinculada – art. 176 da Constituição Federal – "O sistema minerário vigente no Brasil atribui, à concessão de lavra – que constitui verdadeira res in commercio –,caráter negocial e conteúdo de natureza econômico-financeira. O
impedimento causado pelo poder público na exploração empresarial das jazidas legitimamente concedidas gera o dever estatal de indenizar o minerador que detém, por efeito de regular delegação presidencial, o direito de industrializar e de aproveitar o produto resultante da extração mineral. Objeto de indenização há de ser o título de concessão de lavra, enquanto bem jurídico suscetível de apreciação econômica, e não a jazida em si mesma considerada, pois esta, enquanto tal, acha-se incorporada ao domínio patrimonial da União Federal. A concessão de lavra, que viabiliza a exploração empresarial das potencialidades das jazidas minerais, investe o concessionário em posição jurídica favorável, eis que, além de conferir-lhe a titularidade de determinadas prerrogativas legais, acha-se essencialmente impregnada, quanto ao título que a legitima, de valor patrimonial e de conteúdo econômico. Essa situação subjetiva de vantagem atribui, ao concessionário da lavra, direito, ação e pretensão à indenização, toda vez que, por ato do poder público, vier o particular a ser obstado na legítima fruição de todos os benefícios resultantes do processo de extração mineral [RE 140.254 AgR, rel. min. Celso de Mello, j. 05.12.1995, 1ª T, DJ de 06.06.1997]".

28. STF: Anotação Vinculada – art. 225, § 4º da Constituição Federal – "Revela-se de importância ímpar a promoção de regularização fundiária nas terras ocupadas de domínio da União na Amazônia Legal, de modo a assegurar a inclusão social das comunidades que ali vivem, por meio da concessão de títulos de propriedade ou concessão de direito real de uso às áreas habitadas, redução da pobreza, acesso aos programas sociais de incentivo à produção sustentável, bem como melhorando as condições de fiscalização ambiental e responsabilização pelas lesões causadas à Floresta Amazônica. O artigo 4º, § 2º da Lei 11.952/2009 vai de encontro à proteção adequada das terras dos remanescentes de comunidades quilombolas e das demais comunidades tradicionais amazônicas, ao permitir interpretação que possibilite a regularização dessas áreas em desfavor do modo de apropriação de território por esses grupos, sendo necessária interpretação conforme aos artigos 216, I da Constituição e 68 do ADCT, para assegurar a relação específica entre comunidade, identidade e terra que caracteriza os povos tradicionais. Exige interpretação conforme à Constituição a previsão do artigo 13 da Lei 11.952/2009, ao dispensar a vistoria prévia nos imóveis rurais de até quatro módulos fiscais, a fim de que essa medida de desburocratização do procedimento seja somada à utilização de todos os meios eficazes de fiscalização do meio ambiente, como forma de tutela à biodiversidade e inclusão social dos pequenos proprietários que exercem cultura efetiva na área [ADI 4.269, rel. min. Edson Fachin, j. 18.10.2017, P, DJE de 1º.02.2019]".

29. STF: Anotação Vinculada – art. 225, § 4º da Constituição Federal – "A norma inscrita no art. 225, § 4º, da Constituição deve ser interpretada de modo harmonioso com o sistema jurídico consagrado pelo ordenamento

CAPÍTULO 11 • O DIREITO DE PROPRIEDADE **231**

brasileira, a Mata Atlântica, a Serra do Mar,[30] o Pantanal Mato-Grossense[31] e a Zona Costeira como patrimônio nacional, cuja utilização far-se-á, na forma da lei, dentro de condições que assegurem a preservação do meio ambiente, inclusive quanto ao uso dos recursos naturais.

Há, ainda, em termos de patrimônio imaterial, a menção ao patrimônio histórico e cultural que, dentre outras coisas, é constituído por bens de natureza material e imaterial, tomados individualmente ou em conjunto, portadores de referência à identidade, à ação, à memória dos diferentes grupos formadores da sociedade brasileira [art. 216].[32]

---

fundamental, notadamente com a cláusula que, proclamada pelo art. 5º, XXII, da Carta Política, garante e assegura o direito de propriedade em todas as suas projeções, inclusive aquela concernente à compensação financeira devida pelo poder público ao proprietário atingido por atos imputáveis à atividade estatal. A norma inscrita no art. 225, § 4º, da Constituição deve ser interpretada de modo harmonioso com o sistema jurídico consagrado pelo ordenamento fundamental, notadamente com a cláusula que, proclamada pelo art. 5º, XXII, da Carta Política, garante e assegura o direito de propriedade em todas as suas projeções, inclusive aquela concernente à compensação financeira devida pelo poder público ao proprietário atingido por atos imputáveis à atividade estatal [RE 134.297, rel. min. Celso de Mello, j. 13.06.1995, 1ª T, DJ de 22.09.1995]".

30. STF: Anotação Vinculada – art. 225, § 4º da Constituição Federal – "Reserva Florestal Serra do Mar: indenização. É da jurisprudência do Supremo Tribunal que é devida indenização pela desapropriação de área pertencente à Reserva Florestal Serra do Mar, independentemente das limitações administrativas impostas para proteção ambiental dessa propriedade [RE 471.110 AgR, rel. min. Sepúlveda Pertence, j. 14.11.2006, 1ª T, DJ de 07.12.2006]".

31. STF: Anotação Vinculada – art. 225, § 4º da Constituição Federal – "Pantanal Mato-Grossense (CF, art. 225, § 4º). Possibilidade jurídica de expropriação de imóveis rurais nele situados, para fins de reforma agrária. A norma inscrita no art. 225, § 4º, da Constituição não atua, em tese, como impedimento jurídico à efetivação, pela União Federal, de atividade expropriatória destinada a promover e a executar projetos de reforma agrária nas áreas referidas nesse preceito constitucional, notadamente nos imóveis rurais situados no Pantanal Mato-Grossense. A própria Constituição da República, ao impor ao poder público o dever de fazer respeitar a integridade do patrimônio ambiental, não o inibe, quando necessária a intervenção estatal na esfera dominial privada, de promover a desapropriação de imóveis rurais para fins de reforma agrária, especialmente porque um dos instrumentos de realização da função social da propriedade consiste, precisamente, na submissão do domínio à necessidade de o seu titular utilizar adequadamente os recursos naturais disponíveis e de fazer preservar o equilíbrio do meio ambiente (CF, art. 186, II), sob pena de, em descumprindo esses encargos, expor-se à desapropriação-sanção a que se refere o art. 184 da Lei Fundamental. Pantanal Mato-Grossense (CF, art. 225, § 4º). Possibilidade jurídica de expropriação de imóveis rurais
nele situados, para fins de reforma agrária. A norma inscrita no art. 225, § 4º, da Constituição não atua, em tese, como impedimento jurídico à efetivação, pela União Federal, de atividade expropriatória destinada a promover e a executar projetos de reforma agrária nas áreas referidas nesse preceito constitucional, notadamente nos imóveis rurais situados no Pantanal Mato-Grossense. A própria Constituição da República, ao
impor ao poder público o dever de fazer respeitar a integridade do patrimônio ambiental, não o inibe, quando necessária a intervenção
estatal na esfera dominial privada, de promover a desapropriação de
imóveis rurais para fins de reforma agrária, especialmente porque um dos instrumentos de realização da função social da propriedade consiste, precisamente, na submissão do domínio à necessidade de o seu titular utilizar adequadamente os recursos naturais disponíveis e de fazer preservar o equilíbrio do meio ambiente (CF, art. 186, II), sob pena de,
em descumprindo esses encargos, expor-se à desapropriação-sanção a que se refere o art. 184 da Lei Fundamental.
[MS 22.164, rel. min. Celso de Mello, j. 30.10.1995, P, DJ de 17.11.1995]".

32. STF: Anotação Vinculada – art. 216 da Constituição Federal – "A proteção jurídica do patrimônio cultural brasileiro, enquanto direito fundamental de terceira geração, é matéria expressamente prevista no Texto Constitucional (art. 216 da CRFB/1988). A ordem constitucional vigente recepcionou o DL 25/1937, que, ao organizar a proteção do patrimônio histórico e artístico nacional, estabeleceu disciplina própria e específica ao instituto do tombamento, como meio de proteção de diversas dimensões do patrimônio brasileiro [ACO 1.966 AgR, rel. min. Luiz Fux, j. 17.11.2017, P, DJE de 27.11.2017]".

Dentre os bens de natureza imaterial incluem-se as (1) formas de expressão; os (2) modos de criar, fazer e viver; as (3) criações científicas, artísticas e tecnológicas; as (4) obras, objetos, documentos, edificações e demais espaços destinados às manifestações artístico-culturais; os (5) conjuntos urbanos e sítios de valor histórico, paisagístico, artístico, arqueológico, paleontológico, ecológico e científico.

3. A PROPRIEDADE E O MEIO AMBIENTE

Meio ambiente e propriedade são temas muito próximos e isto fica bem claro na CF. A tarefa de proteger o meio ambiente, nos termos do artigo 225 de nossa Constituição é coletiva, abarcando tanto o poder público quanto os particulares, sendo certo que é uma responsabilidade primária do estado, exercida por meio de poder de polícia. A intensa presença dos temas ambientais em nossa CRFB, efetivamente, provocou alterações no regime de propriedade fundiária e urbanística, estabelecendo modelos próprios que não devem ser confundidos com limitações administrativas ao regime civil de propriedade. Em termos de propriedade fundiária, a Lei 12.651, de 25 de maio de 2012 [Novo Código Florestal], estabelece como *parte integrante* da propriedade ou posse rural a (1) área de preservação permanente [APP] e a (2) reserva legal [RL]. Inicialmente, cabe realçar que as florestas existentes no território nacional, desde o Decreto 23.793, de 23 de janeiro de 1934, são consideradas "bem de interesse comum a todos os habitantes do país" [art. 1º]. O novo código, portanto, não inovou ao afirmar que "as florestas existentes no território nacional e as demais formas de vegetação nativa, reconhecidas de utilidade às terras que revestem, são bens de interesse comum a todos os habitantes do País, exercendo-se os direitos de propriedade com as limitações que a legislação em geral e especialmente esta Lei estabelecem" [art. 2º].

A área de preservação permanente área protegida, coberta ou não por vegetação nativa, com a função ambiental de preservar os recursos hídricos, a paisagem, a estabilidade geológica e a biodiversidade, facilitar o fluxo gênico de fauna e flora, proteger o solo e assegurar o bem-estar das populações humanas [art. 3º, II]. A reserva legal é a área localizada no interior de uma propriedade ou posse rural, delimitada nos termos do art. 12 da Lei 12.651/2012, com a função de assegurar o uso econômico de modo sustentável dos recursos naturais do imóvel rural, auxiliar a conservação e a reabilitação dos processos ecológicos e promover a conservação da biodiversidade, bem como o abrigo e a proteção de fauna silvestre e da flora nativa.

Conforme determinado pelo artigo 2º, § 2º da Lei 12.651/2012, as obrigações decorrentes do novo código florestal "têm natureza real e são transmitidas ao sucessor, de qualquer natureza, no caso de transferência de domínio ou posse do imóvel rural".

CAPÍTULO 12
HISTÓRIA DO DIREITO BRASILEIRO

1. INTRODUÇÃO

O direito é um produto da sociedade na qual está inserido e, portanto, é fundamental que se conheça as origens de tal sociedade e a sua evolução para que possa entender o presente. A discussão sobre a existência ou não de uma história própria do direito é extremamente complexa e ultrapassa os limites de um capítulo de um livro de IED. Um dos temas mais presentes na historiografia contemporânea é a impossibilidade de se fazer uma "história global que reduza toda a realidade humana a um único nível", como se fosse factível a reunião de todos os fenômenos da sociedade e humanos, em torno de um só polo, seja a estrutura socioeconômica, o espírito do tempo ou qualquer outro critério, "desconhecendo, sobretudo, a especificidade de cada sector da prática, a irredutibilidade do seu tempo e do seu espaço" (Hespanha: 1978, p. 18).

O direito brasileiro é membro da família dos direitos de tradição romano-germânica, tendo sua principal fonte formadora no direito português. Diferentemente de outros países latino-americanos como Bolívia, Equador, México, Peru e Guatemala, por exemplo, os povos autóctones pouco contribuíram para a formação do ordenamento jurídico nacional. Todavia, ainda que com notável atraso, a CF de 1988 reconheceu os "direitos originários" dos povos indígenas sobre as terras "tradicionalmente" por eles ocupadas [artigo 231], bem como as comunidades remanescentes dos quilombos [art. 68 do ADCT].

2. O DIREITO COLONIAL BRASILEIRO

O direito brasileiro é parte da família romano-germânica, tendo as suas origens imediatas no direito português trazido para o Brasil durante a colonização. O direito colonial que aqui vigeu, assim como outros aspectos da vida institucional e política da colônia foi parte da tentativa de implantação da cultura europeia em um vasto território que, era desconhecido e hostil. Estas são as origens de nossa sociedade e, por consequência de nosso direito, "[t]razendo de países distantes nossas formas de convívio, nossas instituições, nossas ideias, e timbrando em manter tudo isso em ambiente muitas vezes desfavorável e hostil" (Holanda, 1988, p. 3).

Os portugueses, ao chegarem ao Brasil encontraram um imenso território habitado há mais de 10.000 anos, conforme comprovam as datações de carbono 14 (Funari e Noelli, 2002). A população era variada e vasta, tendo sofrido um enorme decréscimo populacional em função de guerras, doenças, escravidão e outras violências. Atualmente no Brasil existem cerca de 200 povos indígenas que se distinguem por suas línguas, perfazendo uma população de aproximadamente 896.917 pessoas. Destes, 324.834 vivem em cidades e 572.083 em áreas rurais, o que corresponde aproximadamente a 0,47% da população total do país.[1] À época do descobrimento eram faladas cerca de 1200 línguas no Brasil, por uma população autóctone em torno de alguns milhões de habitantes. A chegada dos europeus significou uma "catástrofe demográfica dos índios" (Bacci, 2007, p. 11).

Com os portugueses veio uma ordem jurídica formada desde a romanização da península Ibérica (Proença, 2016) e que sofreu diversas influências para a sua estruturação. O direito português, propriamente dito é o ordenamento que veio se desenvolvendo desde a independência do condado Portucalense. O direito português passa a existir na medida em que se constituiu uma comunidade capaz de gerar uma cultura particular que, Marcello Caetano (1981, p. 25) identifica com o nascimento do Estado, "pois é este que detém as normas obrigatórias e impõe a sua observância, a verdade é que a individualidade de um ordenamento jurídico está relativamente ao de outros povos está integrado nas características da Nação". Cuida-se de uma visão monista que identifica direito, sociedade e estado, de forma corporativista. Os lusitanos (tribos primitivas) não possuíam um ordenamento jurídico sistematizado e estruturado, pois ele era essencialmente consuetudinário. Com a invasão da península ibérica pelos romanos, após árduas e demoradas lutas (quase 200 anos) se estabeleceu o ordenamento jurídico romano. No ano 406 dá-se uma grande invasão bárbara na península ibérica. Em 409, os Alanos, Suevos e Vândalos iniciaram o processo de permanência no novo *hábitat*. À península ibérica acorreram também outros povos "bárbaros", e. g., os Godos, Visigodos e os Ostrogodos que deixaram influência marcante na produção legislativa ibérica. A principal obra jurídica realizada por tais tribos foi o *Fuero Juzgo* ou *Lex Romana Visigothorum* (Lei Romana dos Visigodos), dividido em 12 livros. O *Fuero Juzgo* ("Conjunto de leis") era, em princípio, uma tradução do antigo código de leis visigóticas *Liber Iudiciorum*, ou *Lex Visigothorum*, de 654, que após a Reconquista foi aplicado pela primeira vez como a lei local nas regiões reconquistadas. Essa legislação foi promulgada pelo rei Fernando III de Castela em 1241 e vigeu até o final do século XIX, quando foi substituída pelo Código Civil espanhol. Os visigodos tiveram uma longa e, para todas as regiões que influenciaram, importante história como legisladores. A base para sua lei escrita foi a lei romana, mas a lei visigótica também sofreu fortes influencias do direito canônico do catolicismo romano. Mesmo durante os séculos de domínio muçulmano os cristãos podiam usar a lei visigótica, desde que ela não entrasse em conflito com a lei muçulmana.

---

1. Disponível em: https://pib.socioambiental.org/pt/Quantos_s%C3%A3o%3F. Acesso em: 14 dez. 2020.

A colonização brasileira foi feita sob o regime jurídico das sesmarias que era uma lei promulgada no reinado de D. Fernando I (1367/1383), no ano de 1375, visando a solucionar graves problemas agrícolas pelos quais passava o Reino Português, buscando estimular as atividades rurais.

> As sesmarias eram doações de terras feitas pela Coroa portuguesa aos seus agentes e colonos no processo de "ocupação" da América portuguesa. O Instituto das Sesmarias foi a política de colonização posta em prática na América portuguesa no reinado de D. João III, momento de criação das capitanias hereditárias. Os donatários ficavam encarregados de repartirem as terras entre os moradores no regime de sesmarias. O Instituto das Sesmarias foi posto em prática em Portugal e na Ilha da Madeira. Para além da Ilha da Madeira, em outras possessões fora da metrópole, o instituto foi posto em prática nos Açores e em Moçambique. No caso africano a política de colonização tinha como objetivo maior a obtenção de mão de obra para a América portuguesa, não constituindo um corpus legislativo sobre a questão da terra e trazendo uma forma diferente de "ocupação" e legalização da terra.[2]

A Lei de Sesmarias restringia o exercício do direito de propriedade dos senhores de terras, buscando garantir a produção de cereais. O sistema jurídico das sesmarias era originário do antigo sistema de terras comunais, vigente nos municípios medievais. A definição de sesmaria é a seguinte:

> Sesmarias são propriamente as dadas de terras, casses [casas de campo ou granjearias], ou pardieiros, que foram, ou são de alguns senhorios, e que já em outro tempo foram lavradas e aproveitadas, e agora não são [Ordenações Manuelinas, livro IV, título 67 e Ordenações Filipinas, livro IV, título 43].

Pela citada legislação era obrigatório o cultivo dos campos, no particular, Izidoro Martins Jr. observou que (1979) "[a]ssim, o Direto que ia vigorar na colônia, não tinha que nascer do choque de interesse das populações pastas em contacto; era um Direito que estava feito e que precisava, simplesmente, ser aplicado, depois de importado".

O regime administrativo da colônia portuguesa foi o das capitanias, que já havia sido utilizado com êxito na Ilha da Madeira e no arquipélago dos Açores. No Brasil ele não funcionou, fazendo-se necessária a instituição de um governo mais centralizado, iniciando-se então o período dos governos gerais. Ao Governador-Geral eram conferidos os poderes de: (1) superintendência da administração colonial com autoridade sobre as donatárias e as reais; (2) realizar entradas pra encontrar riquezas minerais; (3) fiscalizar as capitanias hereditárias reais; (4) organizar a defesa; (5) desenvolver a construção naval e o comércio de cabotagem, e (6) distribuir sesmarias

Os principais instrumentos jurídicos utilizados no período para o desenvolvimento das atividades da colônia eram as cartas de Doação e os Forais. Distingue-se as cartas de Doação dos Forais pelo fato de que as Cartas estabeleciam as terras e as propriedade as serem doadas, determinando os poderes que acompanhavam a doação das capitanias. Os forais se assemelhavam a um contrato estabelecido entre o Rei e os donatários.

---

2. Disponível em: http://lhs.unb.br/atlas/Sesmarias. Acesso em: 09 mar. 2021.

2.1 Os indígenas e o direito

A população indígena mundial é de cerca de 370 milhões de pessoas espalhadas em 90 países. Eles são, aproximadamente, cerca de 5% da população mundial e correspondem a 15 % das populações mais pobres do mundo, tendo uma expectativa de vida, em média, até 20 anos menor do que a dos não indígenas. Por volta de 80% da diversidade biológica mundial está localizada em territórios indígenas. O estado brasileiro reconhece 690 territórios indígenas, que abrangem mais de 13% do território nacional, sendo que a imensa maioria dessas terras se encontram na Amazônia.

O direito aplicável aos indígenas é o direito *indigenista* que não se confunde com o direito indígena (ou direitos indígenas). Direito indigenista é o conjunto de normas jurídicas produzidas por autoridades colonizadoras, sucedidas pelos estados nacionais, voltadas para os povos indígenas, independentemente de sua participação ou consentimento quanto à sua produção. As suas normas regulam todos os aspectos da vida dos indígenas ou de suas comunidades. É, portanto, um *direito externo* à comunidade para a qual se destina. O vocábulo indigenista significa relativo ao indianismo ou estudo dos índios; por sua vez, indígena pode ser entendido como pessoa nativa do local ou país onde habita (Antunes, 1998)

O direito *indígena* é o direito consuetudinário das sociedades indígenas e a elas aplicável. No caso específico do Brasil, as sociedades indígenas existentes à época da colonização regiam-se basicamente por normas de direito costumeiro que variavam conforme as sociedades nas quais existisse, ainda que guardassem diversas características comuns (Clastres, 1974).

A legislação aplicável aos indígenas nas Américas, desde a chegada dos europeus ao Novo Mundo sempre foi contraditória e muito dependente da conjuntura política e militar entre os indígenas e os europeus. Os indígenas podiam ser *bravos* ou *mansos*, conforme as alianças que mantivessem com os europeus. Tais *status* tinham repercussão direta sobre o reconhecimento de seus direitos pelos colonizadores. Os índios eram exaltados ou odiados, conforme a posição que ocupassem na sociedade colonial (Cunha, 2012). Também, não se esqueça que, em função de alianças políticas, guerras e outros fenômenos sociais e políticos, os indígenas desempenharam papéis variados e relevantes na formação da sociedade colonial e pós-colonial (Almeida, 2010).

O direito brasileiro, desde a colônia, sempre tratou da questão das terras ocupadas pelos indígenas com muita ênfase. O tema foi se tornando mais relevante, na medida em que aumentava a pressão sobre os territórios indígenas para incorporá-los à economia nacional. Conforme anotou Alcida Ramos (1986), a terra não é apenas um recurso natural, sendo também um recurso sociocultural de importância equivalente para os indígenas. Foi enorme a legislação colonial regulando o acesso e o uso das terras indígenas, sendo o *diretório dos índios* a mais relevante. Rita Heloisa de Almeida (1997, p. 14) sustenta que "[s]ituado em seu próprio tempo e espaço, o *Diretório* teve o cunho de carta de orientação da amplitude equivalente às Constituições que atualmente regem as nações".

O Regimento de Tomé de Souza recomendava que o Governador-geral explorasse as rivalidades entre os diferentes povos indígenas, prestigiando os amistosos e combatendo os inamistosos (Antunes, 2019). O historiador do direito, Perdigão Malheiro (1867, p. 28) afirmava que o Regimento, ao mesmo tempo, "recomendava... com cruel contradição" que se fizesse guerra aos que se mostrassem inimigos, destruindo aldeias e povoações, matando e cativando, fazendo executar nas próprias aldeias alguns chefes que pudessem aprisionar enquanto negociava a paz. Em relação aos "índios amigos", autorizava a "concessão de terras e aldeamento", havendo a exigência de que os convertidos ao cristianismo se estabelecessem junto às povoações "porque com o trato dos cristãos mais facilmente se hão de policiar". A "concessão" de terras para aldeamento, no entanto, significava a remoção ou atração dos indígenas de seus territórios originais para outros nos quais as aldeias eram estabelecidas ou, na melhor das hipóteses, "conceder" aldeias em terras que já estavam ocupadas pelos indígenas. As aldeias eram destinadas aos índios "amigos" e, sobretudo, tinham o intento de, gradativamente, catequisar os indígenas e incorporá-los à "civilização". As determinações encontravam a sua justificação jurídica no domínio, de fato e de direito, que Portugal tinha sobre as terras da colônia. Em relação às aldeias, C.R. Boxer (2000, p. 43) lembra que elas se assemelhavam a orfanatos ou internatos dirigidos por sacerdotes "rigidamente puritanos, embora piedosos".

A principal característica da legislação colonial, portanto, era que ela era *bifronte*, pois tratava os indígenas de duas formas diferentes. A dicotomia se expressava, inclusive, na própria designação dada aos indígenas: Tapuia, em Tupi, significa bárbaro e foi a palavra utilizada por eles para denominar todos os estrangeiros. Os portugueses se apropriaram do vocábulo e todos os indígenas que não fossem Tupi eram tapuia (Almeida, 2010). Botocudo é outro exemplo, pois é uma denominação genérica para índio hostil aos portugueses.

À legislação indigenista faltava a característica de *norma geral*, aplicável a *todos*, pois era casuística, criada para resolver situações concretas. Ela não pressupunha uma igualdade jurídica entre os indígenas e os colonizadores e, igualmente, não estava contemplando a igualdade jurídica entre os indígenas. Era um direito alienígena e sem raízes no território, sem tradição local; "não existiu um direito colonial brasileiro independente do direito português" (Perrone-Moisés, 1998, p. 116). O direito português aplicável ao Brasil, durante o período colonial foi o das Ordenações Afonsinas (1446-1514), Manuelinas (1521-1595) e Filipinas (1603-1824) (Ascensão, 1984), sendo um direito anterior aos conceitos filosóficos e jurídicos da revolução francesa e, portanto, ainda cheio de privilégios e distinções. As Ordenações eram compilações das normas esparsas existentes no reino português, com a finalidade de facilitar a aplicação do direito. Contudo, além das Ordenações existia a chamada legislação de circunstância e local que, no período colonial era composta por cartas de lei, cartas patentes, alvarás e provisões reais, regimentos, estatutos, pragmáticas, forais, concordatas, privilégios, portarias e avisos. Já em 1558, Men de Sá, terceiro Governador-geral do Brasil recebeu

Carta Régia, recomendando que fosse respeitado e preservado o "índio cristão" em suas terras (Marchini, 2011). Aqui, como se vê, havia um respeito e reconhecimento ao direito de posse indígena por ocupação, como um título legítimo, desde que os indígenas fossem amigáveis aos portugueses.

Os índios "amigos", como anota Perdigão Malheiro (1867, p. 36), contudo, não estavam livres de sofrer "vexames" por parte dos colonos que podiam inclusive adquirir a forma de escravidão "disfarçada" (p. 38). Os trabalhos compulsórios podiam assumir diversas formas jurídicas e não eram, necessariamente, uma submissão completa do trabalhador ao tomador do trabalho. Veja-se, portanto, que apesar do tratamento "privilegiado" para o índio "cristão", ele não estava livre de humilhações e discriminações e, certamente, a recomendação não impedia a expropriação de terras.

A colonização e o estabelecimento de culturas agrícolas estavam em contradição com o sentido de territorialidade dos indígenas, acarretando que "os direitos dos índios à terra foram inevitavelmente infringidos" (Johnson, 2018, p. 258), pela instalação das atividades econômicas coloniais. Da mesma forma, a necessidade de mão de obra para desenvolvimento das novas culturas levou à implantação de um regime escravocrata, para o aproveitamento da força de trabalho aborígene. Assim, a lógica da expansão da cultura da cana-de-açúcar fez com que a escravidão e a expropriação das terras indígenas se tornassem ligadas. As dificuldades que os indígenas tiveram para a "adaptação" ao modelo econômico, levaram às vacilantes e contraditórias normas legais relativas à "liberdade" dos gentios, muito embora não tenham eliminado a expropriação territorial dos indígenas e nem as outras formas de submissão, em especial as culturais e espirituais.

Logo no início do século XVII a legislação colonial reconhecia o direito à posse de terras pelos indígenas. Manuela Carneiro da Cunha (1987) informa que a Carta Régia de 30 de julho de 1609, bem como a de 10 de setembro de 1611, expedida por Felipe III, reconhecia o pleno domínio dos índios sobre seus territórios e sobre as terras que lhes foram alocadas nos aldeamentos. Ainda no século XVII, surgiram outros alvarás e atos governamentais que dispunham sobre o direito dos índios às suas terras. É interessante ressaltar a própria redação da Provisão de 1º de abril de 1680 [Indigenato] reconheceu oficialmente que os povos indígenas foram os primeiros ocupantes e donos naturais de suas terras, fazendo com que o estado passasse a definir áreas exclusivas para os índios, buscando compensar as enormes perdas por eles sofridas e controlar a expansão da colonização.

A Provisão de 1º de abril de 1680 teve por objeto o aldeamento e a catequese dos povos indígenas do Maranhão, todavia, pelo Alvará de 8 de maio de 1758, a sua aplicação foi estendida para todos os povos indígenas do Brasil. O § 4º da provisão de 1680 determinou que fossem destinadas terras aos índios que descessem do sertão, havendo a proibição explícita de que os silvícolas fossem mudados das terras a eles destinadas, sem que assim o *consentissem*.

Segundo Beatriz Perrone-Moisés (1992), o período colonial teve três leis de "liberdade absoluta" para os indígenas, editadas em 1609, 1680 e 1755. A Lei de 6 de junho de 1755 é conhecida como o Diretório Pombalino, cuja duração foi efêmera, pois foi extinta pela Carta Régia de 1798, muito embora tenha sido uma norma fundamental no contexto do direito indigenista. O Diretório extinguia as missões e atribuía a um diretor nomeado pelo Governador-geral o governo das aldeias. O objetivo, mais uma vez, era a "civilização" dos indígenas, com o ensino da língua portuguesa em escolas, a adoção de nomes e sobrenomes portugueses, a construção de casas a partir do modelo europeu, a obrigatoriedade do uso de roupas e o incentivo ao casamento entre índios e brancos. Além disso, o Diretório dos índios regulou a distribuição de terras para o cultivo, as formas de tributação, a produção e comercialização agrícola, as expedições para coleta de espécies nativas e a prestação de serviços nos povoados.

A legislação colonial indigenista, portanto, foi ampla, assistemática e contraditória. Entre os estudiosos do tema não há um consenso sobre quais as primeiras normas e qual o seu alcance efetivo, muito embora não se duvide de que, em muitas oportunidades, o seu caráter era profundamente retórico (Antunes, 2019).

A legislação indigenista do Reino de Portugal, Brasil e Algarves não foi muito diferente daquela produzida no período colonial, como exemplo podemos ver a Carta Régia de 2 de dezembro de 1808. Pela Carta Régia de 5 de setembro de 1811 foi aprovado o plano de uma sociedade de comércio entre as Capitanias de Goiás e Pará, que foi bastante explícita quanto ao tratamento a ser dado aos indígenas.

> Igualmente parece que será útil tentar por meio do perdão, o que o desertor do Pará, que vive com a nação Canajá, tem exigido para ela, prometendo que assim tornará à boa-fé e antiga harmonia. Acontecendo porém que este meio não corresponda ao que se espera, e que nação Canajá continue nas suas correrias, será indispensável usar contra ela da força armada; sendo este também o meio de que se deve lançar mão para conter e repelir as nações Apinajé, Xavante, Xerente e Canoeiro; porquanto, suposto que os insultos que elas praticam tenham origem no rancor que conservam pelos maus tratamentos que experimentaram da parte de alguns Comandantes das Aldeias, não resta presentemente outro partido a seguir senão intimidá-las, e até destruí-las se necessário for, para evitar os danos que causam.

Em 1818, Don João VI baixou Provisão para o governador da Capitania de São Pedro do Rio Grande, na qual recomendava fosse promovida a "civilização e educação dos índios". Já em 25 de fevereiro de 1819, por Decreto, foram concedidos "mercês e favores" aos índios habitantes de vilas do Ceará Grande, Pernambuco e Paraíba que "marcharam contra os revoltosos, que na Villa de Recife tinham atentado contra a minha real soberania".

No Império, a Lei de 27 de outubro de 1831 revogou as Cartas Régias que mandavam fazer guerra e pôr os índios em servidão e que, também, equiparava os indígenas aos órfãos e que era uma situação jurídica com todos os resguardos que a ordenação do livro um, título 88, assegura a essa classe de tutelados, ou seja, deveriam ser protegidos por um juiz de órfãos, em última instância, pelo Estado brasileiro.

É interessante observar que o Regulamento acerca das Missões de catequese e civilização dos índios (Decreto 426, de 24 de julho de 1845), no § 3º do artigo 1º estabeleceu que deveriam ser tomadas medidas de precaução para que, nas remoções não fossem

> violentados os índios, que quiserem ficar nas mesmas terras, quando tenham bem comportamento, e apresentem um modo de vida industrial, principalmente de agricultura. Neste último caso, e enquanto bem se comportarem, lhes será mantido, e às suas viúvas, o usufruto do terreno, que estejam na posse de cultivar.

Assim, a remoção dos indígenas era a regra, salvo se os índios tivessem "bom comportamento" e estivessem praticando" um modo de vida industrial, principalmente de agricultura". Neste particular, há que se observar que a tutela orfanológica, ao que tudo indica, não parece ter sido muito eficiente. No século XIX houve um grande retrocesso na legislação indigenista, em boa medida, devido ao Ato Adicional de 1834, que atribuiu competência às Assembleias Provinciais para legislar, concorrentemente, com o Governo Geral e a Assembleia Nacional sobre assuntos indígenas, o que redundou em maior poder para as oligarquias provinciais que eram as grandes interessadas em ocupar as terras indígenas que sempre estiveram mais protegidos quando submetidas à legislação do poder central.

A República buscou construir um arcabouço legislativo que permitisse aos indígenas superarem o seu "primitivismo" e "evoluir" em direção à civilização. Com vistas a implementar tal concepção, o decreto 8.072, de 20 de junho de 1910, criou o Serviço de Proteção aos Índios e Localização de Trabalhadores Nacionais (SPILTN), que foi desmembrado pelo Decreto legislativo 3.454, de 6 de janeiro de 1918, dando origem ao Serviço de Proteção aos Índios [SPI] que foi extinto em 1967 com a criação da Fundação Nacional do Índio [FUNAI].

No começo do século XX, os conflitos com os indígenas persistiam, em especial com a expansão do café e a implantação de infraestrutura ferroviária, como é o caso da Estrada de Ferro Noroeste do Brasil, que atravessava o território dos índios Kaingang, no estado de São Paulo. Ali, houve importantes conflitos entre os indígenas e os trabalhadores da estrada de ferro. Situação semelhante aconteceu nos estados de Minas Gerais e no Espírito Santo, quando os índios Botocudos reagiram à invasão de suas terras por colonos. Também no sul do Brasil, em Santa Catarina e Paraná houve lutas entre índios e colonos. Naqueles dias, assim como na atualidade, as denúncias internacionais sobre as condições dos indígenas brasileiros, em especial no ano de 1908, durante o XVI Congresso de Americanistas, em Viena, Áustria, tiveram repercussão na esfera interna, fazendo com que o Governo federal criasse uma estrutura para a proteção dos indígenas, surgindo daí o SPI. Mais uma vez, o Estado brasileiro buscou estabelecer normas protetoras para os indígenas [Decreto 5.484, de 27 de junho de 1928], que, nas esperançosas palavras de Oliveira Sobrinho (1992) era todo um código de direitos e garantias "durante quatro séculos incompletamente reconhecidos, pertinaz e hipocritamente descumpridos e burlados". Por força do Decreto 5.484/1928 os indígenas foram emancipando da tutela orfanológica "qualquer que seja o grau de civilização em que se encontrem." Os índios brasileiros foram classificados em (1) índios nômades; (2) índios arranchados ou aldeados; (3) índios pertencentes a povoações indígenas; e (4) índios pertencentes a centros agrícolas ou que vivem promiscuamente com civilizados.

A concepção positivista determinou restrições à "capacidade de fato" dos indígenas "enquanto não se incorporarem eles à sociedade civilizada" (artigo 5º). Todos os índios foram submetidos à tutela do Estado, desde que "não inteiramente adaptados". A tutela estatal era exercida pelos inspetores do SPI que poderiam requerer em nome dos índios, perante as justiças e autoridades, praticando para o referido fim todos os atos permitidos em direito. A se acrescentar que o artigo 7º do Decreto 5.484, de 27 de junho de 1928, estabelecia a nulidade dos "atos praticados entre indivíduos civilizados" e (1) índios nômades; (2) índios arranchados ou aldeados; (3) índios pertencentes a povoações indígenas, "salvo quando estes forem representados pelo inspector competente, ou quem fizer as vezes deste".

O Decreto 5.484/1928, em seu Título II tratava das "terras para índios" que podiam ser as (1) do patrimônio nacional ou (2) as pertencentes aos estados. Em relação às terras pertencentes aos estados, o artigo 10 dispunha caber ao governo federal promover a cessão gratuita para o domínio da União das terras devolutas pertencentes aos Estados, que se acharem ocupadas pelos índios, bem como a das terras das extintas aldeias, que foram transferidas às antigas Províncias pela lei de 20 de outubro de 1887.

O Regulamento do Serviço de Proteção aos Índios e Localização de Trabalhadores Nacionais [SPI] estabelecia em seu artigo 1º que as suas finalidades eram (1) prestar assistência aos índios do Brasil, vivessem eles aldeados, reunidos em tribos, em estado nômade ou "promiscuamente com civilizados" e (2) estabelecer em zonas férteis, dotadas de condições de salubridade, de mananciais ou cursos de água e meios fáceis e regulares de comunicação, centros agrícolas, constituídos por trabalhadores nacionais.

A assistência aos índios consistia, dentre outras coisas, em (1) velar pelos direitos que as leis vigentes conferem aos índios e por outros que lhes sejam outorgados; (2) *garantir a efetividade* da posse dos territórios ocupados por índios e, conjuntamente, do que neles se contiver, *entrando em acordo com os governos locais*, sempre que for necessário; (3) por em pratica os meios mais eficazes para evitar que os civilizados invadam terras dos índios e reciprocamente; (4) fazer respeitar a organização interna das diversas tribos, sua independência, seus hábitos e instituições, não intervindo para alterá-los, senão com brandura e consultando sempre a vontade dos respectivos chefes; (5) promover a punição dos crimes que se cometerem contra os índios; (6) fiscalizar o modo como são tratados nos aldeamentos, nas colônias e nos estabelecimentos particulares; (7) exercer vigilância para que não sejam coagidos a prestar serviços a particulares e velar pelos contratos que forem feitos com eles para qualquer gênero de trabalho; (8) procurar manter relações com as tribos, por intermédio dos inspectores de serviço de proteção aos índios, velando pela segurança deles, por sua tranquilidade, impedindo, quanto possível, as guerras que entre si mantém e restabelecendo a paz; (9) concorrer para que os inspectores se constituam procuradores dos índios, requerendo ou designando procuradores para representá-los perante as justiças do país e as autoridades locais; (10) ministrar-lhes os elementos ou noções que lhes sejam aplicáveis, em relação as suas ocupações ordinárias; (11) envidar esforços por melhorar suas condições materiais de vida, despertando-lhes a atenção para os meios de modificar a construção de suas habitações e ensinando-lhes livremente as artes, ofícios e os gêneros de produção agrícola e industrial para os quais revelarem aptidões; (12) promover, sempre que for possível, e pelos meios permitidos em direito, a restituição dos terrenos, que lhes tenham sido usurpados; (13) promover a mudança de certas tribos, quando for conveniente o de conformidade com os respectivos chefes; (14) ministrar, sem caráter obrigatório, instrução primaria e profissional aos filhos de índios, consultando sempre a vontade dos pais.

O Regulamento, em seus artigos 3º/9º dispôs sobre as terras ocupadas pelos indígenas, estabelecendo que o Governo Federal "sempre que for necessário" deveria entrar em acordo com os governos estaduais ou municipais (1) para que fossem legalizadas convenientemente as posses das terras ocupadas pelos indígenas; (2) para que fossem confirmadas as concessões de terras, feitas de acordo com a Lei de 27, de setembro de 1860; (3) para que fossem cedidas aos Ministério da Agricultura as terras devolutas que forem julgadas necessárias para as povoações indígenas ou para a instalação de centros agrícolas.

Uma vez demarcadas as terras ocupadas pelos indígenas, o governo" deveria providenciar para que fosse "garantido aos índios o usufruto dos terrenos demarcados" (artigo 6º), ficando-lhes vedado "arrendar, alienar ou gravar com ônus reais as terras que lhes forem entregues pelo Governo Federal" (artigo 7º). Os contratos que, porventura, fossem celebrados eram "considerados nulos de pleno direito". Os índios aldeados, na data da publicação do regulamento, que quisessem "fixar-se nas terras que ocupam" contariam com as providências do governo "de modo a lhes ser mantida a efetividade da posse adquirida" (artigo 10).

No período republicano, até o advento da Constituição de 1988, o documento legislativo mais relevante é o Estatuto do Índio, como não poderia deixar de ser, possui uma lista de artigos voltados unicamente para o trato das questões referentes às terras indígenas. Em qualquer parte do território nacional, a União pode demarcar e destinar áreas para a utilização exclusiva dos povos indígenas (áreas reservadas). Tais áreas podem ser adquiridas por compra, por desapropriação ou por qualquer outro modo de transmissão de domínio. (1) reserva indígena – área destinada a servir de habitat a grupo indígena, com os meios suficientes à sua subsistência; (2) parque indígena – área contida em terra na posse dos índios, cujo grau de integração permita assistência econômica, educacional e sanitária dos órgãos da União, em que se preservem as reservas de flora e fauna e as belezas naturais da região; (3) colônia agrícola indígena – área destinada à exploração agropecuária, administrada pelo órgão de assistência ao índio, onde convivam tribos aculturadas e membros da comunidade nacional; (4) território federal indígena – é a unidade administrativa subordinada à

CAPÍTULO 12 • HISTÓRIA DO DIREITO BRASILEIRO | **243**

União, instituída em região na qual pelo menos um terço da população seja formado por indígenas.

O artigo 17 do Estatuto do Índio, estabelece que "reputam-se terras indígenas", as (1) terras ocupadas ou habitadas pelos silvícolas, a que se referem os artigos 4º, IV, e 198, da Constituição [Constituição de 1969]; as (2) as áreas reservadas; as (3) as terras de domínio das comunidades indígenas ou de silvícolas. Como se vê, a lei estabeleceu uma presunção *iuris tantun* de que os espaços territoriais mencionados são indígenas, cabendo ao contestante de tal condição fazer a prova em sentido contrário.

2.2   Constitucionalização das terras indígenas

Os indígenas são cidadãos brasileiros desde a Constituição de 1824 que, em seu artigo 6º, I, atribuía nacionalidade a "todos os que nascidos no Brasil". A Constituição brasileira de 1824 não dedicou qualquer de seus itens ao tratamento dos problemas indígenas, muito embora a matéria tenha sido debatida na Assembleia Constituinte, pois em seu texto omissa.

A Constituição Republicana de 1891 ignorou os indígenas, muito embora o Decreto 7 de 20 de novembro de 1889, artigo 2º, § 12 tenha atribuído aos governadores dos Estados a competência para promover a "catequese e civilização dos indígenas e o estabelecimento de colônias." Não se esqueça, entretanto, que Miguel Lemos e Teixeira Mendes, próceres do positivismo, tão logo foi instaurada a República, ofereceram ao Governo Provisório um Projeto de Constituição que, em seu artigo 1º estabelecia que a República dos Estados Unidos do Brasil seria constituída pela *livre federação* dos povos circunscritos dentro dos limites do extinto Império brasileiro. A divisão territorial do Brasil, segundo o projeto, seria feita em estados ocidentais brasileiros sistematicamente confederados e que são os povoados e organizados, e estados americanos brasileiros, empiricamente confederados, constituídos pelas hordas fetichistas esparsas pelo território de toda a República (Torres, 2018).

A Constituição de 1934, em duas oportunidades, trata dos indígenas, sendo que o artigo 5º, XIX, *m* estabelece a competência privativa da União para legislar sobre a "incorporação dos silvícolas à comunhão nacional" e o artigo 129 determina o respeito a "posse de terras de silvícolas que nelas se achem permanentemente localizados, sendo-lhes, no entanto, vedado aliená-las." A Constituição de 1937 manteve as disposições da Carta Política de 1934. O regime democrático de 1946, reproduzindo as disposições constitucionais de 34 e 37, estabeleceu a competência privativa da União para legislar sobre a "incorporação dos silvícolas à comunhão nacional" (artigo 5º, XV, *r*), assim como por seu artigo 216 assegurou o respeito "aos silvícolas a posse das terras onde se achem permanentemente localizados, com a condição de não a transferirem".

A Constituição de 1967 incluiu as terras ocupadas pelos silvícolas entre os bens da União (artigo 4º, IV), reafirmando a competência da União para legislar sobre a incorporação dos silvícolas à comunhão nacional (artigo 8º, XV, *o*) e assegurou "aos silvícolas a posse permanente das terras que habitam e reconhecido o seu direito ao usufruto exclusivo dos recursos naturais e de todas as utilidades nelas existentes" (artigo 186). A Emenda Constitucional 1/1969, ao dar nova redação à Constituição de 1967, em especial, dispôs no artigo 198 que "as terras habitadas pelos silvícolas são inalienáveis nos termos que a lei federal determinar, a eles cabendo a sua posse permanente e ficando reconhecido o seu direito ao usufruto exclusivo das riquezas naturais e de todas as utilidades nelas existentes". Uma importante alteração em relação aos Textos Constitucionais anteriores foi a declaração de nulidade e extinção "dos efeitos jurídicos de qualquer natureza que tenham por objeto o domínio, a posse ou a ocupação de terras habitadas pelos silvícolas." Tais nulidade e extinção, conforme o § 2º do artigo 198 não davam "aos ocupantes direito a qualquer ação ou indenização contra a União e a Fundação Nacional do Índio".

A Constituição de 1988 foi uma importante alteração no regime jurídico aplicável aos indígenas no Brasil. Em primeiro lugar ressalte-se que a concepção de integração à comunhão nacional foi rejeitada pelo Texto Constitucional que abandonou a ideia integracionista. A mudança de rumos é definida pelo *caput* que estabelece o reconhecimento da organização social, costumes, línguas, crenças e tradições dos indígenas e os direitos originários sobre as terras que tradicionalmente ocupam, cabendo à União demarcá-las, proteger e fazer respeitar todos os seus bens. O Texto de 1988, embora inovador, manteve normas que já se encontravam presentes em Textos Constitucionais anteriores. O usufruto exclusivo (artigo 231, § 2º), ainda que não explicitamente, já estava presente na Constituição de 1934. A nulidade dos atos que tenham por objeto a ocupação, o domínio e a posse das terras indígenas, já se encontrava presente na Carta de 1969 (artigo 231, § 6º).

As novidades mais marcantes são as contidas nos §§ 3º, 4º e 5º que cuidam respectivamente do aproveitamento de recursos hídricos e riquezas minerais em terras indígenas; imprescritibilidade dos direitos sobre terras indígenas e da proibição de remoção dos grupos indígenas de suas terras.

Como se viu, desde 1934, as terras Indígenas têm tratamento Constitucional, tendo sido assegurado aos indígenas a posse das terras "que nelas se achem, permanentemente localizados". Isto significa que todos os grupos indígenas que estivessem em posse de terras aos 16 de julho de 1934 nas quais se localizassem permanentemente, não poderiam ser desapossados de tais torrões.

Os "direitos originários" insculpidos no caput do artigo 231 da CF de 1988, foram inicialmente identificados com o Indigenato, instituto jurídico que, em contraposição ao "marco temporal" e ao "renitente esbulho", serve de alicerce a respaldar às legítimas reivindicações dos povos indígenas "sobre as terras que tradicionalmente ocupam". João Mendes Jr. (1912) em sua célebre 3ª Conferência aos consócios da Sociedade de Etnografia e Civilização dos Índios, relata trechos da Memória do General Arouche, antigo Diretor Geral das aldeias, publicada em 1823, nos quais se pode ver a indignação do memorialista, bem como do conferencista, com as condições as quais eram subme-

CAPÍTULO 12 • HISTÓRIA DO DIREITO BRASILEIRO **245**

tidos os indígenas "livres" e residentes em aldeias na Província de São Paulo. Ele indica, inclusive, a promoção de casamentos de indígenas "com pretas e pretos, batizando os filhos como servos" (Mendes Jr., 1912, p. 44), como um dos elementos justificadores de sua indignação. Em seguida, passa a demonstrar que a legislação colonial, em alguma medida, reconhecia a primariedade da posse indígena, do direito surgido da simples presença, com desejo de permanência, em determinadas terras *antes* da presença dos colonizadores:

> [O] indígena primariamente estabelecido, tem a *sedun positio*, que constitui o fundamento da posse, segundo o conhecido texto do jurisconsulto Paulo (...); mas o indígena, além desse *jus possessionis,* tem o *jus possidendi*, que já lhe é reconhecido e preliminarmente legitimado, desde o Alvará de 1º de Abril de 1680, como *direito congênito*. Ao *indigenato*, é que melhor se aplica o texto do jurisconsulto Paulo: – quia naturaliter tenetur ab eo qui isistit. (1912, p. 58-59) [Investigações mais modernas indicam que o Alvará de 1º de abril de 1680, em realidade, era uma Provisão da mesma data (Marchini, 2011, p. 38 nota 126)].

> [...] E para que os ditos Gentios, que assim descerem, e os mais, que há de presente, melhor se conservem nas Aldeias: *hei por bem que senhores de suas fazendas, como o são no Sertão, sem lhe poderem ser tomadas*, nem sobre elas se lhe fazer moléstia. E o Governador com parecer dos ditos Religiosos assinará aos que descerem do Sertão, lugares convenientes para neles lavrarem, e cultivarem, *e não poderão ser mudados dos ditos lugares contra sua vontade, nem serão obrigados a pagar foro, ou tributo algum das ditas terras, que ainda estejam dados em Sesmarias* e pessoas particulares, porque na concessão destas se reserva sempre o prejuízo de terceiro, e muito mais se entende, e quero que se entenda ser reservado o prejuízo, e direito os índios, primários e naturais senhores delas.

> As leis portuguesas dos tempos coloniais apreenderam perfeitamente estas distinções: dos índios aborígenes organizados em hordas, pode-se formar um *aldeamento* mas não uma *colônia*; os índios só podem ser constituídos em *colônia*, quando não são aborígenes do lugar, isto é, quando são *emigrados* de uma zona para serem *imigrados* em outra.

O texto reconhece a ocupação como título legítimo ostentado pelos indígenas. Sabemos que a legislação colonial foi contraditória, parcial e, em essência, voltada para suprimir direitos dos povos autóctones. Entretanto, justamente em função das contradições é que se pode reconhecer a legitimidade dos títulos indígenas. A pesquisa histórica nos mostrará se o reconhecimento do Indigenato correspondeu a um momento de grave ataque aos direitos indígenas, fazendo com que o Estado necessitasse "reafirmá-los" tendo em vista as constantes violações. Fato é que a norma foi positivada e, como declarado por João Mendes Jr., não se tem notícia de sua revogação.

Vale o registro de que a discussão travada por João Mendes Jr estava no contexto da Lei 601, de 18 de setembro de 1850 que proibiu a aquisição de terras devolutas "por outro título que não seja o de compra". Ao examinar o regulamento da lei, instituído pelo Decreto 1318, de 30 de janeiro de 1854 que, no § 1º do artigo 24 sujeitava à legitimação "as posses, que se acharem em poder do *primeiro ocupante*, não tendo outro título senão a sua ocupação." João Mendes Jr afirma que as posses indígenas são perfeitamente legitimáveis, pois o Indigenato é título legítimo, visto que retrata a ocupação primeira.

Conforme o argumento desenvolvido por João Mendes Jr., o primeiro ocupante somente poderia ser o indígena que tinha como título o Indigenato, a posse aborígene, expressão de um direito congênito que nasce com a primeira ocupação. Segundo João

Mendes Jr., o regulamento de 1854, no particular, limitou-se a reproduzir o Alvará de 1º de abril de 1680. Acrescenta, ainda, que a Lei 601/1850 traz outras reservas que não "supõem posse originária ou congênita" que seriam as terras devolutas destinadas à (1) colonização, (2) abertura de estradas, (3) fundação de povoações e quaisquer outras servidões púbicas. E mais: para Mendes Jr. (1912, p. 60):

> A *colonização* de indígenas, como já ficou explicado, supõe, como qualquer outra *colonização*, uma emigração para *imigração*; e o próprio regulamento 1318 de 30 de janeiro de 1854, no art. 72, declara reservadas as terras devolutas, não só as terras destinadas à *colonização dos indígenas*, como as terras dos *aldeamentos onde existem hordas selvagens*. Em suma, quer da letra, quer do espírito da Lei de 1850, se verifica que essa Lei nem mesmo considera devolutas as terras possuídas por hordas selvagens *estáveis*: essas terras são tão particulares como as possuídas por ocupação, legitimável, isto é, são *originariamente reservadas da devolução*, nos expressos termos do Alvará de 1º de Abril de 1680, que as reserva até na concessão de sesmaria.

O Indigenato, como instituto jurídico, tem sido reconhecido pelo STF em algumas decisões, como por exemplo a ACO 312, assentando-se que ele se constitui o direito de os indígenas possuírem a terra como habitat. Entretanto, não se pode desconhecer que, como já vimos, é o fato de que *a legislação colonial não tratava igualmente* a todos os indígenas. A propósito, Miranda e Bandeira (1992, p. 30) afirmam que não causa admiração que, já em 1511, a nau Bretôa tivesse levado para Portugal "para cima de 30 índios cativos" e que o regimento de 1548 tivesse legalizado a escravidão até a morte dos índios inimigos.

O fato de que algumas regras jurídicas considerassem que, nos sertões, os indígenas eram senhores de suas terras, não significava que a sociedade "civilizada" ao marchar em direção aos "sertões" fosse, necessariamente, respeitar os diretos sobre ditas terras. Aliás, a marcha histórica dos acontecimentos demonstrou que as terras do "sertão" não foram respeitadas, sendo os territórios indígenas seguidamente invadidos e expropriados. Também, não nos parece que o Alvará fosse, de fato, um reconhecimento inequívoco das posses indígenas sobre suas terras. É importante registrar que o Alvará se dirige "para que os ditos Gentios, que *assim descerem*, e os mais, que há de presente, melhor se conservem nas Aldeias: *hei por bem que senhores de suas fazendas, como o são no Sertão, sem lhe poderem ser tomadas*, nem sobre elas se lhe fazer moléstia".

Havia um reconhecimento que para os indígenas que "assim descerem", isto é que se dirigissem para as aldeias, vilas ou cidades, ser-lhes-ia reconhecida a condição de senhores de suas fazendas, sem lhes poderem ser tomadas. Entretanto, não é certo que houve um reconhecimento tácito de que os indígenas tiveram totalmente reconhecidas as suas posses "no Sertão". Era uma situação de fato que a Coroa Portuguesa não conseguia reverter inteiramente e mais, mesmo a partir de tal Alvará, as terras indígenas continuaram a ser incorporadas à colônia e posteriormente ao estado brasileiro.

Contudo, a objetividade da norma ultrapassa os desejos do seu autor. Reconheceram-se os direitos dos índios aldeados e, em relação aos que habitavam os "sertões" foi declarado: "*hei por bem que senhores de suas fazendas, como o são no Sertão*". Ou seja,

CAPÍTULO 12 • HISTÓRIA DO DIREITO BRASILEIRO **247**

a ocupação primária dos sertões pelos indígenas foi legalmente reconhecida e aceita. Não há dúvida que, diante das idas e vindas legislativas, não é fácil, nem tranquila uma conclusão jurídica definitiva sobre a legislação colonial. Na oportunidade, convém relembrar a lição de Izidoro Martins Jr. (1979, p. 139) para quem: "Foi esta que aí fica, na sua singularíssima feição de labirinto, de caos, de Proteu administrativo, a extravagante legislação portuguesa sobre os índios da colônia brasileira".

3. O REGIME FUNDIÁRIO

O conhecimento da evolução do regime fundiário é fundamental para a compreensão de boa parte dos problemas econômico e sociais contemporâneos enfrentados pelo Brasil. Conforme se sabe, o primeiro regime legal aplicável às terras brasileiras foi o das sesmarias que era um sistema muito vinculado ao regime de terras comunais, vigente nos municípios medievais, desfrutadas *uti singuli* pelos munícipes, isto é individualmente (Antunes, 1985). De acordo com o direito costumeiro, as terras comunais eram repartidas entre os munícipes e dadas para gozo e desfrute *ad tempus*, por um certo tempo. Com o fortalecimento do poder real, as comunas perderam o direito de distribuir as terras que passou para o Rei. Desta forma, os baldios[3] e os maninhos[4] co-

---

3. O termo baldio (possivelmente do árabe "balda" ou "batil", inútil, sem valor ou vago; ou do latim "evalidus", terra não lavrada e não coutada), surge em Portugal no século XIV (Chancelaria de D. João I), importado de Castela. Na legislação, ocorre já nas *Ordenações Manuelinas*, Lº V, tt. 83. O termo divulga-se lentamente, sendo apenas após 1744 que passa a figurar frequentemente na legislação. Os baldios designavam quer terras não cultivadas, no sentido genérico de maninhos, quer incultos de uso comunal, i.e., logradouros do concelho, para aproveitamento comum de águas, ervas, lenhas e madeira e espaços de transumância. Nesta acepção, correspondem aos "publicis pascuis quos appellant (Baldios)" ou aos "agris communibus (quos dicimus Baldios)" mencionados por Valasco no final do século XVI, distinguindo-os dos incultos a dar em sesmaria "quos (maninhos) vulgo apellamus", (*Iuris Emphyt*, t. II, p. I, q. 8, n. 39 e 43). De acordo com as Ordenações, as terras nunca cultivadas dos termos dos concelhos passaram com o foral aos seus moradores, para os seus logramentos, dando-se as restantes em sesmaria. Ao afirmar-se o direito dos moradores aos baldios concelhios, interditava-se qualquer ingerência régia, dos donatários da coroa ou de outros particulares. As reclamações das câmaras e as disputas judiciais revelam uma prática abusiva recorrente. No século XVII, os juristas afirmam o direito dos moradores aos baldios por lhes terem sido doados pelos forais. Dada a natureza dos incultos, bens vagos de direito real, doa-se um direito e não o domínio directo, reservando-os os concelhos em razão da utilidade comum, mas detendo apenas o domínio útil comum. Aos donatários concede-se o direito a dar em sesmaria (não em enfiteuse porque não detêm o domínio directo) aqueles maninhos que o concelho não reservou para baldios. Apenas a concessão por presúria, (nas terras ermas ou quase ermas, doadas após conquista, pelos forais dos primeiros reis), incluía os incultos, sendo os baldios dos senhores. Não havendo uma ruptura com a bipartição bartolina entre domínio directo e útil, debate-se o direito incorpóreo aos bens vagos, concretizado no direito de sesmaria e/ou domínio útil dos espaços comunitários. Contudo, a par da afirmação dos conceitos modernos de *dominium*, a prática consolida-se de forma diversa: com excepção do Brasil, as sesmarias, como direito a um bem vago, perdem sentido, e os incultos (agora maninhos, se senhoriais, ou baldios, se concelhios) são geridos como bens próprios através de contratos enfitêuticos. Na verdade, nos concelhos régios, os executivos camarários exercem um crescente domínio sobre os baldios, tomando-os sob a sua alçada, regulamentando-os, vigiando-os e impondo coimas. No século XVI, os baldios são geridos como um bem concelhio. Em ilhas açorianas, na Madeira e no Reino, grande parte dos baldios concelhios são arrendados durante os séculos XVI e XVII. O poder central regula o aforamento das terras concelhias, mas não as diferencia dos baldios. Na documentação pombalina e mariana estes eram assumidos como um bem próprio concelhio. No século XVIII, Pereira e Sousa relembra que os baldios são da coroa quanto à propriedade, e são dos povos do termo

munais que não estivessem sendo aproveitados, passaram a ser distribuídos pelo poder real. Esta foi a base da Lei de Sesmarias que vigeu no Brasil até 27 de julho de 1822. É importante registrar que a propriedade privada fundiária, no Brasil, tem origem no domínio público. A base disto está nas *Cartas de Doação* e nos *Forais*; pelas primeiras eram definidas as terras e as propriedades a serem doadas e pelos *Forais*, eram uma modalidade de contrato firmado entre o Rei e o donatário, isto implicava na existência de um prévio domínio público sobre o território.

A propriedade fundiária, das terras recebidas pelos capitães-mores e donatários, pelo regime de sesmarias, se bifurcava em duas vertentes principais: (1) aquelas recebidas para eles próprios e herdeiros, extensão de terras de dez léguas dentro das terras doadas e (2) as que seriam dadas em sesmarias.

A lei de sesmarias tinha uma importante restrição ao direito de propriedade, vez que determinava a distribuição das terras senhoriais não aproveitadas, fossem elas do Rei, da coroa, do clero ou da nobreza. Todavia, não havia isenção dos diferentes encargos de natureza feudal que sobre elas incidiam. Havia uma lógica na medida, pois as terras inaproveitadas, sem rendimento econômico, não poderiam ser tributadas. As sesmarias instituídas no Brasil eram isentas da tributação feudal, pois não havia a apropriação prévia, sendo, portanto, alodiais.[5] Havia apenas o pagamento do dízimo à Ordem de Cristo. Tal regime, posteriormente, foi modificado pela instituição o Foro que foi uma alteração radical do regime de propriedade. A medida instituída pela Carta Régia de 20 de janeiro de 1699, representou a implantação definitiva do regime de propriedade

---

quanto ao uso, pertencendo às câmaras a sua administração. Os memorialistas dessa época dedicam vários estudos aos baldios, afirmando Vila Nova Portugal que eles estavam no domínio comum dos moradores – cedidos para cultivar em sesmaria – distinguindo-os dos bens dos concelhos. Mas, nesse momento, o que está em causa é a afirmação da propriedade individual, como direito absoluto, pleno e privado, estando aberto o caminho para a desamortização dos baldios. [A: Teresa Rebelo da Silva, 2014]. Disponível em: https://edittip. net/?s=baldios&submit=. Acesso em: 20 dez. 2020.

4. Na acepção mais corrente, presente desde a Idade Média, o adjectivo maninho qualifica um determinado terreno ou mato inculto. Era também neste sentido que, no princípio do século XVIII, Bluteau o definia. Porém, a palavra (do latim hispânico *manninus*, estéril) havia também corrido, desde o século XII, com outro significado, o de pessoas sem filhos, maninhas ou maneiras, i.e. sem descendentes. Por extensão, eram também denominados "bens maninhos" os bens vagos por falta de sucessor. Assim se lhes referia D. Pedro (1357-1367) nos Capítulos das cortes de Elvas, como se vê nas *Ordenações Afonsinas* (Lº IV, tt. 95). Mais tarde, as *Ordenações Manuelinas* (Lº IV, tt. 67) declaram que os "matos maninhos", nunca antes cultivados, haviam sido cedidos, com o foral, aos concelhos. Afirma-se assim a outorga do direito real a estes bens, que se consubstancia não na posse mas no direito em dá-los em sesmaria, sem tributos, se nunca antes cultivados. As Ordens Militares ou outros senhorios particulares detinham também esse direito nos concelhos sob a sua jurisdição. Nos Forais Novos manuelinos, que revelam a preocupação em assinalar a quem pertenciam os maninhos, o termo surge como substantivo comum, designando o conjunto dos incultos e o direito referido. No que se refere ao império, nomeadamente nas cartas de sesmaria das capitanias brasileiras do século XVI, onde há expressa referência aos maninhos, foi esta a acepção adoptada – um espaço a dar em sesmaria e um direito detido pela Ordem de Cristo. O termo maninhos, como substantivo, desaparece da documentação posterior, mantendo-se no sentido de qualificativo acima referido. [A: Teresa Rebelo da Silva, 2014]. Disponível em: https://edittip.net/2014/01/10/maninhos/. Acesso em: 20 dez. 2020.

5. Alodial (Lat. alodiale.) Adj. 2g. Livre de encargos ou direitos. Disponível em: http://www.enciclopedia-juridica. com/pt/d/alodial/alodial.htm. Acesso em: 21 dez. 2020.

CAPÍTULO 12 • HISTÓRIA DO DIREITO BRASILEIRO **249**

privada no Brasil, pois as terras deixaram de pertence à Ordem de Cristo e se tornaram domínio do Estado. O foro foi abolido pela Lei de 15 de novembro de 1831[artigo 51 (3º)]. A doação de Sesmarias foi suspensa pela Resolução 76 da Mesa do Desembargo do Paço de 17 de julho de 1822.

É importante observar que o regime legal de sesmarias, certamente, conviveu com um regime de posse que, a partir da Resolução da Mesa do Paço de 17 de julho de 1822, passou a ser uma forma reconhecida de aquisição de terra, dada a extinção do regime de sesmarias.

O regime de ocupação foi extinto pela Lei de Terras e Imigração [Lei 601, de 18 de setembro de 1850] que só admitia a aquisição de terras devolutas pela compra (artigo 1º). De acordo com o disposto no artigo 3º da Lei 601/1850, as terras devolutas eram as (1) que não se achavam aplicadas a algum uso público nacional, provincial, ou municipal; as (2) que não se achavam no domínio particular por qualquer título legitimo, nem forem havidas por sesmarias e outras concessões do Governo Geral ou Provincial, não incursas em comisso por falta do cumprimento das condições de medição, confirmação e cultura; as (3) que não se achavam dadas por sesmarias, ou outras concessões do Governo, que, apesar de incursas em comisso, forem revalidadas pela Lei 601/1850, e as (4) que não se achavam ocupadas por posses, que, apesar de não se fundarem em título legal, forem legitimadas pela Lei 601/1850.

A Lei de Terras previa a revalidação das sesmarias e a legitimação das posses e reconhecia *direitos costumeiros*. As sesmarias, ou outras concessões do Governo Geral ou provincial, que estivessem cultivadas ou com princípios de cultura, e morada habitual do respectivo sesmeiro ou concessionário, ou do quem os representassem, mesmo que não tivessem cumprido qualquer das outras condições, com que foram concedidas, foram revalidadas (artigo 4º).

A legitimação das posses mansas e pacíficas, adquiridas por ocupação primária, ou havidas do primeiro ocupante, que se achassem cultivadas, ou com princípio de cultura, e morada, habitual do respectivo posseiro, ou de quem o represente, foi determinada, observado o seguinte: Cada (1) posse em terras de cultura, ou em campos de criação, compreendia, além do terreno aproveitado ou do necessário para pastagem dos animais que tiver o posseiro, outro tanto mais de terreno devoluto que houver contiguo, contanto que em nenhum caso a extensão total da posse exceda a de uma sesmaria para cultura ou criação, igual ás ultimas concedidas na mesma comarca ou na mais vizinha. As (2) posses em circunstâncias de serem legitimadas, que se achassem em sesmarias ou outras concessões do Governo, não incursas em comisso ou revalidadas pela Lei 601/1850, só davam direito à indenização pelas benfeitorias, excepcionando- -se as hipóteses de (a) ter sido declarada boa por sentença passada em julgado entre os sesmeiros ou concessionários e os posseiros; (b), ter sido estabelecida antes da medição da sesmaria ou concessão, e não perturbada por cinco anos; (c), ter sido estabelecida depois da dita medição, e não perturbada por 10 anos. Os (3) campos de uso comum dos moradores de uma ou mais freguesias, municípios ou comarcas serão conservados em toda a extensão de suas divisas, e continuarão a prestar o mesmo uso, conforme a prática atual, enquanto, por Lei, não se dispuser em contrário.

O regime de propriedade rural no Brasil, a partir da Lei de Terras, afastou os pequenos posseiros da propriedade e, consequentemente, da possibilidade de se desenvolverem economicamente.

3.1 A escravidão

A escravidão é um fenômeno fundamental na construção da sociedade brasileira, tendo deixado suas marcas profundas até os dias presentes. A escravidão no Brasil recaiu sobre os indígenas, de forma contraditória e vacilante e sobre os africanos trazidos à força para o Brasil.

A escravidão, lamentavelmente, foi uma prática duradoura na história, pois durante a maior parte da história foi a regra e não a exceção (Pinker, 2013). Mesmo livros religiosos como as Bíblias hebraica e cristã admitiam a escravidão, sem qualquer constrangimento. Pensadores fundamentais para a formação da cultura ocidental, tais como Platão e Aristóteles, julgavam a escravidão um fenômeno natural. É conhecido que a palavra eslavo tem origem em "slav" que significa escravo, dado que durante a Idade Média os povos eslavos foram amplamente escravizados. A escravidão como instituição legalizada perdurou até o século XX, tendo sido abolida em 1952 no Catar, na Arábia Saudita e no Iêmen em 1962 e em 1980 na Mauritânia.

3.1.1 Escravidão indígena

Os brasileiros nativos, desde o começo da colonização, sofreram a escravização por parte dos colonizadores que aqui aportavam. De fato, a escravização dos "gentios" caminhou lado a lado com a ocupação do território brasileiro e dela não pode ser separada. Conforme anota Rodolfo Garcia: "[d]esde o primeiro contato com a terra do Brasil, como veio a chamar-se logo depois, e com a população aborígine, começaram os descobridores a praticar a escravidão" (Garcia, 1975, p. 63).

A historiografia mais recente (Almeida, 2010) informa que os indígenas exerceram um papel ativo na colônia, não sendo meros expectadores passivos da colonização. Um complexo jogo político entre europeus e indígenas – ora como aliados, ora como inimigos – se desenvolveu ao longo de todo o período da colonização e, certamente, ainda se desenvolve entre os indígenas e os modernos estados nacionais. Ao contrário do que expressivas correntes de pensamento sustentam (Diamond, 2005), os povos indígenas, apesar das dificuldades, não vivem em "colapso" (McAnany e Yoffee, 2012), sendo muito consistente o seu aumento populacional.

Já o Regimento de Tomé de Souza possuía comandos para que o exército lusitano destruísse, sem qualquer piedade, os que se opusessem à colonização. Merece destaque o fato de que a palavra *paz* foi repetida diversas vezes no Regimento, o que demonstrava o reinante estado de beligerância entre os colonos e os indígenas.

> E tanto que a dita cerca for reparada e estiverdes provido do necessário, e o tempo vos parecer disposto para isso, praticareis, com pessoas que o bem entendam, a maneira que tereis para poder castigar os culpados, a mais a vosso salvo, e com menos risco da gente que puder ser, e como assim tiverdes praticado, o poreis em ordem, destruindo-lhes suas aldeias e povoações, e matando e cativando aquela parte deles, que vos parecer que basta para seu castigo e exemplo de todos, e daí em diante, pedindo-vos paz, lha concedais, dando-lhes perdão; e isso, porém, será com eles ficarem reconhecendo sujeição e vassalagem, e com encargo de darem em cada ano alguns mantimentos para a gente da povoação; e no tempo que vos pedirem paz, trabalhareis por haver a vosso poder alguns dos principais que foram no dito alevantamento, e estes mandareis, por justiça, enforcar na aldeia donde eram principais.

O mesmo Regimento trazia diretrizes relativas à evangelização dos indígenas, que, em seus próprios termos era a "principal causa" para o povoamento das novas terras. Izidoro Martins Junior (1979) ressalta o fato de que mesmo os nobres desideratos de difusão da fé não impediram que o Regimento estabelecesse a expulsão, o cativeiro e a morte como sanções e punições exemplares para os que não aceitassem a paz colonial. No projeto da colonização não havia qualquer espaço para complacência ou tolerância para com os primitivos ocupantes das terras brasileiras. A guerra travada contra os indígenas possuía dois *fronts* bastante claros e definidos: o ataque físico às populações indígenas e o ataque cultural. Pelo ataque físico tentava-se a destruição militar dos indígenas; pelo ataque cultural o objetivo era a "integração" dos indígenas à ideologia e à sociedade colonial. Estas características que marcaram o início do processo de colonização regeram, por cinco séculos, as relações entre brancos e índios, entre "civilizados" e "selvagens".

Uma das primeiras medidas do colonizador foi tentar escravizar os indígenas; já no ano de 1511, cerca de 30 índios cativos foram levados para Lisboa. Os Senhores e Donatários das capitanias hereditárias recebiam, através das próprias Cartas de Doação e Forais, o direito de escravizar indígenas. Os senhores tinham o direito de escravizar quantos índios quisessem e podiam levar até 39 para a capital da colônia. O início oficial e legal do cativeiro indígena, contudo, ocorreu em 1537, quando foi expedida Carta Régia pela qual foi permitida a escravização dos Caetés. Ao longo do período colonial foram feitas inúmeras leis e outros documentos legais que tinham por finalidade tratar da "liberdade" dos povos indígenas. Este era o eufemismo utilizado para estabelecer as condições mediante as quais era permitida a escravização dos indígenas. Em que pese a alegada fé cristã e católica da Coroa Portuguesa, a Corte jamais deu muita importância aos mandamentos da Igreja quanto ao delicado problema da escravização dos índios. Sendo certo, igualmente, que a própria concepção eclesiástica acerca do problema da escravização dos indígenas foi vacilante e contraditória. Em 1537, mesmo ano em que foi permitida a escravização dos Caetés, o papa Paulo III expediu uma Bula pela qual eram excomungados todos os que mantivessem índios em cativeiro.

A legislação relativa aos direitos, deveres e escravização dos indígenas sempre foi confusa, embora tivesse um núcleo comum que era o de, no mínimo, submeter os índios à religião católica. Tanto é assim que no Regimento de Tomé de Souza constava que o principal fim porque se povoava o Brasil era o de reduzir "o gentio à fé católica". Reduzir o gentio à fé católica significava impor a religião católica aos índios. Pela lei de 30 de julho de 1609, os índios foram declarados livres conforme o direito e seu nascimento natural. Por força desta nova legislação eles tiveram restabelecidos os seus direitos de liberdade. Tal liberdade, contudo, não teve maior duração, pois a lei de 10 de setembro de 1611 restabeleceu o regime de escravidão indígena. Pela referida lei era legítimo o cativeiro não só dos aprisionados em guerra justa, mas, também, dos índios resgatados quando cativos de outros índios. Somente em 1647 é que foi revogada a lei de 13 de outubro de 1611, a qual estabeleceu condições para a "liberdade dos gentios". Com efeito, os Alvarás de 10 de novembro de 1647 e dos dias 5 e 29 de setembro de 1649 restabeleceram o regime de liberdade dos povos nativos. É de se observar, contudo, que, pela provisão de 17 de outubro de 1653, voltada especialmente para o Pará e para o Maranhão, foram restabelecidos os antigos casos de cativeiro e instituídos outros novos. Já aos 9 de abril de 1655 foram abolidos os novos casos de escravidão.

A incoerência e vacilação da legislação levaram a que leis dos anos 1663, 1667 e 1673 voltassem a determinar hipóteses de escravidão indígena. A escravidão indígena foi abolida pela lei de 1º de abril de 1680, que repristinou a lei de 30 de julho de 1609. Em 1684, pela lei de 2 de setembro foi restabelecida a escravidão indígena. Para o grande estudioso da escravidão no Brasil, Perdigão Malheiros, a lei de 2 de setembro, contudo, não passava de uma "escravidão disfarçada". A revogação definitiva da escravidão indígena no Brasil só veio a ocorrer com a Carta Régia de 27 de outubro de 1831.

J. F. Lisboa, citado por Izidoro Martins Jr. (1979, p. 135-136) fez uma síntese extremamente feliz de todas as ambiguidades e contradições que marcaram a escravização dos povos indígenas:

Em relação aos índios a dominação portuguesa foi uma série nunca interrompida de hesitações e contradições até o ministério do marquês de Pombal. Decretava-se hoje o cativeiro sem restrições, amanhã a liberdade absoluta, depois um meio-termo entre os dois extremos. Promulgava-se, revogava-se, transigia-se, ao sabor das paixões e interesses em voga, e, quando enfim se supunham as ideias assentadas por uma vez, recomeçava-se com novo ardor a teia interminável. Foi aquele ministro enérgico e poderoso quem rompeu sem regresso com o princípio funesto da escravidão. Os índios, é certo, ainda depois das famosas leis de 1755, foram não poucas vezes vítimas da opressão; porém o mal nestes casos tinha um caráter meramente acidental e transitório e nunca mais adquiriu os foros de doutrina corrente, que legitimando os seus resultados, os tornava por isso mesmo mais intensos e duradouros. As experiências que em sentido contrário tentou o governo do príncipe regente em 1808 nem foram bem aceitas pela opinião pública, nem vingaram contra o princípio da liberdade já radicado... Um curioso espécime dessa legislação casuística e vacilante é a provisão de 9 de março de 1718, que, ela só, resume em poucas linhas quanto se encontra disperso em difusas páginas durante mais de dois séculos... É fácil conceber todo o partido que executores ávidos e cruéis podiam tirar dessas leis contraditórias e confusas, que multiplicando-os casos e as exceções davam estímulos poderosos à cavilação e ao arbítrio... Uma vez reduzidos ao cativeiro, índios e africanos eram em tudo e por tudo igualados em condição e miséria. As leis portuguesas, equiparando-os frequentemente às bestas e a animais, e considerando-os antes coisas que pessoas, tratavam-nos consequentemente de um modo estranho a todos os sentimentos de humanidade. Os escravos chamavam-se peças. Como fôlegos vivos e bem perituros, acautelava-se o perigo da sua perda. Como gado ou mercadoria, marcavam-se e carimbavam-se para se não confundirem uns com os outros, em prejuízo dos respectivos senhores. Se cometiam crimes, e um dos mais graves era tentarem fugir do cativeiro, julgavam-se em voz, sem forma nem estrépito de juízo, e a mutilação e a marca de ferro em brasa, já instrumentos de boa arrumação mercantil e sinais distintivos da propriedade, passavam a figurar entre as disposições da política e justiça real... Nem os seus folguedos rudes e simples, nem os ornatos das suas mulheres escapavam a implacável regulamentação da Corte!... A exploração destas peças desvalidas nunca ficou circunscrita dentro dos limites da escravidão, aliás tão fáceis de transpor e sempre tão pouco respeitados pela cobiça infrene dos exploradores. Quanto aos remorsos ou à hipocrisia da Corte forçaram-na a decretar o princípio da liberdade, ficava-lhe o recurso dos descimentos dos índios livres para prover os colonos ociosos de braços para o trabalho... Com o suor de seu rosto e a força de seus braços, edificavam-se as igrejas, os conventos, os hospitais, os palácios, as fortalezas e os armazéns reais. Eles abriram as estradas, lavraram a terra, colhiam os frutos, beneficiavam os engenhos, tripulavam as canoas, iam à pesca e à caça, apanhavam o gado, e eram nos açougues as ajudas dos açougueiros. Os índios finalmente faziam a guerra ofensiva e defensiva no interesse dos seus opressores, e iam com eles às expedições do sertão para matarem, cativarem e desceram por seu turno outros índios [ortografia atualizada].

Esta foi, resumidamente, a legislação sobre a "liberdade" dos indígenas vigente no Brasil.

3.1.2 *Escravidão africana*

A escravidão africana no Brasil é contemporânea do descobrimento, tendo vigido por 388 anos, ou seja, na maior parte da vida do País a escravidão foi um fato jurídico e social. Não foi um fenômeno puramente brasileiro, tendo sido presente em todas as Américas, em grau maior ou menor. A escravidão existiu em praticamente todas as sociedades ao longo da história. Há registro de tráfico negreiro entre os séculos VII e XIX (M'Bokolo, 2009), todavia, o tráfico negreiro para as Américas teve características especiais, cuja análise foge dos objetivos do presente livro. Recomenda-se a leitura do excelente trabalho de M'Bokolo (2009) que fornece uma perspectiva ampla e atualizada da questão.

Os negros escravizados no Brasil sempre lutaram pela sua liberdade, assim como aconteceu nas demais colônias americanas. Já em 1502 foi registrada a primeira fuga de um negro escravizado na ilha de Hispaniola, um escravo anônimo que fugiu para junto dos índios (Price, 1973). Esta primeira fuga está na origem de comunidades que se forjaram por mais de 4 séculos em todo o continente americano, sendo conhecidas por diferentes denominações, tais como palenques, quilombos, mocambos, cumbes, ladeiras ou mambises. Atualmente, os descendentes dos primitivos escravos ainda permanecem presentes em muitas comunidades que chegam a formar enclaves em diversos países do hemisfério, mantendo importantes tradições.

3.1.2.1 O regime constitucional e legal da escravidão

A Constituição Imperial de 1824 não tratava da escravidão, muito embora, indiretamente o fizesse. Isto pode ser constatado no artigo 6º (1) que dispunha sobre a nacionalidade e cidadania, atribuindo-as aos "que no Brasil tiverem nascido, quer sejam ingênuos, ou libertos, ainda que o pai seja estrangeiro, uma vez que este não resida por serviço de sua Nação".

A Constituição de 1824 foi outorgada por D. Pedro I que determinou o fechamento da Assembleia Constituinte. Todavia, José Bonifácio de Andrada e Silva havia preparado uma Representação à Assembleia, na qual tratou da questão da escravidão.

Este comércio de carne humana é pois um cancro que rói as entranhas do Brasil, comércio porém, que hoje em dia já não é preciso para aumento da sua agricultura e povoação, uma vez que, por sábios regulamentos, não se consinta a vadiação dos brancos, e outros cidadãos mesclados, e a dos forros; uma vez que os muitos escravos, que já temos, possam, ás abas de um Governo justo , propagar livre e naturalmente com as outras classes, uma vez que possam bem criar e sustentar seus filhos, tratando-se esta desgraçada raça Africana com maior cristandade, até por interesse próprio uma vez que se cuide sem-fim na emancipação gradual da escravatura, e se convertam Brutos imorais em cidadãos úteis, ativos e morigerados.

Acabe-se, pois, de uma vez o infame trafico da escravatura Africana; mas com isto não está tudo feito; é também preciso cuidar seriamente em melhorar a sorte dos escravos existentes, e tais cuidados são já um passo dado para a sua futura emancipação.

As leis devem prescrever estes meios, se é que elas reconhecem, que os escravos são homens feitos à imagem de Deus. E se as leis os consideram como objetos de legislação penal, porque o não serão também da proteção civil?

Torno a dizer, porém que eu não desejo ver abolida de repente a escravidão; tal acontecimento traria consigo grandes males. Para emancipar escravos sem prejuízo da sociedade, cumpre fazê-los primeiramente dignos da liberdade: cumpre que sejamos forçados pela razão e pela lei a converte-los gradualmente de vis escravos em homens livres e ativos. Então os moradores deste Império, de cruéis que são em grande parte neste ponto, se tornarão cristãos e justos, e ganharão muito pelo andar do tempo, pondo em livre circulação cabedais mortos, que absorve o uso da escravatura: livrando as suas famílias de exemplos domésticos de corrupção e tirania; de inimigos seus e do Estado; que hoje não tem pátria, e que podem vir a ser nossos irmãos, e nossos compatriotas.

O mal está feito, Senhores, mas não o aumentemos cada vez mais; ainda é tempo de emendar a mão. Acabado o infame comércio de escravatura, já que somos forçados pela razão política a tolerar a existência dos atuais escravos, cumpre em primeiro lugar favorecer a sua gradual emancipação, e antes que consigamos ver o nosso país livre de todo deste cancro, o que levará tempo, desde já abrandemos o sofrimento dos escravos, favoreçamos, e aumentemos todos os seus gozos domésticos e civis; instruamo-los no fundo da verdadeira Religião de Jesus Cristo, e não em momices e superstições : por todos estes meios nós lhes daremos toda a civilização de que são capazes no seu desgraçado estado, despojando-os o menos que podermos da dignidade de homens e cidadãos. Este é não só o nosso dever mas o nosso maior interesse, porque só então conservando eles a esperança de virem a ser um dia nossos iguais em direitos, e começando a gozar desde já da liberdade e nobreza d'alma, que só o vício é capaz de roubar-nos, eles nos servirão com fidelidade e amor; de inimigos se tornarão nossos amigos e clientes. Sejamos pois justos e benéficos, Senhores, e sentiremos dentro d'alma, que não há situação mais deliciosa, que a de um senhor carinhoso e humano, que vive sem medo e contente no meio de seus escravos, como no meio da sua própria família, que admira e goza do fervor com que esses desgraçados advinham seus desejos, e obedecem a seus mandos, observa com júbilo celestial o como maridos e mulheres, filhos e netos, sãos e robustos, satisfeitos c risonhos, não só cultivam suas terras para enriquecê-lo, mas vem voluntariamente oferecer-lhe até as premissas dos frutos de suas terrinhas, de sua caça e pesca, como a um Deus tutelar. É tempo pois, que esses senhores bárbaros, que por desgraça nossa inda pululam no Brasil, ouçam os brados da consciência e da humanidade, ou pelo menos o seu próprio interesse, senão, mais cedo do que pensão, serão punidos das suas injustiças, e da sua incorrigível barbaridade (Silva, 1825, p. 23-25).

De acordo com a legislação imperial, os Homens podiam ser (1) livres ou (2) escravos. Os livres podiam ser (a) ingênuos ou (b) libertos. Ingênuos eram os livres de nascença, já os libertos eram os que, embora nascendo escravos, tivessem adquirido a liberdade. Note-se que há um reconhecimento tácito de que havia indivíduos que não possuíam o *status* jurídico de cidadão dado que haviam nascido escravos e, em tal condição, permaneciam. É importante observar que até a edição da Lei 2.040, de 28 de setembro de 1871, os libertos podiam ser reconduzidos à condição de escravos, pois vigente as Ordenações Filipinas Livro 4°, título 63 (Das doações e alforrias que se pode revogar por ingratidão).

> Se alguém forrar seu escravo, livrando-o de toda a servidão, e depois que for forro, cometer contra quem o forrou, alguma ingratidão pessoal em sua presença, ou em sua absencia, quer seja verbal, quer de feito e real, poderá este patrono revogar a liberdade, que deu a este liberto, e reduzi-lo à servidão, em que antes estava. E bem si por cada uma das outras causas de ingratidão, porque o doador pôde revogar a doação feita ao donatário, como dissemos acima.

Os *libertos*, ademais, eram cidadãos de "segunda classe", pois não possuíam os mesmos direitos constitucionais dos *livres*. Com efeito, o artigo 94 da Constituição imperial, ao estabelecer os direitos eleitorais, em seu inciso II *excluía os libertos*, independentemente de sua renda líquida anual.

Os escravos eram submetidos à legislação civil, pois ostentavam a condição jurídica de *res*, coisa. No Brasil, diante da inexistência de uma legislação civil autóctone, a Lei de 20 de outubro de 1823 determinou fossem aplicadas

> As Ordenações, Leis, Regimentos, Avaras, Decretos, e Resoluções promulgadas pelos Reis de Portugal, e pelas quais o Brasil se governava até o dia 25 de Abril de 1821, em que Sua Majestade Fidelíssima, atual Rei de Portugal, e Algarves, se ausentou desta Corte; e todas as que foram promulgadas daquela data em diante pelo Senhor D. Pedro de Alcântara, como Regente do Brasil, em quanto reino, e como Imperador Constitucional dele, desde que se erigiu em Império, ficam em inteiro vigor na parte, em que não tiverem sido revogadas, para por elas se regularem os negócios do interior deste Império, enquanto se não organizar um novo Código, ou não forem especialmente alteradas.

Assim, na compra e venda de escravos eram aplicados institutos tais como os vícios redibitórios e outros. A escravidão criava enormes dificuldades jurídicas, pois tornava a posição do escravo extremamente ambígua. Do ponto de vista criminal, veja-se que a Constituição Imperial, artigo 179, XIX, proibia a pena de açoite, entretanto, o Código Criminal de 1830 [Lei de 16 de dezembro] estabelecia em seu artigo 60 que:

> Art. 60. Se o réu for escravo, e incorrer em pena, que não seja a capital, ou de galés, será condenado na de açoute, e depois de os sofrer, será entregue a seu senhor, que se obrigará a trazê-lo com um ferro, pelo tempo, e maneira que o Juiz designar. O número de açoutes será fixado por sentença; e o escravo não poderá levar por dia mais de cinquenta.

A pena de morte era aplicável aos escravos, conforme a Lei 4 de 10 de junho de 1835, que "matarem por qualquer maneira que seja, propinarem veneno, ferirem gravemente ou fizerem outra qualquer grave ofensa física a seu senhor, a sua mulher, a descendentes ou ascendentes, que em sua companhia morarem, a administrador, feitor e ás suas mulheres, que com eles viverem" (artigo 1°). Uma vez condenado o réu, "a sentença....se executará sem recurso algum" (artigo 4°). Tanto o artigo 60 do Código Criminal do Império, quanto a Lei 4 de 10 de junho de 1835 foram revogados pela Lei 3.310, de 15 de outubro de 1886.

Art. 1º São revogados o art. 60 do Código Criminal e a Lei n. 4 de 10 de Junho de 1835, na parte em que impõem a pena de açoutes.

Ao réu escravo serão impostas as mesmas penas decretadas pelo Código Criminal e mais legislação em vigor para outros quaisquer delinquentes, segundo a espécie dos delitos cometidos, menos quando forem essas penas de degredo, de desterro ou de multa, as quais serão substituídas pela de prisão; sendo nos casos das duas primeiras por prisão simples pelo mesmo tempo para elas fixado, e no de multa, si não for ela satisfeita pelos respectivos senhores, por prisão simples ou com trabalho, conforme se acha estabelecido nos arts. 431, 432, 433 e 434 do Regulamento n. 120 de 31 de Janeiro de 1842.

A Lei 4, de 10 de junho de 1835 foi a resposta à *revolta dos Malês*[6] ocorrida em Salvador, Bahia. Os Malês eram negros muçulmanos (malê – iorubá) e são os protagonistas de uma das maiores rebeliões de escravos no Brasil. Um dos fatores primordiais da revolta foi a tentativa de imposição da religião católica aos escravizados de fé muçulmana, sendo certo que, à época, a cidade de Salvador tinha cerca de metade de sua população composta por negros escravos ou libertos, das mais variadas culturas e procedências africanas. Os malês sabiam ler e escrever em árabe. A maioria dos escravos em Salvador era composta por *"negros de ganho"*,[7] que tinham mais liberdade que os negros das fazendas, podendo circular por toda a cidade com certa facilidade, embora tratados com desprezo e violência. Alguns, economizando a pequena parte dos ganhos que seus senhores lhes destinavam, conseguiam comprar a alforria.

Em janeiro de 1835 um grupo de cerca de 1500 negros, liderados pelos muçulmanos Manuel Calafate, Aprígio, Pai Inácio, dentre outros, armou uma conspiração com o objetivo de libertar seus companheiros islâmicos e matar brancos e mulatos considerados traidores, marcada para estourar no dia 25 daquele mesmo mês. Arrecadaram dinheiro para comprar armas e redigiram planos em árabe, mas foram denunciados por uma negra ao juiz de paz. Conseguem, ainda, atacar o quartel que controlava a cidade mas, devido à inferioridade numérica e de armamentos, acabaram massacrados pelas tropas da Guarda Nacional, pela polícia e por civis armados que estavam apavorados ante a possibilidade do sucesso da rebelião negra.

No confronto morreram sete integrantes das tropas oficiais e setenta do lado dos negros. Duzentos escravos foram levados aos tribunais. Suas condenações variaram entre a pena de morte, os trabalhos forçados, o degredo e os açoites, mas todos foram barbaramente torturados, alguns até a morte. Mais de quinhentos africanos foram expulsos do Brasil e levados de volta à África.

3.1.2.1.1   Extinção gradativa da escravidão

A escravidão africana no Brasil foi extinta paulatinamente, mediante uma sequência de leis. As revoltas e rebeliões dos escravos, a luta dos abolicionistas, as pressões internacionais tudo isto serviu para pavimentar o longo caminho até o fim da escravidão em 13 de maio de 1888. O fim do período colonial, um empréstimo de 600 mil libras, concedido ao governo português, em 1809, foi seguido, em 1810, pelo Tratado

---

6. Disponível em: http://www.multirio.rj.gov.br/historia/modulo02/rev_males.html. Acesso em: 24 dez. 2020.
7. Os 'negros de ganho' eram aqueles que trabalhavam e que repassavam todos os seus ganhos a seus donos. Já os 'negros de aluguel' eram os escravos cujos seus senhores alugavam seus serviços, inclusive para o poder público da época. Disponível em: http://www.usp.br/agen/?p=6781. Acesso em: 24 dez. 2020.

de Aliança e Amizade, estabelecendo compromissos que davam base a uma futura abolição do tráfico negreiro.[8]

O Congresso de Viena [1815] foi palco de grandes discussões sobre a escravidão, quando Portugal e Inglaterra acomodaram suas divergências em relação aos termos do tratado anterior, o tráfico de escravos, ou antes, sua limitação, esteve na pauta de todo o Congresso. O governo inglês se comprometeu a indenizar o governo português pelos apresamentos de navios negreiros, além de renunciar ao recebimento de um empréstimo de 600 mil libras, feito em 1809. Em contrapartida, estabelecia-se em um tratado firmado no Congresso de 1815, que o tráfico fosse abolido ao norte do Equador.

Em 1817 uma convenção adicional complementou os termos firmados em 1815. O novo acordo previa o direito recíproco de visita aos navios de ambos os países (Portugal e Inglaterra); o apresamento das embarcações que navegassem ao norte do Equador carregadas de africanos; a indenização por apresamentos indevidos; a proibição de capturas em águas territoriais de ambas as nações; e a criação de comissões mistas anglo-portuguesas no Rio de Janeiro, Serra Leoa e Londres. Após a independência, foi firmado um tratado entre o Brasil e a Inglaterra [1826], que entrou em vigor em 1830, proibido o comércio de escravos para o Brasil. Essa legislação, no entanto, foi amplamente descumprida e o seu regulamento era, na verdade, uma forma de escravização disfarçada. O Alvará de 26 de janeiro de 1818 regulamentou as penas para os que fizerem comércio proibido de escravos. Em seu § 1º foi estabelecido que "[t]odas as pessoas de qualquer qualidade e condição que sejam, que fizerem armar e preparar navios para o resgate e compra de escravos, em qualquer dos portos da Costa d'África situados ao norte do Equador, incorrerão na pena de perdimento dos escravos, *os quais imediatamente ficarão libertos*, para terem o destino abaixo declarado; e lhes serão confiscados os navios empregados nesse trafico com todos os seus aparelhos e pertences, e juntamente a carga, qualquer que seja, que a seu bordo estiver por conta dos donos e fretadores dos mesmos navios, ou dos carregadores de escravos. E os Oficiais dos navios, a saber, Capitão ou Mestre, Piloto e Sobrecarga, serão degradados por cinco anos para Moçambique, e cada um pagará uma multa equivalente à soldada e mais interesses que haveria de vencer na viagem. Não se poderão fazer seguros sobre tais navios, ou sua carregação, e fazendo-se serão nulos; e os seguradores, que cientemente os fizerem, serão condenados no tresdobro do prêmio estipulado para o caso de sinistro".

A libertação dos escravos ilegalmente traficados, no entanto, não era imediata e ao contrário, tais pessoas, conforme o § 5º do Alvará,

por não ser justo que fiquem abandonados, serão entregues no Juízo da Ouvidoria da Comarca, e onde o não houver, naquele que estiver encarregado da Conservatória dos Índios, que hei por bem ampliar unindo-lhe esta jurisdição, para ai serem *destinados a servir como libertos por tempo de 14 anos, ou em algum serviço público de mar, fortalezas, agricultura e de ofícios, como melhor convier, sendo para isso*

---

8. Disponível em: http://historialuso.an.gov.br/index.php?option=com_content&view=article&id=5199&Itemid=343. Acesso em: 24 dez. 2020.

alistados nas respectivas Estações; ou alugados em praça a, particulares de estabelecimento e probidade conhecida., assignando estes termo de os alimentar, vestir, doutrinar, e ensinar-lhe o ofício ou trabalho que se convencionar, e pelo tempo que for estipulado, renovando-se os termos e condições as vezes que for necessário, até preencher o sobredito tempo de 14 anos, este tempo porém poderá ser diminuído por dois ou mais anos, aqueles libertos que por seu préstimo e bons costumes, se fizerem dignos de gozar antes dele do pleno direito da sua liberdade. E no caso de serem destinados a serviço público na maneira sobredita, quem tiver autoridade na respectiva Estação nomeará uma pessoa capaz para assignar o sobredito termo, e para ficar responsável pela educação e ensino dos mesmos libertos. Terão um Curador, pessoa de conhecida probidade, que será proposto todos os triênios pelo Juiz, e aprovado pela, Mesa do Desembargo do Paço desta Corte, ou pelo Governador e Capitão General da respectiva Província; e a seu ofício pertencerá requerer tudo o que for a bem dos libertos, e fiscalizar os abusos, procurar que no tempo competente se lhe dê ressalva do serviço, e promover geralmente em seu benefício a observância do que se acha prescrito pela lei a favor dos órfãos, no que lhes puder ser aplicado, para o que será sempre ouvido em tudo o que acerca deles se ordenar pelo sobredito Juízo.

O escravo ilegalmente traficado era libertado, mas em compensação tinha que passar um período de 14 anos como *libertos* (condição intermediária entre escravo e livre), até que pudesse ser, finalmente, libertado! (Mamigonian, 2017) É nesse contexto que surge a chamada Lei Feijó [Lei de 7 de novembro de 1831] que declarou livres todos os escravos vindos de fora do Império, impondo penas aos traficantes de escravos.

Art. 1º Todos os escravos, que entrarem no território ou portos do Brasil, vindos de fora, ficam livres. Exceptuam-se:

1º Os escravos matriculados no serviço de embarcações pertencentes a país, onde a escravidão é permitida, enquanto empregados no serviço das mesmas embarcações. 2º Os que fugirem do território, ou embarcação estrangeira, os quais serão entregues aos senhores que os reclamarem, e reexportados para fora do Brasil.

Para os casos da excepção n. 1º, na visita da entrada se lavrará termo do número dos escravos, com as declarações necessárias para verificar a identidade dos mesmos, e fiscalizar-se na visita da saída se a embarcação leva aqueles, com que entrou. Os escravos, que forem achados depois da saída da embarcação, serão apreendidos, e retidos até serem reexportados. Art. 2º Os importadores de escravos no Brasil incorrerão na pena corporal do artigo cento e setenta e nove do Código Criminal, imposta aos que reduzem à escravidão pessoas livres, e na multa de duzentos mil réis por cabeça de cada um dos escravos importados, além de pagarem as despesas da reexportação para qualquer parte da África; reexportação, que o Governo fará efetiva com a maior possível brevidade, contrastando com as autoridades africanas para lhes darem um asilo. Os infratores responderão cada um por si, e por todos.

A Lei Feijó foi pouco ou nada efetiva e, em 1850, surgiu uma nova legislação para tratar da questão do tráfico negreiro [Lei 581, de 4 de setembro de 1850 – Lei Eusébio de Queirós]. A Lei Eusébio de Queirós reafirmou a proibição do tráfico de escravos, estabeleceu novas penas e transferiu para a jurisdição naval a competência para julgamento das infrações às suas normas.

Art. 1º As embarcações brasileiras encontradas em qualquer parte, e as estrangeiras encontradas nos portos, enseadas, ancoradouros, ou mares territoriais do Brasil, tendo a seu bordo escravos, cuja importação é proibida pela Lei de sete de novembro de mil oitocentos trinta e um, ou havendo-os desembarcado, serão apreendidas pelas Autoridades, ou pelos Navios de guerra brasileiros, e consideradas importadoras de escravos.

Aquelas que não tiverem escravos a bordo, nem os houverem proximamente desembarcado, porém que se encontrarem com os sinais de se empregarem no tráfico de escravos, serão igualmente apreendidas, e consideradas em tentativa de importação de escravos.

Art. 2º O Governo Imperial marcará em Regulamento os sinais que devem constituir a presunção legal do destino das embarcações ao tráfico de escravos.

Art. 3º São autores do crime de importação, ou de tentativa dessa importação o dono, o capitão ou mestre, o piloto e o contramestre da embarcação, e o sobrecarga. São cúmplices a equipagem, e os que coadjuvarem o desembarque de escravos no território brasileiro, ou que concorrerem para os ocultar ao conhecimento da Autoridade, ou para os subtrair a apreensão no mar, ou em acto de desembarque, sendo perseguido.

Art. 4º A importação de escravos no território do Império fica nele considerada como pirataria, e será punida pelos seus Tribunais com as penas declaradas no Artigo segundo da Lei de sete de novembro de mil oitocentos trinta e hum. A tentativa e a cumplicidade serão punidas segundo as regras dos Artigos trinta e quatro e trinta e cinco do Código Criminal.

Art. 5º As embarcações de que tratam os Artigos primeiro e segundo e todos os barcos empregados no desembarque, ocultação, ou extravio de escravos, serão vendidos com toda a carga encontrada a bordo, e o seu produto pertencerá aos apresadores, deduzindo-se um quarto para o denunciante, se o houver. E o Governo, verificado o julgamento de boa presa, retribuirá a tripulação da embarcação com a soma de quarenta mil réis por cada um africano apreendido, que era distribuído conforme as Leis a respeito.

Art. 8º Todos os apresamentos de embarcações, de que tratam os Artigos primeiro e segundo, assim como a liberdade dos escravos apreendidos no alto mar, ou na costa antes do desembarque, no ato dele, ou imediatamente depois em armazéns, e depósitos sitos nas costas e portos, serão processados e julgados em primeira instancia pela Auditoria de Marinha, e em segunda pelo Conselho d'Estado. O Governo marcará em Regulamento a forma do processo em primeira e segunda instancia, e poderá criar Auditores de Marinha nos portos onde convenha, devendo servir de Auditores os Juízes de Direito das respectivas Comarcas, que para isso forem designados.

Em relação à aplicação da Lei Eusébio de Queirós, Beatriz Mamigoniam (2017, 284) afirma que as apreensões se tornaram frequentes a partir de setembro de 1850, com a emancipação de milhares de africanos em poucos meses. "[o] gabinete saquarema condenou e reprimiu a entrada de africanos novos, enquanto protegia a escravização ilegal dos entrados até então". O tráfico cessava, mas a escravidão persistia. É interessante anotar que a maioria dos escravos apreendidos e libertados eram crianças. (Mamigonian, 2017, p. 305). A política de concessão dos libertos para a prestação de serviços públicos era feita na base do favorecimento pessoal, como é o caso da concessão de 100 africanos livres para a Sociedade de Mineração de Mato Grosso e outros escravos para a Companhia de Navegação a Vapor do Amazonas (de propriedade de Irineu Evangelista de Sousa, Barão de Mauá) (p. 306-307), hoje formando a comunidade quilombola do Sagrado Coração de Jesus do Largo de Serpa (Itacoatiara, Amazonas).

A *Lei do Ventre Livre* [Lei 2.040, de 28 de setembro de 1871] declarou livres os filhos de "mulher escrava" nascidos no Brasil (artigo 1º). As crianças nascidas em tais condições deveriam ficar em "poder ou sob a autoridade dos senhores de suas mães" até a idade de oito anos completos, período no qual os senhores das mães teriam a "obrigação de criá-los e tratá-los". Após a criança ter completado os oito anos de idade, era dada a opção ao senhor da mãe de "ou de receber do Estado a indemnização de 600$000, ou de utilizar-se dos serviços do menor até a idade de 21 anos completos." Caso a opção fosse pela indenização, o Estado ficava encarregado de dar "destino" à criança. Se a opção não fosse feita, a Lei estipulava que a opção era "pelo arbítrio de utilizar-se dos serviços do mesmo menor.", isto é, a criança de oito anos passava a trabalhar para o senhor de sua mãe até os 21 anos de idade. Os "serviços" prestados pelos menores podiam ser finalizados se, "por sentença do juízo criminal, reconhecer-se que os senhores das mães os maltratam, infligindo-lhes castigos excessivos" (artigo 1º, § 6º).

O artigo 6º da Lei 2040/1871 declarou libertos os (1) escravos pertencentes à nação, dando-lhes o Governo a ocupação que julgar conveniente; os (2) escravos dados em usufruto à Coroa; os (3) escravos das heranças vagas; os (4) escravos abandonados por seus senhores. Se estes os abandonarem por inválidos, serão obrigados a alimentá-los, salvo o caso de penúria, sendo os alimentos taxados pelo Juiz de Órfãos. Os escravos que fossem liberados por força do artigo 6º da Lei 2040/1871, deveriam ficar, durante 5 (cinco) anos, sob a inspeção do governo, sendo "obrigados a contratar seus serviços sob pena de serem constrangidos, se viverem vadios, a trabalhar nos estabelecimentos públicos. Cessará, porém, o constrangimento do trabalho, sempre que o liberto exibir contrato de serviço".

Como é evidente, a liberdade outorgada pela chamada Lei do Ventre Livre era extremamente complexa e, na prática, mantinha o liberto em regime assemelhado ao da escravidão até os 21 (vinte e um) anos de idade, estabelecendo o que hoje se chama de trabalho infantil, a partir dos 8 (oito) anos de idade. Em relação aos escravos libertados pelo artigo 6º, foi instituído um regime de, pelo menos, cinco anos de trabalho compulsório, a partir da "libertação".

Em seguida, vem a *Lei do Sexagenário*, ou *Lei Saraiva-Cotegipe* [Lei 3.270, de 28 de setembro de 1885] que regulava a "extinção gradual do elemento servil". A lei tinha por objetivo a libertação dos escravos com mais de 60 (sessenta) anos de idade. Antes de qualquer comentário, frise-se que, no Brasil, "em 1900, a expectativa de vida era de 33,7 anos".[9]

A Lei 3.270/1885 determinava fossem *matriculados* todos os escravos com idade inferior a sessenta anos (artigo 1º, §§ 5º e 7º), devendo constar da matrícula os seguintes dados: (a) nome, (b) nacionalidade, (c) sexo, (d) filiação, "se for conhecida", (e) ocupação ou serviço em que for empregado, (f) idade e (g) valor, calculado conforme a tabela constante do § 3º do artigo 1º. A Tabela considerava a idade do escravo atribuindo-lhe um valor. Note-se que "[o] valor dos indivíduos do *sexo feminino* se regulará do mesmo modo, fazendo-se, porém, *o abatimento de 25% sobre os preços* acima estabelecidos" (artigo 1º, § 4º).

A lei considerava libertos os escravos que não fossem levados à matrícula em prazo de um ano. A lei criou um fundo de emancipação formado por (1) taxas e rendas para ele destinadas na legislação vigente; pela (2) taxa de 5% adicionais a todos os impostos

---

9. Disponível em: https://agenciabrasil.ebc.com.br/geral/noticia/2016-08/ibge-expectativa-de-vida-dos-brasileiros-aumentou-mais-de-75-anos-em-11. Acesso em: 25 dez. 2020.

gerais, exceto os de exportação; por (3) títulos da dívida pública emitidos a 5%, com amortização anual de ½ %, sendo os juros e amortização pagos pela referida taxa de 5%. O produto da taxa adicional seria dividido em três partes assim definidas, a 1ª parte aplicada a emancipação dos escravos de maior idade, conforme o que for estabelecido em regulamento do Governo; a 2ª parte aplicada a libertação por metade ou menos de metade de seu valor, dos escravos de lavoura e mineração cujos senhores quiserem converter em livres os estabelecimentos mantidos por escravos e a 3ª parte s destinada a subvencionar a *colonização* por meio do pagamento de transporte de colonos que forem efetivamente colocados em estabelecimentos agrícolas de qualquer natureza.

Os escravos com 60 anos de idade completos seriam libertos (artigo 3º, § 10), ficando obrigados, à título de indemnização pela sua alforria, a prestar serviços a seus ex-senhores por três anos. Os maiores de 60 e menores de 65 anos, logo que completassem esta idade, estariam dispensados dos serviços, qualquer que fosse o tempo que os tivessem prestado com relação ao prazo declarado.

O liberto teria domicílio legal, pelo tempo de cinco anos, contados da data da sua libertação pelo fundo de emancipação, no município onde tiver sido alforriado, exceto o das capitais (artigo 3º, § 14), aquele que se ausenta-se de seu domicílio era considerado *vagabundo*, sendo apreendido *pela Polícia* para ser empregado em trabalhos públicos ou colônias agrícolas. Observe-se que, qualquer liberto encontrado sem ocupação "será obrigado a empregar-se ou a conntratar seus serviços no prazo que lhe for marcado pela Polícia" (artigo 3º, § 17). Caso o liberto não tenha dado cumprimento ao disposto no artigo 3º, § 17, seria enviado ao "Juiz de Órfãos, que o constrangerá a celebrar contrato de locação de serviços, sob pena de 15 dias de prisão com trabalho e de ser enviado para alguma colônia agrícola no caso de reincidência".

A chamada *Lei do Sexagenário*, como se viu, continha várias disposições além de "libertar" os escravos acima de 60 anos de idade que, aparentemente, não deviam ser muitos, diante da expectativa de vida nacional. Ademais, possuía vários dispositivos que estabeleciam trabalho compulsório para os alforriados, inclusive com a possibilidade da imposição de pena de prisão aos "desocupados".

A *Lei Aurea* [Lei 3.353, de 13 de maio de 1888] que declarou extinta a escravidão foi, dentre toda a legislação escravagista, a mais simples: continha apenas dois artigos, *in verbis*:

A Princesa Imperial Regente, em nome de Sua Majestade o Imperador, o Senhor D. Pedro II, faz saber a todos os súditos do Império que a Assembleia Geral decretou e ela sancionou a lei seguinte:

Art. 1º É declarada extinta desde a data desta lei a escravidão no Brazil.

Art. 2º Revogam-se as disposições em contrário.

Manda, portanto, a todas as autoridades, a quem o conhecimento e execução da referida Lei pertencer, que a cumpram, e façam cumprir e guardar tão inteiramente como nela se contém.

O secretário de Estado dos Negócios da Agricultura, Comercio e Obras Públicas e interino dos Negócios Estrangeiros, Bacharel Rodrigo Augusto da Silva, do Conselho de sua Majestade o Imperador, o faça imprimir, publicar e correr.

INTRODUÇÃO AO ESTUDO DO DIREITO • Paulo de Bessa Antunes

Dada no Palácio do Rio de Janeiro, em 13 de maio de 1888, 67° da Independência e do Império.
Princesa Imperial Regente.

Após a abolição da escravatura, os ex-escravos foram deixados à própria sorte, sem qualquer medida de amparo ou integração social.

4. REPÚBLICA

4.1 República Velha

O regime republicano, proclamado por um monarquista, trouxe algumas mudanças legislativas relevantes, sendo a mais importante o novo regime constitucional, com a promulgação da 2ª Constituição brasileira, a de 1891. A república foi proclamada "provisoriamente "e, desde então, parece que a provisoriedade e a improvisação têm sido a tônica de nosso regime político. "Art. 1° Fica proclamada provisoriamente e decretada como a forma de governo da Nação brasileira – a República Federativa".

A Constituição de 1891 foi construída à sombra do modelo dos Estados Unidos da América, passando o País a ser denominado Estados Unidos do Brasil (artigo 1°). Era uma Constituição liberal, com ampla autonomia para os Estados; em 1926 foi objeto da Emenda Constitucional 3, com índole fortemente centralizadora. A primeira grande obra legislativa da república foi o código penal de 1890 [Decreto 847, de 11 de outubro de 1890], logo seguido pelo Código Penal da Armada [Decreto 18, de 7 de março de 1891] e pelo O Código Civil em 1916 [Lei 3.071, de 1° de janeiro de 1916], revogando as "[o]rdenações, Alvarás, Leis, Decretos, Resoluções, Usos e Costumes concernentes às matérias de direito civil reguladas neste Código."(artigo 1807). No particular, vale observar que a legislação civil que vigia no Brasil era constituída basicamente pelas Ordenações Filipinas de 1603 (Marcos, Mathias e Noronha, 2018).

4.2 O primeiro período Vargas

Getúlio Dornelles Vargas governou o Brasil em duas ocasiões, a primeira como fruto da Revolução de 30, a segunda por meio de eleição popular. Vargas foi uma figura marcante em nossa história e, ainda hoje, o seu legado político e social é importante na vida brasileira. Vargas, do ponto de vista econômico, foi a nossa primeira modernização autoritária; produzida de cima para baixo, com ampla participação do Estado na economia. Foi uma economia agrário-exportadora e para o melhor desempenho de tal tarefa foi feita uma ampla reformulação constitucional e legal. Vargas governou sob 3 (três) Constituições, a saber: a (1) de 24 de fevereiro de 1891; a (2) de 16 de julho de 1934 e a (3) 10 de novembro de 1937. Não respeitou nenhuma delas.

4.2.1 Infraestrutura e recursos naturais

A Constituição liberal de 1891 foi incapaz de fornecer a moldura jurídica necessária para a liberação das forças econômicas nacionais, pois não outorgava ao Estado nenhum papel relevante na esfera econômica, o que, naquele contexto de pouco acumulo de capital era incapaz de permitir o pleno desenvolver da economia, inclusive com pretensões de industrialização. A Constituição de 1891, em seu artigo 72, § 17, (a) estabelecia que a propriedade das minas pertencia ao proprietário do solo, o que impedia a livre exploração minerária. Para que tal situação fosse superada, a Constituição de 1934, em seu artigo 118, estabeleceu que "[a]s minas e demais riquezas do subsolo, bem como as *quedas d'água*, constituem propriedade distinta da do solo para o efeito de exploração ou aproveitamento industrial." Repare que a Constituição de 1934 também separou a propriedade das quedas d`água da propriedade do solo, isto com vistas à assegurar maior facilidade para o estado explorar, diretamente ou mediante concessão, a geração de energia elétrica. Ainda, no campo energético, o Decreto-Lei 20.089, de 9 de junho de 1931 fixou a obrigatoriedade de que os importadores de carvão utilizassem, no mínimo 10% de carvão nacional, em relação à quantidade importada. É relevante observar que, à época, o carvão importado era a principal fonte de energia e a norma tinha por objetivo proteger à indústria nacional. Ao mesmo tempo, havia a necessidade de incentivar a geração de energia elétrica com base nos potenciais hidráulicos.

O governo Vargas [Decreto 22.380, de 20 de janeiro de 1933] instituiu o Instituto Geológico e Mineralógico do Brasil, tendo criado também, a Diretoria-Geral de Produção Mineral pelo Decreto 23.316, de 28 de julho de 1933. O Código de Águas foi baixado pelo Decreto 24.643, de 10 de julho de 1934, sendo uma consequência natural da modernização que vinha sendo implantada no setor. Já nos estertores do Governo Vargas, o Decreto-Lei 8.031, de 3 de outubro de 1945 autorizou a organização da Companhia Hidroelétrica do São Francisco [CHESF] que somente foi constituída em 1948. O Departamento Nacional de Produção Mineral foi criado pelo Decreto 23.979, de 8 de março de 1934. Em 1938, o Decreto-Lei 395, de 29 de abril criou o Conselho Nacional do Petróleo – CNP e nacionalizada a "indústria da refinação do petróleo importado ou de produção nacional".

O Conselho Nacional de Águas e Energia Elétrica – CNAEE foi criado pelo Decreto-lei 1.285, de 18 de maio de 1939, sendo diretamente subordinado à Presidência da República, como órgão de consulta, orientação e controle quanto à utilização dos recursos hídrico e elétricos, possuindo jurisdição em todo o território nacional.

O Código de Minas foi baixado pelo Decreto-Lei 1.985, de 29 de março de 1940 definindo claramente a diferença entre a propriedade do solo e do subsolo. Em 1945, 8 de agosto, o Decreto-Lei 7.81 instituiu o Código de Águas Minerais. Ainda no campo mineral, há que se destacar a criação da Companhia Vale do Rio Doce pelo Decreto-Lei 4.352, de 1º de junho de 1942. A Companhia Siderúrgica Nacional foi instituída pelo Decreto-Lei 3.002, de 30 de janeiro de 1941.

O Código Florestal, aprovado pelo Decerto 23.793, de 23 de janeiro de 1934, teve a finalidade de estimular a produção de madeira e impedir a proliferação das leis florestais estaduais que, de fato, estavam levando a um rápido esgotamento das florestas brasileiras, sobretudo da Mata Atlântica. Em seguida ao Código foram criadas instituições com o objetivo de fomento da produção rural, tais como o (1) Instituto Nacional do Mate pelo Decreto-Lei 375, de 13 de abril de 1938, o (2) Instituto Nacional do Pinho [Decreto-lei 3.124 de 19 de março de 1941]. Ainda no âmbito dos chamados recursos naturais renováveis, há a edição do Código de Caça e Pesca [Decreto 23.672, de 2 de janeiro de 1934].

Merecem destaque, ainda, a (1) Lei de Tombamento [Decreto-Lei 25, de 30 de novembro de 1937], ainda em vigor, por meio do qual foi organizado o patrimônio histórico e artístico nacional, constituído pelo "conjunto dos bens móveis e imóveis existentes no país e cuja conservação seja de interesse público, quer por sua vinculação a fatos memoráveis da história do Brasil, quer por seu excepcional valor arqueológico ou etnográfico, bibliográfico ou artístico" (artigo 1º); e a (2) chamada Lei de Proteção dos animais [Decreto 24.645, de 10 de julho de 1934] que, pioneiramente, outorgou ao ministério público e às sociedades protetoras dos animais, a legitimidade processual para que o Ministério Público e as sociedades protetoras dos animais assistissem os animais em juízo (artigo 2º, § 3º).

4.2.2 Repressão política

O período Vargas não se caracterizou apenas pelo nacional desenvolvimentismo e pela modernização da economia nacional. Houve, também uma fortíssima centralização política e a instituição de um regime de força, sobretudo a partir do Estado Novo, inaugurado após um bem sucedido golpe de estado promovido pelo próprio Vargas, aos 10 de novembro de 1937, tendo perdurado até 31 de janeiro de 1946. O Estado Novo foi um estado policial no qual vigia a censura à imprensa e às liberdades, fundado sobre a Lei de Segurança Nacional [Lei 38, de 4 de abril de 1935] e o Tribunal de Segurança Nacional [Lei 244, de 11 de setembro de 1936], órgão da Justiça Militar, que tinha a peculiar condição de *presumir a culpa dos acusados*.

Art. 9º No processo e julgamento dos crimes referidos no art. 3º, serão observadas as seguintes disposições:
(...)
15), tendo sido o réu preso com arma na mão por ocasião de insurreição armada, a acusação se presume provada, cabendo ao réu prova em contrário;

4.2.3 Legislação social

Provavelmente a obra legislativa da Era Vargas mais reconhecida seja a Consolidação das Leis do Trabalho – CLT [Decreto-Lei 5.452, de 1º de maio de 1943] que, até hoje ainda é vigente, muito embora tenha sofrido profundas modificações. A CLT permanece como o maior ícone do período Vargas, em especial junto aos trabalhadores urbanos. A CLT foi posterior à instituição do Ministério do Trabalho, Indústria e Comércio, em 26 de novembro de 1930, sendo parte de uma estratégia de intervenção nos conflitos entre capital e trabalho. Contemporaneamente houve a ampliação dos parcos regimes

CAPÍTULO 12 • HISTÓRIA DO DIREITO BRASILEIRO

previdenciários existentes na República Velha [Caixas de Aposentadoria e Pensões], a criação das Comissões de Conciliação entre empregadores e empregados, embrião da futura Justiça do Trabalho; e por medidas no sentido da regulamentação da jornada de trabalho na indústria e no comércio.[10] Houve a regulamentação do salário mínimo [Decreto-Lei 2.162, de 1º de maio de 1940], a criação do Serviço de Alimentação da Previdência Social – SAPS [Decreto-Lei 2.478, de 5 de agosto de 1940] e a organização da Justiça do Trabalho [Decreto-Lei 1.237, de 2 de maio de 1939].

4.2.4   Direito Comum (códigos)

Na esfera penal, a Era Vargas nos legou o Código Penal [Decreto-Lei 2.848, de 7 de dezembro de 1940], a Lei de Contravenções Penais [Decreto-Lei 3.688, de 3 de outubro de 1941; no direito processual houve a unificação do processo civil, com a edição de um código nacional de processo civil [Decreto-Lei 1.608, de 18 de setembro de 1939], "[o] processo civil e comercial, em todo o território brasileiro, reger-se-á por este Código, salvo o dos feitos por ele não regulados, que constituam objeto de lei especial"; e um código nacional de processo penal [Decreto-Lei 3.689, de 3 de outubro de 1941], "[o] processo penal reger-se-á, em todo o território brasileiro, por este Código, ressalvados: I - os tratados, as convenções e regras de direito internacional; II – as prerrogativas constitucionais do Presidente da República, dos ministros de Estado, nos crimes conexos com os do Presidente da República, e dos ministros do Supremo Tribunal Federal, nos crimes de responsabilidade (Constituição, arts. 86, 89, § 2º, e 100); III – os processos da competência da Justiça Militar; IV – os processos da competência do tribunal especial (Constituição, art. 122, n. 17); V – os processos por crimes de imprensa".

À unificação dos processos civil e penal, correspondeu a centralização do Estado que foi bem simbolizada pela queima das bandeiras dos estados membros da União.[11] Estas, em linhas gerais, foram as principais normas jurídicas estabelecidas pela importante produção legislativa da Era Vargas.

5.   A REDEMOCRATIZAÇÃO DE 1946

O grande documento jurídico da redemocratização de 1946 foi a própria Constituição que inaugurou um regime democrático, efêmero e marcado por muitas crises políticas. O presidencialismo do regime de 1946 foi substituído por um parlamentarismo artificial, implantado pela Emenda Constitucional 4, de 2 de setembro de 1961 que foi revogada, após um plebiscito, pela Emenda Constitucional 6, de 23 de janeiro de 1963 que restabeleceu o presidencialismo. O regime de 1946 foi marcado por um intenso

---

10. Disponível em: https://cpdoc.fgv.br/producao/dossies/AEraVargas1/anos30-37/PoliticaSocial/Ministerio-Trabalho. Acesso em: 23 dez. 2020.

11. Disponível em: http://www.fgv.br/cpdoc/acervo/dicionarios/verbete-tematico/estado-novo. Acesso em: 23 dez. 2020.

INTRODUÇÃO AO ESTUDO DO DIREITO • PAULO DE BESSA ANTUNES

conflito político – reflexo da guerra fria – entre forças "nacionalistas" e "entreguistas" O Partido Trabalhista Brasileiro [PTB] buscou as "reformas de base"[12] que, basicamente, visavam a reformar a estrutura agrária, bancária, fiscal, urbana, administrativa e universitária. Buscavam, também, a extensão do direito de voto aos analfabetos e aos militares de baixa patente (soldados, marinheiros, sargentos etc.), controle dos investimentos estrangeiros e da remessa de lucros para o exterior. Uma reforma legislativa importante do período parlamentarista foi o Estatuto da Mulher Casada [Lei 4.121, de 27 de agosto de 1962] que promoveu alterações no Código Civil e no Código de Processo Civil, com vistas a retirar a mulher casada da condição de relativamente incapaz.

6. A DITADURA CÍVICO-MILITAR DE 1964

O regime de 1964, logo em seus albores, promoveu uma modernização autoritária da economia brasileira, mediante a adoção de medidas legislativas que tinham por finalidade combater o "atraso" de nossa sociedade. O início de tal processo se deu por força dos chamados *atos institucionais* [AI] que foram normas de força destinadas a estabelecer uma institucionalização do regime que fosse supraconstitucional, pois a Constituição passou a se subordinar aos ditames constates dos AI. Durante o período ditatorial foram editados 17 atos institucionais (Marcos, Mathias e Noronha, 2018).

O AI 1, de 9 de abril de 1964 é o documento jurídico inaugural do regime autoritário de 1964. O AI 1 se pretendeu expressão de um movimento revolucionário que se autolegitimava "É indispensável fixar o conceito do movimento civil e militar que acaba de abrir ao Brasil uma nova perspectiva sobre o seu futuro. O que houve e continuará a haver neste momento, não só no espírito e no comportamento das classes armadas, como na opinião pública nacional, é uma autêntica revolução". A partir de tal proclamação, o movimento militar assumia a condição de poder constituinte que, segundo o preambulo do AI 1 "se manifesta pela eleição popular ou pela revolução", esta última a forma mais radical do poder constituinte. A revolução vitoriosa, "se legitima por si mesma. Ela destitui o governo anterior e tem a capacidade de constituir o novo governo. Nela se contém a força normativa, inerente ao Poder Constituinte. Ela edita normas jurídicas sem que nisto seja limitada pela normatividade anterior à sua vitória".

Entre os objetivos confessados da "revolução de 64" estavam os de "assegurar ao novo governo a ser instituído, os meios indispensáveis à obra de reconstrução econômica, financeira, política e moral do Brasil, de maneira a poder enfrentar, de modo direto e imediato, os graves e urgentes problemas de que depende a restauração da ordem interna e do prestígio internacional da nossa Pátria. A revolução vitoriosa necessita de se institucionalizar e se apressa pela sua institucionalização a limitar os plenos poderes de que efetivamente dispõe".

---

12. Disponível em: https://cpdoc.fgv.br/producao/dossies/Jango/artigos/NaPresidenciaRepublica/As_reformas_de_base. Acesso em: 26 dez. 2020.

CAPÍTULO 12 • HISTÓRIA DO DIREITO BRASILEIRO **267**

Estabelecidas as premissas do governo "revolucionário", cabe examinar quais foram as medidas concretas adotadas pelo AI 1 que resultaram das reformas na Constituição de 1946 e nas Constituições Estaduais, a saber: a (1) encerramento dos mandatos de Presidente e Vice-Presidente da República, com a imediata eleição "pela maioria absoluta dos membros do Congresso Nacional", em sessão pública e votação nominal (eleição indireta); o (2) Presidente da República podia remeter ao Congresso Nacional projetos de emenda da Constituição que deveriam ser apreciados em 30 dias, aprovados quando obtivessem, em ambas as votações, a maioria absoluta dos membros das duas Casas do Congresso. O (3) Presidente da República tinha o poder de enviar ao Congresso Nacional projetos de lei sobre qualquer matéria, os quais deveriam ser apreciados em trinta (30) dias, a contar do seu recebimento na Câmara dos Deputados, e de igual prazo no Senado Federal; caso contrário, eram tidos como aprovados.

As garantias constitucionais de vitaliciedade e inamovibilidade forma suspensas por seis meses, permitindo que, em tal prazo, os titulares dessas garantias fossem ser demitidos ou dispensados, ou ainda, com vencimentos e as vantagens proporcionais ao tempo de serviço, postos em disponibilidade, aposentados, transferidos para a re- serva ou reformados, mediante atos do Comando Supremo da Revolução até a posse do Presidente da República, desde que tenham tentado contra a segurança do País, o regime democrático e a probidade da administração pública, sem prejuízo das sanções penais a que estejam sujeitos. A apreciação judicial de tais atos foi limitada às "forma- lidades extrínsecas, vedada a apreciação dos fatos que o motivaram, bem como da sua conveniência ou oportunidade".

Os Comandantes-em-Chefe das Forças Armadas tinham o poder para "suspender os direitos políticos pelo prazo de dez (10) anos e cassar mandatos legislativos federais, estaduais e municipais, excluída a apreciação judicial desses atos". O artigo 11 do AI 1 limitava a sua vigência até 31 de janeiro de 1966, o que nunca ocorreu.

O AI-2 , de 27 de outubro de 1965, mantendo a mesma retórica em seu preâm- bulo afirmava que a " autolimitação que a revolução se impôs no Ato institucional, de 9 de abril de 1964 não significa, portanto, que tendo poderes para limitar-se, se tenha negado a si mesma por essa limitação, ou se tenha despojado da carga de poder que lhe é inerente como movimento. Por isso se declarou, textualmente, que "os processos constitucionais não funcionaram para destituir o Governo que deliberadamente se dispunha a bolchevizar o País", mas se acrescentou, desde logo, que "destituído pela re- volução, só a esta cabe ditar as normas e os processos de constituição do novo Governo e atribuir-lhe os poderes ou os instrumentos jurídicos que lhe assegurem o exercício do poder no exclusivo interesse do País".

Merecem destaque as seguintes medidas do AI 2, a (1) reorganização do Supre- mo tribunal Federal que passou a ter 16 membros; a (2) recriação da Justiça Federal; a (3) atribuição de competência à Justiça Militar para o julgamento de crimes contra a segurança nacional; foram (4) incorporadas à Constituição a exclusão da apreciação judicial dos (a) "os atos praticados pelo Comando Supremo da Revolução e pelo Governo

INTRODUÇÃO AO ESTUDO DO DIREITO • PAULO DE BESSA ANTUNES

federal, com fundamento no Ato Institucional de 9 de abril de 1964, no presente Ato Institucional e nos atos complementares"; as (b) resoluções das Assembleias Legislativas e Câmara de Vereadores que tenham cassado mandatos eletivos ou declarado o impedimento de Governadores, Deputados, Prefeitos ou Vereadores, a partir de 31 de março de 1964, até a promulgação deste Ato".

6.1 O Ato Institucional 5

O Ato Institucional 5, de 13 de dezembro de 1968 [AI 5] é o símbolo máximo, do ponto de vista legal, do regime militar, nele estão sintetizados os mais claros e evidentes atentados à democracia e à liberdade. O AI 5 foi um instrumento jurídico supraconstitucional pois, de fato, a Constituição era-lhe hierarquicamente inferior. O artigo 1º não deixava a menor dúvida em relação à hierarquia normativa, "[s]ão mantidas a Constituição de 24 de janeiro de 1967 e as Constituições estaduais, com as modificações constantes deste Ato Institucional".

O Presidente da República tinha o poder de decretar o recesso do Congresso Nacional, das Assembleias Legislativas e das Câmaras de Vereadores, por Ato Complementar, em estado de sitio ou fora dele, só voltando os mesmos a funcionar quando convocados pelo Presidente da República. Uma vez adotadas tais medidas, o Poder Executivo correspondente ficava autorizado a legislar em todas as matérias e exercer as atribuições previstas nas Constituições ou na Lei Orgânica dos Municípios. Além dos poderes já mencionados, o Chefe do Executivo federal estava autorizado, no interesse nacional e "sem as limitações previstas na Constituição", decretar intervenção nos Estados e Municípios (artigo 3º).

O artigo 4º do AI 5, "[n]o interesse de preservar a Revolução, ouvido o Conselho de Segurança Nacional, e sem as limitações previstas na Constituição", o Presidente da República podia suspender os direitos políticos de quaisquer cidadãos pelo prazo de 10 anos e cassar mandatos eletivos federais, estaduais e municipais. A cassação dos mandatos legislativos não permitia a convocação dos suplentes, o que, na prática, podia alterar as maiorias nas Casas Legislativas.

As garantias constitucionais ou legais de vitaliciedade, inamovibilidade e estabilidade, bem como a de exercício em funções por prazo certo, foram suspensas (artigo 6º), permitindo-se ao Presidente da República, mediante decreto, demitir, remover, aposentar ou pôr em disponibilidade quaisquer titulares das ditas garantias referidas, assim como empregado de autarquias, empresas públicas ou sociedades de economia mista, e demitir, transferir para a reserva ou reformar militares ou membros das polícias militares, assegurados, quando for o caso, os vencimentos e vantagens proporcionais ao tempo de serviço.

Finalmente, foram fixadas atribuições para que o Presidente da República pudesse decretar o estado de sítio e prorrogá-lo, fixando o respectivo prazo. Da mesma forma, o Presidente da República podia, após investigação, decretar o confisco de bens de todos quantos tenham enriquecido, ilicitamente, no exercício de cargo ou função pública,

CAPÍTULO 12 • HISTÓRIA DO DIREITO BRASILEIRO **269**

inclusive de autarquias, empresas públicas e sociedades de economia mista, sem prejuízo das sanções penais cabíveis.

Por fim, todo e qualquer ato praticado com base no AI 5 e seus Atos Complementares estava excluído da apreciação do Poder Judiciário, bem como os respectivos efeitos. A garantia de habeas corpus, nos casos de crimes políticos, contra a segurança nacional, a ordem econômica e social e a economia popular foi suspensa.

O AI 5 foi o principal ato institucional e, de fato, foi a Constituição do país até a sua revogação pela Emenda Constitucional 11, de 13 de outubro de 1978.

6.2   A Lei de Segurança Nacional

A base do regime militar implantado no Brasil pós 64 foi a Lei de Segurança Nacional [LSN] que explicitava de forma clara e didática os objetivos do novo regime conforme definido pela chamada ideologia de segurança nacional. De acordo com a doutrina, havia uma bipolaridade no mundo, caracterizada pela divisão entre ocidente e oriente (capitalismo e socialismo). O Brasil, conforme a doutrina, era parte da comunidade ocidental. O Brasil, de acordo com a doutrina era um dos bastiões anticomunistas. Esta doutrina se materializou nos termos da própria lei. O decreto-Lei 314, de 13 de março de 1967 estabelecia em seu artigo 1º que toda pessoa, natural ou jurídica, era responsável pela segurança nacional.

A segurança nacional, nos termos da lei, era a "garantia da consecução dos objetivos nacionais contra antagonismos, tanto internos como externos." A segurança nacional, incluía a segurança externa e a interna. A segurança interna era voltada para a prevenção das "ameaças ou pressões antagônicas, de qualquer origem, forma ou natureza, que se manifestem ou produzam efeito no âmbito interno do país." Existiam conceitos tais como (1) guerra *psicológica* adversa: o emprego da propaganda, da contrapropaganda e de ações nos campos político, econômico, psicossocial e militar, com a finalidade de influenciar ou provocar opiniões, emoções, atitudes e comportamentos de grupos estrangeiros, inimigos, neutros ou amigos, contra a consecução dos objetivos nacionais. (2) *guerra revolucionária*: o conflito interno, geralmente inspirado em uma ideologia ou auxiliado do exterior, que visa à conquista subversiva do poder pelo controle progressivo da Nação.

A LSN determinava a forma pela qual deveria ser aplicada pelos magistrados e, conforme o definido pelo artigo 4º, "o juiz, ou Tribunal, deverá inspirar-se nos conceitos básicos da segurança nacional". Os crimes previstos na LSN eram de competência da Justiça Militar.

Ao longo do regime militar houve uma sucessão de leis de segurança nacional que, no essencial, mantiveram os mesmos conceitos.

6.3   Contra a organização estudantil

O regime de 1964 foi marcado pelo conceito de *segurança nacional* que, em outras palavras, era uma racionalização para justificar medidas repressivas contra boa parte da sociedade e um posicionamento na guerra fria – disputa entre a extinta União Soviética e os Estados Unidos.

No contexto da segurança nacional vários decretos-leis e leis foram editadas com o intuito de estabelecer um rígido controle da liberdade de expressão e manifestação políticas. Um dos primeiros instrumentos jurídicos contra livre manifestação de opinião foi o Decreto-Lei 228, de 28 de fevereiro de 1967 [DL 228/67] que "reformulou" a representação estudantil universitária, sendo uma intervenção governamental nos Centros Acadêmicos. Os Centros Acadêmicos foram substituídos pelos Diretórios Acadêmicos [D.A.] que passaram a ser regidos conforme o disposto no Decreto-Lei 228/67 e estavam, de direito, submetidos ao controle das estruturas administrativas das Universidades (artigo 10). Os Diretórios Acadêmicos estavam proibidos de "qualquer ação, manifestação ou propaganda de caráter político-partidário, racial ou religioso, bem como incitar, promover ou apoiar ausências coletivas aos trabalhos escolares" (artigo 11), sob pena de sua suspensão ou dissolução. Aos Reitores universitários e Diretores de estabelecimentos competia o papel de fiscalizar o cumprimento das disposições do DL 228/67, sob pena de cometimento de falta grave.

As entidades estudantis que não se adaptassem às normas do DL 228/67 seriam dissolvidas (artigo 15).

Em complemento o DL 228/67 deve ser mencionado o Decreto-Lei 477, de 26 de fevereiro de 1969 que estabelecia uma série de infrações disciplinares praticadas por professores, alunos, funcionários ou empregados de estabelecimentos de ensino público ou particulares. As infrações abrangiam um grande leque de atividades que iam desde aliciar ou incitar a "deflagração de movimento que tenha por finalidade a paralisação de atividade escolar ou participe nesse movimento", praticar "atos destinados à organização de movimentos subversivos, passeatas, desfiles ou comícios não autorizados", ou dele participar, ou mesmo conduzir, realizar, confeccionar, imprimir, ter em depósito ou distribuir "material subversivo de qualquer natureza", até sequestrar ou manter em "cárcere privado diretor, membro de corpo docente, funcionário ou empregado de estabelecimento de ensino, agente de autoridade ou aluno". A apuração das infrações era feita por "processo sumário a ser concluído no prazo improrrogável, de vinte dias".

6.4   A modernização autoritária

O regime cívico-militar de 1964, dentro de seus objetivos, buscou uma modernização autoritária da economia brasileira com a sua maior integração na economia internacional. No contexto da guerra fria, cuidava-se de uma maior aproximação com os Estados Unidos.

A modernização autoritária abarcou diversos setores da economia nacional, merecendo destaque a reorganização do *sistema financeiro nacional* pela Lei 4.595, de 31 de dezembro de 1964 que, dentre outras coisas, criou o Banco Central do Brasil e o Conselho Monetário Nacional. A Lei das Sociedades Anônimas [Lei 6.404, de 15 de dezembro de 1976] e a criação da Comissão de Valores Mobiliários [Lei 6.385, de 7 de dezembro de 1976] é, igualmente, parte da modernização do sistema financeiro e econômico do País.

Em relação ao mundo do trabalho, o movimento de 1964 implantou o (1) Fundo de Garantia do Tempo de Serviço – FGTS [Lei 5.107, de 13 de setembro de 1966], como forma de extinguir a estabilidade no emprego, a (2) Lei de Greve [Lei 4.330, de 1º de junho de 1964], a (3) proibição de greve nos serviços públicos e em atividades essenciais de interesse da segurança nacional [Decreto-Lei 1.632, de 4 de agosto de 1978].

O regime de 1964 promoveu uma reforma administrativa mediante a edição do Decreto-Lei 200, de 25 de fevereiro de 1967 que reorganizou radicalmente o serviço público federal. As Universidades foram reformadas pela Lei 5.540, de 28 de novembro de 1968 que, dentre outras medidas, extinguiu as cátedras e organizou as antigas escolas em departamentos. Ao organizar o corpo discente passou a controlar a representação estudantil.

No que tange aos recursos naturais, foram estabelecidos o (1) Estatuto da Terra [Lei 4.504, de 30 de novembro de 1964] que tinha como finalidade enfrentar as questões da reforma agrária, muito embora fosse mais voltado para a colonização e não para o desmantelamento da estrutura agrária latifundiária; o (2) novo Código Florestal em substituição ao Código Florestal de 1934 [Lei 4.771, de 15 de setembro de 1965], o (3) Código de Minas [Decreto – Lei 227, de 28 de fevereiro de 1967], a (4) criação do Instituto Brasileiro de Desenvolvimento Florestal [Decreto-Lei 289, de 28 de fevereiro de 1967], a (5) criação da Secretaria Especial do Meio Ambiente [Decreto 73.030, de 30 de outubro de 1973], a (6) criação da Política Nacional do Meio Ambiente [Lei 6.938, de 31 de agosto de 1981]. Um dos programas mais importantes do regime militar foi o chamado Programa de Integração Nacional [PIN] cujo objetivo era a implantação de obras de infraestrutura econômica e social nas regiões Norte e Nordeste do Brasil, tendo sido estabelecido pelo Decreto-lei 1.106, de 16 de junho de 1970. Dentro os principais projetos do PIN estavam a construção das rodovias Transamazônica e Cuiabá-Santarém e de portos e embarcadouros fluviais.

Havia a ideia de grande projeto colonizador na Amazônia com a criação de agro-vilas, ao longo das rodovias a serem construídas. Tais projetos foram extremamente nocivos aos povos indígenas que foram muito pressionados pela presença de migrantes e oras de grande impacto. Como resposta a tais circunstâncias e à comunidade internacional foi baixado o (7) Estatuto do Índio [Lei 6.001, de 19 de dezembro de 1973]. Na década de 80 foram cridos dois grupos executivos, com vistas a enfrentar os problemas agrários na Amazônia, o (1) Grupo Executivo de Terras Araguaia-Tocantins (GETAT) [Decreto-Lei 1.767, de 1º de fevereiro de 1980] e o (2) Grupo Executivo para a Região do Baixo Amazonas (GEBAM) [Decreto 84.516, de 28 de fevereiro de 1980]. Ambos os grupos eram subordinados ao Conselho de Segurança Nacional.

7. O REGIME DEMOCRÁTICO DE 1988 (NOVA REPÚBLICA)

A chamada Nova República foi inaugurada com o Governo José Sarney, fruto da última eleição indireta para a Presidência da República. José Sarney fora eleito Vice--Presidente na chapa encabeçada por Tancredo Neves que veio a falecer antes da posse. A principal medida do Governo Sarney, do ponto de vista político, foi a convocação de uma Assembleia Nacional Constituinte congressual, haja vista que foram outorgados poderes constituintes ao Congresso, resultando daí a Constituição de 1988 [Constituição cidadã, nas palavras de Ulysses Guimarães].

A Constituição de 1988 trouxe a possibilidade de uma imensa renovação na nossa legislação ordinária, tendo incorporado as tendências interacionais mais modernas, tais como a defesa dos interesses difusos, das minorias, das crianças, das mulheres, do meio ambiente, dentre outros. As questões legais relativas ao período pós Constituição de 1988 são amplamente examinadas neste livro, motivo pelo qual não serão tratada neste tópico.

REFERÊNCIAS

AGUIAR, Roberto A. R. de. *Direito, Poder e Opressão*. São Paulo: Alfa-Omega, 1980.

ALVES, José Carlos Moreira. *Direito Romano (História do Direito Romano)*. 10. ed. Rio de Janeiro: Forense, 1997. v. I.

AMARAL, Diogo Freitas do. *História do Pensamento Político Ocidental*. Lisboa: Almedina, 2015.

ANAYA, S. James. International Law and Indigenous Peoples: Historical stands and. contemporary developments. *Cultural Survival Quarterly Magazine*. International Law and Indigenous Peoples: Historical stands and contemporary developments, March 1994.

ANDERSON, Perry. *Linhagens do estado absolutista*. São Paulo: Brasiliense, 1985.

ANDRADE, Lédio Rosa de. *Introdução ao Direito Alternativo Brasileiro*. Porto Alegre: Livraria do Advogado, 1996.

ANTUNES, Paulo de Bessa. *A propriedade rural no Brasil*. Rio de Janeiro, OAB/RJ, 1985.

ANTUNES, Paulo de Bessa. *Dano Ambiental*: uma abordagem conceitual. 2. ed. São Paulo: Atlas, 2015.

ANTUNES, Paulo de Bessa. *Lei da Mata Atlântica ou Lei 12.651/2012?* Genjurídico. 12 maio 2020. Disponível em: http://genjuridico.com.br/2020/05/12/lei-da-mata-atlantica-ou-lei-12-651-2012/.

ARAÚJO, Luiz Alberto David; NUNES JR., Vidal Serrano. *Curso de Direito Constitucional*. 22. ed. São Paulo: Verbatim, 2018.

ARISTÓTELES. *A Política*. Trad. Nestor Silveira Chaves. 2. ed. São Paulo: Edipro, 2009.

ARISTÓTELES. *Ética a Nicômaco*. Trad. Leonel Vallandro e Gerd Bornheim da versão inglesa de W. D. Ross. Poética. Tradução, comentários e índices analítico e onomástico de Eudoro de Souza. Seleção de textos de José Américo Motta Pessanha). São Paulo: Nova Cultural, 1991.

ARNAUD, André-Jean. *Michel Villey*: une tolérance insinuante. Portrait d'un Maître. Fac. Dir. Univ. São Paulo, v. 106/107, p. 867-879, jan./dez. 2011/2012.

ASCENSÃO, José de Oliveira. *O Direito*: Introdução e Teoria Geral. Lisboa: Fundação Calouste Gulbenkian, 1984.

ASSIER-ANDRIEU, Louis. *O Direito nas Sociedades Humanas*. Tradução de Maria Ermantina Galvão. São Paulo: Martins Fontes, 2000.

BADINTER, Elizabeth. *Um amor conquistado*: o mito do amor materno. Trad. Waltensir Dutra. Rio de Janeiro: Nova Fronteira, 1985.

BANDEIRA, Luiz Alberto Moniz. *O Ano Vermelho* – A Revolução Russa e seus Reflexos no Brasil. 4. ed. Rio de Janeiro: Civilização Brasileira, 2017.

BARBOSA, José Carlos Barbosa. A Proteção Jurídica dos Interesses Difusos. *Temas de Direito Processual* – Terceira Série. São Paulo: Saraiva, 1984.

BARCELLOS, Ana Paula de. *Curso de Direito Constitucional*. 3. ed. Rio de Janeiro: Forense, 2020.

BASTIAT, Frédéric. *A Lei*: Por que a esquerda não funciona? As bases do pensamento liberal. Trad. Eduardo Levy. Barueri: Faro Editorial, 2016.

BASTOS, Celso Ribeiro. *Curso de Direito Administrativo*. 4. ed. São Paulo: Saraiva, 2000.

BATALHA, Wilson de Souza Campos. *Introdução ao Estudo do Direito*. Rio: Forense, 1981.

BAUD, Jean-Pierre. *Le droit de vie et de mort* – Archéologie de la bioéthique. Paris: Aubier, 2001.

BEATIE, John. Introdução à Antropologia Social. Trad. Heloisa Rodrigues Fernandes. São Paulo: Cia Editora Nacional, 1997.

BECK, Ulrich. *Sociedade de risco*. Trad. Sebastião Nascimento. 2. ed. São Paulo: Editora 34, 2011.

BERGEL, Jean-Louis. *Teoria Geral do Direito*. Trad. Maria Ermantina de Almeida Prado Galvão. São Paulo: Martins Fontes, 2006.

BLOCH, Ernst. *Droit Naturel et Dignité Humaine*. Paris: Payot, 1976.

BLOCH, Ernst. *Philosophie de la renaissance*. Paris: Payot, 1974.

BLOCH, Marc. *A Sociedade Feudal*. Lisboa: Edições 70, 1979.

BOBBIO, Norberto. *Teoria do Ordenamento Jurídico*. Trad. Ari Marcelo Solon. 2. ed. São Paulo: Edipro, 2014.

BOEHMER, Philotheu; GILSON, Etienne. *História da Filosofia Cristã*. 13. ed. Petrópolis: Vozes, 2012.

BOFF, Leonardo. *O Cuidado Necessário*. 2. ed. Petrópolis: Vozes, 2013.

BRATOUS, S. N. *As ideias de Lênine acerca do Direito Soviético e da Legalidade Socialista*. Trad. M. Leonor. Coimbra: Centelha, 1976.

BRIMO, Albert. *Les grands courants de la philosophie du droit et de l'état*. 3 ed. Paris: Pedonne, 1978.

BRUGGER, Walter. *Dicionário de Filosofia*. Trad. Antônio Pinto de Carvalho. 4. ed. São Paulo: E.P.U, 1987.

CAETANO, Marcello. *História do Direito Português*. Lisboa: Verbo, 1981. v. I.

CAETANO, Marcelo. *Manual de Direito Administrativo*. 10. ed. Coimbra: Almedina. 1984. 2. v.

CAETANO, Marcelo. *Princípios Fundamentais do Direito Administrativo*. Rio de Janeiro: Forense, 1977.

CALAMANDREI, Piero. *Eles, os Juízes, vistos por nós, os Advogados*. Trad. Ary dos Santos Fez. 6. ed. Lisboa: Livraria Clássica Editora, [S/d].

CÂMARA, Alexandre Freitas. *O Novo Processo Civil Brasileiro*. São Paulo: Atlas, 2015.

CAPRA, Fritjof; MATTEI, Ugo. *A Revolução Ecojurídica* – O Direito Sistêmico em Sintonia com a Natureza e a Comunidade. Trad. Jeferson Luiz Camargo. São Paulo: Cultrix, 2018.

CARDOSO, Ciro Flamarion Santana. *Uma Introdução à História*. São Paulo: Brasiliense, 1981.

CARSON, Rachel. *Primavera Silenciosa*. Trad. Cláudia Sant'Anna Martins. São Paulo: Gaia, 2010.

CASTIAJO, Isabel. *O teatro grego em contexto de representação*: Coimbra: Imprensa da Universidade de Coimbra, 2012.

CASTRO, Eduardo Viveiros de. O problema da afinidade na Amazônia. *A inconstância da alma selvagem*. São Paulo: Ubu, 2017.

CHAUÍ, Marilena de Souza. *O que é ideologia?* 7. ed. São Paulo: Brasiliense, 1981.

CÍCERO, Marco Túlio. *Da República*. Disponível em: http://www.dominiopublico.gov.br/download/texto/cv000017.pdf. Acesso em: 1º jan. 2021.

CINTRA, Rodrigo Suzuki. *Liberalismo e Natureza* – A Propriedade em John Locke. São Paulo: Ateliê Editorial, 2010.

CITTADINO, Gisele. Poder Judiciário, ativismo judiciário e democracia, *ALCEU*. v. 5, n. 9, p. 105 a 113, jul./dez. 2004.

CLASTRES, Pierre. *La Société contre L'Etat. Lonrai*: 'Ditions du Minuit. 1974 [2014].

COLLINS, Hugh. *Marxism and Law*. Oxford: Oxford University Press, 1984.

COMMAILLE, Jacques. *À quoi nous sert le droit?* Paris: Gallimard, 2015.

COMTE, Augusto. *COMTE*. São Paulo: Abril, 1983.

CORBISIER, Roland. *Enciclopédia filosófica*. 2. ed. Rio de Janeiro: Civilização Brasileira, 1987.

COSTA, Joaquim. *La ignorancia del derecho*. Buenos Aires: Ediciones Juridicas Europa-America, 1957.

CUNHA, Rosa Maria Cardoso da. *O caráter retórico do princípio da legalidade*. Porto Alegre: Síntese, 1984.

DALLARI, Dalmo de Abreu. *O Renascer do Direito*. São Paulo: Saraiva, 1980.

DAVID, René. *Os Grandes Sistemas do Direito Contemporâneo*. Trad. Hermínio A. Carvalho. 4. ed. São Paulo: Martins Fontes, 2002.

DAVID, René. *Os Grandes Sistemas do Direito Contemporâneo*. 2. ed. Lisboa: Meridiano, 1978.

DAVIS, Shelton. H. *Antropologia do Direito*. Rio de Janeiro: Zahar, 1973.

DEAN, Warren. *A Ferro e Fogo* – A História e a Devastação da Mata Atlântica Brasileira. Trad. Cid Knipel Moreira. São Paulo: Companhia das Letras, 1996.

DEL VECCHIO, Giorgio. *Lições de Filosofia do Direito*. Trad. António José Brandão. Coimbra: Armênio Amado, Sucessor, 1979.

DIAMOND, Jared. *Colapso* – como as sociedades escolheram o fracasso ou o sucesso. Trad. Alexandre Raposo. Rio de Janeiro: Record, 2005.

DIAMOND, Jared. *O Mundo até Ontem* – o que podemos aprender com as sociedades tradicionais. Trad. Maria Lúcia de Oliveira. Rio de Janeiro: Record, 2014.

DIMOULIS, Dimitri. *Positivismo Jurídico*: introdução a uma teoria do direito e defesa do pragmatismo jurídico-político. São Paulo: Método, 2006.

DINIZ, Maria Helena. *Compêndio de introdução à ciência do direito*. São Paulo: Saraiva, 1988.

DINIZ, Maria Helena. *Curso de direito civil brasileiro*. 5. ed. São Paulo: Saraiva, 1987. 1. v.

DORST, Jean. (Por uma ecologia política) *Antes que a Natureza Morra*. Trad. Rita Buongermino. São Paulo: Edgar Blücher, 1973.

DOUGLAS, Mary. *Pureza e Perigo*. Trad. Monica Siqueira Leite de Barros e Zilda Zakia Pinto. 2. ed. São Paulo: Perspectiva, 2012.

DUPAS, Gilberto. *O Mito do Progresso*. 2. reimp. Campinas: Unesp, 2006.

DURKHEIM, Émile. *As regras do método sociológico*. Trad. Maria Isaura Pereira de Queirós. São Paulo: Companha Editora Nacional, 1977.

DWORKIN, Ronald. *Levando os Direitos a Sério*. Trad. Nelson Boeira. São Paulo: Martins Fontes, 2002.

EAGLETON, Terry. *Ideologia*. Trad. Luis Carlos Borges e Silvana Vieira. 2. ed. São Paulo: Boitempo Editorial, Edição do Kindle, 2019.

EMERSON, Ralph Waldo. *Natureza*. Trad. Davi Araújo. Dracena Editora. jun. 2011. Disponível em: https://elivros.love/livro/baixar-natureza-a-biblia-do-naturalismo-ralph-waldo-emerson-epub-pdf-mobi--ou-ler-online. Acesso em: 07 jan. 2021.

ENGELS, Friederich. *A origem da família, da propriedade privada e do estado*. Trad. Leandro Konder. Rio de Janeiro: Civilização Brasileira, 1982.

ENGISCH, Karl. *Introdução ao Pensamento Jurídico*. Trad. J. Baptista Machado. 5. ed. Lisboa: Fundação Calouste Gulbenkian, 1979.

EPICURO. *Cartas e Princípios. Cartas a Meneceu, Pítocles, Heródoto e 40 Principais Doutrinas*. Trad. Lúcio Jakobsmuschel. Montecristo Editora, Edição kindle, 2019.

EPSTEIN, Richard A.; PEÑALVER, Eduardo M. The fifth amendment takings clause. Disponível em: https://constitutioncenter.org/interactive-constitution/interpretation/amendment-v/clauses/634. Acesso em: 06 mar. 2021.

EWALD, François. *Foucault* – A Norma e o Direito. Trad. António Fernando Cascais. Lisboa: Veja, 1993.

FERRARA, Francesco. *Interpretação e Aplicação das Leis*. Trad. Manuel A. D. de Andrade. 2. ed. Coimbra: Armênio Amado editor, Sucessor, 1978.

FERRAZ JR. Tércio Sampaio. *A Ciência do Direito*. São Paulo: Atlas, 1977.

FERRAZ JR. Tércio Sampaio. *Introdução ao Estudo do Direito*. Técnica, decisão, dominação. 11. ed. São Paulo: Atlas, 2019.

FERRY, Luc. *A Sabedoria dos Mitos Gregos* – Aprender a viver II. Trad. Jorge Bastos. Rio de Janeiro: Objetiva, 2012.

FLEISCHACKER, Samuel. *Uma breve história da justiça distributiva*. Trad. Álvaro de Vita. São Paulo: Martins Fontes, 2006.

FRAGOSO, Heleno Cláudio. *Jurisprudência Criminal*. Rio de Janeiro: Forense, 1982.

FRANÇA, R. Limongi. *Princípios Gerais de Direito*. 2. ed. São Paulo: RT, 1971.

FRANCISCO. Carta Encíclic *Laudato SI'* do Santo Padre Francisco. Sobre o cuidado da casa comum, 2015.

FRIEDMAN, Milton; FRIEDMAN, Rose. *Livre para escolher* – um depoimento pessoal. Trad. Ligia Filgueiras. Rio de Janeiro/São Paulo: 2015.

GÂNDAVO, Pero de Magalhães. *Tratado da Terra do Brasil e História da Província de Santa Cruz* (Com notas). Edição Kindle, 1576.

GARCIA, Maria da Glória F.P.D. *O Lugar do Direito na Proteção do Ambiente*. Coimbra: Almedina, 2015.

GARSCHAGEN, Bruno. *Direitos máximos, deveres mínimos*. Rio de Janeiro/São Paulo: Record, 2018.

GOMES, José Jairo. *Lei de Introdução às Normas do Direito Brasileiro* – LINDB. São Paulo: Atlas, 2012.

GORENDER, Jacob. *Marxismo sem utopia*. São Paulo: Ática, 1999.

GRAMSCI, Antônio. *A Concepção dialética da história*. Rio de Janeiro: Civilização Brasileira, 1978.

GRAMSCI, Antônio. *Obras Escolhidas*. Lisboa: Estampa, 1974.

GRAMSCI, Antônio. *Os intelectuais e a organização da cultura*. Trad. Carlos Nelson Coutinho. Rio de Janeiro: Civilização Brasileira, 1968.

GRAU, Eros. *Ensaio e discurso sobre a interpretação/aplicação do direito*. 5. ed. São Paulo: Malheiros, 2009.

GREEN, Duncan. *Da pobreza ao poder*. Trad. Luiz Vasconcelos. São Paulo: Cortez; Oxford: Oxfam International, 2009.

GROSSI, Paolo. *A Ordem Jurídica Medieval*. Trad. Denise Rossato Agostinetti. São Paulo: Martins Fontes, 2014.

GROTIUS, Hugo. O Direito da Guerra e da Paz, 1625. In: ISHAY, Micheline R. (Org.). *Direitos Humanos*: Uma Antologia – SP Edusp, 2006. Disponível em: http://www.direitoshumanos.usp.br/index.php/Documentos-anteriores-%C3%A0-cria%C3%A7%C3%A3o-da-Sociedade-das-Na%C3%A7%C3%B5es--at%C3%A9-1919/hugo-grotius-o-direito-da-guerra-e-da-paz-1625.html. Acesso em: 16 out. 2020.

GUSMÃO, Paulo Dourado de. *Introdução ao Estudo do Direito*. 49. ed. Rio de Janeiro: Forense, 2018.

GUSMÃO, Paulo Dourado de. *Introdução ao Estudo do Direito*. 19. ed. Rio de Janeiro: Forense, 1984.

HAMILTON, Madison; Jay. *O Federalista*. Trad. ***. Rio de Janeiro: TYP. Imp e Const. de J. Villeneuve e Comp.

HANNIGAN, John A. *Environmental Sociology*. 3. ed. London and New York: Routledge, 2014.

HART, H. L. A. *Direito, Liberdade, Moralidade*. Trad. Gérson Pereira dos Santos. Porto Alegre: Sérgio Antônio Fabris Editor, 1987.

HART, H. L. A. *O conceito de direito*. Trad. A. Ribeiro Mendes. Lisboa: Fundação Calouste Gulbenkiam, 1986.

HAZARD, Paul. *O pensamento europeu no século XVIII*. Lisboa: Presença. 1983.

HEGEL, G. W. F. *Principes de la Philosophie du Droit*. Paris: Gallimard, 1979.

HEGEL, G. W. F. *Filosofia do Direito*. Trad. Paulo Meneses et al. São Leopoldo: Unisinos, 2010.

HEGEL, G. W. F. *Os Pensadores*. São Paulo: Abril, 1974.

HESPANHA, António Manuel. *A História do Direito na História Social*. Lisboa: Livros Horizonte, 1978.

HESPANHA, António Manuel. *O Caleidoscópio do Direito*. O Direito e a Justiça nos dias e no mundo de hoje. 2. ed. Coimbra: Almedina, 2014.

HESPANHA, António Manuel. *Pluralismo Jurídico e Direito Democrático*. São Paulo: Annablume, 2013.

HEYNEMANN, Cláudia. *Floresta da Tijuca* – Natureza e Civilização. Rio de Janeiro: Prefeitura da Cidade do Rio de Janeiro, 1995.

HOBBES, Thomas. (De Malmesbury) *Leviatã ou ou Matéria, Forma e Poder de um Estado Eclesiástico e Civil*. Trad. João Paulo Monteiro e Maria Beatriz Nizza da Silva. São Paulo: Abril Cultural, 1997.

IGLÉSIAS, Francisco. *Trajetória Política do Brasil* (1500-1964). São Paulo: Companhia das Letras, 4. reimpr., 1993.

IHERING, Rudolf v. *A Luta Pelo Direito*. Trad. João de Vasconcelos. Rio de Janeiro: Forense, 1972.

IHERING, Rudolf von. *O espírito do direito romano*. Trad. Rafael Benaion. Rio de Janeiro: Alba, 1943

JACQUES, Paulino. *Curso de Introdução à Ciência do Direito*. 2. ed. Rio de Janeiro: Forense, 1971.

JOÃO PAULO II. Carta Encíclica. *Fides et Ratio*. 1998.

KAUL, Inge; GRUNBERG, Isabelle; STERN, Marc A (Org.). *Bens públicos globais*. Trad. Zaida Maldonado. Rio de Janeiro: Record, 2012.

KAUTSKY, Karl. *A questão agrária*. 3. ed. Trad. C. Iperoig. São Paulo: Proposta, 1980.

KELSEN, Hans. *A Ilusão da Justiça*. Trad. Sérgio Telaroli. São Paulo: Martins Fontes, 1995.

KELSEN, Hans. *Teoria Pura do Direito*. Trad. João Baptista Machado. Coimbra: Armênio Amado, Sucessor, 1979.

KERSHAW, Ian. *Continente Dividido* – A Europa 1950-2017. (Trad. Miguel Freitas da Costa. Alfregide: Dom Quixote, 2018.

KISS, Alexandre. *Droit International de L'environnement*. Paris: Pedonne. 1989.

KOSIK, Karel. *A Dialética do Concreto.* Trad. Célia Neves e Alderico Toríbio. 3. ed. Rio de Janeiro: Paz e Terra, 1985.

KRISTEVA, Julia. *Le Langage cet Inconnu* (une introduction à la linguistique). Paris: Seuil, 1981.

LAFER, Celso. *Filosofia e Teoria Geral do Direito.* Um percurso no Direito do Século XXI. São Paulo: Atlas, 2015.

LARENZ, Karl. *Derecho civil* (Parte General). Madrid: Editoriales de Derecho Reunidas, 1978.

LARENZ, Karl. *Derecho Justo*: Fundamentos de Ètica Juridica. Trad. Luis Diez-Picazo. Madrid: Civitas, 1985.

LARENZ, Karl. *Metodologia de la ciencia del derecho.* 2. ed. Barcelona: Ariel, 1980.

LATORRE, Angel. *Introdução ao Direito.* Trad. Manuel de Alarcão. Coimbra: Almedina, 1978.

LEFÈBVRE, Henri. *Lógica Formal* – Lógica Dialética. Trad. Carlos Nélson Coutinho. 3. ed. Rio de Janeiro: Civilização Brasileira, 1983.

LEGAZ Y LACAMBRA, Luiz. *Filosofia del Derecho.* Barcelona: Bosch, 1979.

LEPORE, Jill. *Estas Verdades*: a história de formação dos Estados Unidos Trad. André Czambai e Antenor Savolli Jr. Rio de Janeiro: Intrínseca. 2020. Edição Kindle.

LEVITSKY, Steven e ZIBLATT, Daniel. *Como as Democracias Morrem.* Trad. Renato Aguiar. Rio de Janeiro: Zahar. Kindle, 2018.

LIMA, Hermes. *Introdução à Ciência do Direito.* 31. ed. Rio de Janeiro: Freitas Bastos, 1996.

LLOYD, Dennis. *A ideia de lei.* Trad. Alvaro Cabral. São Paulo: Martins Fontes, 1985.

LOBATO, Monteiro. *A Onda Verde.* São Paulo: Globo, 2008.

LOCKE, John. *Segundo Tratado do Governo Civil.* Trad. Magda Lopes e Marisa Lobo da Costa. Petrópolis: Vozes/Clube do Livro Liberal, [S/d.].

LOPES, Miguel Maria de Serpa. *Curso de Direito Civil*: Introdução, Parte Geral e Teoria dos Negócios Jurídicos. 8. ed. Rio de Janeiro: Freitas Bastos, 1996. v. I.

LOSANO, G.M. *Os Grandes Sistemas Jurídicos.* Trad. Armando Falcão e Luiz Leitão. Lisboa: Presença, 1979.

LUKIC, Radomir. *Théorie de L`État et du Droit.* Paris: Dalloz, 1974.

LUTZEMBERGER, José. *Gaia.* O Planeta Vivo (por um caminho suave). Porto Alegre: LP &M. 1990.

LUTZEMBERGER, José. *O Fim do Futuro?* Manifesto Ecológico Brasileiro. Porto Alegre: Movimento. 1976

LUXEMBOURG, Rosa. *Reforma, Revisionismo e Oportunismo.* Trad. Lívio Xavier. Rio de Janeiro / Lisboa: Civilização Brasileira, 1975.

LYRA F., Roberto. *O que é o Direito.* 2. ed. São Paulo: Brasiliense, 1982.

LYRA F., Roberto. *Para um direito sem dogmas.* Porto Alegre: Sérgio Fabris, 1980.

MAC FARLANE, Alan. *História do casamento e do amor.* Trad. Paulo Neves. São Paulo: Companhia das Letras, 1990.

MACCIOCHI, Maria Antonietta. *A favor de Gramsci.* Trad. Angelina Peralva. Rio de janeiro: Paz e Terra, 1976.

MAFFETTONE, Sebastiano; VECA, Salvatore (Org.). *A ideia de justiça de Platão a Rawls.* Trad. Karina Janini. São Paulo: Martins Fontes, 2005.

MAGNOLI, Demétrio; BARBOSA, Elaine Senise. *Liberdade versus Igualdade*: O mundo em desordem. Rio de Janeiro/São Paulo: Editora Record. 2011. v. I 1914-1945.

MANNHEIM, Karl. *Ideologia e Utopia*. Trad. Sérgio Magalhães Santeiro. Rio de Janeiro: Zahar Editores, 1968.

MARCHINI, Rodrigo Sérgio Meirelles. *A Proteção Constitucional das Terras Indígenas Brasileiras no Período Republicano*: Evolução e Estagnação (dissertação de mestrado). São Paulo: USP, 2011.

MARCUSE, Herbert. *Razão e revolução*: Hegel e o advento da teoria social. Trad. Marília Barroso. Rio de Janeiro: Saga, 1969.

MARTINS, Fran. *Curso de Direito Comercial*. Rio de Janeiro: Forense, 1981.

MARX, Karl. *Critique à la philosophie du droit de Hegel*. Paris: Aubier, 1971.

MARX, Karl; ENGELS, Friederich. *L'Idéologie Allemande*. Paris: Éditions Sociales, 1974.

MARX, Karl; ENGELS, Friederich. *Obras escolhidas*. São Paulo: Alfa-Ômega, [s/d].

MAXIMILIANO, Carlos. *Hermenêutica e Aplicação do Direito*. 20. ed. Rio de Janeiro: Forense, 2011.

MAYER, Arno J. *A Força da Tradição* (resistência do antigo regime). Trad. Denise Bottman. São Paulo: Companhia das Letras, 1987.

MEDEIROS, Fernanda Luiza Fontoura de. *Direito dos Animais*. Porto Alegre: Livraria do Advogado, 2013.

MEIRELLES, Hely Lopes. *Direito Administrativo Brasileiro*. 14. ed. São Paulo: RT, 1989.

MENDES JR., João. *Os Indígenas do Brasil, seus Direitos Individuais e Políticos*. São Paulo: Typ. Hennes Irmãos, 1912.

MIAILLE, Michel. *Uma Introdução Crítica à Ciência do Direito*. Trad. Ana Prata. Lisboa: Moraes, 1976.

MILIBAND, Ralph. *Marxismo e Política*. Rio de Janeiro: Zahar, 1979.

MIRANDA ROSA, Felippe Augusto. *Sociologia do Direito*: O fenômeno jurídico como fato social. 2. ed. Rio de Janeiro: Zahar, 1973.

MISES, Ludwig von. *Liberdade e propriedade*: ensaio sobre o poder das ideias. Trad. Evandro Ferreira e Silva e Claudio A. Téllez-Zepeda. São Paulo: LVM, 2017.

MOORE JR., Barrington. *As origens sociais da ditadura e da democracia*. Lisboa: Edições Cosmos, 1975.

MORAES, Alexandre de. *Direito Constitucional*. 36. ed. São Paulo: Atlas, 2020.

MOREIRA, Vital. *A Ordem Jurídica do Capitalismo*. Coimbra: Centelha, 1978.

MORIN, Edgar; KERN, Anne Brigitte. *Terra Pátria*. Trad. Paulo Azevedo Neves da Silva. 6. ed. Porto Alegre: Sulina, 2011.

MORRISON, Wayne. *Filosofia do Direito* – Dos gregos ao pós-modernismo. Trad. Jefferson Luiz Camargo. 2. ed. São Paulo: Martins Fontes, 2012.

MOUNK, Yascha. *O Povo contra a Democracia* – porque a nossa liberdade corre perigo e como salvá-la. Trad. Cássio Arantes Leite e Débora Landsberg. São Paulo: Companhia das Letras, 2019.

NADER, Paulo. *Introdução ao Estudo do Direito*. 43. ed. Rio de Janeiro: Forense, 2021.

NASCIMENTO E SILVA, G. E. do. *Direito Ambiental Internacional*. 2. ed. Rio de Janeiro: Thex, 2002.

NASCIMENTO, Walter Vieira do. *Lições de História do Direito*. 9. ed. Rio de Janeiro: Forense, 1997.

NATALI, Carlo. *Aristóteles*. Trad. Maria da Graça Gomes de Pina. São Paulo: Paulus, 2016.

NEQUETE, Lenine. *O Escravo na Jurisprudência Brasileira*. Porto Alegre: Ajuris, 1988.

O'HAGAN, Timothy. *The End of Law*. Basil Blackwell, 1984.

OST, François. *A Natureza à Margem da Lei* – A Ecologia à Prova do Direito. Trad. Joana Chaves. Lisboa: Instituto Piaget, 1997.

OST, François. *O tempo do Direito*. Trad. Élcio Fernandes. Bauru: EDUSC, 2005.

PARTIDO COMUNISTA DA UNIÃO DAS REPÚBLICAS SOCIALISTAS SOVIÉTICAS. XIX *Conferência nacional*. Rio de Janeiro: Voz da Unidade, 1988.

PASCAL, Blaise. Pensamentos. *Os Pensadores*. Trad. Sérgio Millet. São Paulo: Abril Cultural, 1979.

PASCAL, Blaise. *Pensamentos sobre política*. São Paulo: Martins Fontes, 1994.

PASQUIER, Claude du. *Introduction à la théorie générale et à la philosophie du Droit*. Neuchâtel e Paris: Dalachaux & Niestlé, 1979.

PASTOUREAU, Michel. *Os animais célebres*. Trad. Estea dos Santos Abreu. São Paulo: Martins Fontes, 2015.

PASUKANIS, E. B. *La Théorie Générale du Droit et le Marxisme*. Trad. Jean-Marie Bronn. Paris: Edi. 1970.

PASUKANIS, Eugeny B. *A teoria geral do direito e o marxismo*. Trad. e prefácio de Paulo de Bessa Antunes. Rio de Janeiro: Renovar, 1988.

PAUPÉRIO, Artur Machado. *Introdução ao Estudo do Direito*. Rio de Janeiro: Forense, Edição Universitária, 1989.

PEIXOTO, José Carlos de Matos. *Curso de direito romano*. Rio de Janeiro: Hadad Editor, 1960.

PEPPER, David. *Ambientalismo Moderno*. Trad. Carla Lopes Silva Correa. Lisboa: Instituto Piaget, 2000.

PERELMAN, Chaïm. *Logique juridique, Nouvelle Réthorique*. Paris: Dalloz, 1979.

PINHEIRO, Ana Elias. *Xenofonte*. Apologia de Sócrates. Máthesis. 12. 2003.

PINKER, Steven. *Os anjos bons da nossa natureza*. Trad. Bernardo Joffily e Laura Teixeira Motta. São Paulo: Companhia das Letras, 2013.

PINKER, Steven. *O novo iluminismo*. Trad. Laura Teixeira Motta e Pedro Maria Soares. São Paulo: Companhia das Letras, 2018.

PLATÃO. *A República*. Introdução, Trad. e notas de Maria Helena da Rocha Pereira. 9. ed. Lisboa: Fundação Calouste Gulbenkian, 1949.

PLATÃO. *Timeu-Crítias*. Trad. do grego, introdução, notas e índices: Rodolfo Lopes. Coimbra: Centro de Estudos Clássicos e Humanísticos, 2011.

POLANYI, Karl. *A grande transformação*: as origens de nossa época. Trad. Fanny Wrobel. 2. ed. Rio de Janeiro: Elsevir, 2012.

POPPER, Karl. *A sociedade aberta e seus inimigos*. Primeiro volume: O sortilégio de Platão. Trad. Miguel Ferreira da Costa. Lisboa: Edições 70, 2015.

POSNER, Richard A. *Para além do Direito*. Trad. Evandro Ferreira e Silva. São Paulo: Martins Fontes, 2009.

POULANTZAS, Nicos. A lei. *Crítica do direito*. São Paulo: Hucitec, 1980. n. 1.

POULANTZAS, Nicos. *O estado, o poder e o socialismo*. Rio de Janeiro: Graal, 1981.

PRADO, Danda. *Ser esposa*: a mais antiga profissão. São Paulo: Brasiliense. 1979.

PROUDHON, Jean-Pierre. *O que é a propriedade?* Trad. Marília Caeiro. 2. ed. Lisboa: Estampa, 1975.

PRUDENTE, E. A. de J. (1988). O negro na ordem jurídica brasileira. *Revista da Faculdade de Direito*, Universidade de São Paulo, 83, 135-149. Disponível em: http://www.revistas.usp.br/rfdusp/article/view/67119. Acesso em: 20 jan. 2021.

REFERÊNCIAS **281**

RADBRUCH, Gustav. *Filosofia do Direito*. Trad. Ldeuis Cabral de Moncada. Coimbra: Armênio Amado, 1979.

RADBRUCH, Gustav. *Introdução à Filosofia do Direito*. Trad. e introdução de Prof. Jacy de Souza Mendonça. São Paulo: Dialética, 2006.

RÁO, Vicente. *O Direito e a Vida dos Direitos* (Normas Gerais. Direito Positivo. Direito Objetivo). 3. ed. São Paulo: RT, 1991. v. 1.

REALE, Miguel. *Lições Preliminares de Direito*. São Paulo: José Bushatsky, 1974.

RÉMOND-GOUILLOUD, Martine. *Du droit de détruire*: essai sur le droit de l'environnement. Paris: PUF, 1989.

RENNER, Karl. *The Institutions of Private Law* (translated by Agnes Schwarzschild). London: Routledge & Paul Kegan, 1949.

RIBEIRO, Darcy. *A Universidade Necessária*. Rio de Janeiro: Paz e Terra, 1982.

RIZZATTO NUNES. *Manual de Introdução ao Estudo do Direito*. 16. ed. São Paulo: Saraiva, 2019.

RODRIGUES, Leda Boechat. *Corte de Warren* (1853-1969) – Revolução Constitucional. Rio de Janeiro: Civilização Brasileira, 1991.

ROSA, F.A. Miranda e CANDIDO, Odíla D. de Alarcão. *Jurisprudência e Mudança Social*. Rio de Janeiro: Zahar, 1988.

ROUANET, Sérgio Paulo. *As razões do iluminismo*. São Paulo: Companhia das Letras, 1987.

ROUSSEAU, Jean-Jacques. *O Contrato Social*. Trad. Rolando Roque da Silva. Edição eletrônica: Ed Ridendo Castigat More. Disponível em: http://www.dominiopublico.gov.br/download/texto/cv00014a.pdf. Acesso em: 04 jan. 2020.

ROUSSEAU, Jaen Jacques, *Rousseau*. São Paulo: Abril, 1983.

ROUSSEAU, Jean-Jacques. *Emile*. The Project Gutenberg EBook of Emile, by Jean-Jacques Rousseau. 2004. Disponível em: http://www.dominiopublico.gov.br/download/texto/gu005427.pdf. Acesso em: 04 jan. 2020

ROUSSEAU, Jean-Jacques. *Discurso sobre a origem e os fundamentos da desigualdade entre os homens*. Trad. Lourdes S. Machado. 3. ed. São Paulo: abril edição, 1985.

SALDANHA, Nélson. *Legalismo e ciência do direito*. São Paulo: Atlas, 1977.

SAN TIAGO DANTAS, Francisco Clementino. *Programa de direito civil* – aulas proferidas na Faculdade Nacional de Direito (1942-1945). Parte Geral. Rio de Janeiro: Editora Rio, 4. tir., 1979.

SANTO AGOSTINHO. *O livre-arbítrio*. Trad., organização, introdução e notas Nair de Assis Oliveira; revisão Honório Dal Bosco. 2. ed. São Paulo: Paulus, 1995.

SANTOS, Moacyr Amaral. *Primeiras Linhas de Direito Processual Civil*. 3. ed. São Paulo: Saraiva, 1977. v. 1.

SANTOS, Roberto. *Leis sociais e custo da mão de obra no Brasil*. São Paulo: LTr., 1973.

SARLET, Ingo Wofgang; MACHADO, Paulo Affonso Leme e FENSTERSEIFER, Tiago. *Constituição e Legislação Ambiental comentadas*. São Paulo: Saraiva, 2015.

SAROTTE, Georges. *O Materialismo Histórico no Estudo do Direito*. Lisboa: Estampa, 1975.

SCHIOPPA, Antonio Padoa. *História do Direito na Europa* – Da Idade Média à Idade Contemporânea. Trad. Marcos Marciolino. São Paulo: Martins Fontes, 2014.

SCHWARCZ, Lilia Moritz. Iconografia da República. In: SCHWARCZ, Lilia Moritz e STARLING, Heloisa M. (Org.). *Dicionário da República*: 51 textos críticos. São Paulo: Companhia das Letras, 2019.

SEN, Amartya. *Desenvolvimento como Liberdade*. Trad. Laura Teixeira Motta. São Paulo: Companhia das Letras, 2010.

SERRES, Michel. *Le contrat naturel*. Paris: Flammarion, 1992.

SIMÕES, Carlos. *Direito do trabalho e modo de produção capitalista*. São Paulo: Símbolo, 1979.

SNYDER, Timothy. *On Tyrany* – Twenty Lessons from the Twentieth Century. New York: Tim Dugan Books, 2017.

SOARES, Guido Fernando Silva. *Direito Internacional do Meio Ambiente*: emergência, obrigações e responsabilidades. São Paulo: Atlas, 2001.

SOBOUL, Albert. *Problèmes Paysans de la Révolution* – 1789-1848. Paris: Maspero, 1983.

SÓFOCLES. *Rei Édipo, Antígone, Prometeu acorrentado*. Trad. J.B de Mello e Souza. Rio: Edições de Ouro, [s/d.].

SOUTO, Cláudio. *Introdução do Direito como Ciência Social*. Rio de Janeiro: Tempo Brasileiro, 1971.

STONE, Christopher D. *Should trees have standing?* Law, morality, and the environment. 3. ed. New York: Oxford University Press, 2010.

STRAUSS, Leo. *Direito Natural e História*. Trad. Bruno Costa Simões. São Paulo: Martins Fontes, 2014.

SUNSTEIN, Cass R. *A Constituição Parcial*. Trad. Manassés Teixeira Martins e Rafael Triginelli. Belo Horizonte: Del Rey, 2009.

SZABÓ, Imre. Fundamentals of Legal Theory. *The Development of Soviet Law and Jurisprudence*. Moscow: Progress, 1978.

THOMAS, Keith. *O Homem e o Mundo Natural* – mudanças de atitude em relação às plantas e aos animais (1500-1800). Trad. João Roberto Martins Filho. São Paulo: Companhia das Letras, 1988.

THOREAU, Henry David. *Desobediência civil*. Disponível em: http://www.dominiopublico.gov.br/pesquisa/DetalheObraForm.do?select_action=&co_obra=2249. Acesso em: 08 jan. 2021.

THOREAU, Henry David. *Walden*. Disponível em: http://www.dominiopublico.gov.br/download/texto/gu000205.pdf. Acesso em: 08 jan. 2021.

TIGAR, Michael E.; LEVY, Madeleine R. *O Direito e a Ascensão do Capitalismo*. Rio de Janeiro: Zahar, 1978.

TOLEDO, Maria Izabel Vasco. A tutela jurídica dos animais no Brasil e no direito comparado. *Revista Brasileira de Direito Animal*. Salvador, ano 7, v. 11, jul./dez. 2012.

TORNAGHI, Hélio. *Comentários ao Código de Processo Civil*. 2. ed. São Paulo: RT, 1976. v. 1.

TUMANOV, V. *O Pensamento Jurídico Burguês Contemporâneo*. Trad. Palmério Gonçalves. Lisboa: Caminho, 1984.

TURNBULL, Colin M. *The Forest People*. New York: Touchstone, 1987.

VASCONCELLOS, Manoel da Cunha Lopes et. al. Digesto ou Pandectas do Imperador Justiniano. São Paulo: YK Editora, 2017. v. I.

VENOSA, Sílvio de Salvo. *Introdução ao Estudo do Direito*. 6. ed. São Paulo: Gen/Atlas, 2019.

VIEIRA, R.A. Amaral. *Introdução ao Estudo do Direito e do estado*. Rio de Janeiro: Forense, 1986.

VILLEY, Michel. *Filosofia do Direito*. Definições e fins do direito. Os meios do direito. Trad. Márcia Valéria Martinez de Aguiar. 2. ed. São Paulo: Martins Fontes, 2008.

WALZER, Michael. *Política e Paixão*: rumo a um liberalismo mais igualitário. Trad. Patrícia de Freitas Ribeiro. 2. ed. São Paulo: Martins Fontes, 2008.

WEINREB, Lloyd L. *A Razão Jurídica*. Trad. Bruno Costa Simões. São Paulo: Martins Fontes, 2008.

WIEACKER, Franz. *História do Direito Privado Moderno*. Trad. A.M.B. Hespanha. Lisboa: Fundação Calouste Gulbenkiam, 1980.

WINTER DE CARVALHO, Délton e DAMACENA, Fernanda Dalla Libera. *Direito dos Desastres*. Porto Alegre: Livraria do Advogado, 2013.

WOLFF, Hans Julius. *Roman Law*: An Historical Introduction. Norman: University of Oaklahoma Press, 1951.

WOLKMER, Antônio Carlos. *História do Direito* – Tradição no Ocidente e no Brasil. 11. ed. Rio de Janeiro: Forense, 2019.

WOLKMER, Antônio Carlos. *Introdução ao Pensamento Jurídico Critico*. 9. ed. São Paulo: Saraiva, 2015.

ZAKARIA, Fared. *The rise of iliberal democracy*. Foreign Affairs; Nov/Dec 1997; 76.

WALZER, Michael. Política e Paixão: rumo a um liberalismo mais igualitário. Trad. Patrícia de Freitas Ribeiro. 2 ed. São Paulo: Martins Fontes, 2008.

WEINRIB, Lloyd L. A Razão Jurídica. Trad. Bruno Costa Simões. São Paulo: Martins Fontes, 2008.

WIEACKER, Franz. História do Direito Privado Moderno. Trad. A.M.H. Hespanha. Lisboa: Fundação Calouste Gulbenkian, 1980.

WINFRIDE CARVALHO, Denon e DAMACENA, Fernanda Dalla Libera. Direito dos Desastres. Porto Alegre: Livraria do Advogado, 2011.

WOLFF, Hans Julius. Roman Law: an historical introduction. Norman and University: Oklahoma Press, 1951.

WOLKMER, Antonio Carlos. História do Direito - Tradição no Ocidente e no Brasil. 11 ed. Rio de Janeiro: Forense, 2019.

WOLKMER, Antonio Carlos. Introdução ao Pensamento Jurídico Crítico. 5 ed. São Paulo: Saraiva, 2015.

ZAKARIA, Fared. The rise of illiberal democracy. Foreign Affairs, Nov/Dec 1997, 74.